历史、制度与选文

——晚清到民国时期小学国文（国语）教材研究

张惠苑 著

复旦大学出版社

本书由浙江省特色优势教育学领域项目"课程创新与未来学习"(4045C5191900103)与省重点建设高校项目"课程创新与未来学习"(4045C51918002)资助出版。

目 录

前言 ·· 1

第一章 历史：经典教材选文的历史演变 ·························· 1
   第一节 安徒生童话教材化的历史演变研究 ········· 1
   第二节 《开明国语课本》(初小)寓言选文研究
                                 ·· 21
   第三节 《守株待兔》教材化的历史演变研究 ········· 57
   第四节 《狐狸和乌鸦》教材化的历史演变研究
                                 ·· 108

第二章 制度：审定制与小学国文(国语)教科书发展研究
      （1902—1932 年）·· 148
   第一节 小学国文(国语)教科书的发展与问题
                                 ·· 148
   第二节 审定制与国文(国语)教科书的生产 ········· 150
   第三节 审定制对小学国文(国语)教科书的制约
                                 ·· 165
   第四节 审定制与小学国文(国语)教科书的规范
                                 ·· 171

第三章 文本与图像:教材选文中的人物形象与图像叙事 ·············· 194

　　第一节 《中华女子国文教科书》中的女性形象研究 ·············· 194

　　第二节 《新学制国语教科书》(高小)西方人物的研究 ·············· 232

　　第三节 《开明国语课本》(初小)第一——八册插图研究 ·············· 268

　　第四节 《开明国语课本》(初小)插图的"童心" ·············· 332

第四章 教材钩沉:吕思勉与陈鹤琴国文(国语)教材研究 ·············· 345

　　第一节 吕思勉《新式高等小学国文教科书》选文的史家风格 ·············· 345

　　第二节 陈鹤琴编《儿童南部国语》地域特色研究 ·············· 376

参考文献 ·············· 415

后　记 ·············· 427

前　　言

教材学是近些年来学科发展中的一个新的生长点。国内已经有一批学者在这个领域做出了扎实和开拓性的工作,比如首都师范大学的石鸥教授及其团队、教育部课程教材研究所的郭戈研究员、人民教育出版社的余宏亮教授、浙江大学教科书研究中心的研究人员等。然而,这个学科根脉判定上的复杂性,导致了教材学的学科属性一直不甚明确。

目前,对教材学从学科属性到研究方法进行全面梳理与建构的代表性研究结果,是余宏亮教授的论文《通向根脉与面向未来:建构教材学的基础、逻辑与方略》。余宏亮老师试图厘清教材学的学科特性:"教材学应是教育学的支撑学科,其地位应与课程论、教学论等同,切不可弱化为边缘学科。"教育学从本体论出发,力图确定教材学的学科属性,但是教育学的学科属性,仍旧不能完全解决教材研究的尴尬。首先,教材的编撰标准和审定制度,是多种思想、话语、权利介入的结果,其中的问题已经不是教育学能够涵盖的。其次,教材内容本身具有鲜明的学科特性。文学、历史、科学等学科知识是教材的主要内容来源。教材承担的功能就是对学生进行学科教学,最终目的是让学生掌握学科知识。从这个角度来说,教材研究问题的指向与研究价值,早已超越了教育学的范畴。

一方面,教材学的研究对象非常确定,那就是教材;另一方面,教材学要允许从教材出发,发现问题的跨学科性。其中,教材学的跨学科性应该是这个学科最具有生命力的特点。它从教育、文学、历史与社会等学科问题出发,发现教材研究的多种可能性,可以打破教材与教育学、文学、社会学等互动的尴尬,开拓各个学科的研究领域。正如余宏亮所说:"与其他人文社会学科通过知识间接指向人的精神成长与意义建构不同,教材学表面上研究知识文本,但特定时代的思想观念、价值导向、权利关系经过隐秘的对话、协商、辩论甚至博弈,而后呈现为教材文本的知识内容,直接形塑学生的价值观念与精神品格。一言蔽之,教材的复杂多变性与话语博弈性构成了教材学独特性的基本面向。"因此,教材学研究必然会在多种学科话语的建构中焕发生机与活力。笔者分析了近三十年有关小学教材研究的著作与硕博士论文,发现很多研究成果已经在多学科的对话中发现了新问题与方法,比如北京鲁迅博物馆副馆长陈漱渝的《教材中的鲁迅》,通过教材中鲁迅作品的进退与内容取舍,反观各个时期教育领域的政治风向,同时运用文学研究的方法进行史料钩沉、文本分析,再现经典文本的教材传播史与接受史,反映现代语文教材发展过程中的文本进化。史洁的博士论文《语文教材文学类文本研究》从结构主义、符号学等文学理论出发,对语文教材的文本构成、审美意蕴、解读策略做了研究。李素梅、班红娟则从地域文化、国家意识等角度展开了乡土教材的研究,这些研究从乡土教材出发,研究的问题涉及文化、政治等学科。

  本书以晚清民国时期的国文(国语)教材为研究对象,从历史、制度与选文的角度,打破学科的壁垒,在跨学科的语境中发现小学语文教材研究的问题与方法。其中,史料考证与文本解读是本研究主要借助的研究方法。针对教材版本、选文的历史演变,以及教材审定制度与教材编写之间的关系,本研究立足教材本身,通过史料收集、整理与考证,将史料学与文本解读学的方法融入教材研究当中,发现教材的本体性与建构性价值。本书第一章是对教材选文的历时性研究,进行了历史版本考证与文本分析,从中可以看到教材选文的错综与复杂性。这些选文的研究价值已经超越了教育学本身,甚至能够为中国语言文学与思想文化发展史中的重要命题带来启示。本章分析了近现代国文(国语)教材中的"活化石"——安徒生童话,安徒生童话从20世纪二三十年代到21世纪被编入三十多个版本的语文教材,经典选文在教材中的稳定性与建构性值得关注。并且,第一章还通过对寓言类选文的考证,分析这类选文的版本更替、编选过程对文体内在形式的改编——这些都是值得深入探究的问题。

本书第二章讨论的是近现代教材的编审制度,这是教材研究的重要命题。从审定制到审定国定制并存,再到国定制,教材审定制度的发展制约并影响了教材的生产。本书讨论了1902—1932年间以审定制为主的教科书编审制度对小学国文(国语)教科书规范和繁荣产生的影响。教科书编审制度研究的背后,隐现的是中国近现代教育从传统转向现代的探索路程。本书第三章是对教材内容的研究,以《女子国文教科书》和《新学制国文教科书》为对象,分别对女性形象与西方人物形象做了文本分析。从这两类人物形象背后,可以看到晚清到民国时期国文(国语)教材如何承载传统与现代的对接。《开明国语课本》是民国时期比较成熟、教材市场上颇受欢迎的教科书,丰子恺和叶圣陶的个人风格融于教科书的编撰,让这本教科书在教学审美性上具有了独特性。其中,丰子恺的配图融合了中国传统绘画技巧、佛儒思想以及思想教化功能。《开明国语课本》的图像叙事为中国教科书编撰提供了经典的范例。

晚清到民国时期,教科书的发展经历了中国剧烈的历史和文化转型,但正是各种思想的激荡促进了教科书发展的繁荣与多元。纵观晚清到民国时期教科书发展的历史,有一些教科书一直被研究者所忽视。在教材发展史中对这批教科书进行钩沉,不仅能够填补教材研究的空白,更能够透过编撰者独特的教育理念,透视中国历史演进中教材承担的责任与被赋予的意义。本书第四章以吕思勉《新式高等小学国文教科书》和陈鹤琴《儿童南部国语》为对象,在史料钩沉中重现两部教材的独有价值。历史学家吕思勉用史学家求真、致用的眼光编选教材内容,在教材里渗透史家态度。儿童教育家陈鹤琴编撰的《分部互用儿童教科书》按照地域分为北部、中部、南部三套教材,本书研究了其中的《儿童南部国语》。陈鹤琴按照地域特色编写教材,是以往小学教材中所未见的。通过对这套教材的研究,我们可以看到地域和乡土文化是如何融入中国教材的编写当中的。

  教材学是一门历史悠久、正在探求独立性的学科。对教材学进行理论建构需要长期的摸索和探寻,从具体的研究对象出发,在发现与解锁问题之中探究教材学研究的方法与路径,是建构这门学科的第一步。从教科书的历史、审定制度、选文和版本的研究中,我们发现了这门学科的博大与复杂,相信在不久的将来,教材学将成为人文社会科学中重要的研究领域。

第一章 历史:经典教材选文的历史演变

从晚清到民国时期,小学国文(国语、语文)教材中收录了很多经典文本。其中,有一些文本无论历史如何更迭,都能够顽强地进入不同版本的语文教材中,比如《卖火柴的小女孩》、寓言《守株待兔》和《狐狸与乌鸦》,等等。在文本与教材的双向互动中,我们不仅能够看到文学作品如何在教育场域中建构其经典地位,而且历史的演进、思潮的变迁也影响到作品的接受与传播。例如,安徒生童话作为世界经典童话,早在1913年就被译介到中国。伴随着五四启蒙思潮,安徒生童话译介成为近代中国儿童启蒙的标志性事件。但是,《卖火柴的小女孩》和《皇帝的新装》等在教材中的摘选历史与呈现形式是复杂多变的,在其背后可以窥见诸多话语对教材编撰与生产的介入与干预。再如,作为形态稳定的文体的寓言,在教材中的形态也是不断变化的。本章以安徒生童话、《开明国语课本》中的寓言选文、《守株待兔》以及《狐狸与乌鸦》为个案,研究选文在教材中的演进历程,力图为教材研究提供一种路径上的新思考。教材选文的历史演变研究,能够发现文本进入教材体系的历史动因,同时呈现选文在教材内的自我生成情况。

第一节 安徒生童话教材化的历史演变研究

20世纪初,安徒生童话被引介进中国。作为一项优质的教育资源,安徒生童话称得上儿童阅读和学习的典范文本,百年来陆续被选入小学语文教科书。安徒生童话的教材化,主要经历了萌芽、停滞和繁荣三个历史时期,在这个过程中,其在选文编排、加工改造和主旨解读方面表现出一定的特点。笔者归纳以上规律,并以此为基础,最终得出教材编写的启示。

"教材化"是指依据课程目标,选择合适的安徒生童话文本,进行加工改造、编入教材,使其成为适合学生学习的教学内容。教材化聚焦的是一个动态持续的过程,它关注整个演变进程中的情况,特别强调变化过程及表现出来的特点,而不局限于某一版教材。

一、安徒生童话小学语文教材化的历史进程

19世纪末20世纪初,域外来风将新鲜的气息吹入国门,安徒生童话由此进入中国。安徒生童话的百年汉译历程以中国一个多世纪的社会变迁为底色,同那些黑暗与光明争锋的年月相交织,演绎了异文化文本在中国语境中的漫游经历。1923年,安徒生童话第一次被选入小学语文教材。此后,受社会背景和教育思潮的影响,安徒生童话在小学语文教科书中的繁荣与停滞,几乎与它的译介进程同步。

(一)酝酿与探索:安徒生童话进入教材的萌芽阶段(1920—1940年)

晚清时期,我国文坛译风盛行,知识分子们希冀通过译书救民族于危亡,外国文学受到前所未有的礼遇,安徒生童话也借此契机进入了译者的视野。孙毓修、刘半农和文学研究会成员等对安徒生童话的翻译,以及安徒生童话作品的译介出版热潮,为中国文学开辟了新道路,也促使了现代儿童观的萌发。20世纪二三十年代是安徒生童话进入教材的萌芽阶段。安徒生童话并不是独立地进入我国小学语文教材的,而是与历史故事、儿歌、寓言等一同作为儿童文学的资源,被编入各类教科书。五四时期,"儿童"被发现了,"儿童的文学"也被大力倡导。1920年,周

作人发表讲话称:"今天所讲儿童的文学,换一句话便是小学校里的文学。"①严既澄也呼吁:"在人生学习的起步阶段——小学时期,儿童文学是不可或缺的养分,真正的儿童教育,首先要注重儿童文学。"②中国的儿童文学从发生起便与学校教育(语文教育)紧密相连,将儿童文学作品编入语文教材更成为一种潮流。安徒生童话就是在这一潮流之中涌进教材的。笔者将20世纪二三十年代选入语文教材的安徒生童话进行了梳理(见表1)。

表1　1920—1940年小学语文教材中的安徒生童话篇目列表

教材名称	出版社	出版时间	编者	课文题目
新小学教科书国语读本(高小用)	中华书局	1923年	黎锦辉、陆费逵、易作霖	美哉!王之新衣
新学制国语教科书(初小用)	商务印书馆	1924年	庄适、吴研因、沈圻	波斯国王的新衣
民智新课程高级小学国语教科书	民智书局	1931年	薛天汉	雏菊
新选国语读本	编者自刊	1932年	国立北平师范大学第二附属小学	可怜的女儿
南洋华侨国语读本	中华书局	1932年	陆费逵	卖火柴的女孩子
小学北新文选	北新书局	1933年	林兰、陈伯吹	小女孩和小鸡、堡寨上的风景
高小国语读本	青光书局	1933年	李少峰、赵景深	可怜的女儿
分部互用儿童教科书儿童中部国语	儿童书局	1934年	陈鹤琴	除夕(其中包含《卖火柴的女儿》的故事)

---

① 韩进编著:《儿童文学》,中国广播电视出版社,1999年,第267页。
② 张心科编著:《民国儿童文学教育文论辑笺》,海豚出版社,2012年,第25页。

续　表

教材名称	出版社	出版时间	编者	课文题目
开明国语课本（高小）	开明书店	1934年	叶圣陶	新定下的法律、遭到了不幸的人、"撕掉你的虚空的衣服"
实验国语教科书	商务印书馆	1936年	国立编译馆	卖火柴的小女儿
新编高小国语读本	中华书局	1937年	吕伯攸	可怜的女儿
高小国语教科书	新民印书馆	1940年	教育总署编审会	可怜的女儿

最早选入安徒生童话的教材是《新小学教科书国语读本》和《新学制国语教科书》。这两版教材是在壬戌学制之后依据新的课程纲要编写的，编辑特色就是受"儿童本位"的影响，取材注重儿童文学。从1927年到1937年，社会环境较为稳定，这是民国教育稳步发展的十年，也是国语教科书趋于成熟的十年。以这十年里教育部门颁布的三部《小学国语课程标准》为依据，小学语文教材的编写仍以"儿童本位"为原则。在此背景下，20世纪20年代被翻译出来的其他安徒生童话篇目也陆续进入国语教材中，如《雏菊》《小女孩和小鸡》等。

（二）困厄与空白：安徒生童话进入教材的停滞阶段（1940—1978年）

20世纪30年代末到改革开放前，革命与政治一直是时代的主线。1937年，战争的炮火燃起，在革命的感召下，儿童文学投向现实主义阵地，空灵的童话梦破灭了。钟望阳在《我们的儿童读物》中写道，那些西洋童话"只是引我们的孩子们做一场美丽的、空虚的、不可捉摸的幻梦罢了"①。范泉提出,处于苦难中的中国不需要娱乐性质的安徒生童话,少年读物要把血和泪的现实呈现给儿童。②艰难的时局、学者的否定一度使安徒生童话陷入尴尬的境地。中华人民共和国成立后,百废待兴。一份《关于儿童读物奇缺的报告》将儿童文学的建设提上日程。给儿童提供健康的精神食粮的呼声日益高涨,在安徒生诞辰150周年的特殊年份里,安徒生童话作为儿童的恩物,再次短暂而热烈地活跃在人们的视线中。60年代极"左"思潮泛滥,再到十年"文革",整个文艺事业偃旗息鼓,儿童文学领域一片荒芜,安徒生童话的出版传播也停滞不前。

这40年里,语文教材无可避免地受到影响。抗日、解放战争时期,南京国民政府编审的国语教材先是充满着"四维八德"的新生活运动内容,后期又填塞了"戡乱建国"的相关课文;革命根据地的小学语文教材则先后以抗战教育、生产劳动和思想教育为主题。1949年后,新编的小学语文课本以"民族形式、大众方向的儿童文学为骨干"③,选编了《中国人民解放军》《捡麦穗》等大量赞扬革命人物、描写社会主义生活的文章,之后苏联等意识形态相近国家的作品也被编选在内。"文革"期间,语文课本直接以毛主席语录、诗词和文章等为内容,有些地方甚至编写语文和政治合二为一的"政文课本"。

总体看来,以善良与爱、感动和美为基本主题的安徒生童话,显然不能满足革命与政治语境下教科书最迫切的诉求,这就造成了这40年里安徒生童话在小学语文教材中的缺席。20世纪40年代到70年代选入语文教材的安徒生童话如表2所列。

---

① 王泉根编著:《民国儿童文学文论辑评》上,希望出版社,2016年,第160页。
② 王泉根编著:《民国儿童文学文论辑评》上,希望出版社,2016年,第177页。
③ 许月燕主编:《小学语文教学大纲及教材》,东北师范大学出版社,1999年,第111页。

表2　1940—1970年小学语文教材中的安徒生童话篇目列表

教材名称	出版社	出版时间	编者	课文题目
九年一贯制试用课本全日制语文	人民教育出版社	1960年	北京师范大学中文系普通教育改革小组	卖火柴的女孩
十年制学校小学课本（试用本）语文	人民教育出版社	1962年	人民教育出版社	卖火柴的女孩、皇帝的新衣服

1960年《九年一贯制试用课本全日制语文》、1962年《十年制学校小学课本（试用本）语文》对安徒生童话的关注与20世纪50年代掀起的"安徒生热"有着密切的关系。

（三）恢复与拓展：安徒生童话进入教材的繁荣阶段（1978年至今）

十年"文革"结束，文艺界连同其他阵线重获新生。党的十一届三中全会和第四次文代会以后，儿童文学逐步走向正轨。安徒生童话等经典儿童文学作品再现，给文艺小花园增添了明媚的色彩。安徒生童话在中国的翻译、出版也进入了前所未有的鼎盛时期。1983年出现了少数民族文字的安徒生童话译本，如内蒙古少年儿童出版社的《踩着面包走的女孩》（蒙古文）、新疆人民出版社的《安徒生童话选》（哈萨克文）等。进入21世纪，安徒生童话的销量更是稳步攀升，各种精选本、注音本、双语本层出不穷。其中，叶君健、林桦、石琴娥和任溶溶的译本被称为《安徒生童话》的四大经典汉译本。[①] 这一时期，安徒生童话在中国的流传不仅以文字作为载体，还呈现为舞剧、连环画和邮票等多种形式。回顾历史，安徒生童话促进了我国文学事业的前进与发展。笔者将1978年至今选入小学语文教材的安徒生童话

---

① 钟毅、郑凌茜、宋维：《双重身份下译者的翻译活动研究》，四川大学出版社，2017年，第32页。

篇目梳理如下(见表3)。

表3 1978年至今小学语文教材中的安徒生童话篇目列表

教材名称	出版社	出版时间	编者	课文题目
全日制十年制学校小学课本(试用本)语文	人民教育出版社	1980年	中小学通用教材小学语文编写组	卖火柴的小女孩
全日制六年制小学课本(试用本)语文	浙江教育出版社	1984年	上海、浙江、北京、天津四省市小学语文教材联合编写组	卖火柴的小女孩
九年义务教育课本试用本语文S版	上海教育出版社	1991年	上海中小学课程教材改革委员会	卖火柴的小女孩
九年义务教育六年制小学试用课本语文	广东教育出版社	1995年	九年义务教育教材(沿海地区)编写委员会	卖火柴的小女孩
九年义务教育六年制小学教科书语文	人民教育出版社	1995年 1998年	人民教育出版社小学语文室	丑小鸭、卖火柴的小女孩
九年义务教育六年制小学教科书语文	北京出版社	1999年	北京教育科学研究院基础教育教学研究中心	卖火柴的小女孩
九年义务教育五年制小学教科书语文	人民教育出版社	2001年 2002年	人民教育出版社小学语文室	丑小鸭、卖火柴的小女孩
义务教育六年制小学课本(试用)语文	浙江教育出版社	2001年	唐华珩主编	丑小鸭
义务教育课程标准实验教科书语文	人民教育出版社	2002年 2006年	课程教材研究所、小学语文课程教材研究开发中心	丑小鸭、卖火柴的小女孩
义务教育课程标准实验教科书语文	湖南教育出版社	2003年	杨再隋、曾国伟	丑小鸭

续 表

教材名称	出版社	出版时间	编者	课文题目
义务教育课程标准实验教科书语文	教育科学出版社	2003年	吴景岚	丑小鸭、海的女儿
义务教育课程标准实验教科书语文	湖北教育出版社	2004年	王先霈、徐国英	丑小鸭
义务教育课程标准实验教科书语文	长春出版社	2004年 2005年	汪玉珍、王显才、宋喜荣等	丑小鸭、卖火柴的小女孩
义务教育课程标准实验教科书语文	河北教育出版社	2005年	高雅贤、陶月华	一颗小豌豆、卖火柴的小女孩、丑小鸭
义务教育课程标准实验教科书语文	山东教育出版社	2005年	山东教育出版社	丑小鸭
义务教育课程标准实验教科书语文	西南师范大学出版社	2004—2006年	董小玉	丑小鸭、一颗小豌豆、卖火柴的小女孩
义务教育课程标准实验教科书语文	语文出版社	2006年	语文出版社教材研究中心、12省小语教材编审委员会	丑小鸭、一颗小豌豆、坚定的锡兵、卖火柴的小女孩
义务教育课程标准实验教科书语文	上海教育出版社	2005年 2006年	上海市中小学课程改革委员会	丑小鸭、一颗小豌豆
义务教育课程标准实验教科书语文	北京师范大学出版社	2006年	郑国民、马新国	丑小鸭
义务教育教科书语文	人民教育出版社	2018年 2019年	教育部组织编写编著，温儒敏总主编	卖火柴的小女孩、一个豆荚里的五粒豆、海的女儿

"文革"结束后的两三年里,小学语文教材的使用依旧处于一片混乱的状态。在党中央的号召下,全国展开了火热的教材建设活动。1978年,伴随着教育部新的教学大纲的试行,我国小学语文教材领域开启了"一纲多本"的局面,不仅有人教社编制的课本作为通用教材,还出现了一些地方教材和改革试验教材。在这之中,多套教材选编了《卖火柴的小女孩》,安徒生童话的其他篇目未有涉及。1986年以后,"一纲多本,编审分开"的教材制度为安徒生童话不同篇目在小学语文教材中的选用创造了前提条件。虽然在此期间,《卖火柴的小女孩》仍然是教材选编的主要对象,但是出现了一些新的篇目,如《丑小鸭》等。

总体看来,20世纪以来小学语文教材对安徒生童话的选编呈稳中求变的趋势,既将一些适合学生阅读的选文传承下来,又不断探寻文质兼美的新篇目,以期为师生提供优质的资源。

二、安徒生童话小学语文教材化的特点

笔者从选文编排、加工改造和主旨解读三个方面展开论述,意在探索安徒生童话进入小学语文教材的规律,概括安徒生童话教材化的特点。

(一)选文编排:在教材中的多样呈现

1. 以略读课文的方式呈现

随着教材编制理念的成熟,课文的类型趋于多样,比如精读课文、略读课文等。安徒生童话通常以精读课文的形式呈现在小学语文教材中,作为培养学生阅读能力的示范材料。也有编者出于一定的考量,将其设置为略读课文。教材中的安徒生童话略读篇目主要有两种类型:迁移应用型和延伸补充型。

1991年,上海教育出版社编制的小学语文课本在第十二册安排了一篇迁移型课文《卖火柴的小女孩》。第十二册第四单元是阅读策略单元,整个单元围绕"在阅读中如何发现问题、提出

问题"展开。在学习了《巨人的花园》和《小溪流的歌》后,教材在文后总结了在阅读中提出问题的方法:从不易理解的词句、文章的思想内容和文章的表达方式三个方面提问,并要求学生按照以上方法阅读"拓展阅读"部分的《卖火柴的小女孩》。从这个角度看,编排这一篇略读课文的意图是将学生在前两课学习的阅读技巧进行迁移运用,从而提高阅读水平。2002 年,教育科学出版社编制的语文课本也将《卖火柴的小女孩》设置为迁移型略读课文。该教材第十二册重在训练学生掌握读懂课文的方法,第一单元的教学任务是指导学生学会动脑、动手、动口的读书方法,略读课文《卖火柴的小女孩》就是为了配合这一训练重点而设置的。

延伸补充型略读课文是指与精读课文的主题或体裁保持一致的略读篇目,承担深化主题、延伸阅读的功能。2003 年,河北教育出版社在编制三年级下册语文课本时,设置了安徒生童话专题单元,在《一颗小豌豆》等三篇精读课文之后,安排了一篇略读课文《童年的记忆》。在学生阅读了安徒生童话作品后,教材再向外延伸至作家本人,通过《童年的记忆》中描述的安徒生拮据而快乐的童年时光,让学生感受到安徒生童话作品中洋溢的情感。2006 年,语文出版社在小学语文教材第二册的"故事"单元和第九册的"童话世界"单元中分别安排了略读课文《丑小鸭》和《坚定的锡兵》。现行小学语文教科书第八册的"童话故事"单元也编入了《海的女儿》,这些都是作为同类文学作品的一种补充,以开阔学生的阅读视野。

2. 以专题单元的方式呈现

多数情况下,安徒生童话是以单篇课文的形式呈现在小学语文教材中的。冀教版三年级下册课本别出心裁地设置了"安徒生和他的童话"专题单元,可以说是一大创新。整个文学单元秉持着"既读作品,又读作家"的理念,围绕"安徒生童话给你的印象"和"安徒生是一个怎样的人"两个中心问题展开。首先,教材在"单元引言"中简要地介绍了安徒生。其次,编者以两篇范文作为学习材料,引导学生了解课文大意,体味文章语言,从而对安徒生童话有初步的认知。接着,单元安排了第二组课文——自传体童话《丑小鸭》、自传节选《童年的记忆》和《安徒生公园》,意在让学生走近安徒生,看到一个身处逆境仍然努力向上、心中充满阳光的丰满的人物形象。最后,综合实践六"丰富的人生"和"不朽的童话"两部分总结和扩展关于安徒生其人其作的资料,并在"我的童话天地"板块展开综合实践活动。这样的专题单元编排可以冲破作家和作品分割的拘囿,使学生形成整体的感知。

3. 以特色栏目的方式呈现

安徒生童话进入教材的主流方式是以课文为依托,除此以外,河北教育出版社的教材设置了安徒生童话主题的综合实践活动,统编版教材则以特色栏目为载体呈现安徒生童话,是一种独辟蹊径的方式。"快乐读书吧"旨在为学生的阅读开辟新的天地,将课外阅读引入课内,实现阅读空间的开拓。统编版语文教材第五册的"快乐读书吧"栏目,围绕"在那奇妙的王国里"的主题展开,带领学生阅读经典童话,首推的阅读书目就是《安徒生童话》。在"你读过这本书吗"这一部分,教材通过展示《丑小鸭》的精彩片段,唤醒了学生对《安徒生童话》的记忆,激起了学生的阅读兴趣。该板块还设置了有关阅读方法的小贴士:阅读时充分发挥想象,尝试把自己当成主人公,走进故事中。通过这样的指引,学生能在阅读安徒生童话时获得独特的体验。

(二)加工改造:从文学作品转化为教材选文

1. 收录方式

文学作品作为小学语文课本的重要组成部分,不断为语文教育注入能量。教科书在收录这些文学作品时,采用的手段不一。其中,安徒生童话进入小学语文教科书时,主要存在翻译、续写两种方式。

安徒生童话作为外国儿童文学的经典之作,被我国读者接受的第一步就是翻译。翻译是指在理解原作内涵、把握原作主旨的基础之上,力求真实地还原文学作品的面貌。精选能够传达原著内容和风格的译作作为选文,是教科书编写常用的方法之一。如黄振武翻译的《雏菊》、赵景深翻译的《小女孩和小鸡》、周作人翻译的《卖火柴的女儿》和叶君健翻译的《皇帝的新装》等,都被教材编者选入小学语文课本中。当然,这些译作被选进教材时往往会有改动。

故事续写是安徒生童话在小学语文课本中阐释的一种独特方式。1934年,开明书店出版发行了叶圣陶编著的《开明国语课本》。《开明国语课本》中《新定下的法律》的后半部分、《遭到了不幸的人》和《"撕掉你的虚空的衣服"》,是叶圣陶为《皇帝的新装》撰写的续作。《新定下的法律》在叙述了《皇帝的新装》故事梗概后,以"后面怎样呢? 安徒生没有说。其实还有许多的事情"[①]引出了接下来新奇而又滑稽的故事。在《新定下的法律》中,没有穿衣服的皇帝硬着头皮往前走时,遭到了民众的嘲笑,于是他恼羞成怒,颁布了法令:凡是说他没有穿衣服的人,都是最坏的东西,要立刻捉住杀掉! 在《遭到了不幸的人》里,皇帝最宠爱的妃子、很有学问的大臣都因无意说出了皇帝未穿衣裳的真相,被绑去了行刑宫;年老心慈的大臣为了阻止杀戮,委婉劝诚皇帝"换"一套衣服,也被送去了监狱里。《"撕掉你的虚空的衣服"》写皇帝定下了更残酷的法律:只要开口发声的,无论啼笑歌唱,都要捉住杀掉! 皇帝暴虐的法律激起了民众的反抗,甚至连群臣和兵士都一同乱扯推搡皇帝。

2. 内容处理

安徒生在自传《我的一生》中写下了这样一段话:"我的一生

---

① 叶圣陶编纂,丰子恺绘画:《开明国语课本》(高小)第四册,开明书店,1934年,第58页。

的历史将向全世界表明——有一个亲爱的上帝,是在指引着万物去攫取美好的一切。"①作为一名虔诚的信徒,安徒生在他的众多作品中都渗透了基督教思想。通读20世纪以来的小学语文课本,笔者发现了一个有趣的现象:教材中呈现的安徒生童话的相关篇目,绝大部分都规避了与"上帝"有关的字眼,表现出对基督教思想的回避。

一方面,教材回避了"信仰上帝"的思想。西方人信奉基督教的"上帝创世说",认为是上帝在无边的黑暗中创造了日夜、星辰、人类乃至世间万物,上帝主宰着世界,所以上帝拥有至高权威,人类要绝对服从上帝。人类还应感恩上帝赐予的一切,感恩上帝的仁慈、奉献与博爱。这些思想深深地融入了安徒生的创作中。在《雏菊》里,当小孩子们在学校里学习功课时,快乐的小雏菊就坐在绿草丛中学习了解上帝的仁慈;在看到栅栏里富丽堂皇的名花时,小雏菊由衷地感谢上帝将它们靠得那么近,给了自己欣赏名花的机会;百灵鸟被囚禁、没有水喝时,它悲痛自己即将死去,即将离开上帝创造的暖阳、鲜草以及一切美景。在《一个豆荚里的五粒豆》里,最后一粒豌豆被射到满是细菌和青苔的裂缝里,不见踪影,但是上帝并没有忘记它;病孩子的母亲祈祷上帝佑护自己的孩子,让小姑娘健康成长,走到阳光下去;伴随着豌豆花的盛开,小姑娘也渐渐好起来时,母亲认为是上帝亲自种下了豌豆,给自己和女儿带来了希望和快乐。而这些内容在教材中都没有呈现出来。

另一方面,教材回避了"天国和永生"的相关内容。"以牺牲精神,使社会安堵,是福音之所在,即天国也。"②天国是神的国度,是没有苦难的乐园。基督教文化认为,人的肉体终会灭亡,

---

① [丹]安徒生:《我的一生》,李道庸、薛蕾译,四川少年儿童出版社,1983年,第1页。
② 老舍:《老舍文集:散文、杂文与译文》,黑龙江科学技术出版社,2017年,第675页。

但是灵魂可能会因为信仰上帝而被救赎,从而进入明净的天国,获得永生。这种思想充盈了安徒生的作品,在《卖火柴的小女孩》中表现得最为明显。在《卖火柴的小女孩》原作中有这样一句话:"天上落下一颗星,地上就有一个灵魂升到上帝那儿去。"①因为一颗星的坠落,就代表一个人的死亡。从这里,我们就可以读出安徒生童话中的宗教意蕴。在安徒生笔下,这个逝去的人蒙受了恩典,以不灭的灵魂走近了上帝,得以永生。为了淡化宗教色彩,统编版教材将原作中的话改为"一颗星星落下来,就有一个人要离去了"②。在原作里,小女孩最后一次擦燃火柴时,祖母搂着她飞走了,飞往"既没有寒冷,也没有饥饿,也没有忧愁的那块地方——她们是跟上帝在一起"③。研读教材可以发现,小学语文课本中所有版本的《卖火柴的小女孩》都将"她们是跟上帝在一起"这九个字删去了,这也可以表明教科书对"天国和永生"思想的回避。

3. 主题异化

安徒生童话教材化的过程中,部分篇目还表现出主题异化的特点,如《坚定的锡兵》和《一颗小豌豆》等课文。

安徒生的原作《坚定的锡兵》的梗概是:单腿的小锡兵爱上了一位单腿站立的纸做的跳舞姑娘,但这引起了鼻烟壶里黑色精灵的不满,黑色精灵使坏让小锡兵从三楼的窗台上跌落了下去。紧接着,小锡兵开始了厄运:被放到了水流湍急的水沟里、被带到了漆黑的地下水道里、被大鱼吞进了肚子里。但最终他凭借坚定的意志,又回到了原处,见到了心爱的姑娘。故事以小锡兵和纸人姑娘消失在熊熊的炉火中作为结局。原作想要展现

---

① [丹]安徒生:《安徒生童话全集2名著名译·插图典藏版》,叶君健译,天津人民出版社,2014年,第354页。
② 《义务教育教科书语文三年级上人教版》,人民教育出版社,2018年,第30页。
③ [丹]安徒生:《安徒生童话全集2名著名译·插图典藏版》,叶君健译,天津人民出版社,2014年,第355页。

的是"锡兵作为一名军人的品格,以及他对于爱情同他对于他的职守一样的忠诚"①。

而《坚定的锡兵》在被加工处理、选入语文S版教材后,其主题发生了异化:原作中小锡兵对纸人姑娘的爱变成了一种军人的责任。原作关于小锡兵对纸人姑娘的情感描写,诸如"娶她做妻子""再也见不到纸人姑娘了"等,被改写成了课文中的"我一定会好好保护她的,因为我是一个锡兵""我一定会回去,因为那里有我要保护的人"。在课文中,小锡兵忍耐、战胜灾难的勇气和信念源于作为军人的职责,也正如编者所写,课文刻画了一个善良、勇敢、尽职尽责的锡兵形象。

《一颗小豌豆》在被编入语文教材时,其改动也背离了原旨。原作《一个豆荚里的五粒豆》讲述了豆荚里的五粒豌豆截然不同的遭遇,并详细描述了第五粒豌豆的经历:第五粒豌豆努力冲破青苔的包裹、顽强生长的精神感染了生病的小女孩,小女孩从中汲取了战胜病魔的勇气和力量。安徒生为读者展示的是一个生命对于另一个生命无形的鼓舞。而语文S版和沪教版教材改写的《一颗小豌豆》在结尾处写道"我(小豌豆)就想给别人做件好事吗",西师大版教材也将第五粒豌豆"该怎么样就怎么样"的愿望改成了"我要是给人家做件好事,就高兴了"。由此,原作和课文表达的中心就相去甚远了。

(三)文本解读:不同教材的多重阐释

在安徒生童话教材化的过程中,一些经典的童话篇目多次被选入了各个版本的小学语文教材中。笔者在阅读与教科书相配套的教授书或教师用书时发现,同一篇安徒生童话在不同教材中有多重阐释。面对同一篇安徒生童话,不同的编者对其主旨有不同的见解,这就必然引导了学生的接受方向。因此,探讨

---

① [丹]安徒生:《安徒生童话集》,叶君健译,四川文艺出版社,2017年,第151页。

安徒生童话在教材中的动态解读情况具有现实意义。

1.《皇帝的新装》:同情、否定和批判

(1) 对国王易受蒙蔽的同情

1924年由商务印书馆出版、吴研因等编著的《新学制国语教科书》编写了《波斯国王的新衣》一课。《波斯国王的新衣》保留了安徒生《皇帝的新装》的故事核心,情节有改动。

编者指出,《波斯国王的新衣》的中心是"做国王的容易受人蒙蔽,不如做平民的好"①。联系课文内容可知,《波斯国王的新衣》弱化了原作的批判色彩,主要表达对国王易受蒙骗的同情。在原作中,当皇帝没穿衣服的事实被指出时,皇帝仍倨傲地向前行进,故事以此收尾。而课文却添加了一段情节:面对小孩子和百姓的议论,国王也起了疑心。回宫后,他心平气和地询问宫人、王后和百官是否看得见新衣。在得到众人否定的答案后,国王幡然醒悟,连忙吩咐侍从将两个织工捉来问罪。课文塑造了相对正面的国王形象,面对质疑,敢于直面;平心静气,问清事实。可悲的是,堂堂一国之主,却常常不能听到真话,想要找寻真相,还要再三询问。为了进一步说明国王容易受到蒙骗,《新学制国语教授书》还补充了一段故事,大意是:波斯国王与王后、大臣去稽查海塘,国王用望远镜看到海面上有东西漂来,以为那是一只宝箱。那些没带望远镜、看不见远处的官员们也都附和:一定是国王的福泽深厚,所以海神呈上了宝物。等东西漂近,众人才发现竟然是一口棺材。由此可见国王易受蒙蔽的悲哀。

(2) 对众人盲从和自欺欺人的否定

《美哉!王之新衣》收录在《新小学教科书国语读本》的第四册中。与教材相配套的教授书称,《美哉!王之新衣》的教学目的是"使儿童知道不可盲从,不可自欺欺人"②。值得注意的是,

---

① 沈圻编纂:《新学制国语教授书》第六册,商务印书馆,1925年,第74页。
② 朱麟编:《新小学教科书国语读本教授书》高级第四册,中华书局,1924年,第64页。

这里教授书的解读不仅限于对国王行为的反思,还关注到了故事发展过程中旁人的反应。《新小学教科书国语读本教授书》在"参考资料"部分指出,"丞相、宠臣、国王,恐怕人家说他愚蠢,或不称职,佯言见到新衣;国人也恐人说他愚蠢、或不称职,也佯言见到新衣,没有一个作诚实语"①;在"教学方法"部分再次提及"丞相、宠臣和一般国人,都没有肯作诚实语的"②。因此,《美哉!王之新衣》不只是对国王喜穿新衣的警诫,更是用孺子一语道出事实的行为,来否定包括国王、丞相、宠臣和国人在内的众人的盲从和自欺欺人。

(3) 对统治者虚伪、专制的批判

《开明国语课本》中由《新定下的法律》等三篇课文串起的整个故事,写了专制时代的皇帝为了维持虚伪的尊贵,将暴力扩张到极限,最终导致民众群起反抗、专制皇权崩溃的结局。它暴露了皇帝专制的丑态,并揭示了历史上用暴力维护尊严的皇帝必将众叛亲离的客观规律。1962年《十年制学校小学课本语文》第十册中的《皇帝的新衣服》同样意在"讽刺旧社会反动统治阶级的虚伪和丑陋"③,教学参考书明确提出"让学生体会课文辛辣讽刺的写作方法"④的教学要求,课本相应地设置了课后习题"课文里揭露了反动统治阶级的哪些丑恶,举出几例来说一说"⑤。这些解读都表达了对统治者虚伪、专制的批判。

综上所述,不同教材对《皇帝的新装》的解读有三个层次:第一,对国王易受蒙蔽的同情;第二,对众人盲从和自欺欺人的否

---

① 朱麟编:《新小学教科书国语读本教授书》高级第四册,中华书局,1924年,第63页。
② 朱麟编:《新小学教科书国语读本教授书》高级第四册,中华书局,1924年,第65页。
③ 《十年制学校小学课本语文第十册教学参考书试用本》,人民教育出版社,1962年,第73页。
④ 《十年制学校小学课本语文第十册教学参考书试用本》,人民教育出版社,1962年,第72页。
⑤ 《十年制学校小学课本语文第十册》,人民教育出版社,1962年,第89页。

定;第三,对统治者虚伪、专制的批判。这三种解读的情感色彩不一,关注的角色也不尽相同。

2.《卖火柴的小女孩》:聚焦个体、阶层和制度

(1)对底层穷苦人民的同情

对《卖火柴的小女孩》的主题解读有一种倾向,即着眼于"穷"人这个阶层,表达对底层穷苦人民的同情。《南洋华侨国语读本教授书》指出,《卖火柴的女孩子》一课的选编目的是"使知人类受经济压迫的苦痛,和描写下层阶级的文学意味;用锐利的笔法描写,以唤起社会人群的同情心"①。《实验国语教科书》将《卖火柴的女儿》要旨概括为"一个使人同情的穷女孩的冻死"②。《高小国语教科书》选录《卖火柴的女儿》也是希望学生"明了穷人的艰难困苦"③。《分部互用儿童教科书儿童中部国语》的《除夕》一课中,祖母在大年夜全家团聚一堂时,给孩子们讲了《卖火柴的女儿》的故事,教育他们在有吃有穿的幸福时刻,不要忘记可怜的穷人。

(2)对资本主义社会中小女孩的同情

对《卖火柴的小女孩》的第二种解读强调对"资本主义社会"这一背景中小女孩的同情。1962年《十年制学校小学课本语文教学参考书》对《卖火柴的女儿》一课的说明是,这是一篇揭露资本主义社会罪恶的童话。④ 1980年《全日制十年制学校小学课本语文教学参考书》这样分析《卖火柴的小女孩》:对小女孩的怜悯、对贫穷的同情是这篇童话显而易见的旨趣,而小女孩悲惨命运的源头——罪恶的资本主义制度更是童话抨击的对象。⑤

---

① 朱麟:《南洋华侨国语读本教授书》第三册,中华书局,1932年,第156页。
② 国立编译馆:《实验国语教科书》第四册,商务印书馆,1937年,第102页。
③ 教育总署审会:《高小国语教学法》第一册,新民印书馆股份有限公司,1942年,第225页。
④ 《十年制学校小学课本语文第九册教学参考书试用本》,人民教育出版社,1962年,第47页。
⑤ 中小学通用教材小学语文编写组编:《小学语文第九册教学参考书试用本》,人民教育出版社,1980年,第96页。

1984年《全日制六年制小学语文教学参考资料》规定,《卖火柴的小女孩》的教学要求是:力求从纯真的童话中了解资本主义社会的弊端,从社会主义生活中体验幸福与满足,珍惜当下。① 这一种解读倾向与社会政治紧密相关。

(3) 聚焦小女孩的凄惨境遇

21世纪以来,小学语文课本对《卖火柴的小女孩》的解读挣脱了阶级矛盾的基本论调。如冀教版和西师大版《卖火柴的小女孩》的要旨都是"对小女孩的同情",2001年人教版也指出:要让当今中国的孩童走近小女孩的生活,感受她的凄凉与苦楚。② 统编版教材建议教师在执教《卖火柴的小女孩》一课时,与学生交流印象深刻的部分,并说一说自己的感受,以此加深对小女孩悲惨命运的感悟。③ 因此,21世纪以来教材对《卖火柴的小女孩》的解读更纯粹地关注小女孩这一个体生命。

教材对《卖火柴的小女孩》的三层解读具有时代性。民国时期的教科书将《卖火柴的小女孩》的主旨理解为对"穷人"这个阶层的同情。中华人民共和国成立后的五十年里,小学语文教科书把《卖火柴的小女孩》看作揭露资本主义社会罪恶的童话。而21世纪以来,由于安徒生童话中的人道主义精神被众多学者发现,因此小学语文教科书开始聚焦小女孩这一个体的凄惨境遇。

3.《丑小鸭》和《一颗小豌豆》

《丑小鸭》在小学语文教科书中也多次出现,不同版本的分析各有侧重点。2000年《九年义务教育六年制小学教科书语文(试用修订本)》预设《丑小鸭》一文的教学目标是"使学生懂得从

---

① 浙江省六年制小学语文编写组:《全日制六年制小学语文第十二册(试行本)教学参考资料》,浙江教育出版社,1984年,第108页。
② 课程教材研究所、小学语文课程教材研究开发中心:《义务教育课程标准实验教科书语文教师教学用书六年级下》,人民教育出版社,2006年,第145页。
③ 课程教材研究所、小学语文课程教材研究开发中心:《义务教育教科书教师教学用书语文三年级上》,人民教育出版社,2019年,第60页。

小和善待人,尊重他人,学会正确认识自己"①。冀教版教材规定的《丑小鸭》的教学要求是:引导学生从丑小鸭身上寻找生命的意义,懂得命运没有定数,积极寻求自己的价值,向着美好和幸福奋斗。②2001年人教版刻画了一个不屈服于艰难困苦、执着坚持梦想的丑小鸭形象。③虽然这些教材对《丑小鸭》的具体解读不同,但都旨在赞扬丑小鸭的某种美好的品格,并引导学生学习。

此外,对《一颗小豌豆》也有多样的解读。冀教版和西师大版颂扬了小豌豆想要为他人做一件好事的美好心灵。统编版《一个豆荚里的五粒豆》描写了"一个豆荚里蹦出来的五粒豆的不同命运,并重点讲述了第五粒豆的神奇经历"④。可以发现,相对前两个版本,统编版的表述更加客观,没有引导学生去赞扬第五粒豌豆,意在让学生进行个性化的阅读。如何解读经典文学作品,这是值得教育工作者思考的问题。

在20世纪以来的小学语文教科书中,安徒生童话是无可替代的存在,它入选教材的频率极高。不同时期和版本的教材对安徒生童话的收录,使得安徒生童话能够在语文教育领域中延续下去。不同的历史时期,安徒生童话在教材中阐释出的意义也各有侧重点。当下,教材编者在编制教科书时,既要发挥经典文学作品的文化功能,进行价值引领,也要注重让读者形成多元感悟。正如2001年人民教育出版社的编者在对《丑小鸭》一文进行教材解说时谈到的,不同的人对文章的理解可能有所不同,提出"鼓励多元感悟"。《义务教育语文课程标准(2011年版)》也

---

① 人民教育出版社小学语文室编著:《教师教学用书语文第四册》,人民教育出版社,2001年,第152页。
② 陶月华编:《义务教育课程标准实验教科书语文三年级下教师用书》,河北教育出版社,2013年,第162页。
③ 课程教材研究所、小学语文课程教材研究开发中心:《义务教育课程标准实验教科书语文二年级下》,人民教育出版社,2002年,第6页。
④ 课程教材研究所、小学语文课程教材研究开发中心:《义务教育教科书教师教学用书语文四年级上》,人民教育出版社,2019年,第30页。

强调,阅读是一种个性化的行为,要倡导有创意、多角度的阅读,避免模式化的解读,珍视学生在阅读过程中获得的感悟和理解,鼓励学生对文学作品形成独特的见解。① 像安徒生童话这一类"我们曾经一个音节一个音节辨认过而今天依然在阅读"②的经典文学作品,它们的魅力就在于其丰富而深邃的阐释空间。

第二节 《开明国语课本》(初小)寓言选文研究

《开明国语课本》(初小)是1932年由上海开明书店出版的一套供小学初级学生使用的国语教科书,共八册,由叶圣陶先生亲自编写课文文本,内容均为创作或再创作,并由丰子恺先生笔绘课文插画。该套教科书以白话文为基础,取材自儿童身边的生活,充满童趣,以发展儿童的阅读能力和表达能力为目的,是民国时期流传最广、使用频率最高的小学语文教材之一。

当时正处于科举制度废除、新式学堂兴起、教育体制改革思潮盛行的历史背景下,而白话文运动的兴起直接促进了该套教材的编写,以及教材"一本多纲"制度的推行。这些历史因素也都说明了《开明国语课本》(初小)是顺应时代潮流的一套教科书。

一、《开明国语课本》(初小)寓言选文的内容与来源研究

(一)寓言选文内容概述

《开明国语课本》(初小)共八册,336篇课文。这336篇课文大约有一半可以说是原创的,另一半则是有所依据的再创作,总

---

① 中华人民共和国教育部:《义务教育语文课程标准(2011年版)》,北京师范大学出版社,2012年,第29页。
② [丹]乔治·布兰兑斯:《童话诗人安徒生》,载小啦、约翰·迪米留斯:《丹麦安徒生研究论文选》,安徽少年儿童出版社,1999年。

之没有一篇是现成的。课文选文内容很庞杂,其中寓言选文占据 8.3%,也就是 28 篇。受儿童认知发展的影响,在小学低段,叶圣陶在开明本中大多选取一些篇幅较为短小的寓言选文,这些小文章或是趣味性较强的童话体寓言,或是便于诵读的诗歌体寓言。但随着儿童年龄增长,这些篇幅短小的寓言故事已经不足以满足其阅读需求,所以叶圣陶先生在进行寓言编选时就指向更大范围,比如西方的经典寓言故事、中国传统的民间寓言,以及描写当时社会背景时政的寓言,都会成为寓言选文的重要材料,叶圣陶在其基础上进行再创作。笔者从角色形象和表现手法两方面统计入手,对其内容做了如下概述。

第一,从角色形象上看,在开明本(初小)28 篇寓言的形象分类上,包括常人体寓言和拟人体寓言这两大类。常人体寓言是指以人物为主角形象的寓言故事,拟人体寓言是指以动植物为主角形象,并将其拟人化的寓言。据图 1 得出,开明本(初小)中拟人体寓言共 20 篇,占 77%,这 20 篇拟人体寓言又都以动物为主角形象;常人体寓言共 8 篇,占 23%,比例和数量都远

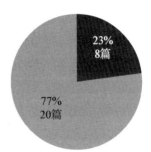

图 1 开明本(初小)寓言角色形象比例图

低于拟人体寓言。从图 2 中又能看出,在低段教材所收的 13 篇寓言中,12 篇为拟人体,占 92%;中段的 15 篇中,8 篇为拟人体,占 53%。拟人体寓言的比例和数量随着学段的增高而降低,常人体寓言的比例和数量则刚好相反。这说明叶圣陶在寓言的内容选择上逐渐从拟人体形象转向常人体形象,体现了其儿童本位的编辑理念。拟人体寓言在形象上均以拟人化的动物为主角,这样生动、具有童趣的角色形象更适合低段的儿童阅读。而常人体的角色形象对于低段儿童来说可能比较枯燥。这主要体现在人物形象的复杂程度通常要高于动物形象,不像拟人化的

动物形象比较单薄,人物形象比较立体。低段学生的认知水平还较低,对于这样立体的形象可能理解上会有困难。随着年龄增长,学段升高,儿童的认知水平提高,逐渐能接受常人体寓言,不再一味地追求拟人化的动物形象,也希望理解更为立体化的常人体形象的寓言故事。所以叶圣陶在寓言内容的编选上,逐渐从拟人体形象转向常人体形象。

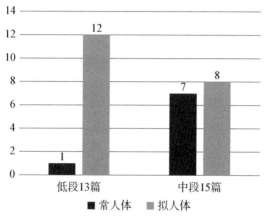

图2　开明本(初小)中低段寓言角色形象统计图

第二,从表现手法上看,笔者根据叙述方式的不同,将开明本(初小)28篇寓言分为童话体寓言、诗歌体寓言和常规体寓言。其中,童话体寓言指的是采用童话的叙述方式,有完整的情节、丰满的人物形象,具有训诫讽喻意义的寓言故事,既是优美的童话,又有一定的寄寓意义。诗歌体寓言是指以诗歌的形式和语言风格来叙述故事,并传递一定寓意的寓言。常规体寓言也就是普通的寓言,以寓言常用的叙述风格传达深刻寓意和道德训诫。从图3可以得出,28篇寓言选文中共有22篇采取童话体寓言的表现手法,占79%;4篇是常规体寓言,占14%;还有2篇是诗歌体寓言,占7%。我们能明显看出,童话体寓言无论在数量还是比例上都占据极大优势。童话体寓言与叶圣陶自身的创作经历有着密不可分的关系,这样的呈现方式更容易被学生接受,也能够更好地将寓意通过精彩的故事传递给学生。从图4中也可以看出,童话体寓言广泛存在于开明本(初小)寓言选文中,尤其是在低段,只有1篇是诗歌体寓言,剩下12篇,也就是92%均为童话体寓言。随着儿童年龄的增长,中段的童话体寓言比例下降为67%,15篇选文中,共有10篇为童话体寓言,仍旧过半。这样的设计同样是为了符合不同阶段儿童的思维认知发展水平和阅读心理发展特点。低段的孩子更容易接受充满幻想的故

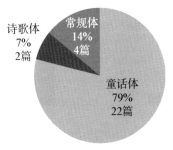

图3 开明本(初小)中低段寓言表现手法比例图

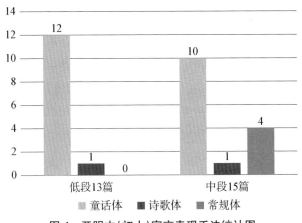

图4 开明本(初小)寓言表现手法统计图

事,阅读习惯还停留在有趣味性的童话故事上。而随着年龄增长,他们的阅读和语言习惯逐渐转向接受更为理性的常规体寓言,从图4中也可以看出,常规体寓言从低段的0%增加到中段的27%。这些都体现了叶圣陶在进行寓言选文过程中遵循儿童本位的教育理念。

基于上述内容概述,笔者整理了《开明国语课本》(初小)中28篇寓言故事的选文,以表格形式记录了各自篇目、分布的册数,以及选文的原作出处(见表4)。

表4　开明本(初小)寓言选文出处统计(第一——八册)

篇名	册数	原作名称/出处
"我要做蜜"	二	原创
"我要开路"	二	原创
"我要做丝"	二	原创
"叫我干什么事呢"	二	原创
看你出不出得去	三	原创
这是我们的窠	三	原创
狗和骨头	三	伊索寓言《狗衔肉过桥》
桥上两只羊	三	伊索寓言《两只羊》
凿石头	三	原创
自己打成的东西	三	原创
龟和兔子赛跑	四	伊索寓言《龟兔赛跑》
懒惰的人	四	原创
偷鸡不成蚀把米	四	原创
一个农人	五	《孟子·公孙丑上》拔苗助长
农人和野兔	五	《韩非子·五蠹》守株待兔
鲫鱼和蟹	五	原创
渔人的网	五	原创
这个话不错(一)	五	伊索寓言《终则抬驴记》

续表

篇名	册数	原作名称/出处
这个话不错(二)	五	伊索寓言《终则抬驴记》
没有想到	五	伊索寓言《蚂蚁和蝉》
龟和狐	六	原创
听狮子叫	六	原创
胆量和力量	六	原创
笨人	六	原创
百灵搬家	六	原创
不死药	六	原创
愚公	七	《列子·汤问》愚公移山
富翁和穷人	八	原创

从上表中也能看出,这28篇寓言选文的内容是十分丰富的。有从中国古代典籍中改编而来的传统寓言故事,主要体现中国传统的道德寓意;也有从西方经典寓言故事改编而来的,主要改编自《伊索寓言》这一经典寓本,体现了西方的教育理念;但绝大多数还是编者叶圣陶先生原创的寓言故事,体现了编者的实用主义教育理念。

(二) 选文来源

开明本(初小)28篇寓言的丰富内容,与其选文的来源有着密切的关系。笔者将通过图5的统计和寓言文本的具体内容,深入探究寓言选文的来源。

1. 中国古代典籍

1932年《小学国语课程标准》中提出,教材的文字统一采用语体文,不允许使用文言文。《开明国语课本》(初小)就是响应了提倡白话文这一号召,顺应时代发展的潮流而生的。而开明本(初小)作为白话文教科书的典范,其部分寓言选文也来自中

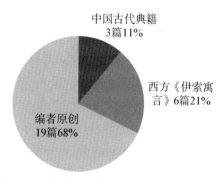

图 5　开明本(初小)寓言选文来源

国传统的文言文寓言故事,在保留寓意的基础上,将故事改编成了白话文。

先秦至战国时期,寓言迎来它最初的繁盛期。《列子》《韩非子》等诸子百家的寓言可谓蔚为大观。从表 5 中可以看出,开明本(初小)有 3 篇耳熟能详的寓言故事便是来源于此。

表 5　开明本(初小)知名寓言

册数	开明本	原作出处
五	一个农人	《孟子·公孙丑上》拔苗助长
五	农人与野兔	《韩非子·五蠹》守株待兔
七	愚公	《列子·汤问》愚公移山

笔者将具体呈现其中一篇文本较短的原作内容,通过文本内容对比,分析作者改编的意图。

《一个农人》出自《孟子·公孙丑上》①,原文如下:

宋人有闵其苗之不长而揠之者,芒芒然归,谓其人曰:"今日病矣! 予助苗长矣!"其子趋而往视之,苗则槁矣。

---

① 〔战国〕孟子:《孟子》,段雪莲、陈玉潇译,北京联合出版公司,2015 年,第 42 页。

> 天下之不助苗长者寡矣！以为无益而舍之者，不耘苗者也；助之长者，揠苗者也；非徒无益，而又害之。

而开明本（初小）中的《一个农人》将原文改编为：

> 从前有一个农人，他希望田里的稻很快地长起来。但是每天去看稻，好像总是那样高，他非常懊恼。
>
> 用什么办法帮助稻长起来呢？他时时刻刻这样想。
>
> 他想到方法了。急忙跑到田里，试把一棵稻拔起两寸光景，站远一点看，果然比其他的稻高多了。他想这方法不错，就把所有的稻都拔起两寸光景。
>
> 这是很麻烦的工作。直到太阳将要落下去的时候，他才回到家里，说："今天疲乏了，我帮助稻长起来了！"
>
> 他的儿子急忙跑到田里去看，所有的稻都干枯了。

我们知道，以上传统寓言出自中国古代典籍，叶圣陶先生在保留其整体寓意的基础上，对故事进行改编，使得这个传统的寓言故事更适合小学生阅读和理解。对比两者的文本内容，不难发现开明本（初小）的改编更适合当时的小学语文教科书，它存在着下列独特之处。

第一，淡化政治意图。据考，《一个农人》原文出自《孟子·公孙丑上》第二章，并非一个独立存在的寓言文本，而是孟子和公孙丑两人在谈论如果担任齐国卿相，实施主张，从而引发的一系列对话。比如原文中有明确指出"宋人"，这是对当时具体国家的评判，其本意就出于政治需要。但作为小学语文教材选文，这样明显的政治目的显然是不合适体现在文本中的。所以在叶圣陶改编的《一个农人》中，就淡化了原文体现的政治意图。将"宋人"改成"从前有一个农人"，只是汲取内容上的故事性和其本身的寓意，将其改编成一个通俗易懂的寓言故事。

第二，寓意贴近生活。《一个农人》原文《孟子·公孙丑上》中的内容其实是和前后文连在一起构成完整寓意的。上下文讲述了公孙丑向孟子请教何为"浩然之气",孟子回答:"必有事焉而勿正,心勿忘,勿助长也。无若宋人然。"①这才引出宋人揠苗助长的故事,来论证培养浩然之气要做到:心里不能忘记它,也不妄自助长。我们知道,让小学生理解这样的寓意太过困难,也和真实的生活情境没有太大关系。所以,叶圣陶的《一个农人》在改编时选取了部分更为符合当时社会生活的寓意。

第三,内容拓展丰富。较之原文简短的几句话,《一个农人》的改编将原本寥寥几笔讲完的故事内容补充拓展得更为丰富形象。比如"宋人有闵其苗之不长而揠之者"这句话,原本只用简短的 13 个字,就表达了这样的意思:宋国有个人,担心他的禾苗不长而去拔高它。但是叶圣陶却把这样简单的意思扩写为两三段文字,还叙述成一个具体形象的故事。从希望禾苗长高到苦恼,再到想办法,然后实施,这样一步一步将原本简单的一句话填充完整,使得故事内容变得丰富形象。这样的改编比之原文自然更适合小学生的认知发展水平。

2. 西方伊索寓言

20 世纪初,国内越来越多的知识分子主张以教救国,新式学堂的开设也越来越多。教育迎来全面的改革,全新的教育理念和当时的教育现状出现了极大的矛盾。为了解决矛盾,许多人开始把目光投向国外的教育理念。当时,杜威、孟禄等人来中国进行演讲,传播西方教育思想,这对当时的中国教育领域产生了巨大的影响。

在《开明国语课本》(初小)寓言的选文上,叶圣陶先生也借鉴了国外的《伊索寓言》,反映了《开明国语课本》(初小)的编写在一定程度上也受到了当时国外教育理念的影响。叶圣陶在开明本(初小)中选取的伊索寓言有 6 篇,即全部寓言故事的 21% 改编自《伊索寓言》。

---

① 〔战国〕孟子:《孟子》,段雪莲、陈玉潇译,北京联合出版公司,2015 年,第 42 页。

《伊索寓言》是古希腊、古罗马时期流传下来的寓言故事。据考,"《况义》是《伊索寓言》最早的汉译本。于 1625 年刻于西安,由金尼阁口授,张赓笔传"①。但《况义》收录的伊索寓言并不完整,仅 22 则,传播最广泛的还是 1903 年林纾翻译的《伊索寓言》。《伊索寓言古译四种合刊》编校说明中提到:"《伊索寓言》的第一个汉语全译本,为林纾与严培南、严璩合译。'伊索寓言'之译名,即定于此书,后来译者,遵之勿替。"②林纾翻译的作品影响了叶圣陶、丁玲等几代文人,鲁迅、周作人等大家都受其译本影响。虽然没有找到直接的证据证明叶圣陶在开明本(初小)中改编自《伊索寓言》的寓言选文就是来自林纾的译本,但是林纾版本的《伊索寓言》是第一本全译本,影响较为广泛,同时在林纾本中也找到了与开明本(初小)相对应的 6 篇寓言(见表 6)。

表 6 开明本(初小)所采林纾本《伊索寓言》篇目

册数	开明本	原作出处
三	狗和骨头	《伊索寓言》狗衔肉过桥
三	桥上两只羊	《伊索寓言》两只羊
四	龟和兔子赛跑	《伊索寓言》龟兔赛跑
五	这个话不错(一)	《伊索寓言》终则抬驴行
五	这个话不错(二)	《伊索寓言》终则抬驴行
五	没有想到	《伊索寓言》蚂蚁和蝉

笔者选取了人们较为熟悉的《狗和骨头》这篇文本,从其内容和表现形式上进行对比,分析开明本(初小)寓言选文的改编特点。

---

① 庄际虹编:《伊索寓言古译四种合刊》,林纾等译,上海大学出版社,2014 年,第 2 页。
② 庄际虹编:《伊索寓言古译四种合刊》,林纾等译,上海大学出版社,2014 年,第 94 页。

第三册中的《狗和骨头》出自林纾本的《狗衔肉过桥》①：

犬得肉，经溪桥之上，沉影水中，以为他犬也。水纹荡，见其肉大逾己肉，乃自弃其肉，狞视水中之影，将夺之，遂并失其肉。

畏庐曰：贪人无厌，终其身均沉影水中也。

而开明本（初小）的《狗和骨头》文本如下：

一只狗衔着一块骨头，走到桥上。看见河里也有一只狗，也衔着一块骨头。他想多吃一块，就去抢那只狗的骨头。嘴一张开，自己的骨头落到河底去了。他想捞回落下的骨头，就跌到河里去了。

从两个版本的对比中可以看出，最大的不同还是在语言上。林纾本的是文言文的汉译，而叶圣陶先生则基于白话文教科书的需求，将其改编为白话文，更符合儿童的阅读语言和当时的社会背景需求。除此之外，在内容上，叶圣陶的改编也更符合儿童的阅读习惯。

第一，不直接呈现寓意。林纾本的文本在最后有一句总结性的话语来概括寓言的寓意，即"畏庐曰：贪人无厌，终其身均沉影水中也"。这是林纾本在内容上的一个最大特点，直接总结并呈现寓意，而开明本（初小）中没有这样的形式。叶圣陶在改编时没有直接点明寓言的寓意，只是单纯地叙述寓言故事。这在一定程度上比林纾本的思维更为发散，没有将孩子对寓言的寓意理解框定在某一个道理上。这有利于培养学生的发散性思维，能让学生有更为多元的寓意理解。

第二，内容更有逻辑性。可能和林纾本的《伊索寓言》汉译是文言文有关，其文本内容显示出古文的省略性。省略主语是

---

① 庄际虹编：《伊索寓言古译四种合刊》，林纾等译，上海大学出版社，2014年，第102—103页。

文言文中常见的手法,但是对于小学生来说,尤其是《狗和骨头》是在低段的选文,内容上的逻辑通顺是很重要的。叶圣陶改编的《狗和骨头》中虽然也有句子省略了主语,但是其描写顺序是从头到尾承接的。开头的主语"一只狗"贯穿始终。叶圣陶用一系列动词构成了完整、逻辑通顺的内容。比如,"衔着"到"走到"承接"看见",接着"也衔着""想""抢""张开""落到""捞回""跌到"这样一连串的动词描写,把整个故事内容从前到后串联在一起。流畅的动作描写使得内容上的逻辑也更加通顺晓畅,符合学生的阅读习惯。

3. 编者原创

除了改编自古代典籍和伊索寓言的选文,叶圣陶先生在开明本(初小)中所用的寓言选文绝大部分还是自己原创的。从图5中可以看出,有68%的寓言选文为叶圣陶先生原创,共19篇,占了最大比重。

表7 开明本(初小)所选叶圣陶原创寓言

册数	开明本(初小)	原作出处	主题
二	"我要做蜜"	原创	劳动
	"我要开路"		
	"我要做丝"		
	"叫我做什么事呢"		
三	看你出不出得去	原创	劳动
	这是我们的窠		
	凿石头		
	自己打成的东西		
四	懒惰的人	原创	劳动
	偷鸡不成蚀把米		
五	鲫鱼和蟹	原创	团结
	渔人的网		

续表

册数	开明本（初小）	原作出处	主题
六	龟和狐	原创	机智
	听狮子叫		团结
	胆量和力量		团结
	笨人		劳动
	百灵搬家		劳动
	不死药		机智
八	富翁和穷人	原创	劳动

（1）劳动教育理念

1923年，魏肇基出版了卢梭《爱弥儿》的第一个比较完整的中译本，卢梭的教育思想也随之在当时的社会中得到普及。"卢梭教育思想的引入使中国现代作家获得了新的儿童观和教育观。"[①]叶圣陶先生也受到了其影响。劳动教育是卢梭教育思想中重要的组成部分，叶圣陶在接受卢梭劳动教育理念的基础上，加入自己的理解，使之成为自身的思想资源。这充分体现在开明本（初小）的寓言选文上。在叶圣陶原创的19篇寓言中，有13篇体现了劳动这一主题，占68％。这一较高比例也能体现叶圣陶在原创寓言中运用的劳动教育观。笔者选取其中几篇来具体分析。

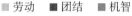
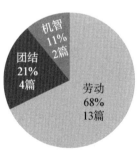

图6 开明本（初小）原创寓言主题比例图

例如第二册中的《我要做蜜》《我要开路》《我要做丝》

---

① 宗先鸿：《〈爱弥儿〉的传入及对中国近现代作家的影响》，载《纪念〈教育史研究〉创刊二十周年论文集(21)》，中国地方教育史研究会、《教育史研究》编辑部，2009年，第3页。

《"叫我做什么事呢"》：

二三"我要做蜜"

小鸟没事做,想寻个朋友一同玩。他去看蜜蜂。蜜蜂对他看了一看,就飞去了。

小鸟追上去问:"你忙什么?"

蜜蜂说:"不要拉住我。我忙得很,我要做蜜。"

小鸟只得让蜜蜂飞去。

二四"我要开路"

小鸟去看蚂蚁,想和蚂蚁一同玩。蚂蚁嘴里衔着泥,对他点点头,就走去了。

小鸟追上去问:"你忙什么?"

蚂蚁把泥放下,说:"不要拉住我。我忙得很,我要开路。"

小鸟只得让蚂蚁走去。

二五"我要做丝"

小鸟去看蚕,想和蚕一同玩。蚕对他只管摇头,一声也不响。

小鸟问:"为什么不响?"

蚕说:"没有工夫说话。"

小鸟问:"为什么没有工夫?"

蚕说:"我忙得很,我要做丝。"

小鸟只得走开。

二六"叫我做什么事呢"

小鸟寻不到朋友,他哭了。

蚯蚓在地下挖泥,笑着说:"哭什么呢?也去做点事,不好吗?"

小鸟问:"叫我做什么事呢?"

蚯蚓说:"我帮农人挖泥,你帮农人捉虫。"

小鸟听了蚯蚓的话，就飞去捉虫。①

　　从上述几篇原创寓言中，我们可以清晰地看到，它们蕴含着深层的劳动教育理念。但是为了编选符合小学生阅读和理解能力的文本，叶圣陶将劳动教育理念更为儿童化地融入了寓言故事的创作中。

　　第一，内容直指劳动。在开明本（初小）的原创寓言中，为了让学生更清楚地感受到寓言背后所蕴含的"劳动"内涵，叶圣陶在创作中将内容直接指向劳动，以便孩子更为直接地理解劳动这一寓意。

　　第二，构建劳动场景。为了体现劳动教育的理念，叶圣陶还注重在文本中构建劳动的场景。比如上述四篇寓言中，叶圣陶通过鸟与蜜蜂、蚂蚁、蚕和蚯蚓的四段对话，构建出"蜜蜂采蜜""蚂蚁开路""蚕做丝""蚯蚓挖泥"四个劳动场景。叶圣陶注重在寓言文本中构建一个个具体的劳动场景，使得劳动这一主题符合文本环境，从而更好地传达寓意，体现出劳动教育理念。

　　（2）实用主义理念

　　除了劳动教育理念，原创寓言还体现了叶圣陶先生另一个重要的教育理念，即实用主义理念。20世纪初，杜威受邀来华演讲，论述了教育和生活的关系应该是"教育即生活"，认为学校教育不应该只注重书本知识的传授，还应该强调"从做中学"。实践主义是其核心观点之一。这在中国教育界引起了轩然大波，也深深启发了叶圣陶。叶圣陶经过思考，将这些观点内化为自己独特的理念，并反映到开明本（初小）的寓言创作中。

　　叶圣陶原创的寓言在内容上是与生活相联系的，讲究学以致用，所体现的寓意都是十分现实的。从图6来看，寓言的主题有让学生学会"劳动"，学会"团结"，学会"机智"。其中"劳动"13

---

① 叶圣陶编：《开明国语课本》（初小）第二册，丰子恺绘，开明出版社，2011年，第28—31页。

篇,占68%,"团结"4篇,占21%,"机智"2篇,占11%。

从上述分析我们都可以看出,开明本(初小)中寓言选文的来源和内容都很丰富,不仅有从中国传统古代典籍改编的,也借鉴了西方《伊索寓言》的一些经典寓言,博古通今,贯通中西,当然更多的还是叶圣陶先生自创的寓言故事。这些多样的来源不仅构成了开明本(初小)的寓言选文系统,在内容上也体现了叶圣陶自身独特的教育思想理念。

二、《开明国语课本》(初小)寓言选文的语言

叶圣陶先生在开明本(初小)的寓言选文中展现出了突出的语言特点。笔者经过研读,分析得出其语言特点主要为规范性、口语化以及诗化。

(一)语言的规范性

我们知道,开明本(初小)的出版背景处于白话文运动的高潮。全国语言正处于文言文向白话文的转型期。但是正如李欧梵所言:"在'五四'文学中形成的'国语'是一种口语、欧化句法和古代典故的混合物。"[①]不得不承认,当时的白话文存在浅薄、贫乏、文法混乱的不足。

而正是在这样混乱的文白转换时期,叶圣陶在开明本(初小)寓言的语言运用上显示出了一定的规范性。笔者将通过开明本(初小)《没有想到》和周作人《蝉和蚂蚁》两篇寓言作品的比较佐证这一点。

开明本(初小)中的《没有想到》和周作人《全译伊索寓言集》中的《蝉和蚂蚁》都来自伊索寓言中的《蚂蚁和蝉》。文本虽然都是两句蚂蚁和蝉的对话,两者却有着鲜明的不同。

---

① [美]费正清编:《剑桥中华民国史》上卷,中国社会科学出版社,1994年,第528页。

没有想到①

蚂蚁问蝉说:"你为什么不和我们一样,夏季里储蓄着东西呢?"

蝉说:"那时候我当着风唱歌,没有想到储蓄的事。"

蝉和蚂蚁②

蚂蚁问他道,"为什么在夏天你不去收集食物的呢?"蝉答道,"没有功夫哩,那时是美妙地唱歌。"

从这两者的对比中,我们可以得出开明本(初小)寓言语言的规范性主要体现在以下几方面。

第一,言语动词的规范性。"道"和"说"都是具有言说意味的动词,"道"作为言说动词,在古代和近代汉语中频繁使用,但在现代汉语的日常口语中已经衰弱,而"某某说"这样的结构还是经常出现在现代汉语中。可以看出,周作人版本的语言还是残留着一定的文言意味,而叶圣陶先生的语言则更好地呈现出白话文语言的规范性。

第二,标点符号更为规范。开明本(初小)《没有想到》中言语动词"说"后面的标点是冒号,而周作人《蝉和蚂蚁》中"道"后面的标点是逗号。"1920年2月,北洋政府教育部发布第53号训令《通令采用新式标点符号文》,批准了这一议案。这是我国第一套国家法定的新式标点符号。"③该文件规定冒号用在"说、想、道"等词语后边,配合以引号,连接直接引语。通过引号和内容可以判断两版的对话均是直接引语,但周作人《蝉和蚂蚁》在直接引语前面用的是逗号,而叶圣陶则用了冒号。从这里的标

---

① 叶圣陶编:《开明国语课本》(初小)第五册,丰子恺绘,开明出版社,2011年,第76页。
② [古希腊]伊索:《全译伊索寓言集》,周作人译,中国对外翻译出版公司,1999年,第146页。
③ 萧世民:《中国历史上的标点符号规范化》,《郑州大学学报(哲学社会科学版)》2004年第6期。

点符号也可以看出,开明本(初小)在语言上更符合当时的规范。

第三,叶圣陶更注重句式和语序的规范,使语言更加符合社会习惯。比如《没有想到》中的"你为什么不和我们一样,夏季里储蓄着东西呢"①和周作人的"为什么在夏天你不去收集食物的呢"②在句式上都是疑问句,但是语序上叶圣陶更为规范,遵循主谓宾这样基本的白话文语法结构。而周作人版本的语句在句式上吸收了西方语言语法中的倒装,没有将主语置于首位。这可能和周作人的《全译伊索寓言集》直接译自外文版《伊索寓言》有关。

(二) 语言的口语化

叶圣陶先生曾经在《不存私心的严正的批评》一文中提出:"对于课文的撰作,我希望念来上口,与平常说话一个样,而且不背于明理。"③叶圣陶先生主张追求语言的平实质朴,像平常说话一样,而且符合儿童阅读的逻辑,这些是编写教材的重要原则。语言的口语化拉近了学生与文本的距离,对于寓言故事来说,这样更容易营造一种情境,还原真实的生活语境,最主要的是能让学生更容易地接受寓言传递出来的重要道理。在开明本(初小)的寓言选文中,其语言口语化的体现形式是十分多样的,具体可见以下文本分析。

1. 句式——多采用对话形式

寓言语言口语化的特点,充分表现在文本中句式的选择上。叶圣陶在改编寓言故事的过程中,多用大量的对话形式来展开故事,例如我们熟悉的《龟和兔子赛跑》:

龟问他说:"你做什么?"

---

① 叶圣陶编:《开明国语课本》(初小)第五册,丰子恺绘,开明出版社,2011年,第76页。
② [古希腊]伊索:《全译伊索寓言集》,周作人译,中国对外翻译出版公司,1999年,第146页。
③ 叶圣陶:《叶圣陶集》第16卷,叶至善等编,江苏教育出版社,1994年,第13页。

"我在这里练习练习,预备同山羊赛跑。"

"我同你赛跑,好不好?"

"哈哈,哈哈……"兔子笑个不歇。

"你这迟笨的东西,也能同我赛跑?"

"我们不妨试一试。我们从这里跑起,谁先跑到那棵大树下,谁就胜了。"

"你要试,就同你试一试。"……①

从例文中可以看出,叶圣陶是用对话的形式来描写龟兔赛跑的过程的。乌龟一句,兔子一句,你来我往,推动着整个寓言故事走向高潮。普遍的对话形式可以把以动物为主人公的寓言故事和儿童实际的生活联系起来,也符合儿童的语言交流习惯,同时体现口语化特点。

第一,对话前没有人称和言语动词。减少提示语,展现直接的对话形式,好像眼前的兔子和乌龟一人一句,来往自如地对话着。在对话过程中没有过多的前缀性语言,简单凝练,符合生活中的口语特点。直接引入对话更好地保持了整个寓言故事的完整性,也使得情境更有说服力。

第二,对话多用短句,也体现了其口语化的特点。最鲜明的例子有《桥上两只羊》:

白羊说:"让我!"

黑羊也说:"让我!"

白羊说:"只有你让我,我是不让你的。"

黑羊也说:"只有你让我,我是不让你的。"②

可以看出,这里的对话都是简短的,"让我"这样的句式甚至

---

① 叶圣陶编:《开明国语课本》(初小)第四册,丰子恺绘,开明出版社,2011年,第42页。

② 叶圣陶编:《开明国语课本》(初小)第三册,丰子恺绘,开明出版社,2011年,第11页。

成分都是不完整的。我们知道,此类简短的祈使句是日常生活中常用的句式,用来表达强烈的语气情感。除了句子简短,句式也是单一的,不像书面语那样丰富多彩,重复的句式使得语言节奏更贴近口语。

2. 词汇——大量采用口语词

叶圣陶在寓言选文上采用口语化的艺术语言,虽然贴近口语,但不等于照搬口语,文学作品中的口语跟平常人的说话还是有区别的。叶圣陶从口语中提炼出大量生动活泼、富有表现力的口语词,经过加工提炼后大量运用,使其寓言语言获得了口语的本色和韵味。叶圣陶对寓言词汇的口语化,主要体现为实词的口语化、词语搭配的口语化、称呼语的口语化。

第一,实词的口语化。实词在寓言故事中出现的频率较高,叶圣陶在许多实词的运用上都采用了口语词来代替书面语,使句子读来亲切随意。而实词的口语化中包括了名词和形容词,比如:

(1)《"我要做丝"》中有"蚕说:'没有工夫说话。'"[1]这个例子中的"工夫"就是口语化的名词。"工夫"一词明显是从口语中提炼出来的,在文本中代替了"时间",表达了"没有时间说话"的意思。比之"没有时间","没有工夫"更为通俗化地表达了"蚕"很忙,赋予了"蚕"拟人化的特点,富有极强的表现力。

(2)《鲫鱼和蟹》中有:"一群小鲫鱼在河里游行,活泼泼地。"这里的"活泼泼"就是一个口语化的形容词。它表达"活泼"的意思,但叶圣陶采用了叠词,读来更加富有生机,仿佛真的能看见一群小鲫鱼在灵活生动地游行着。这样的叠词突破了书面语的生硬刻板,从而展现了口语灵活的特点,把小鲫鱼活泼生动的形象通过口语化的叠词展现得淋漓尽致。

第二,词语搭配的口语化。口语化的词语搭配也是叶圣陶

---

[1] 叶圣陶编:《开明国语课本》(初小)第二册,丰子恺绘,开明出版社,2011年,第30页。

在寓言选文中经常使用的语言特点,这使原本生硬的书面搭配变得活灵活现。比如:

(1)《龟和兔子赛跑》中有"龟问他说:'你做什么?'""做什么"一词表达是"干什么"的意思,是一个动宾搭配。我们知道,"做什么"通常是在日常口语中出现的,不是很正式的书面语,但读来就体现了故事的真实性。口语化的词语搭配使得对话自然而贴近生活,便于学生入情入境地学习寓言故事。

(2)《愚公》中的智翁跑来劝阻愚公时说过一句话:"你也太欠聪明了。"①"欠聪明"就是指"不够聪明",在这里也是一种动宾搭配。"欠"一词体现了旁人觉得愚公想要搬走大山这种行为无比荒诞的心情。张永言先生在《词汇学简论》中说:"就汉语而论,口语词汇多半是单音节词,而跟他们相当的书面语词汇则是双音节词……在风格上双音节词'文'一些,单音节词'白'一些。""欠"一词代替了相当的书面词汇"不够",而"欠聪明"按照张永言先生的说法,就是"白"一些,也就是口语一些。

第三,称呼语的口语化也体现了寓言词汇的口语化特征。在寓言故事中,使用称呼语是较为常见的现象。叶圣陶在开明本(初小)寓言的选文中,用了口语化的称呼语。不同的称呼语其实是为了体现人物(动物)之间情感态度的具体差异,比如《"看你出去不出去"》中的两处称呼语很有特点:

> 蟋蟀笑着说:"小东西,你们的家我不能进来吗?"
>
> "蛮东西,看你出去不出去!"许多蚂蚁把半死的蟋蟀扛出窠外去。②

第一处的称呼语"小东西"是蟋蟀笑着说的,从这个听上去有些戏谑的称呼语中,可以体会到蟋蟀对蚂蚁的不屑。承接后

---

① 叶圣陶编:《开明国语课本》(初小)第七册,丰子恺绘,开明出版社,2011年,第64页。

② 叶圣陶编:《开明国语课本》(初小)第三册,丰子恺绘,开明出版社,2011年,第9页。

面的句子"你们的家我不能进来吗",可以自然地感受到蟋蟀对蚂蚁的小看。同时"小东西"这样的称呼语也让蟋蟀放大了自己,更好地体现了其自负、欺凌的形象。而第二处称呼语就是蚂蚁称呼蟋蟀的"蛮东西"。很明显,能看出蚂蚁是在咒骂蟋蟀"混账东西"。对比前面的"小东西",蚂蚁用了类似的称呼语前后呼应,表现了蚂蚁对蟋蟀的回击。而且"蛮"这一前缀带有直接的贬义色彩,不像蟋蟀自负地戏谑,蚂蚁的对抗显得更为直接,这也表现了蚂蚁敢于抗争的性格。

这样的称呼语在寓言中还有许多,比如《穷人与富翁》中的"坏东西!我上了你的当",还有《渔人的网》中"渔人痛了,非常动怒,说:'可恶的东西!'"等,都是直接而日常的称呼语。恰当而口语化的称呼语使寓言中角色的形象性格和情感态度显得更为直接和饱满,同时促使寓言故事的情境更为鲜明。

(三)语言的诗化特征

《开明国语课本》(初小)中的寓言语言还有一个重要的特点,就是诗化。将寓言故事融入诗歌的语言形式,原本一成不变的叙述性语言因为诗歌朗朗上口的语言节奏变得更为活泼,带有节奏的语言形式也更为有趣。比如《守株待兔》,在开明本(初小)中被改写为儿童诗歌形式的《农人与野兔》:

> 一只野兔迷了路,跑进树洞不敢出。
> 一个农人看见了,伸手就把它捉住。
> 满腔欢喜他独自说:"我意外得到一只野兔!"
> 农人放下犁和锄,每天守着那棵树。
> 旁人问他做什么,不种田也不垦土。
> 满腔希望他回答说:"我想再得到一只野兔!"
> 田里没人去照顾,所有的稻全已枯。
> 第二只兔不见来,树下农人渐醒悟。

满腔懊恼他独自说:"我坏在得到一只野兔!"①

这篇寓言由叶圣陶先生改编自传统寓言《守株待兔》。我们很明显能看出,这是一篇诗歌体的寓言,其中叶圣陶叙述的语言呈现了诗化的特征。

1. 音韵美和节奏美

语言的诗化,在《农人与野兔》中得到了最直接的体现,其语言富有音韵美和节奏美。我们知道,一般来说,韵律和节奏是诗歌所必需的。这篇已经诗化的寓言不仅在意蕴上充满弹性,还在语调上富有明快的节奏感。故笔者从音韵和节奏两方面进行具体的分析。

首先,诗化语言的音韵美主要体现在押韵上。从文本中每句话的尾音"不敢出""捉住""野兔""那棵树""不垦土""已枯""渐醒悟"可以看出,每句话都是押了"u"的韵脚。这样明显的押韵使得文本语言有了音韵美,仿佛歌曲的低声部和高声部,虽然音色不同,但是奏出了和谐的韵律。

其次,诗化语言的节奏美主要体现在语句整齐而有规律性上。选文中的句子有一个明显的特点,就是讲究音节匀称,富有整齐美。节奏是明快而有规律的,使得语调充满音乐的动感。"不种田也不垦土"这样的语言就像童谣,三言两语就能将听觉转换为视觉形象,让形象立体化,传神地演绎故事。同时,语句的排列是有一定规律的,分别是两句工整的七言对仗,然后用一句"满腔……说:'我……'"进行收尾。整个文本可以分成三段,每段形式统一而内容富有变化,体现了一种"＋＋—/＋＋—/＋＋—"的句列形式,好像音乐的节拍一样,和谐统一,读来就具有一种规律而齐整的节奏美。

2. 诗化语句关系

除了音韵美和节奏美,注重语句关系也体现了语言诗化的

---

① 叶圣陶编:《开明国语课本》(初小)第五册,丰子恺绘,开明出版社,2011年,第13页。

特征。叶圣陶的语言不以意象取胜,而讲究文字的组合,从语句的关系中产生诗化意味。有学者认为:"就叙述语言的结构来说,'关系'是最重要的,'意象'则属于第二位的因素。"①反观《农人与野兔》,我们并没有发现叶圣陶在这首诗歌体寓言中运用了什么具有特殊含义的意象,野兔就是野兔,农人也没有代表什么。甚至把《农人与野兔》拆开来,每一句也都是十分平常的话,没有什么绮丽的词语,也不包含感性的意象。比如将第一句和第二句拆开单独看,"一只野兔迷了路,跑进树洞不敢出"以及"一个农人看见了,伸手就把它捉住"②这样的语言朴素平实,只是简单地叙述了"野兔迷路"和"农人捉兔"这两件事,既没有描绘性的词语,也没有深刻的意象支撑。但是当这些语句排列组合在一起时,却产生了一种独特的韵味和意趣。比如,同样的两句组合在一起再读:

> 一只野兔迷了路,跑进树洞不敢出。
> 一个农人看见了,伸手就把它捉住。③

"一只野兔"对上"一个农人",原本平常的描写变成了工整的对仗。而当这篇寓言都排列在一起时,呈现出一种反复的特点。我们可以把文本看成三段,分别断在以下这几句:

> 满腔欢喜他独自说:"我意外得到一只野兔!"
> 满腔希望他回答说:"我想再得到一只野兔!"
> 满腔懊恼他独自说:"我坏在得到一只野兔!"④

通过把文本分为三段,可以发现其实叶圣陶在这里展现了语

---

① 格非:《小说叙事研究》,清华大学出版社,2002年,第91页。
② 叶圣陶编:《开明国语课本》(初小)第五册,丰子恺绘,开明出版社,2011年,第13页。
③ 叶圣陶编:《开明国语课本》(初小)第五册,丰子恺绘,开明出版社,2011年,第13页。
④ 叶圣陶编:《开明国语课本》(初小)第五册,丰子恺绘,开明出版社,2011年,第13页。

言的一种反复性。反复的语言给人一种情绪的连贯感,哪怕中间插入了对旁人和田野等其他事物的描写,回到这句话时,情感的迸发依旧是连贯的。就是这样简单的语句排列,令再普通不过的语言散发出诗歌一般连绵的韵味,富有回环美。同时,这样的反复手法使得内容层层递进,铺开叙述,很符合寓言文本的故事性特点。

叶圣陶通过诗化的语言,将《守株待兔》这样传统的寓言故事描绘得幽默风趣。诗化的语言使得寓言文本富有音韵美和节奏美,对于认知发展水平还不是很高的小学生来说,使语言充满音乐美,能更好引起他们的兴趣。

三、《开明国语课本》(初小)寓言选文的编排

《开明国语课本》(初小)寓言选文的编排是基于整套教材的编排特色的。叶圣陶先生以独特的编辑视角,贯彻"以儿童为中心"的理念,采用了单元组合排列、三位一体排列、图文排列、分阶段排列等独特的编排方式,使得开明本(初小)中的寓言选文在编排上具有鲜明的特征。

(一)整体性——单元组合

首先,《开明国语课本》(初小)中寓言选文的编排展现的是一种整体性的特征,这主要体现在单元组合的排列方法上。

五四运动之后,单元教学的方法传入了中国,这对当时的教材编排产生了重大影响。在1935年之前,语文教材的选文向来都是简单地按照时代、作家或者文体等简单归类编排的,直到叶圣陶、夏丏尊编写的《国文百八课》问世之后,才确立了语文教材单元组合的格局。在《开明国语课本》(初小)的《编辑要旨》中,叶圣陶指出:"本书每数课成一单元,数个单元又互相照应,适合儿童学习心理。"[1]所以,其实能看出叶圣陶在开明本(初小)的编

---

[1] 叶圣陶:《叶圣陶语文教育论集(上)》,教育科学出版社,1980年,第166页。

排中已经运用了单元组合的科学方法。在开明本(初小)的28篇寓言中,选文组织均呈现为单元体例的结构,具体体现在以下几个方面。

1. 课文内容的连续性

单元组合方式体现在课文内容的连续性上。由于寓言故事的篇幅都相对短小,所以会通过几篇课文构成一个完整的寓言,而这几篇寓言都呈现了同一个单元主题。在开明本(初小)的28篇寓言选文中,共有16篇是以该方式编排的(详见表8)。

表8 开明本(初小)所收寓言的单元主题

册数	篇目	单元主题
二	"我要做蜜" "我要开路" "我要做丝" "叫我做什么事呢"	劳动
三	这是我们的窠 看你出去不出去 凿石头 自己打成的东西	劳动
五	鲫鱼和蟹 渔人的网	团结
	这个话不错(一) 这个话不错(二)	主见
六	听狮子叫 胆量与力量	团结
	笨人 百灵搬家	劳动

比如第二册中,《"我要做蜜"》《"我要开路"》《"我要做丝"》《"叫我做什么事呢"》这四篇寓言故事的编排,单看的时候,可能不明白寓意,但是它们连在一起,就是一个完整的寓言故事,并构成了一个单元,主题是"劳动",体现了前后课文延续内容的特点。从表格中可以看出,随着年段的增长,一篇寓言故事通常被

拆解为两篇短篇课文。比如第六册中的《笨人》和《百灵搬家》，是同一个寓言。叶圣陶创作时将其分为两篇课文，同样体现了"劳动"这个单元主题。

在学生的学习中，这种课文和课文紧密联系的单元组合方式符合儿童整体认知的记忆连续规律。一篇课文是一个知识点，单元组合则将相邻的点连为一条线，而一条清晰的脉络线有助于学生对知识的整合记忆。同时，单元组合还能激发儿童的好奇心。一篇课文学完了，可是故事好像还没讲完，这时孩子受到好奇心的驱使，自然会顺着线索把接下来的课文看下去。孩子读了这篇课文，就对下一课的内容产生了兴趣，有了阅读的目的和需要，自然学得轻松，也乐意去进一步学习。

2. 文体排列的错杂性

在课文形式上，不同文体错综排列，也是单元组合方式中的重要特点。从上述表格也可以看出，随着年段的增长，不仅寓言这一单独的文体被进行单元组合，更多的是寓言和其他不同文体的课文被编入同一单元主题，以形成整体。这种在课文形式上不同文体错综排列的方式，比之低段，中段呈现得更为明显。因为"初学先用口述故事，次用演进连续的图画故事（每图有简单语句的），再次用语句多反复的故事，到三四年级才可多用通常的故事"①。所以，低段教材多诗歌、童话这样的儿童文学作品，没有过多复杂多样的文体，而到了中段，文体特征开始明显起来。

比如第五册的第 21 篇和第 22 篇课文——《鲫鱼和蟹》《渔人的网》。它们自身是一个完整的寓言，两篇课文前后紧密联系。同时，在这两篇课文之前，叶圣陶还编排了《三脚赛跑》这首儿歌，以及书信体《运动会》。这四篇课文中有诗歌、有书信，还有寓言故事，不同文体错综排列，形成一个单元，主题是"团结"。

在课文形式上，采用不同文体错综排列这样的单元组合方

---

① 参见《1929 年小学语文暂行课程标准小学国语》。

式,可以有效避免由同一文体排列在一起而造成的单调性。在同一单元主题下,错综的文体排列有利于调动孩子阅读的兴趣,增加教科书对孩子的吸引力。而对于寓言这一文体来说,也不会是枯燥的系列呈现。配合以其他文体,寓言可以更好地传达其寓意。

3. 单元主题的重复性

纵观开明本(初小)八册教科书,寓言编排的整体性还体现在单元主题的重复出现上。同样是劳动这个单元主题,从表格中可以看出,第二册中的《"我要做蜜"》等四篇寓言所在的第五单元、第三册中《这是我们的窠》等两篇和《凿石头》等两篇分别所在的第二、七单元,还有第六册中《笨人》和《百灵搬家》所在的第四单元,都是"劳动"这一主题的。这样重复的主题编排的好处之一就是教材的前后关联,利于教学。通过低段简单的《"我要做蜜"》这样的故事进入"劳动"的寓言主题,在接下来的学段中重复出现"劳动",到第六册的《笨人》和《百灵搬家》,无论是篇幅还是故事情节,都完整了很多。这样周而复始的编排特点,体现了循序渐进的规律。

(二)形象性——图文融合

《开明国语课本》(初小)的寓言选文编排还有一个独特之处,就是丰子恺先生的插图。丰子恺先生用毛笔漫画的形式简单勾勒出一幅幅生动形象的插图。打开开明本(初小)教材,给人的第一感觉就是图文并茂,直观形象。课本经当时的国民政府教育部审定,教育部的批语是"插图以墨色深浅分别绘出,在我国小学教科书中创一新例,是为特色"。插图的编排使寓言选文原本枯燥的文字变得图文并茂,文字描绘出的情境可以更为直观形象地用插图展示出来。这些插图与寓言文本结合的形式丰富多样,和文本起到相辅相成的作用。

1. 插图代替文字

插图直接代替寓言文本中的文字,化抽象为具象。比如在第二册的《"叫我做什么事呢"》中,插图就直接代替了一些文字(见图7)。"鸟在树上"中的"鸟"直接用鸟的绘画来代替,"鸭子也问"中鸭子也直接用了绘画形式,这使整个文本变得更生动形象。在低段的文本中,用插图直接代替一些文字使得课文里的字仿佛成了一个个鲜活灵动的生命,而这牢牢地吸引了孩子们的目光。

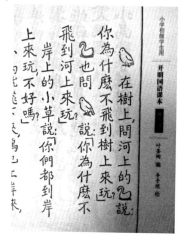

图7 《"叫我做什么事呢"》

2. 插图文字无边界

许多寓言选文的插图与文字无边界,图文关系更为紧密。丰子恺先生对于插图的放置很讲究,在低年段教材中,图文大多交融一体,且都位于文字下方。比如第二册中的《"我要做丝"》(见图8)、第三册中的《桥上两只羊》(见图9),这些寓言的插图与文字都没有边界,多置于文字的下方,这样的图文结合方式使

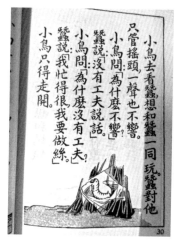

图8 《"我要做丝"》

图9 《桥上两只羊》

得寓言的文本和插图的关系更为紧密。两者的无边界融合,使得文本和插图浑然一体,而非机械地分割开来。这样,学生在阅读文本的时候,可以时刻关注到插图,留下直观印象,同样在关注插图时,脑海里也能浮现文本的内容。

3. 连环画的情境化

以连环漫画的形式配合文本,使得寓言的故事性情境化。随着年段的增长,寓言故事篇幅增长,插图的内容也变得更为丰富。有时一幅插图不能表达这篇寓言故事的内容,所以中段教材的插图在呈现上更多地表现为连环画的形式。

这些寓言故事的文本篇幅较之低段更长,故事情节也更为丰富,所以丰子恺先生采用连环画的形式,将寓言故事的情节一一展开。而且,连环画与文字的边界也明显分割,与文本保持距离,这是为了更好地为文本服务。中段的孩子已经初步具备文字阅读能力,可以慢慢降低其对图画一类具体形象的依赖。而连环画在文本之后的配合,既给了文本主体的地位,又完善了寓言故事的情境性,使之不至于丧失趣味性。比如第五册中《渔人的网》的插图是五张连环画的形式,标注了漫画的顺序,并且是

图10 《渔人的网》

图11 《胆量和力量》

另起一页排版的(见图10)。第六册中《胆量和力量》的插图也是以六幅连环画的形式自上而下排列的(见图11)。

总的来说,插图与课文的有机融合,对于小学生学习寓言故事起到了很好的促进作用。因为图画一方面是对文字内容的立体阐释,给予孩子最直观的感受;另一方面还可以激发儿童对寓言文本的阅读兴趣,吸引其目光。"发展心理学认为,一至四年级儿童的思维活动正从幼儿期的具体形象思维向童年期的抽象逻辑思维转变。"[1]针对这一特点,教材在知识内容的呈现方法上,以图文并茂的方式来突出形象化的内容是值得肯定的。

(三) 阶段性——循序渐进

寓言选文在编排上除了整体性和图文融合的特点,还体现出了阶段性的特征,即编排符合学生年龄特点,循序渐进。

1. 字体:从手写体到印刷体

首先是寓言选文的字体编排,在字体选用上,开明本(初小)的寓言选文分为手写体和印刷体两种。而随着年段的增长,手写体的比重逐渐下降。"一到四册的寓言选文均是手写体,而五到八册基本上是印刷体为主。"[2]只有个别篇目,如《农人与野兔》这样特殊的诗歌形式是手写体。手写体中又包括行书和正书。课本的字体符合1932年颁布的《小学课程标准国语》的要求,"规定时间练习正书行书","认识通用字的正书行书及俗体"[3]。针对当时课程标准的具体要求,叶圣陶在开明本(初小)的寓言字体编排上,一开始采取手写的行楷字体示范,再逐渐过渡到规范的印刷体。

手写体的编排除了符合当时的《小学课程标准国语》之外,

---

[1] 贾雪、王磊:《从〈开明国语课本〉的编制特点看新教材建设的思路》,《传播与版权》2014年第12期。
[2] 张伶、朱婕:《〈开明国语课本〉的编排特色》,《连云港师范学院高等专科学校学报》2013年第4期。
[3] 参见《1932年小学课程标准国语》。

还有其独特的优势。在小学低段,学生的心理还处于喜欢具体形象有趣的事物的阶段。同样,其识字、写字的心理也是如此。我们知道印刷体是枯燥的,是一种相对固定的字体模式。无论是字体,还是上下左右的排列间距,都是刻板的,因为其讲究规范性。但是手写体不同,编者亲自书写的手写体是灵动的,而且更具生命力。与印刷体相反,手写体字体变化多元,间距自由,大小殊异,哪怕是同一个"我"字,编者也写得灵活多样。而这样的手写体更加生动形象,更具生命力。而到了中段,儿童需要逐渐掌握规范的字体,所以字体编排更倾向于印刷体。所以从手写体入手,再逐渐要求规范性的印刷体,可能更符合学生的识字、写字心理。

除了手写体这一编排符合学生发展的阶段性之外,字体的大小和数量也体现了这一特征。从开明本(初小)寓言选文中统计得出,字体的大小随着学段的增高而减小,文字数量越来越多。比如低段第二册一篇寓言选文平均约70字,第三册中一篇寓言平均约100字,到了第四册平均为160字。再到中段,第五册中平均一篇寓言选文为200字,第六册中约240字,第七册仅一篇《愚公》,共454字,第八册中也只有一篇《富翁与穷人》,共443字。逐渐上升的字数、逐渐变小的字体大小,都体现了其字体编排上符合儿童认知水平发展的特点。随着年段增长,学生阅读的能力逐渐提高,速度越来越快,能够在一定时间内集中阅读的文字量也越来越大。所以,字体编排越来越小,间距也越来越紧密,数量越来越多。

叶圣陶先生在开明本(初小)寓言选文的字体编排上所体现出来的先大字(毛笔字)、后小字(印刷字)的特点,符合儿童识字的习惯。而这些具体的特点都体现了一个循序渐进的规律,这样循序渐进的编排正是其阶段性的表现。

2. 插图:逐渐让位于文字

除了字体编排体现出儿童发展的阶段性,插图的比重也显示出了循序渐进的特点。据统计分析,四个年级寓言选文中插图所占的百分比如图 12 所示。

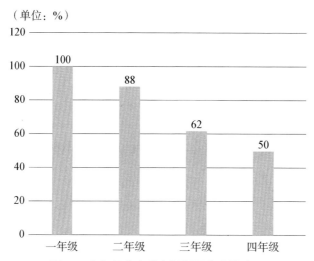

图 12　各年级寓言选文插图百分比统计图

由上图可见,寓言选文的插图比重是随着学段增长而减少的。一年级教材中寓言选文的插图比重是 100%,二年级是 88%,三年级 62%,四年级 50%,比重逐年下降。"因为随着年级的增高,寓言选文的文字内容增多,插图让位给文字,所以呈现出插图比重逐年减少的规律。"[1]

在一年级的寓言选文中,每一篇寓言故事都会配上一幅插图。比如《我要做蜜》《我要做丝》《我要开路》和《叫我做什么事呢》这四篇寓言是一个完整的故事,但是在编排时,教材还是给每篇课文都配上了一幅画。随着年级增长,插图出现的频率开始下降,比如在第六册的《笨人》和《百灵搬家》中,同样是两篇寓言才构成一个完整的故事,教材却只在故事结束后配了

---

[1] 张俊博:《民国时期小学语文教科书〈开明国语课本〉的结构研究》,渤海大学硕士学位论文,2014 年,第 30 页。

一幅图片。

而小学中段的孩子刚好处于从形象思维向抽象思维转折的关键年龄,文字的认知能力提高,为了适应这种发展规律,适当减少不必要的插图,可以增强儿童的阅读能力,拓展其想象力。

基于以上分析,笔者认为开明本(初小)寓言选文的编排,无论是在字体,还是插图上,都显示出其循序渐进的阶段性特点。阶段性、整体性和图文并茂,都是开明本(初小)在寓言选文编排上体现出的独有特征。

四、开明本(初小)寓言选文对现行小学语文教材的启示

通过上述对开明本(初小)寓言选文的来源、语言和编排特点的探究,我们可以感受到叶圣陶以儿童为中心的教育态度和教育理念,这里汲取一些对现行语文教材中寓言选文的启示和借鉴。

(一)来源上:集体编写和个人编写

我们知道,开明本(初小)中的寓言选文有许多是叶圣陶先生原创的,而现行小学语文教材中的寓言选文是集体编写的。个人编写和集体编写有着本质的差别,笔者将辩证地对两者进行反思。

1. 个人编写的选文主观意识强烈,没有集体编写来得客观。我们知道,教材的编写会体现教材编写者的教育理念。《开明国语课本》(初小)因是个人编写,叶圣陶的教育理念是贯穿始终的,颇具叶圣陶的主观色彩。虽然叶圣陶的教育理念中有好的方面,但其中也不乏消极之处。而集体编写由于是多人合作,个人的主观色彩在集体的融合下会减弱许多。同时,集体编写能够体现更为多元的编辑理念。集体编写需要编写者相互探讨,不断碰撞思维,尽量赋予选文最好的内容,也使编写更为客观。

2. 个人编写的风格较为单一,不如集体编写风格多元化。

由于开明本(初小)是叶圣陶一人编写的,其文本风格较为统一。风格统一在一定程度上能使整套教材更为完整,但个人编写也会使教材中各个文体的区分度不大,语言风格也较为单一。比如其中寓言和童话故事的叙述风格就有相似之处。而集体编写的多人思维更发散多元,也具有更多样的编写风格。而通过不同的编写风格呈现出多元风格的文本,能适应更多学生的阅读习惯。

3. 个人编写的思路更为完整。不难看出,在开明本(初小)中,叶圣陶在寓言选文上的编写思路是一脉相承的,无论是单元主题的呼应,还是和其他文体的配合排列,教材编辑理念和思路都是清晰的一条线。而集体编写因为人数众多,难免在编辑理念和编辑思路上有分歧点。

通过辩证的分析,笔者认为两者都有其优缺点。所以在未来的小学语文教材编写中,可以考虑将两者所长结合起来,发挥各自的优势,形成以一人为中心的多人集体辅助编写模式,既避免个人编写主观意识强烈和风格单一的缺陷,又吸收编写思路完整的优点。

(二) 语言上:诗化寓言风格

笔者通过研读两版本的寓言选文,发现两者在叙述语言上有很大差异。造成语言差异的因素有很多,除了与两个版本所处的时代不同有关之外,也和编者的编辑理念有着密不可分的关系。而其中最明显的差异,就是开明本(初小)的语言存在诗化特征。这一特点是现行教材寓言的叙述语言所没有的。而寓言语言诗化这一独特性,笔者认为是值得借鉴的。

开明本(初小)诗化的语言充满了儿童世界独有的情趣,体现了其语言的趣味性,确实更符合学生的认知水平。所以在寓言语言上,现行语文教材可以借鉴开明本(初小)中的语言风格,吸收诗化特征,展现儿童世界的情趣。

（三）编排上：倾向多元形式

1. 手写体的编排

将手写体编排进教科书，是现行小学语文教材所没有的重要特色。

首先，手写体编排符合小学生的生理机制发展情况。我们知道，低段的孩子有很多手指骨骼还没有完全发育成熟，他们不能规范地写好生字。印刷体对其来说是极其规范的存在，许多成年人都不能达到这一目标，更何况低龄儿童。所以在低段编入手写体，更容易被小学生模仿，从而达到识字、写字的教学目标。

其次，手写体编排符合低段小学生识字、写字的心理特征。低段儿童喜爱有趣形象的事物，印刷体较为固定刻板，没有手写体有生命力。所以手写体编排使文本的编排更为灵活形象，而不是死气沉沉，在一定程度上更吸引儿童的注意力。

最后，从手写体到印刷体的编排，逐步走向规范，体现出循序渐进的特点。这也符合小学生心理机制的发展规律。所以在寓言文本的字体编排上，我们在低段可以考虑采用手写体。

2. 插图的形式多样

由于时代的局限性，开明本（初小）的寓言插图均是单一的水墨配图。而现行语文教材的寓言插图则受益于现代科技的发展，色彩丰富，因此更受学生的喜爱。然而根据笔者对小学生的访谈，也有一部分孩子认为开明本（初小）中寓言选文的插图形式更新颖有趣。

比如，学生普遍比较喜欢开明本（初小）插图中连环画的形式。连环画的插图形式可以更好地引起学生的兴趣，尤其是在寓言这一有故事情节的文学体裁上。连环画本身就具有一定的故事情节，作为插图，与寓言文本的故事性相得益彰。除了连环画的形式，开明本（初小）用插图直接代替低段寓言选文中的文字也值得借鉴，这样的形式可以使文本更为灵动、有生命力。

我们在保留现行教材中配图色彩鲜艳、内容丰富等优点的同时，也应该借鉴开明本（初小）寓言选文中一些多样的插图形式，给予学生更多不同的审美体验。

《开明国语课本》（初小）出版于民国教育改革时期，集叶圣陶先生的文字和丰子恺先生的插图为一体，是自编教科书中的典范之作，可以说在当时促进了中国教育的一次重要转型。像这样经典的民国老教材，必有值得我们学习之处。取其精华，去其糟粕，是我们前行的方向。

第三节 《守株待兔》教材化的历史演变研究

一、《守株待兔》在民国小学教材中的收录情况

（一）民国不同历史时期的收录情况概述

本节所涉及的收录了《守株待兔》这一寓言选文的民国小学语文教科书有五本，分别是：《新制单级国文教科书》（初小用一乙编）、《商务国语教科书》、《新学制小学教科书初级国语读本》、《新主义国语读本》（初小用）、《开明国语课本》（初小）。因民国小学语文教科书在语文教学历史上具有一定的历史延续性和纵向的影响，所以笔者将五本民国小学语文教科书作为研究的主体。另外，《国文故事选读》《中国寓言读本》和《兽的成语故事》是民国时期收录了《守株待兔》这一寓言选文的三本重要课外读本，因此这三本语文课外读本将被作为辅助史料来论述相关的历史演变。表9是对八本教材或读本的编著者、出版社等主要相关出版信息的汇总。

在表格中，笔者根据《民国时期小学语文教科书评介》[①]对民

---

① 闫苹、张雯主编：《民国时期小学语文教科书评介》，语文出版社，2009年，第4页。

表 9 《守株待兔》选文在民国小学语文教材中的收录情况

时段	教材名称	标题	编著	单元目录所属	出版社	出版时间	形式
民国初期（壬子癸丑学制）	《新制单级国文教科书》（初小用乙编）	《守株待兔》	范源濂、刘传厚、沈颐	乙编七册	中华书局	1915年	文言文
民国初期	《商务国语教科书》	《守株待兔》	庄俞等编写，张元济校订	中册第二十二课	商务印书馆	1917年	文言文
新学制时期（壬戌学制）	《新学制小学教科书初级国语读本》	《农人捉白兔》	魏冰心、范祥善等	第三册第五篇	世界书局	1924年	白话文
新学制时期	《国文故事选读》	《守株待兔》	陶孟和	全一册第十四篇	亚东图书馆	1926年	文言文
课程标准时期	《新主义国语读本》（初小用）	《农人捉白兔》	魏冰心、吕伯攸	第三册第八课	世界书局	1931年	白话文
课程标准时期	《开明国语课本》（初小）	《农人和野兔》	叶圣陶、丰子恺	第五册第八课	开明出版社	1932年	白话文
课程标准时期	《中国寓言读本》	《守株待兔》	曹鹄雏	第一册第三十课	世界书局	1933年	白话文
课程标准时期	《兽的成语故事》	《守株待兔》	张若虚	第四课	儿童书局	1946年	白话文

国时期小学语文教科书的历史分段,将涉及《守株待兔》这一寓言选文的教材分三个时段进行了收录情况的介绍。这三个语文教育史时段分别为:民国初期、新学制时期和课程标准时期。这三个时期主要是根据当时的学制和课程纲要(课程标准)来划分的,在后文中笔者将对这三个时段的划分依据进行简要阐述。

1. 民国初期的选文收录情况(1912—1919年)

以1912年南京临时政府教育部颁布《小学校教则及课程表》废止"读经讲经"科,提出设"国文"科为开始,到1919年教育部下令将小学一、二年级的"国文"改为"国语"①结束,这一时段称为民国小学语文教育史概念上的"民国初期"。民国初期有两本小学语文教材将《守株待兔》这一寓言作为课文选入教材之中,分别是《新制单级国文教科书》(初小用—乙编)和《商务国语教科书》。

(1)《守株待兔》在《新制单级国文教科书》(初小用—乙编)中的收录情况

在1915年由中华书局出版,刘传厚、范源濂、沈颐编著的《新制单级国文教科书》(初小用—乙编)七册中收录了《守株待兔》这一寓言作为课文。课文的标题沿用了"守株待兔"这一成语。《守株待兔》的课文排在乙编七册的一二(即十二)篇。(各版本选文的编选设置情况将在第三部分"选文的编排"中进行详细的阐述与分析,在此仅做粗略的记录,下同。)《新制单级国文教科书》(初小用—乙编)是笔者能搜集到的第一本收录了《守株待兔》这一寓言的民国小学语文教材,采用繁体文言文进行选文编写。

《新制单级国文教科书》(初小用—乙编)这套教材是由教育部审定通过的。"全套十二册,供初等小学校的国文科使用;民国初期实行壬子癸丑学制,初等小学四年毕业,每学年分为三个

---

① 闫苹、张雯主编:《民国时期小学语文教科书评介》,语文出版社,2009年,第4页。

学期,属于义务教育的范围,法定的入学年龄为6周岁;因此本套教材是供6—10周岁儿童在一到四年级使用的;在后六册的教材中分为甲乙二编,甲编与乙编的第七、八、九册提供给三四年级回环使用。"①该教材有其相匹配的教授书《新制单级国文教授书》,即现在所称的教师用书。此处因为能够搜集到的关于《新制单级国文教科书》(初小用—乙编)的资料不足,所以关于这本教材中《守株待兔》的选文研究很大程度上参考了《新制单级国文教授书》中所编辑记录的内容。

以下是这一教材中《守株待兔》的选文文本:

> 田畔有枯株,兔走触之,折颈而死。耕田者见之,以为必有复来者,因弃耒守株,冀得兔。兔终不至,而田渐荒芜。故人若弃其恒业,而贪幸获之利者,皆守株待兔之类也。②

(2)《守株待兔》在《商务国语教科书》中的收录情况

在1917年由商务印书馆出版,庄俞编著、张元济校订的《商务国语教科书》中册中,同样收录了《守株待兔》这一寓言。课文的标题仍沿用了"守株待兔"这一成语。《守株待兔》的课文排在中册的第二十二课。《商务国语教科书》中的《守株待兔》一课同样采用繁体文言文进行选文的编写,同时配以两幅黑白插图。

《商务国语教科书》是民国时期影响最大的语文教科书之一。以下是这一教材中《守株待兔》的选文文本:

> 田中有古木一株,兔误触之,折颈而死。田夫得兔,喜甚,遂置其田器,不事耕种。日守株下,冀复得兔。久之,田亩荒芜,兔终不可得,为邻人所笑。③

---

① 闫苹、张雯主编:《民国时期小学语文教科书评介》,语文出版社,2009年,第62页。
② 范源濂、刘传厚、沈颐编:《新制单级国文教科书》(初小用—乙编),中华书局,1915年,第19页。
③ 庄俞:《商务国语教科书》,陕西师范大学出版总社有限公司,2011年,第139页。

2. 新学制时期的选文收录情况(1920—1929年)

1920年中华民国教育部规定,将初等小学的国文教学统一改为国语教学,1929年教育部出台了《暂行课程标准》,1920—1929年这一时段被称为"新学制时期"。这一时段以1922年公布的《学校系统改革案》采用"新学制"(壬戌学制)这一六三三分段的学制为重要标志。1923年,全国教育联合会确立并刊布了《中小学课程标准纲要》。小学语文科也有相应的"课程标准纲要"出台。由于学制改革的内容要求,这一时期的教材编写逐渐用白话文取代文言文,实现了教材编写上的言文一致。新学制时期,有一本教材将《守株待兔》这一寓言收录进课文,即《新学制小学教科书初级国语读本》。同时,当时仍有不少国文读本出版,其中《国文故事选读》中收录了《守株待兔》这一寓言。

(1)《守株待兔》在《新学制小学教科书初级国语读本》中的收录情况

《新学制小学教科书初级国语读本》是由魏冰心、范祥善、朱翊新编辑,1924年世界书局出版发行的一套民国国语教材。在该教材的第三册中收录了《守株待兔》这一寓言作为课文选文来源,课文采用了"农人捉白兔"为标题。笔者经过对比,该课文确为由寓言《守株待兔》改编而来的选文。课文被选编在第三册第五篇。《新学制小学教科书初级国语读本》中收录的《农人捉白兔》是笔者目前能搜集到的第一篇采用白话文形式编写的《守株待兔》选文。

以下是《农人捉白兔》选文文本:

> 有一个农人,在树下捉着一只白兔;心里很快乐。从此他就天天坐在树下,守着不去;希望再有白兔走来,过了好几天,捉不到第二只白兔,他想再去种田,可是田已荒废了。[①]

[①] 魏冰心、范祥善:《新学制小学教科书初级国语读本》,世界书局,1924年,第8页。

(2)《守株待兔》在《国文故事选读》中的收录情况

《国文故事选读》是1926年由亚东图书馆出版的故事读本。虽然距离颁布新学制已经过去了四年,但是这本故事读本仍旧是国文读本。该读本的编写者是陶孟和先生,他在序言中说,这本国文读本"可以算作是一种新体国文读本的试验"①。该国文读本中选取了两百多条寓言与故事,皆是古人为儿童学习古文挑选的可诵读材料。陶孟和希望用这一读本来弥补当时特殊的社会背景下,国文理解学习的不足。《国文故事选读》共一册,《守株待兔》被收录在第十四课。该教材中《守株待兔》的选文直接采用了《韩非子·五蠹》中的原文,课文标题采用的也是成语"守株待兔"。

《国文故事选读》中的选文文本如下:

> 宋人有耕田者。田中有株。兔走触株,折颈而死。因释其耒而守株,冀复得兔。兔不可复得。而身为宋国笑。②

3. 课程标准时期的选文收录情况(1929—1948年)

从1929年开始,教育部接连颁布了多项课程标准,因此自1929年起到1949年民国结束这一段时间,被称为语文教育史上的课程标准时期。这一时期小学语文教材百花齐放,种类繁多。这一时期收录了《守株待兔》这一寓言的小学语文教材和读本有四本。其中有两本是主流小学语文教材,分别是《新主义国语读本》(初小用)和《开明国语课本》(初小)。另有两本语文读本也收录了该寓言,分别是《中国寓言读本》和《兽的成语故事》。

(1)《守株待兔》在《新主义国语读本》(初小用)中的收录情况

1931年出版的《新主义国语读本》(初小用)的编著者之一是参与编写《新学制小学教科书初级国语读本》的魏冰心,因此在

---

① 陶孟和:《国文故事选读》,亚东图书馆,1926年,第4页。
② 陶孟和:《国文故事选读》,亚东图书馆,1926年,第24—25页。

《新主义国语读本》(初小用)中也收录了《守株待兔》这一寓言。该教材中《守株待兔》一课的标题沿用了《新学制小学教科书初级国语读本》中的"农人捉白兔"。同样,这一课也被安排在第三册,不过放在了第八篇进行呈现。该教材共八册,在编辑大意中提到:"前四册的教材供给想象生活的资料,利用童话、寓言,灌输革命思想。"①《农人捉白兔》作为第三册的寓言符合本教材的编辑大意,选文用白话文进行编写。

以下是《农人捉白兔》的选文文本:

> 有一个农人,在树下捉着一只白兔,心里非常快乐。从此他就天天坐在树下,守着不去,希望再有白兔走来。
>
> 过了几天,捉不到第二只白兔,他想再去种田,可是田已荒废了。②

(2)《守株待兔》在《开明国语课本》(初小)中的收录情况

《开明国语课本》(初小)是由叶圣陶先生编写、丰子恺先生绘制插图,在1932—1933年间由上海开明书店出版的国语教材。这套教材是按照1932年的国语课程标准来进行编辑的,供小学低段使用,共八册。在编辑要旨中,点明该教材以儿童生活作为教材内容的中心,从儿童生活周围取材。编辑者将许多成语和寓言改编成易懂的文章与故事,让教材中的内容更加符合儿童心理的接受能力,希望在培养儿童阅读能力和表达能力的过程中,帮助儿童树立人格和品德。在这些故事中,《守株待兔》这一寓言选文被收录在第五册第八课。《开明国语课本》(初小)是第一本用儿童诗的形式对《守株待兔》进行改编的国语教材,也是能搜集到的该寓言选文中呈现形式最独特的。其课文标题为"农人和野兔"。

---

① 闫苹、张雯主编:《民国时期小学语文教科书评介》,语文出版社,2009年,第246页。

② 魏冰心、吕伯攸:《新主义国语读本》(初小用),世界书局,1931年,第8页。

以下是《农人和野兔》在《开明国语课本》(初小)中的选文文本：

> 一只野兔迷了路，跑进树洞不敢出。
> 一个农人看见了，伸手就把它捉住。
> 满腔欢喜他独自说："我意外得到一只野兔！"
> 农人放下犁和锄，每天守着那棵树。
> 旁人问他做什么，不种田也不垦土。
> 满腔希望他回答说："我想再得到一只野兔！"
> 田里没人去照顾，所有的稻全已枯。
> 第二只兔不见来，树下农人渐醒悟。
> 满腔懊恼他独自说："我坏在得到一只野兔！"①

(3)《守株待兔》在《中国寓言读本》中的收录情况

《中国寓言读本》是由曹鸧雏主编、世界书局出版社在1933年出版的供小学三年级以上初中三年级以下的学生作为课外读物的国语读本。在编辑大意中可以看到，这本国语读本主要是为了帮助儿童的思想发展，促进儿童的品德修养。通过阅读读本中的寓言，领略明了中国古代风俗政治等面貌，来培养儿童研究国学的兴趣。该读本中的材料文本大多从中国旧文学中选取而来，编排则是以文章词句的深浅为次序，而不是以原文的时代为先后的。《守株待兔》出现在第一册第三十课，由此可以推断出在该读本中《守株待兔》处于低年段。该教材中收录的《守株待兔》的选文标题又回到了一开始的成语式标题"守株待兔"。

《中国寓言读本》收录的选文文本如下：

> 宋国有一个农夫。他的田里有一根树根子。
> 有一回，一只兔子奔过来，撞着那根树根，不幸把颈骨折断，便死去了。

---

① 叶圣陶编：《开明国语课本》(初小)第五册，丰子恺绘，开明出版社，1932年，第13—15页。

农人见了很欢喜,就此抛了他的锄头,坐在树根上,希望再得到兔子,可是兔子终于不可再得,反被全国的人所笑。①

(4)《守株待兔》在《兽的成语故事》中的收录情况

1946年由张若虚主编的《兽的成语故事》由儿童书局出版,该故事集是民国晚期的一个成语故事读本。这本读本中将《守株待兔》当作一个成语故事来呈现。该故事读本中仅有六篇成语故事,且都以动物作为主角。《守株待兔》被收录在第四篇。该读本中对《守株待兔》的改编是语言最现代化的一个,其选文文本也是民国教材与读本中字数最多的一个,故事情节改编得最为丰富。选文标题依旧采用了"守株待兔"这一成语,采用白话文来呈现。编者张若虚还有其他系列的成语故事集出版,都被包含在他的成语故事丛书中,丛书中有关于虫、花草、火、兽、鸟、蔬果、水、鱼的成语故事。

以下是《兽的成语故事》中《守株待兔》选文的文本内容:

从前时候,有一个名叫阿福的农夫。有一天,阿福耕田正在起劲的当儿,忽然有一只兔子从阿福身后窜奔过来。一不留心,兔子撞倒在离阿福耕田处不远的一棵树株旁。

阿福放下锄头,走到树旁一看,只见兔子折断颈骨死在那里了。

阿福大喜,拾起兔子。从此以后,他不愿再耕田了,守在那棵树旁,他想再会有兔子撞在树上。阿福呆呆的站在那树旁边守着。守了半天,竟再没有兔子来撞树株了。

一个走过的邻人,看见他木人似的站立在树旁,问道:"阿福,你呆呆地站在那里干什么?"

"噢!"阿福把手中的死兔子扬了扬,回答道:"我在这里守着再撞到树株上的兔子呢!"

---

① 曹鹄雏:《中国寓言读本》,世界书局,1933年,第61页。

"哈哈,"邻人笑着劝道:"那有如此巧的事?快快去耕田吧!"

但是,拘泥的阿福,不听邻人的劝告。还是站在树株旁守着,希望还有兔子来撞在上面,可以让他不费力的捉获它。①

以上八本就是目前笔者能搜集到的民国时期收录了《守株待兔》这篇寓言选文的小学语文教材或读本。

(二)收录情况分析

1. 出版社与编著者

从上述收录了《守株待兔》作为寓言选文的教科书或读本中,我们发现共有六家出版社出版了相关的图书,分别是中华书局、商务印书馆、世界书局、亚东图书馆、世界书局、开明书店和儿童书局。巧合的是这六家出版社当时都坐落于上海。

从时间上看,最早出版了包含《守株待兔》选文教材的是中华书局。中华书局一开始就以编印新式中小学教科书作为主要业务,在民国时期先后出版了大量中小学、师范学校教科书及教授书,在教科书出版领域所占的份额非常大。该教材出版的时间为1915年,即袁世凯复辟时期,用"爱国、尚武、崇实、法孔孟、重自治、戒贪争、戒躁进"这七项来取代民国初年教育的共和宗旨。然而,我们现在看到的《新制单级国文教科书》(初小用—乙编)中的大部分课文在内容上都还是突出了民国初年的共和宗旨,摒弃了袁世凯所希望的尊孔复古、以"忠君""讲经"为中心的教育思想和内容体系。笔者认为,这与当时中华书局和商务印书馆联合抗议教育部要求各书局在教科书中加入颂扬袁世凯总统的内容有关。在两大出版社与教育部的交涉之下,教育部的要求最后不了了之。或许就是因为这次抗议,《新制单级国文教

---

① 张若虚:《兽的成语故事》,儿童书局,1946年,第16页。

科书》(初小用—乙编)中的内容得以保留。1915年9月,新文化运动兴起,可以看出《新制单级国文教科书》(初小用—乙编)中的教材选文内容都与当时的民主、共和思想相契合。

民国初期,中华书局的教育出版物都十分强调蔡元培的"五育"思想。结合《守株待兔》的寓意来看,这篇寓言体现出在道德教育培养上的指向。同时,从教授书编写者对阅读《守株待兔》的要求上看,更多的是希望用这个寓言来告诫学生要在平日里勤勉练习,对于那些抱有侥幸心理的人,可以用这则寓言的道理来告知。这一教学注意提示明显地凸显出编著者希冀通过《守株待兔》来促进"养成儿童劝勉耐劳之习惯"的实利教育。

《新制单级国文教科书》(初小用—乙编)的编著者包括刘传厚和范源濂。《新制单级国文教科书》(初小用—乙编)成书早,出版于1915年。刘传厚作为民国初年的文学大家,曾参与编著过多套民国小学语文教科书。在古籍网中,现存的其与民国小学语文教材相关的书籍有七本。他的研究领域除了国文教科书,还有修身教材,1930年后还编著了两本与实用尺牍相关的教材。《新制单级国文教科书》(初小用—乙编)是现存他所编著的第一本国文教科书,但在此之前,他也与庄适一起参与了1913年出版的《初等小学新国文教授书》的编著,对小学国文教材编著有着丰富的相关经验。范源濂是近代著名教育家,他一生投身教育事业,坚持教育救国的理念,为中国现代教育事业的创立做出了重大的贡献。范源濂在1912年担任中华民国临时政府的教育次长,任期内与蔡元培等人制订并颁布了《学校系统》及各类学校法令,逐步形成了民国初年的新学校系统。范源濂1916年、1920年多次担任教育总长,1920年担任教育总长时公布了招生资格,制订了新的招生章程,着手汉字改革,公布了国语注音字母。这两位编著者在小学教材的编著上都有着十足的经验。

商务印书馆是中国出版界历史最悠久的出版机构,它的创立标志着中国现代出版业的开始,以张元济为首的出版家为商务印书馆的发展打下了基础。商务印书馆在开启民智、普及知识、传播文化上做出了十分重要的贡献。《商务国语教科书》由庄俞编写,张元济校订。庄俞是中国近代著名的出版家、教育家。他在青年时期进入商务印书馆任编译员,先后参与编写了《最新教科书》《简明教科书》《共和国新教科书》《商务教科书》等多种课本。他在编写《商务国语教科书》时受到了黄炎培提倡的实用主义教育思想的影响。张元济是中国近代杰出的出版家、教育家和爱国实业家。他为中国文化出版事业的发展做出了巨大的贡献。该套教材也以教育学生的人格为目的,在注重道德教育的同时,辅以军国民及实利主义教育。

世界书局在民国时期出版了两套含有《守株待兔》选文的教科书和一套含有该选文的课外读物,在六家出版社中是编选过最多《守株待兔》选文的出版社。世界书局从1924年开始编辑出版中小学教科书,后与商务印书馆、中华书局出版的教科书一道,在中小学教科书市场上占据了重要的位置。《新学制小学教科书初级国语读本》的出版发行时间正是1924年,可见这套教材是当时世界书局发行的第一批中小学教材中的一套。这套教材中收录的《守株待兔》选文《农人捉白兔》与1931年出版的《新主义国语读本》(初小用)中的《农人捉白兔》在文字内容上几乎一致。两者共同的编著者是魏冰心。魏冰心在民国时期编撰了大批中小学教材,在古籍网中能够搜索到的由魏冰心编著的中小学教材多达21部,是一名多产的教材编著者。其编写的教科书除了国文(国语)教科书外,还包括其他科目的教材,可见其编写教材能力出众。在其编写的两套教材中都出现了《农人捉白兔》这一寓言选文,是对《守株待兔》这一寓言的教学价值的肯定。

亚东图书馆虽然只是一家小型私营出版社,但在中国现代史和现代文学史上起过无可取代的作用。大革命时期,它曾作为中共中央机关报的印刷和发行地,也是中共中央出版局的办公室。陶孟和编著的《国文故事选读》在这样一家出版社出版与其本人的经历有着重要的关系。陶孟和是中国科学院图书馆的创始人,在五四新文化运动时期与陈独秀、胡适等人相知相识,而亚东图书馆与陈独秀、胡适等人又息息相关。作为一名五四运动的倡导者,却出版了一部国文书籍,可见陶孟和在后期对新文化运动所带来的影响有过辩证的思考,才会推出这么一本《国文故事选读》来培养当时人阅读国文的能力。《守株待兔》被收录在其中从某一角度来说,也反映出其对国文的学习是具有价值的。

  开明书店在1932年出版了由叶圣陶先生编写、丰子恺先生绘制插图的初等小学用的国语课本。该课本在出版后受到了教育界的普遍赞赏。民国许多小学教员认为当时的国语教材语言过于枯燥,插图呆板,不利于提高学生的学习兴趣。叶圣陶先生在编写《开明国语课本》(初小)的课文时,有一半是自己创作的,另一半是有所依据的再创作。《农人和野兔》就属于在《守株待兔》寓言的基础上进行的再创作。他认为给孩子们编写课文要着眼于培养他们的阅读能力和写作能力。教材要符合语文训练的规律和程序。同时,要注重小学生的儿童心理,所以语文课本里的课文必须是儿童文学,才可以提升学生的兴趣,开发学生多方面的智力。这也是《开明国语课本》(初小)在创作时的初衷。因此,《农人和野兔》也是所有民国时期选文中最为贴近儿童、富有生机的一篇。丰子恺先生为《开明国语课本》(初小)绘制插图,漫画大家为该课本绘制的插图线条流畅生动,富有童趣。丰子恺的漫画贴近儿童的内心和他们的生活世界,诸多原因让这本教材在21世纪再印后一度热销断货。

  儿童书局以推进儿童教育为创办宗旨,出版的读物图文并重,内容适应儿童阅读的需要。它在上海创立不久后,便获得了上海教育界和学校教师的重视。《兽的成语故事》由张若虚主编,在这一儿童课外读本中收录了六篇与兽有关的成语故事。张若虚在编著时对这些成语故事进行了大量改编,用通俗易懂的语言丰富成语故事的内容,并配以精美的插图。

  这六家出版社的共通点之一便是当时都坐落在上海。当时的上海由于民族资本主义的迅速发展,涌现了大量私营出版机构。西方印刷技术的传入也让出版业在上海兴起。这几套教材的出版社都在上海,除了上海本身的出版社数量众多外,更重要的是当时的上海是新思想、新文化的聚集地。一大批有志之士都曾经在上海进行过教育宣传活动。编写新式教科书更是一种传播思想文化的主要方式。一个产业的集群除了地缘经济因素,还与当时的社会风貌有关。上海的都市化为出版提供了优越的环境,也为这些思想文化的传播提供了肥沃的土壤。这几家出版社所出版的教科书与读本中都含有《守株待兔》这一选文是一种偶然,也是一种历史文化下的必然。

3. 选文出版编选设置的变化规律

(1)《守株待兔》选文在不同版本中的学段设置历史规律

  根据民国时期小学语文教材中《守株待兔》选文出现的教材册序和已知的教材册序对应的学段,可以推断出当时适用这一选文的学生年龄。笔者结合民国时期相应的学制要求,将这些教材中出现《守株待兔》选文的学段进行了归纳,如表 10 所示。

表 10 《守株待兔》选文所在学段的归纳情况

教材名称	出现选文的册序	适用的学年	学生对应的年龄	时间
《新制单级国文教科书》(初小用—乙编)	乙编七册	第三学年和第四学年	9—10 岁	1915 年
《商务国语教科书》	中册第二十二课	不明	不明	1917 年
《新学制小学教科书初级国语读本》	第三册第五篇	第二学年	8 岁	1924 年

续 表

教材名称	出现选文的册序	适用的学年	学生对应的年龄	时间
《国文故事选读》	全一册第十四课	不明	不明	1926年
《新主义国语读本》（初小用）	第三册第八篇	第二学年	8岁	1931年
《开明国语课本》（初小）	第五册第八课	第三学年	9岁	1932年
《中国寓言读本》	第一册第三十课	不明	不明	1933年
《兽的成语故事》	全一册第四课	不明	不明	1946年

　　从表10中可以看出，除了三本寓言读本的受众人群不明、《商务国语教科书》缺乏相关的背景资料外，在初级小学使用过的民国教材中，《守株待兔》这一寓言选文大多出现在第二、三学年，这些学生的年龄大致在8—10岁。根据皮亚杰的认知发展阶段理论，8—10岁的儿童属于具体运算阶段，他们的思维虽然具有了可逆性，去集中化，去自我中心，但还不具备抽象思维。因此在语文教材的编写上，要针对这一阶段儿童的认知特征。

　　《新制单级国文教科书》（初小用—乙编）在选文内容上注重贴近儿童，重视对学生进行道德教育。"守株待兔"这一选文的入选符合其德育要求。《新制单级国文教科书》（初小用—乙编）在几套教材中收录"守株待兔"作为选文的学年最高，学生的年龄与认知水平也最高。这可能与其文本编辑时使用的是浅近文言文有关，考虑到这一点，所以将其放在了第三、四学年的课文中。

　　《新学制小学教科书初级国语读本》在教材内容的选择上注重趣味性、故事性和通俗性。在古代故事的编排上呈现出明显的阶梯性。第三册中多为有趣的成语故事与儿童故事等。《农人捉白兔》这一改编自"守株待兔"的寓言在第三册中出现，与这一故事编排的阶梯性不无关系。《新主义国语读本》(初小用)在编辑大意中说明,前四册供给理想生活的资料,利用童话、寓言灌输革命思想,并将儿童生活环境中所有的事物演绎成文学化、儿童化的教材,使儿童的需要得到满足,丰富儿童的生活,养成读书的兴趣。由于受到1923年新学制《小学国语课程纲要》的影响,以"儿童文学"为中心的《新主义国语读本》(初小用)编入了和儿童生活比较贴近的故事、童话、寓言等。同时,《新主义国语读本》(初小用)与《新学制小学教科书初级国语读本》的编著者之一都是魏冰心,这使得两者同样在第三册中选入《农人捉白兔》这一寓言有了编著者编辑习惯上延续的可能。《开明国语课本》(初小)把许多成语故事编成通俗的小故事,使孩子易于接受。改编自"守株待兔"的《农人和野兔》出现在第五册,第五册的教材体系在严格按照时令来编排文章的同时,穿插了对成语故事、戏剧、寓言及散文的教学内容,涉及情感的熏陶和对社会规范的认识等内容,将现实性作品和想象性作品加以融合,使得教材更具包容性。

　　总体而言,在民国初级小学低段二、三年级编选"守株待兔"寓言,体现了当时的教材对低年段学生的认知水平的注意,符合当时学生的语文学习能力。现代的教材在编写《守株待兔》这一课文时也大多将其放在二、三年级进行学习。比如1993年人教版放在第五册,即三年级进行学习,2001年人教版也放在二年级下册进行学习。部编版教材则将《守株待兔》继续放回了三年级进行学习。这自然与部编版教材是用《韩非子·五蠹》的原版文言文进行教学有关。部编版的教材编著者也强调在三年级就要开始学习文言文了。

　　(2)《守株待兔》选文所在课文的单元横向关联性

　　从新学制时期开始,民国的小学语文教材中,文选式的教材都以课为单位,相邻的课文间有一定的联系。根据内容,几篇课文间力求相互联系,出现了单元的雏形。因此,笔者将新学制时期后涉及的《守株待兔》选文所在的教材中的位置及其前后的其他课文内容加以比较，发现了几个比较典型的具有单元特征的编排。

《新学制小学教科书初级国语读本》这一套教材以课文为单位编排，在课文的排列上，低年级多连续三四课内容相关，类似后来的单元系统。其中，《农人捉白兔》这一课文出现在第三册第五篇。第四篇《做工》、第六篇《农人拔稻秧》都是与做事、做工有关的主题。《农人拔稻秧》与《农人捉白兔》一样都是寓言故事。《国文故事选读》中所选取的国文故事都是按照寓言故事的作者进行单元排列的。《守株待兔》的课文是选取的十三篇《韩非子》寓言中的一篇。《新主义国语读本》（初小用）的教材体系中，文章之间在内容上有明显的相关性。出现在《农人捉白兔》课文前后的《狐假虎威》《猴子请狼保护》《猴子自强》和《农人拔稻秧》都是典型的寓言故事。《农人拔稻秧》和《农人捉白兔》两篇寓言又同时出现在这一单元中。

《开明国语课本》（初小）中《农人和野兔》的后一课是《一个农人》，而之前出现的《农人拔稻秧》与《一个农人》一样都改编自《孟子》中的"揠苗助长"。这是在民国小学语文教材中第三次将"揠苗助长"与"守株待兔"编排在前后出现。这一设置对于我们来说并不陌生，因为在1993年人教版、2001年人教版小学语文教材的课文中都有一课名为《寓言两则》，教材选择的两则寓言即《揠苗助长》和《守株待兔》。可见，将《守株待兔》和《揠苗助长》两篇寓言放在前后课文中的安排，在民国时期就有其教材编著上的历史先例。从内容上看，《揠苗助长》与《守株待兔》都是对做事应有态度的启示，属于劝诫类的寓言。

二、《守株待兔》选文内容的历史演变

（一）《守株待兔》选文语言形式的更替

文言文和白话文是民国时期两种重要又相对的书面语言形

式。笔者根据搜集的民国各时期教材中《守株待兔》的相关材料,用图表时间轴的形式对《守株待兔》选文的语言形式的历史变化做了一个直观的总结,如图 13 所示。

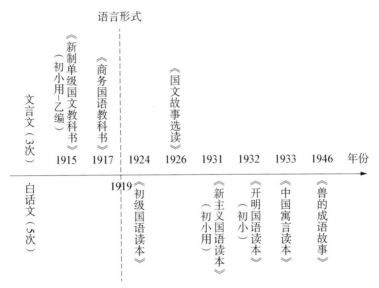

图 13 《守株待兔》选文语言形式的历史更替图

从图表显示的时间坐标轴上可以直观地看出,整个民国语文史上选取了《守株待兔》作为选文的教材中,语言形式的大趋向是使用白话文进行选文的编写。从文言文和白话文两种书面语言形式被使用的频次来看,文言文 3 次,白话文 5 次,白话文形式的《守株待兔》选文比文言文形式的更多。所以,无论是从历史演变趋向还是使用频次看,采用白话文进行《守株待兔》选文的编写是民国语文史的大势所趋,这也为中华人民共和国成立后的小学语文教材中大多以白话文形式编写《守株待兔》选文打下了一定的历史基础。

根据图表上的虚线所标注的时间,从教材编写的书面语言形式来看,民国时期的《守株待兔》选文在书面语言形式上有一个重要的历史分界线,即 1919 年。在 1919 年五四运动爆发之前,民国初期《守株待兔》的选文在《新制单级国文教科书》(初小用—乙编)和《商务国语教科书》中都以文言文来编写。这一时期的小学语文教材多以国文编写,因此这两册中的《守株待兔》选文使用文言文是合乎当时的教材编写需求的。1919年五四运动爆发之后,从1915年开始的新文化运动进入了新时期,而先前一直得到推广的白话文运动得到了长足而又迅猛的发展。1920年,北洋政府教育部正式修订了《国民学校令》,在《国民学校令》中要求小学各教材废止文言、改用国语进行书写。同时,教育部通告要求各学校的文言教科书分期作废,逐渐改换为语体文。这是我国在正式法律中对教材语言形式改用国语进行书写的第一部法令。到了1922年冬,民国时期的小学各教材一律改为语体文。至此,教材编写也进入了新时期,即国语时期。从各教材的出版时期中也可以看到,1919年以后出版的教材中《守株待兔》的选文绝大多数是用白话文来进行编写的。这一编写形式是对当时的教育制度的一定反应。1924—1946年间,《新学制小学教科书初级国语读本》《新主义国语读本》(初小用)、《开明国语课本》(初小)三部教科书都采用了白话文进行《守株待兔》的编写。另外《中国寓言读本》和《兽的成语故事》两本课外语文读物同样采用了白话文。

  但在1919年后,仍旧有编著者运用文言文进行小学语文课外读物的写作。其中就包括同样收录了《守株待兔》这一寓言的、由陶孟和编写的《国文故事选读》。陶孟和在这一选读读本的序言中强调:"国文一科在中小学的教育阶段,一定要占重要的位置。虽然现在有一般人竭力地主张将它完全废止。在国语文学真正的发达与进步之先,在国语的杰作的数目真可以支配中国文学之先,在中国的文化历史思想、一切过去的成绩大部分用国语记载之先,我们既然是中国人,便不得不学习国文,便不得不用古文学里的精华增殖新文学的词语结构,便不得不从古文的著作里搜求关于过去的资料。"从这一序言中也不难看出,当时已有文人意识到新文化运动中一味地打倒旧文学、提倡新文学的不足之处。

陶孟和还在序言中强调,在现阶段,国文的地位已经受到了颠覆,但有价值的典籍都是用古文写成的,并且古文中的宝贵之处都应该保存在国语的文章中,所以对于青少年人而言,培养一定的古文书籍阅读能力是必不可少的,但当时鲜少有能满足儿童学习需要的国文读本。他编写这一《国文故事选读》,超脱了从前他少年时期学习国文时的四书五经的藩篱,选取了两百多条寓言与故事,作为"新体国文读本的试验"。他的这一寓言读本的问世在当时无疑是对文言文这一传统书面语言形式更好的传承与发展。《守株待兔》这一寓言选文被选入这一寓言读本,就其文学经典性而言是一良好的佐证,从中也能窥见编著者对《守株待兔》在文言文寓言教学地位上的重视。

(二) 文体与内容的历史演变

与两种书面语言形式相对应,《守株待兔》的选文文体在民国小学语文教材中的历史演变也要划分开来考察,即文言文文体和白话文文体。

根据上文的选文收录情况,笔者将八篇选文的文本都加以陈述,由其各自的特点从文学呈现题材的角度进行区分,即保证《守株待兔》作为寓言的自身文体属性不变,归纳编著者是否还能用其他文学题材形式来反映和表达这一寓意,具体如表11所示。

表11 《守株待兔》文体表现形式归纳

教材名称	标题	文体表现形式	出版时间
《新制单级国文教科书》(初小用—乙编)	《守株待兔》	文言寓言类记叙文	1915年
《商务国语教科书》	《守株待兔》	文言寓言类记叙文	1917年

续 表

教材名称	标题	文体表现形式	出版时间
《新学制小学教科书初级国语读本》	《农人捉白兔》	白话寓言类记叙文	1924年
《国文故事选读》	《守株待兔》	文言寓言类记叙文	1926年
《新主义国语读本》(初小用)	《农人捉白兔》	白话寓言类记叙文	1931年
《开明国语课本》(初小)	《农人和野兔》	白话寓言类儿童诗	1932年
《中国寓言读本》	《守株待兔》	白话寓言类记叙文	1933年
《兽的成语故事》	《守株待兔》	白话寓言类记叙文	1946年

从上面的表格中可以看到,被选入民国时期教材的《守株待兔》选文文体表现有两种,分别是寓言类记叙文和寓言类儿童诗。其中,寓言类记叙文为表达《守株待兔》寓言的主要方式,在民国小学语文教材中出现了7次,其中文言文形式的有3篇,白话文形式的有4篇。因为文言和白话在各种方面的差异,笔者在论述中将文言寓言类记叙文和白话寓言类记叙文分开进行论述。儿童诗体的《守株待兔》则只出现了1篇,采用白话文。因此笔者将分文言寓言类记叙文、白话寓言类记叙文和白话寓言类儿童诗这三类不同语言形式和文体表现形式,对《守株待兔》选文在文体与内容的融合上进行论述,并探究不同文体语言形式在表达方式、故事情节、修辞手法上的历史演变。

1. 文言寓言类记叙文《守株待兔》

民国时期的三篇文言记叙文形式的《守株待兔》中,有两篇作为教材出版于民国初期,分别收录在《新制单级国文教科书》(初小用—乙编)和《商务国语教科书》中。另一篇则节选了《韩非子·五蠹》的原文,作为课外读物在新学制时期出版,收录在《国文故事选读》中。由于节选文字与原文几乎一致,因此此处不做单独的分述,而是放在与其他教材和原寓言文字的对比中一并分述。

（1）文言文《守株待兔》选文的故事结构表达

《新制单级国文教科书》（初小用—乙编）中的《守株待兔》选文从结构来看分为三段，首段"田畔有枯株，兔走触之，折颈而死"三句记录了兔子撞在树株上的情况；次段二层的前四句"耕田者见之，以为必有复来者，因弃耒守株，冀得兔"记叙了耕田者的愚妄行为，后二句"兔终不至，而田渐荒芜"记录了耕田者错误的后果；末段三句"故人若弃其恒业，而贪幸获之利者，皆守株待兔之类也"则用一段评论性的文字揭示了整个寓言的寓意。这一段作为评论性文字，既是对《守株待兔》这一寓言寓意的直接揭示，也是对评论对象"守株待兔"这件事的观点表达。文章的前两段都是记叙，最后一段则带有议论，这是论说文中典型的先叙后议的文章结构。可见《新制单级国文教科书》（初小用—乙编）中的《守株待兔》选文文本除了单纯的文言记叙文形式外，还含有文言论说文的因素。与其他版本的文言文《守株待兔》记叙文选文文本相比，《新学制单级国文教科书》（初小用—乙编）在选文编写中的论说文因素对教授学生理解寓言具有开门见山的引领性作用。作为第一个将寓意通过明确的评论性语言表达出来的民国时期《守株待兔》选文，编著者在对"守株待兔"这一故事的寓意解读上开创了一个时代的理解先河，也为后世课文中对这一寓言不同于《韩非子·五蠹》原文的寓意解读做了一个示范。针对这一选文在寓意解读上的独特之处，笔者将在下文中做更为详尽的阐释。

《商务国语教科书》中的《守株待兔》选文从文章结构来看，与《新制单级国文教科书》（初小用—乙编）有近似之处。"田中有古木一株，兔误触之，折颈而死"三句同样先交代了兔子是如何撞在树上的，即兔子的死因。"田夫得兔，喜甚，遂置其田器，不事耕种。日守株下，冀复得兔。"这六句记叙了田夫得到兔子后，做出了"守株待兔"这一可笑行为。"久之，田亩荒芜，兔终不可得"三句则记叙了农夫"守株待兔"这一行为的后果。最后一句"为邻人所笑"是邻人对田夫的态度。可见，《商务国语教科书》的选文结构与《新制单级国文教科书》(初小用—乙编)相比，实则只多了一段邻人对田夫的态度。

(2) 文言文《守株待兔》选文的情节叙述方式及表现手法

为了更好地比较两篇文言文《守株待兔》选文在情节叙述及表现手法上的差异，必须将两者与原文的情节叙述进行对比。为方便不同结构之间的对比，笔者根据《韩非子·五蠹》原文中对《守株待兔》这一寓言故事的记叙，将原寓言的故事情节归纳为以下五部分："宋人有耕田者。田中有株。兔走触株，折颈而死。"此四句为交代兔子的死，从故事情节来讲是事件的起因。"因释其耒而守株，冀复得兔。"此二句交代了农人"守株待兔"的可笑反应，讲述了事件的经过。"兔不可复得"交代了"守株待兔"行为的后果，讲述了事件的结果。"而身为宋国笑"则用夸张的方式表明了他人对耕田人"守株待兔"这一行为的看法。"今欲以先王之政，治当世之民，皆守株之类也"此句，则是韩非子在原寓言中所想表达的寓意，与现今教科书中的寓意有比较大的差别。由此，笔者将原文的故事结构表达分为五部分，并将《新制单级国文教科书》(初小用—乙编)和《商务国语教科书》中《守株待兔》选文所对应的语言进行了整理与归纳。[为求表格简洁明了，书籍的名字采用字母代表，《韩非子·五蠹》用"HF"代表，《新制单级国文教科书》(初小用—乙编)用"XZ"代表，《商务国语教科书》用"SW"代表。]具体情况如表12所示。

从表格中可以明显看出，三篇文言文《守株待兔》选文在故事情节上都基本保持了一致。特别是对整个寓言故事的结构中"守株待兔"这一事件的起因、经过、结果，都有相同的记叙，但在个别的情节叙述细节上有所不同。兔子的死，也就是整个"守株待兔"事件的起因，在故事结构中交代了农人是怎样得到兔子的，为"守株待兔"这一事件发生的可能性做了铺垫。可以看到，

表 12　各文言文版本《守株待兔》选文的情节叙述表达语句归纳

书籍	交代兔子的死（事件起因）	农人"守株待兔"的可笑反应（事件经过）	"守株待兔"行为的后果（事件结果）	他人对"守株待兔"这一行为的看法	表达的寓意或评论
HF	宋人有耕田者。田中有株。兔走触株，折颈而死	因释其耒而守株，冀复得兔	兔不可复得	而身为宋国笑	今欲以先王之政，治当世之民，皆守株之类也
XZ	田畔有枯株，兔走触之，折颈而死	耕田者见之，以为必有复来者，因弃耒守株，冀得兔	兔终不至，而田渐荒芜	/	故人若弃其恒业，而贪幸获之利者，皆守株待兔之类也
SW	田中有古木一株，兔误触之，折颈而死	田夫得兔，喜甚，遂置其田器，不事耕种。日守株下，冀复得兔	久之，田亩荒芜，兔终不可得	为邻人所笑	/

在民国初年的两个选文文本中，这一作为起因的故事结构中最重要的意象有两个，一个是"株"，另一个就是"兔"。兔子触"株"，造成了兔子的意外死亡。对于这一"兔触株"的意象，两篇选文的表达都是类似的，比较值得关注的是在《商务国语教科书》的选文中将"兔走触之"改为"兔误触之"。从"走"字变为"误"字，在一定程度上点明了"兔触株"是一个偶然事件。另一个比较明显的变化在于编著者对"株"的形容，原文中只用了"田中有株"来描述场景，而在两篇选文中，对"株"都加了或多或少的形容词，《新制单级国文教科书》（初小用一乙编）中的形容是"枯株"，可以理解为枯槁的树株，枯是失去了水分的意思，"株"字即指露出地面的树根，因此后来的白话文选文多把"株"翻译

成树根。《商务国语教科书》中的形容则是"古木",既是古木,其生命力必定也已经比较微弱了。这两个形容树根的羸弱与枯萎的词语在一定程度上修饰了"株"的特殊性,"枯株"与"古木"的意象相当,在这两个民国时期的文言文《守株待兔》选文中得到了一定的编辑延续。到了白话文阶段,对树株的形容词便很少再出现了。对于兔子的死因,最确切的描述便是"折颈而死",即撞在树根上折断了脖颈而死。对于这一描写,两篇选文都对原文的"折颈而死"一词做了保留。

其次,在事件经过这一故事情节结构里,也同样出现了三个重要的意象,即"释其耒""守株"和"冀复得兔"。"释其耒"就是放下耕田的农具,在这两篇选文中,一篇选择用"弃耒"来代替"释其耒",另一篇选择用"置其田器"来表达。从"释其耒"到"弃其耒"再到"置其田器",本质上都是为了表达主人公在意外得到一只兔子后做出的举动是抛弃了自己的恒业,即"耕田"。"守株"是与"释其耒"这个意象联系在一起的,但与原文不同的是,在《商务国语教科书》中,对田夫守株有一个时间频次上的描写,即"日守株下"。"日守"一词表明了田夫每天都守着株,只为了等待兔子再次撞上古木。这种夸张的做法将田夫举动的讽刺性进一步扩大化。"冀复得兔"是驱使主人公做出"守株待兔"这一举动的直接原因。在《新学制单级国文教科书》(初小用—乙编)中,以"以为必有复来者,冀得兔"来表达这一情节,都属于对主人公的心理描写,"以为必有复来者"中的"必有"一词也讽刺了主人公想法的可笑,与"兔走触株,折颈而死"事件的偶然性形成对比,这一心理之象很好地增加了寓言的讽刺性。对于主人公的描写也有一定的变化,在《新学制单级国文教科书》(初小用—乙编)中,编著者在编写中增加了对主人公"耕田者"的一个动作描写,即"耕田者见之",该句虽只用了一个动词"见",却在一定程度上将一个心存侥幸的耕田者的形象展现在我们面前。另一篇选文中则为主人公增加了一个神态心理描写,即"田夫得兔,喜甚",补充了原文中未写的主人公的心理。文言文《守株待兔》选文在文字内容上虽少,但增加的语句却能够帮助当时的初小学生理解。就如这一个"喜甚",将原文未尽之意描绘出来,点明了农人的态度,也为他会做出"守株待兔"这种愚昧的事情增加了一个契机。

再次,在对"守株待兔"这一行为后果的情节叙述上,两篇选文与原文相比,都增加了对事件结果的交代,即被主人公放弃了耕种的田地的下场均是"荒芜"。这与原文中单纯的"兔不可复得"相比,描写更为直观、具体。同时,作为以耕田为生的人,交代他们因为贪图小幸而放弃赖以为生的恒业的下场是具有合理性的,田地荒芜更为直观地告诉学生如此之行的后果。

最后是他人对"守株待兔"这件事情的看法。原文以"而身为宋国笑"来侧面表达耕田者的做法的可笑之处,但在《商务国语教科书》中却选择了一个"邻人"的身份。这与两则寓言在编写时所处的时代背景有关。可以看到,民国时期的选文中都没有在一开始说是在何处有一个农人,而是用一个职业名称来代指主人公。寓言选文在编写时自动隐去了原本寓言发生的地点,因为在民国时期,先秦时期的诸侯国早已不存在,所以需要换一种说法来表达被大家都嘲笑的意味。《商务国语教科书》中选择了用被"邻人"嘲笑来代替"宋国",这是民国时代背景下编辑要求的体现。

总体来看,民国时期的文言文《守株待兔》选文都没有脱离《韩非子·五蠹》中的原文进行改编,基本上都是依据原文进行了略微的修饰与删改。但可以明显看到,1917年出版的《商务国语教科书》中对《守株待兔》的改编更为贴近儿童的心理认知,特别是增加了对田夫的心理描写,还有对日守株下这一时间的限定,让田夫的行为更为夸张,更具有讽刺性。

2. 白话寓言类记叙文《守株待兔》

民国时期的白话记叙文《守株待兔》选文有四篇,分别收录在新学制时期的《新学制小学教科书初级国语读本》和课程标准时期的《新主义国语读本》(初小用)两本教科书,以及《中国寓言读本》和《兽的成语故事》两本课外读物中。由于《新学制小学教科书初级国语读本》和《新主义国语读本》(初小用)这两本教科书中的选文《农人捉白兔》在文字内容上几乎是一样的,所以此处将两者合起来进行论述,以《农人捉白兔》这一课文标题为代称。在前文中已经详细地论述过《守株待兔》寓言的故事结构,于是此处将白话记叙文《守株待兔》的故事结构与情节表达结合起来一起进行论述。

与文言文版本的《守株待兔》选文一样,白话文版也遵循这一寓言故事的主要内容结构,不过,部分选文有一些独特的结构安排。例如在《农人捉白兔》中,开篇三句"有一个农人,在树下捉着一只白兔,心里很快乐"就直接写了农人得到白兔后的心情。编者在这里改变了农人得到白兔的手段,不同于兔子自己撞在树株上,这只白兔是在树下被农人捉住的。在这里,编者对情节进行了一个比较大的改编,但这并不影响整个寓言的寓意指向。因为农人在树下捉住一只白兔仍旧是偶然事件,符合原寓言的寓体内涵。"从此他就天天坐在树下,守着不去,希望再有白兔走来。"这三句表明得到了兔子的农人也做出了与其他选文中主人公一样的行为,即守着树,期待白兔的再次光临。这种改编使农人的行为显得更为可笑,因为在树下捕捉白兔还是需要农人自己的努力的,与兔子直接撞死在树株上相比,捉住白兔其实在哪里都可以进行,但农人却做出了天天坐在树下的举动,他的"守"更加盲目。好在与其他选文主人公不同的是,过了几天,他发现捉不到第二只白兔,就想再去种田——"过了几天,捉不到第二只白兔,他想再去种田。"这几句将农人的行为再一次扩充,其他主人公都是日复一日地等待着兔子,而这位主人公却能够在发现得不到想要的东西后,回去从事自己的营生。然而此时,等待农人的结局已经不再如意了。"可是田已荒废了"点明了这则选文中寓言故事主人公的结局。虽然在最后农人似乎意识到了自己的错误,有所醒悟,但为时已晚。《农人捉白兔》对原寓言的改编就体现在叙事之象上。通过不同的动作和行为将"守株待兔"的寓体进行进一步的扩充,并且增加了农人醒悟的结局,在一定程度上将原文的寓意很好地通过另一种方式表达了出来。

  两本寓言读本中也有独特的叙事方式。其中,《中国寓言读本》中的《守株待兔》选文比起原寓言在结构上没有太大的出入,但是增加了对兔子死因的描述。"宋国有一个农夫。他的田里有一根树根子。有一回,一只兔子奔过来,撞着那根树根,不幸把颈骨折断,便死去了。"这几句交代了兔子的死因,比起原文,《中国寓言读本》中的描写更为生动。"有一回""奔""撞""不幸"几个词对兔子进行人格化的描写。其后,在"守株"这一行为描写上,选文用了"农人见了很欢喜,就此抛了他的锄头,坐在树根上,希望再得到兔子"的表述。"坐"字与《农人捉白兔》中所用的一样,但前者是坐在树根上,后者是坐在树下,而这个"坐"在这里就代表了"守",虽然动作不同,但所表达的含义是相近的。最后的结局与原寓言一样,是农人被人所笑,这里用全国来代指宋国。

  《兽的成语故事》是民国教材中选文文字最多的一篇,也是对情节改动最大的一篇。其中,最独特之处在于这篇寓言选文给主人公加了一段与邻人的对话。选文在结构上的处理也有独到之处:第一段写兔子撞倒在主人公阿福耕田旁的树株上;第二段和第三段写阿福见到兔子,开始守在树旁;第四段到第六段通过阿福与邻人的对话,揭示阿福"守株待兔"的愚妄之处;第七段则从侧面对阿福的行为做出评价。具体来看,第一段对阿福耕田的情况也进行了描写,用"鼠窜"来形容兔子的动作,可见这一时期的编者在改编寓言时,已经对具体的情境进行了合理的扩展;第二段扩充了阿福查看兔子的场景;第三段交代了"守株待兔"的后果,"阿福呆呆的站在那树旁边守着。守了半天,竟再没有兔子来撞树株了",可见兔子撞树株是一个很小概率的事件,这一事实已经展现在阿福面前。在第四段里,路过的邻人还同阿福进行了对话。邻人劝告他:"那有如此巧的事?快快去耕田吧!"这里邻人的提醒其实给了阿福再次选择的机会,也侧面地点出了阿福的错误之处。然而在故事的结尾却写道:"但是,拘泥的阿福,不听邻人的劝告。还是站在树株旁守着,希望还有兔子来撞在上面,可以让他不费力的捉获它。"可以看出,此篇寓言选文的编著者与民国时期大多数编著者选取的寓意并不相同。如果只是为了表达不能心存侥幸的寓意,那么在第三段便可以结束这个故事,但是编者却增加了邻人与阿福的对话,并用了"拘泥"一词来形容阿福,可见编著者想表达的更接近于《韩非子·五蠹》中不能拘泥不变,以致误事的寓意。对于编著者寓意解读的变化,笔者同样会在第三章中做出更为详尽的阐述。

3. 白话寓言类儿童诗《守株待兔》

在民国时期,对于《守株待兔》最具代表性的改编是《开明国语课本》(初小)中《农人和野兔》的课文。《开明国语课本》(初小)的编著者叶圣陶先生把许多成语寓言故事改编成通俗小故事,使《开明国语课本》(初小)的主要教学对象——小学阶段的孩子们易于接受,增加他们的印象。因此在这一套教科书中,编著者将"守株待兔"这一寓言故事改编为儿童诗,用通俗的儿歌进行表达,从儿童的视角去观察,富有童趣。叶圣陶先生认为:"为孩子们编辑语文课本,就要着眼于培养他们所需要的阅读能力和写作能力,因而教材更需要符合语文训练的程序和规律。小学生既是儿童又是学生,所以他们的语文课本必须得是儿童文学,才能引起他们的兴趣,使他们乐于阅读,从而发展他们多方面的智慧。"[1]采用儿童诗的形式来对《守株待兔》的寓言进行

---

[1] 王久安:《叶圣陶与开明书店》,《中国编辑》2011年第1期。

改编，在民国小学国语教材中是一个创举，对此后的教材而言也是独一无二的典范。用儿童诗形式来反映与表达寓言，拓展了寓言的表现形式，与部编版寓言故事编写理念中的第二点——"用散文体、现代诗歌来反映和表达寓言"不谋而合。儿童诗一般情感饱满、想象丰富、构思新巧、语言风趣、意境优美，符合儿童的心理和审美特点。寓言诗是儿童诗的一种，又称为诗体寓言，这类寓言诗的主要特征是在诗歌中蕴含着一定的寓意或哲理，是以寓言的形式来叙事的诗。

《农人和野兔》在编写上符合寓言诗的主要特征。从它的诗歌结构来看，第一段讲述了农人意外得到一只野兔，第二段对农人得到野兔后的行为做了描述，第三段则写了农人最后的结局与心理。比较特殊的是，由于是诗歌的形式，编著者在编写每一小句时都注重在语音上的押韵。"路""出""住""兔""锄""树""土""顾""枯""悟"，这些韵脚都押了"u"韵，在朗读时，每小节间基本保持语音的连贯。儿童在朗诵这首儿童诗时能感受到音韵的和谐之美。

除了语音外，《农人和野兔》在写作上也有独特的呼应排比之美。这表现在两处：一是农人说话的心情，分别出现了三次相同的句式，即"满腔欢喜他独自说""满腔希望他回答说""满腔懊恼他独自说"。这三句均以"满腔○○他○○说"为句式，描述了农人说话时的心情。从"欢喜"到"希望"再到"懊恼"，是《农人和野兔》中农人心情的三次转变。此句式的重复出现加深了读者对农人心情变化的理解。二是农人的三处语言，即"我意外得到一只野兔""我想再得到一只野兔""我坏在得到一只野兔"。此三句以"我○○得到一只野兔"的句式反复出现，同农人的心情一样，相互对应，"意外"对应"欢喜"，"想再"对应"希望"，"坏在"对应"懊恼"。编著者在编写时注重这些句式的运用，在兼顾诗歌音韵和谐美的基础上呼应内容。

在具体描写上，作者对野兔进行了拟人化的描写。在"一只野兔迷了路,跑进树洞不敢出"一句中,"迷路"一词将野兔的行为人格化,用语贴近当时儿童的认知,增加了诗歌的趣味。迷路的野兔胆小地跑进树洞的情境,让《守株待兔》这一寓言儿童诗从开头便充满了童趣。同时,在对农人结局的处理上,该儿童诗也有其独特之处。从《农人和野兔》结尾几句看,"第二只兔不见来,树下农人渐醒悟"表明农人已经意识到了自己的错误,后一句中则用懊恼的语气来说明自己错在不该侥幸得到一只兔子后又贪图另一只兔子。这一处理很是巧妙,也是在民国时期的选文中比较明确地让主人公认识到自己错误的写法。儿童诗歌形式的《守株待兔》在语音上适合学生朗读,在内容上生动活泼,易于学生理解与背诵。这种儿童寓言诗的形式值得后世人在编写寓言时学习与使用。

三、寓意揭示方式与寓意解读的历史演变

寓意是寓言中所寄托或蕴含的主旨。寓言的主题即寓意,是寓言的重要结构之一,与之相对的则是寓体。寓言就是用比喻性的故事,即寓体,寄寓意味深长的道理的文学作品。因此,如何在寓言故事中揭示主题是寓言在教材编写中的重点。李民浩在《小学语文寓言主题的提示和运用》中将寓言主题的揭示方式分为两大类,一类是在"结尾处直接以简明的语言点明。另一大类是渗透式地揭示主题的方式"[1]。其中"第一类在结尾处直接用语言点明的有三种常见的方式:一是以主人公自己的领悟或醒悟来进行表现的;二是借助其他角色、他人的告诫或建议、提醒来揭示主题、表现主题;三是在主要情节结束之后运用揭示主题的评价总结性语言进行表达"[2]。第二类的渗透式主题揭示

---

[1] 李民浩:《小学语文寓言主题的提示和运用》,《基础教育研究》1996年第5期。

[2] 李民浩:《小学语文寓言主题的提示和运用》,《基础教育研究》1996年第5期。

方式是"从故事情节也就是对角色活动过程的描写中来体现的，这类揭示主题的方式一般比较隐蔽与含蓄；在教材编写中也要关注三个方面的描写：主角的心理活动、行动和语言的描写"①。

笔者将这几类主题揭示方式同所研究的对象文本进行比对，发现几篇《守株待兔》选文都主要通过在结尾处直接以简明的语言点明的方式来揭示寓意。渗透式揭示主题的方法在选文中与前者相互融合，不够典型，无法单独地清晰论述。笔者将其中主人公的心理活动、行动和语言等描写与选文结尾处的处理方法结合，归纳出了以下几种《守株待兔》选文的寓意揭示方式及其表达的寓意。

（一）运用总结性语言揭示寓意

这种方式在《新制单级国文教科书》（初小用—乙编）的《守株待兔》一文中运用得最为明显。结尾段的"故人若弃其恒业，而贪幸获之利者，皆守株待兔之类也"是编著者用自己的理解，揭示《守株待兔》这一寓言的主题。该教材在对这一寓言的解读上，最早偏离了《韩非子·五蠹》中的"今欲以先王之政，治当世之民，皆守株之类也"。原寓言中更多的是突出了"守株待兔"者不知变通地"守株"的教训，表达用曾经的政令来治理现在的臣民就如同农夫死守在树桩边上，固执于狭隘的经验。可见一开始韩非子创作《守株待兔》这一寓言更多还是强调在治国理政上要根据时代的变化来决定国家的政策理论，不能墨守成规。然而在《新制单级国文教科书》（初小用—乙编）中，选文在节选改编时将韩非子揭示主题的结尾句省去，而增添了编著者想要强调的寓意。编者最后的揭示主题句中用"贪幸获之利者"表明了该寓言在民国时期的新解读。编著者强调不能舍弃"恒业"，那

---

① 李民浩：《小学语文寓言主题的提示和运用》，《基础教育研究》1996年第5期。

些贪图一时的侥幸、得到意外收获的人,与"守株待兔"里的农人无异。

可见到了民国时期,在解读这一寓言时,人们更加关注寓体中"兔子撞在树桩上"的偶然性。这份偶然性是农人"守株待兔"的原因,而农夫放弃"恒业"的损失却是一个必然事件。教材编著者更加注重的是"偶然事件"("冀得兔")与"必然事件"("弃恒业,田荒芜")的冲突。农人追求"必有复来者"的偶然性与耕田这一"恒业"之间的必然矛盾,是编著者所挖掘的新的寓意。在与《新制单级国文教科书》(初小用—乙编)配套的《新制单级国文教授书》的课后内容提示中,编著者写道:"兔之误触株折颈而死,特偶然事耳。故农人守株待兔,置田事于不问,及田渐荒芜而兔卒不可复得也。"这正是对事件偶然性的解读。编著者还明确对选文的最后一句做出了解释:"农人以田事为恒业,不为恒业而守株待兔,是舍其恒业而贪幸获之利也,无可得哉。然世多不之思,畏劳而图幸获者,比比皆是。其结果鲜有不如农人之守株待兔。吾人诚当取以为鉴也。"由此可见,编著者在教学中强调将"守株待兔"的故事与生活实际相联系,从寓言故事的特殊情境推广到教学中。比如,编著者在"注意"里强调,当"学生平日作文习算等,有不知勤勉练习,务思请人代为,或抄袭他人所作,以侥幸而欺教师贪成绩者。可以此理明白告诫之"。这里的"注意"特别强调告诫学生杜绝"侥幸心理",足以看出在此时的教学中,编著者更希望通过《守株待兔》的寓言学习培养学生脚踏实地守"恒业"的习惯,踏踏实实地完成自己的作业,而不是耍小聪明,存着侥幸心理去等待"兔"这种不切实际的利益,在这里亦即侥幸瞒过教师而获得的利益。

总的来说,《新制单级国文教科书》(初小用—乙编)中《守株待兔》的选文是一个很典型的运用评价、总结性的语言来揭示主题的文本。编著者运用自己的价值观,对寓体——"守株待兔"的故事进行了评价,并在结尾点题。这种方式容易理解,也有利于学生掌握主题,在教授书中还能看到编著者在寓言教学中采用具体的实例进行实际联系,拓展"守株待兔"寓意的适用范围,培养学生的良好品质。

(二) 运用农人的醒悟揭示寓意

这一揭示主题的方式最典型的代表就是《开明国语课本》(初小)中的《农人和野兔》。编著者以"田里没人去照顾,所有的稻全已枯。第二只兔不见来,树下农人渐醒悟。满腔懊恼他独自说:'我坏在得到一只野兔!'"作为结尾,可见在这里,编著者是采用了以农人自己的醒悟来揭示主题的方式。《农人和野兔》这一选文文本也是民国时期收录了《守株待兔》寓言故事的教材中,唯一刻画了农人等不到第二只兔子后的懊悔心理的教材。其中也包含着运用对农人语言的描写来实现的渗透式揭示主题的方式。"坏在得到一只野兔"一句点明农人当时已经醒悟过来他"守株待兔"这一行为的错误之处,而这在"第二只兔不见来,树下农人渐醒悟"中也有直接的明示。

更值得注意的是,编著者全篇三次着重描写了农人的神态、心理和语言。从得到野兔、想要再得到野兔、最后得不到野兔后终于醒悟的变化中,读者能够明显地感受到农人在神态和心理上的转变。此处用表格的形式将其概括出来(见表13)。

表 13　农人神态、心理和语言的变化

农人和野兔的关系	农人的神态	农人的语言
意外得兔	满腔欢喜	我意外得到一只野兔!
守株待兔	满腔希望	我想再得到一只野兔!
兔不见来	满腔懊恼	我坏在得到一只野兔!

另将这三句原文附录于此:

满腔欢喜他独自说:"我意外得到一只野兔!"
满腔希望他回答说:"我想再得到一只野兔!"
满腔懊恼他独自说:"我坏在得到一只野兔!"

  农人的神态从满腔"欢喜""希望"到最后的"懊恼",这种变化呼应着农人和野兔的不同关系状态,转喜为悲标志着农人最后的心理变化。从农人的语言则更能明显地看出他对"得到一只野兔"的态度,即从一开始因为意外得到一只野兔而感到欢喜,从而内心有了期待,希望能再次得到一只野兔,到最后因为最初"得到一只野兔"而感到满腔懊恼,其中的转变正说明了"得到一只野兔"这件事需要用正确的心态来对待。"我坏在得到一只野兔"将整个矛盾回溯到最初的"意外得到一只野兔"。由此可见,文中的农人此时已经意识到正是意外"得到一只野兔",才导致了他出现侥幸心理,最终落入稻全已枯、兔不见来的尴尬境地。三个相同句式反复,句句呼应,将农人的心理一层层通过诗歌的形式表达出来,贴近儿童的语音习惯,强调了这则寓言最应注意的重点,即如何对待"意外得到一只野兔"这件事,进一步揭示了这篇寓言儿童诗的主题,即做事要靠自己的努力,不要有侥幸心理。主人公农人自己的醒悟也与标题的《农人和野兔》相呼应,在形成一种"成也野兔,败也野兔"的外部冲突的同时,农人对待"得到一只野兔"这件事的心理变化也构成了一种极为强烈的内部冲突。这两种矛盾冲突推动了这篇《农人和野兔》儿童诗的情节发展,其对《守株待兔》这则寓言的改编通过原本单一的偶然性事件与必然性事件,加深了如《新制单级国文教科书》(初小用—乙编)中《守株待兔》选文所表现出来的偶然性与必然性矛盾,更深层次地表现了农人内心的变化。《农人和野兔》这首寓言儿童诗除了对"守株待兔"这则寓言的文体表现形式具有重要意义,在对其寓意的揭示上也有着关键的独特性,即更为关注主人公农人本身的心理、语言变化,扩充了农人的思想情感,让这则寓言故事更为灵动,贴近初小学生的学习理解能力。

因此,在部编版《守株待兔》的教学中,学生无法完全准确地理解文言文版《守株待兔》的故事时,可以借助将文言文改编为白话文诗歌的方式,对农人的心理进行补白,便于学生对寓言进行理解。教师也可以在教授《守株待兔》这一课时,将《农人和野兔》儿童诗直接作为补充阅读,提高学生的心理直观感受。这一方式对其他寓言的教学也有一定的借鉴意义。

(三) 运用邻人的劝诫揭示寓意

这一揭示主题的方式主要在《兽的成语故事》中的《守株待兔》一文中出现。邻人这一意象在《韩非子·五蠹》的原文中并没有出现,在民国教材中仅有的两次出现是在《商务国语教科书》和《兽的成语故事》的《守株待兔》选文中。其中,以邻人的告诫或提醒作为揭示寓言主题方式的是《兽的成语故事》中的《守株待兔》。该寓言选文在改编《守株待兔》的故事时又增添了一位邻人的角色。选文中,邻人与主人公农人阿福在故事的结尾展开了一段耐人寻味的对话:

> 一个走过的邻人,看见他木人似的站立在树旁,问道:"阿福,你呆呆地站在那里干什么?"
>
> "噢!"阿福把手中的死兔子扬了扬,回答道:"我在这里守着再撞到树株上的兔子呢!"
>
> "哈哈,"邻人笑着劝道,"那有如此巧的事?快快去耕田吧!"
>
> 但是,拘泥的阿福,不听邻人的劝告。还是站在树株旁守着,希望还有兔子来撞在上面,可以让他不费力的捉获它。

从这一段的结尾可以看到,《兽的成语故事》与其他民国教材选编的选文相比,最大的不同就在于对守株待兔的农人阿福结局的处理。除了这一版本的选文,其他选文都选择将守株待兔的主人公最后的结局交代清楚,但在这一版本的选文中,编著者将原寓言中最后农人没有得到第二只兔子,被人嘲笑的结局省去,用了上面选段中阿福与邻人的对话作为结局,并在最后加上了一句比较有评述性的结尾。从阿福与邻人的对话中可以发现,邻人对于阿福"意外得到一只兔子"这件事的态度是质疑与嘲笑的,邻人认为这只是一个小概率的巧合性事件,第二只兔子再撞上树株的可能性更是太小了。因此邻人规劝阿福不要再在树旁站着,而是去耕田。邻人的劝告正是为了让阿福意识到贪图一时之利的侥幸心理是不可取的,只有耕田这一对农人来说脚踏实地的事情才是应该做的。邻人的劝告侧面点明了这一寓言的主题。同时,从最后一句评述性的语句中可以清晰地看到,编著者对阿福的另一个评价是"拘泥",这就同原"守株待兔"寓言中韩非子想表达的不可拘泥于一时的现状,要随着时间的变化改变策略不谋而合。"还是站在树株旁守着,希望还有兔子来撞在上面,可以让他不费力的捉获它"则用嘲讽的语气点明了阿福所做的事情存在着过多的侥幸心理,不肯花费力气。从这几句评价中也可以推断,故事中的阿福未来必定会走向编著者省去的原寓言故事中的结局。

这种通过他人对主人公的劝告或提醒来揭示寓言主题的方式,一方面可以将寓言的主题自然流畅地展示出来,另一方面也可以避免直接在结尾处揭示主题的突兀。从他人的劝告或提醒中流露和表达出主题,也可以锻炼学生的阅读理解能力,即学习如何从他人的语言中提炼出文本想表达的主题。

(四) 运用教材提示揭示寓意

这一方法主要在民国时期的几套寓言读本中出现。《国文故事选读》《中国寓言读本》《兽的成语故事》这三本民国时期的寓言读本,比起在学校内通用的小学国文(国语)教材,在寓意揭示上更采用了另外的读本提示形式。具体如表14所示。

表14 教材提示寓意方法在各读本中的应用

读本名称	读本提示方式	揭示主题内容
《国文故事选读》	括号内提示	（今欲以先王之政，治当世之民，皆守株之类也）
《中国寓言读本》	编者按	偶然的"意外收获"是不可永远妄冀的
《兽的成语故事》	说明	这是拘泥不变，以致误事的比喻

从表格中可以看出，民国时期的这些寓言读本大多保留了对"守株待兔"原寓言的寓意解读，即韩非子原文中的最后一句"今欲以先王之政，治当世之民，皆守株之类也"。国家拘泥于不变的政令，以之治理国民，就像守株待兔的农人用先前狭隘的经验来对待变化的事情。农人固执拘泥的经验是守着这棵"株"便可以得到一只野兔，韩非子用此来比喻政令，先王的政令就如那棵"株"，当今的治理者即是那位农人，而"得到野兔"这件事就被类比为治理国民。

先王的政令意外地能够收获不错的成效，却不意味着一个国家继续采用先王的政令，守着原先的经验，就能够继续治理现在不一样的臣民。兔子不再会撞上树桩，就如同当世之民也不能用原先的政令来治理一样。"守株待兔"的比喻最开始的原意本是如此。但是在被各教材编著者搬进小学国文（国语）教材后，它的寓意逐渐便发生了变化。这是适应了民国时期的社会风貌与小学的培养目标的影响而做出的改变。不过由上文可见，在当时的寓言读本里，仍有编著者保留韩非子原先的寓意。虽然在《中国寓言读本》里已经出现了偏向不可贪图"意外收获"的解读，但尊重原寓言的寓意还是民国时期寓言读本在编写时的趋向。这与读本受到当时的政治制度、教育制度的影响和约束较少不无关系。

运用揭示寓言主题的评价总结性语言、通过农人自己的醒悟、借助邻人的告诫或提醒、通过注释说明等教材提示,这四种方式是民国时期的《守株待兔》选文揭示寓意的主要方式。这四种方式并无优劣之分,反而可以为寓言编写者提供多样化揭示寓意的典型范本模式,使选文摆脱大多数寓言在结尾直接写出寓意的模式,采用多样化的结尾提示来到达相同的效果。这是民国时期的《守株待兔》选文给我们的重要启示之一。

四、《守株待兔》选文编排的历史演变

(一)插图与选文的互文关系

民国小学国文(国语)教材中给《守株待兔》的故事配以课文插图的有:《商务国语教科书》、《新学制小学教科书初级国语读本》、《新主义国语读本》(初小用)、《开明国语课本》(初小)、《兽的成语故事》五套。相关的配套插图如图14~18所示。

图14 《商务国语教科书》

图15 《新学制小学教科书初级国语读本》

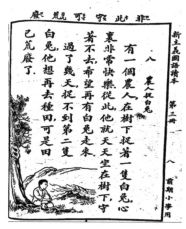

图16 《新主义国语读本》(初小用)

图17 《开明国语课本》(初小)

图18 《兽的成语故事》

纵观五套教材的插图,每一张插图的内容组成都含有一棵树与一名主人公。其中除了《兽的成语故事》以外,其他主人公都是以坐在树下或者树旁的姿态出现的,而且每个人都以双手环抱在膝盖上的姿势守在树株旁。只有阿福是站立着守在树株旁,并且由于情节的需要,在道路旁还出现了与他对话的邻人。

其中《商务国语教科书》中的主人公看上去最为年轻,并且此课文还拥有两页插图,第一页显示的是耕田者之前的土地,后一页中土地则明显变得荒芜。虽然文中出现了邻人,但在插图中却没有相应的邻人出现。树后是一间茅草屋,古木枯干,已经没有了生机。耕田人正对着树,等待兔子。《新学制小学教科书初级国语读本》的插图里,农人的田没有被划出来。农人戴着斗笠眺望远方,能看出目光中的惆怅,他坐在树下的岩石上,企图再捉到一只兔子。《开明国语课本》(初小)中的农人坐在树前,与其他插图都不同的是,这棵树下有一个树洞。从农人的表情推断,这时候的农人还满腔希望能再得到一只野兔。在《兽的成语故事》的插图中,阿福很高兴地站在树下,路过的农人扛着农具,不解阿福的举动。在插图的最下方还有一句:"阿福,你呆呆地站在那里干什么?"可见这幅插图描绘的就是阿福与邻人相遇的场景。这几幅插图中表达内涵最为丰富的便是《兽的成语故事》中的插图,这幅插图还对远处的田地有所描绘。但是也可以注意到,所有的插图里都没有出现兔子。在笔者已知的教材选文中,只有1993年和2001年的人教版教材将兔子描绘进了课文插图中,如图19、20所示。

图19　人教版(1993年)插图

图20　人教版(2001年)插图

可见在插图方面,中华人民共和国成立后,小学语文教材里插图与课文的关联性更强。特别是1993年人教版的教材插图,分为两幅,将《守株待兔》中兔子撞树桩与农人守株的场景都描绘了出来。除了插图外,每部教材的编辑字体也值得关注。《新制单级国文教科书》(初小用—乙编)、《新学制小学教科书初级国语读本》、《新主义国语读本》(初小用)、《开明国语课本》(初小)采用的都是手写体。手写体比起印刷体来说,在生字教学上更为方便。《商务国语教科书》《国文故事选读》《中国寓言读本》则都采用印刷宋体。《兽的成语故事》采用了偏楷体的印刷字体。考察现在的小学教材,课文部分都是用楷体进行印刷的,这与现今小学生的书写教学都要求用楷体进行相符。

(二) 练习系统的变化

1. 课后练习

笔者所搜集到的包含《守株待兔》选文的民国小学国文(国语)教材中,明确出现了课后练习的有两部,一部是《新制单级国文教科书》(初小用—乙编),另一部是《开明国语课本》(初小)。因为很多涉及研究对象的教科书没有或者缺少现存的相关教授书,所以尚不确定其他教材是否在教授书里包含了练习系统。因此,此处的研究仅供参考,仍待后人进行补充。

根据《新制单级国文教科书》(初小用—乙编)中《守株待兔》的课后部分,其练习系统以"应用"的形式进行标注,具体如下:

> 提问:兔因何而死。田者何以弃耒守株。其后能更得兔否。田何以渐荒。人之弃其恒业而贪幸者何若。
>
> 默写:令默写全课生字及次段六句。

从这两个应用练习看,该教材的练习分为两类,一类是提问,另一类是默写要求。提问部分共有五个问题,其中前四个问题旨在为学生梳理寓言课文的主要内容。通过提问的方式将课文中重要部分和环节进行强调,既能加深学生对课文的识记,也可以抓住这几个关键因素,帮助学生理解寓言的深意。"兔因何而死""田者何以弃耒守株"这两个问题强调了寓言故事的起因和经过,"兔因何而死"帮助学生回忆兔撞到树桩上折断颈项而死这一意外是得到兔子的原因,"田者何以弃耒守株"这一问则让学生明白农人的愚妄之处。"其后能更得兔否""田何以渐荒"这两问点明了故事的结局,让学生明确了解到农人这一做法是错误的。最后一问"人之弃其恒业而贪幸者何若"意图帮助学生明白这则寓言的寓意,用疑问的方式指出不以恒业获取报酬,而是心存侥幸的做法是错误的。第二类练习——默写有两个具体的要求:一是针对课文的生字,这是比较普遍的小学国文对生字识记的要求;二是默写次段的六句,即"耕田者见之,以为必有复来者。因弃耒守株,冀得兔,兔终不至,而田渐荒芜",这里其实也隐含了背诵的要求。

值得注意的是,在1993年人教版小学语文教材中,"思考·练习"部分对《守株待兔》课文的部分练习要求如下:

> 默读课文,回答问题:《守株待兔》里的那个种田人是怎样得到一只野兔的?以后他是怎么做的?结果怎样?他错在哪里?

可见,1993年人教版课文练习部分问题的提问结构与梯度,肖似《新制单级国文教科书》(初小用—乙编)中的"兔因何而死。田者何以弃耒守株。其后能更得兔否。田何以渐荒。人之弃其恒业而贪幸者何若"这五个问题,都是从起因、经过、结果、错误四个角度入手进行提问,从而帮助学生理解。《新制单级国文教科书》(初小用—乙编)中的练习提问要求在80年后仍是分析《守株待兔》这一寓言课文结构的重要方式,它与人教版都以提问的方式设计练习,都有着促进学生单独思考的愿望。在1993年人教版的课文中,自然也提出了"朗读课文,背诵课文"的练习要求。当时,使用乙编七册教授的学生属于第三学年和第四学年,根据学制判断,这一时期施行的是壬子癸丑学制。初等教育分为初等小学校和高等小学校两级,初等小学校学制四年,法定入学年龄为6岁,换言之,当时学习这一选文的学生年龄应在9—10岁之间。根据1912年颁布的《小学校教则及课程表》,"当时国文教学的要旨就在于让学生学习普通的语言文字,养成发表思想的能力,并且启发儿童的德智;初等小学的首要目标就是纠正其发音,让儿童知道简单的文字的读、书、用法,逐渐传授日常使用的文章,并让学生练习语言;当时的教学原则还强调在教学中要适应儿童的身心发展的程度和特点"[1]。对比现行的《小学语文课程标准》,9—10岁还处在二至三年级,处在第一学段向第二学段发展的阶段。这时的阅读学段目标是"能够联系上下文,理解词句的意思,体会课文中关键词句表达情意的作用。能初步把握文章的主要内容,体会文章表达的思想感情"[2]。从该教材中提问的深度来看,当时对于这一选文的学习要求是略高于现在同一年龄阶段的学生的。但是结合初小为四年制来看,这一提问练习的设计也有其教学的历史需求。

《开明国语课本》(初小)中的《农人和野兔》这一课文的练习要求则比较简单,只有一条:"把这个歌的故事说出来,或者写出来。"这既是对课文内容理解的练习要求,也是对学生写作能力的训练。《农人和野兔》的课文出现在第五册,当时的学制系统已是"1922年新学制",儿童6岁入学,改用"六三三"学制,其中小学年限为六年,初级小学的年限为四年。第五册适用于第三学年的学生,即9岁左右的儿童。《开明国语课本》(初小)是根据1932年的国语课程标准原则来编写的,依照《小学课程标准国语》,围绕第三学年学生的说话能力,有讲述故事等练习要求,在作文中也要求能够对故事进行记述。因此,"把这个歌的故事说出来,或者写出来"是对当时课标的反应。

民国时期的练习要求,从历史纵向看倾向于从人文性转化

---

[1] 中华民国教育部:《小学校教则及课程表》,1912年,第11页。
[2] 中华民国教育部:《小学校教则及课程表》,1912年,第11页。

为工具性。由民国初年的对文章寓意进行理解、应用的人文性目标,转为课程标准时期更注重对学生的说话、写作能力的练习。其中的转变也是由当时教育制度的变化所引起的。

2. 生字要求

生字是小学语文教学中的重点,也是重要的学习目标。涉及《守株待兔》选文的八套教材中,有比较明确的可供查阅的生字要求的有三套教材。其中《开明国语课本》(初小)的词汇是在每册后附列的,但因资料欠缺,笔者暂时未找到相关的生字要求。拥有生字要求的教科书及其生字要求如表15所示(附1993年人教版、2001年人教版、部编版《守株待兔》的生字要求)。

表15 各版本教材生字要求

教科书与篇名	生字要求	个数
《新制单级国文教科书》(初小用—乙编)(《农人和野兔》)	耒、冀、荒、芜、贪、幸、获	7
《新学制小学教科书初级国语读本》(《农人捉白兔》)	此、望、再、已、荒、废	6
《新主义国语读本》(初小用)(《农人捉白兔》)	非、此、守、可、荒、废	6
1993年人教版(《守株待兔》)	守、株、桩、滋、窜、撞、锄	7
2001年人教版(《守株待兔》)	守、窜、撞、桩、此、锄、丢、肥	8
部编版(《守株待兔》)	宋、耕、释、冀、守、株、待、触、颈、其	10

从上表可以看到,"荒"这个生字在三套不同的民国教材中都出现了。其中,"此""废""荒"这三个生字在《新学制小学教科书初级国语读本》与《新主义国语读本》(初小用)中都有出现。"此"字在2001年人教版《守株待兔》课文中也有出现。"守"字则在《新主义国语读本》(初小用)、1993年人教版、2001年人教版、部编版教材中都有出现。从生字要求的数量上看,民国教材

的生字要求大多在 6 个～7 个。在文本编辑时,这三套民国教材的编著者都将每课的生字清楚地罗列于课文上端。然而,由于《新制单级国文教科书》(初小用—乙编)中的第七、八、九册是循环互用的,因此部分生字有所重复,为了方便使用,编者特意在熟字上标圆圈。这三本的生字编排如图 21～23 所示。

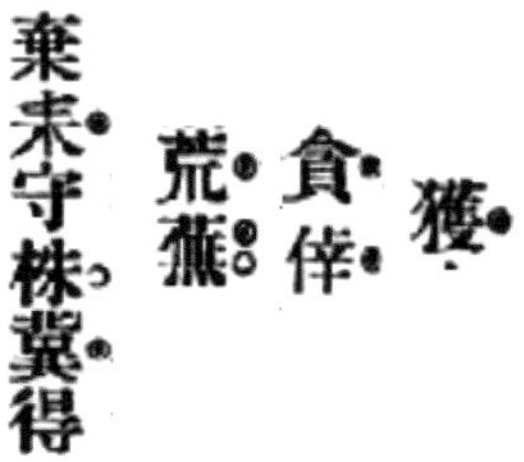

图 21 《新制单级国文教科书》(初小用—乙编)

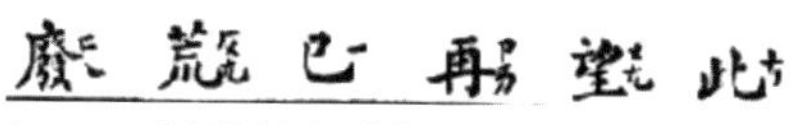

图 22 《新学制小学教科书初级国语读本》

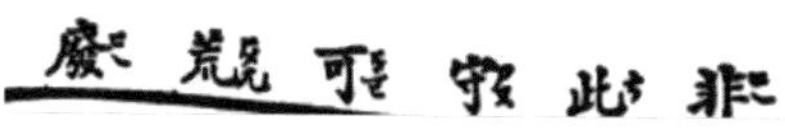

图 23 《新主义国语读本》(初小用)

根据汉字的字体结构,可以将这些生字分为五种字形结构,其分布如表 16 所示。

表 16 生字字形结构

字体结构	生字	频次
独体字	耒、再、已、非、去、其	6
左右结构	此、株、桩、滋、撞、锄、肥、耕、释、待、触、颈	12
上下结构	幸、芜、贪、获、望、守、窜、荒、宋	9
上中下结构	冀	1
半包围结构	废、可	2

从生字出现的频次来看,左右结构的数量最多,其次是上下结构和独体字。半包围结构的生字出现了两次,还出现了一个上中下结构的字"冀"。由这些生字字形结构的复杂程度,可以推出对《守株待兔》的生字要求比较低,没有特别复杂难写的生字出现。这些字中的有些偏旁部首是相同的,如木字旁的字有

"株""桩",草字头的有"芜""荒",宝盖头的有"宋""守"。这些相同偏旁的生字很多在同一本教材的课文生字要求中出现,可以推断出当时的识字教学也有形近字的规律所在。

4. 注音系统

"汉语注音符号,又称注音字母,是为汉语汉字注音而设定的符号。以章太炎的记音字母作蓝本,1913年由中国读音统一会制定,1918年北洋政府教育部正式颁行。"① 因此,笔者将1917年后出版的相关教材的注音系统概况进行了归纳,如表17所示。

表17　1917年后出版教材注音系统概况

教材名称	注音系统有无	注音范围	时间
《新学制小学教科书初级国语读本》	有	仅生字	1924年
《国文故事选读》	无	/	1926年
《新主义国语读本》(初小用)	有	仅生字	1931年
《开明国语课本》(初小)	无	/	1932年
《中国寓言读本》	无	/	1933年
《兽的成语故事》	有	全篇课文	1946年

拥有注音系统的教材里大多采用只对生字进行注音的做法。在课外读物《兽的成语故事》中却将全篇课文的生字都进行了注音。注音系统可以帮助学生进行语音训练,在课文编写中合理地运用注音系统是国语教学的重要工具。1949年后的教材中大多选择在生字的旁边或上方直接标注拼音,而不是只在生字表里单独标注拼音,这种注音方式比起民国时期更为便利,也更方便学生朗读与识字。

---

① 张琼:《海峡两岸汉字部首法对比研究》,天津师范大学硕士学位论文,2016年,第25页。

五、结语

本节从《守株待兔》选文在民国时期的小学国文(国语)教材中的收录情况、选文内容、寓意揭示方式与寓意解读、选文编排四个主要方面对其进行了历史演变研究。此处主要从本节的研究意义出发,对未来《守株待兔》选文在小学语文教材中的编写提供一定的启示,并对本研究的内容做一总结。

(一)对《守株待兔》编写语言形式的启示

文言文的教学在现今的中小学教育中再次受到重视和强调。从笔者搜集到的最新出版的部编版小学语文三年级下册的教科书中可以看到,对于《守株待兔》这一经典寓言文本,部编版教材的编写者直接采用了与《国文故事选读》中《守株待兔》选文几乎一样的文字。两者都是根据《韩非子·五蠹》的原文进行了直接节选,且在节选的文字内容上完全重合。《守株待兔》这一寓言在1917年后、时隔百余年再次以文言文的形式出现在经教育部批准发行的主流小学语文教科书中,可以说是对近百年前出版《国文故事选读》的陶孟和先生选取《守株待兔》作为国文读本选文的初始理念的一种肯定。

书面语言形式的变换与政治、经济、文化生活的变化脱不了干系。民国时期,新文化运动全面反对旧式文学,这种对中国传统文化的摒弃在一定程度上造成了至今仍未缓和的时代裂缝。部编版教材中对《守株待兔》《司马光砸缸》这类优秀的古代文学作品直接采用文言文进行编写和传授,是对传统文化复兴的一种尝试,也能够让现在的小学生通过文言文寓言故事来初步接触文言文,是提高他们将来阅读文言文的基本能力的重要方式。笔者认为,这与陶孟和先生当时的"新体国文读本的试验"有着异曲同工之妙,两者的共性在于都看到了国文教学对理解我国古代典籍和悠久思想的重要性,批判辩证地对待传统文化与传统文学。两者都重视运用古代的优秀寓言与故事进行文言文的教材编写,看到了先秦诸子百家故事里的可取之处,为现今小学教材中的文言文教学或文言文寓言读本的编写提供了宝贵的借鉴。

部编版教材中文言文版的《守株待兔》选取原文的做法,是保留传统经典典籍原文的一种方式。我们现在看到的许多经典故事,特别是许多先秦优秀的寓言故事,先前由于考虑到各方面因素的需要,都选择将文言文改写为白话文。在将文言文改编为白话文的过程中,由于编著者或改编者的不同,他们的理解或翻译方式都是不同的,一篇寓言可能会有很多种白话文翻译方式。这也是民国时期的《守株待兔》有着许多不同的白话文版本的原因之一。文言文释义上的分歧难免造成这些差异。然而,像部编版教材中的《守株待兔》这样一篇"原版"寓言出现在小学语文教材中,既是保留原汁原味的先秦寓言的一种方式,也是一种让学生通过自己学习原版文言文寓言,跨过编著者的白话文理解,来近距离地接触文言文寓言的尝试。就如同在学习古诗词时,虽然可以将古诗词翻译成白话文的句子,但其意境必然有所不同。在教材中呈现原版寓言是一种大胆的尝试,也是一种值得推广的方式。

(二) 对《守株待兔》教材编排的启示

部编版《守株待兔》出现在三年级的第二单元,这一单元是一个完整的寓言教学单元。这一单元的寓言形式多样,有选自先秦、用文言文原文呈现的《守株待兔》,有经典的寓言故事《陶罐和铁罐》,有改写自伊索寓言的《鹿角和鹿腿》,还有俄国克雷洛夫的寓言诗歌《池子与河流》。可以说,部编版教材中的这个寓言故事单元一定程度上改变了原先人教版只有白话文记叙文类的单一寓言形式的情况。这种寓言单元的形式在民国教科书中并没有出现过,但是其中用诗歌形式表达的《池子与河流》寓言,却和《开明国语读本》(初小)中用诗歌形式表达的《农人和野兔》采用了相同的文体呈现形式。可见,部编版教材编写者也注意到了寓言文体表现形式可以进一步扩展。不过在教材编写上,部编版教材的"阅读链接"里收录了一篇《南辕北辙》的白话文寓言,笔者认为这一安排与文言文版的《守株待兔》课文之间的关系并不大,甚至在学习上有一定的割裂性,并不利于学生对文言文版《守株待兔》的学习。不如考虑在文言文版《守株待兔》的课后"阅读链接"中编写一个类似于民国时期《开明国语课本》(初小)中《农人和野兔》的儿童诗版本的《守株待兔》,这样的编排更有利于学生理解文言文版本的《守株待兔》,也可以拓展学生关于寓言表现形式的观念。

　　与选文的编写相关的就是教材的课后练习。部编版教材《守株待兔》的课后练习有两个:一是要求把课文读通顺,注意读好"因释其耒而守株",背诵全文;二是借助注释读懂课文,说说那个农夫为什么被宋国人笑话。这两个练习要求一是识记层面上的,一是理解层面上的。但这两个课后问题比起先前人教版的课后练习来说,对学生的学习和理解并没有太多帮助和提示。特别是这篇文言文版的《守株待兔》是小学阶段除了诗歌以外第二次出现的文言文记叙文,课后练习与提示并没有抓住这一寓言在语言形式上的教学需要。对文言文形式的寓言来说,在编排上更加应该注重对注释和说明的编写。其中,民国时期的《新制单级国文教科书》(初小用—乙编)中对《守株待兔》课后练习的编写就很值得现在的文言文寓言借鉴。在第四部分,笔者已经对这一版本的练习系统进行过详细的阐述,这里笔者想要强调的是,对于文言文的学习不应该只局限于单纯的语言文字翻译,特别是像《守株待兔》这样一篇故事结构其实十分鲜明的寓言故事,更可以去关注其故事结构与内容结合的人文性层面的学习。《新制单级国文教科书》(初小用—乙编)中的练习提问就通过对课文主要内容的梳理,结合《守株待兔》的寓言主旨进行有层次的归纳，从起因、经过和结果几个方面，进一步帮助学生理解这一寓言。将来的教材中如果再出现文言文寓言，也可以考虑从这个角度入手来设计练习提问。

（三）对《守株待兔》选文教学的启示

《守株待兔》作为一篇经典寓言，从被选入小学语文教材以来，就被作为教人做事的劝诫类寓言而存在，因此，在教学中强调其寓言主题是很重要的一个环节。如果要引导学生理解寓言，揭示主题就是每一个教师都需要注意的教学环节。在第三部分中，笔者对《守株待兔》寓言揭示方式与寓意解读的历史演变进行了详细的阐述。可以看到，《韩非子·五蠹》中的原寓言与后来被选入小学语文教材的寓言《守株待兔》之间，寓意已经产生了比较大的差异。后人在小学语文教材中沿袭下来的寓意与原寓意之间的取舍，是根据所选取的选文文本内容做出的。在文言文版的内容中如何对《守株待兔》的寓意进行解读是一个教学的重要取舍点。

但无论是延续原先的教材解读，还是选择回归原寓言的寓意，又或是在原先教材解读的基础上科普原寓言的寓意，解读都是需要经过教学实际的检验的。值得教学工作者真正注意的是，如何将简单的寓意与学生的生活实际联系起来。民国时期的《新制单级国文教科书》（初小用—乙编）中所强调的"学生平日作文习算等，有不知勤勉练习，务思请人代为，或抄袭他人所作，以侥幸而欺教师贪成绩者。可以此理明白告诫之"，正是一个结合生活实际的教学提示。

《守株待兔》作为先秦时期韩非子的经典寓言，两千多年来被无数次引用、改编。在近现代的民国时期，这一寓言作为一则寓言选文进入了小学语文教材之中，让它从内容、语言、寓意上都焕发了新的生命。民国时期，受到当时的社会背景影响，各类优秀的小学国文（国语）教材纷纷涌现，又有这么多教材选择了将《守株待兔》作为其寓言课文,可见这一寓言的经典性与时代性的统一。本节对民国时期的小学国文(国语)教材中所涉及的《守株待兔》选文的研究,对这一寓言研究来说只是一个极小的侧重点,这篇原文不到 50 个字的寓言背后,有着更多可以进行挖掘与研究的地方。

第四节 《狐狸和乌鸦》教材化的历史演变研究

寓言大多短小精悍,集故事性和哲理性于一体。寓言故事情节生动、人物形象鲜明、寓意简短深刻,符合儿童心理发展,具有一定的教育价值。寓言能让读者在阅读的过程中自然而然地感悟到其中的含义,适合教师用来进行道德教育,也适合小学生在阅读中学得道理。在小学语文教科书中,寓言选文是重要的组成部分。《狐狸和乌鸦》是一篇经典的小学语文寓言选文,但在部编版小学语文教材中,它不再作为一篇独立课文,而是出现在新增的栏目"和大人一起读"中。这个变化让笔者对《狐狸和乌鸦》这篇课文产生了兴趣。查阅资料发现,《狐狸和乌鸦》是一篇百年经典寓言课文,但对于这一选文历史演变的研究并不多。

清末民国时期正值社会动荡,文化受到巨大冲击,教育观念、文教政策等发生巨大变化。《狐狸和乌鸦》多次被选入这段时期不同的国文(国语)教科书中。在选编的过程中,选文受到社会教育思潮、社会观念等影响。《狐狸和乌鸦》选文在 1904—1949 年间国文(国语)教科书中的发展,表现为不同教科书中同一文本的不同呈现,折射出清末民国时期教科书选文的演变,反映出不同教科书的编写特点与编写意图。研究国文(国语)教科书中《狐狸和乌鸦》选文在清末民国时期的演变,明晰该寓言的发展轨迹,便于总结当时编写寓言选文的经验和教训,能够为新时期小学语文教材中寓言的选编提供思路。

本节将从选文的选编背景和收录情况、选文内容的演变、选文角色的变化以及选文编排的历史演变四个方面进行研究。

一、《狐狸和乌鸦》的选编背景和收录情况

(一)《狐狸和乌鸦》选编背景研究

1.《伊索寓言》在中国的译介

(1)《伊索寓言》在中国的译介

寓言《狐狸和乌鸦》被选编入教科书之前,收录于《伊索寓言》。《伊索寓言》相传为公元前6世纪时古希腊一个名叫伊索的被释奴隶所作。当时古希腊民间流传着许多以动物生活为题材的小寓言。伊索将这些寓言收集起来,改编成寓言集。由于年代久远,加上现今的《伊索寓言》多为后人收集改写而成,《伊索寓言》中《狐狸和乌鸦》最原始的版本几乎追溯不到。

《伊索寓言》被译介到我国已有四百多年的历史。《伊索寓言》最开始传入我国得力于传教士。"据戈宝权先生的考证,第一个把伊索寓言介绍到中国的是意大利耶稣会传教士利玛窦。"[1]利玛窦在《畸人十篇》中曾提及"伊索"。不过《畸人十篇》中的伊索寓言并不多,仅三四则。之后西班牙传教士庞迪我在著作《七克》中引用了《伊索寓言》中的五六则寓言进行传教。"其中最著名的'乌鸦和狐狸'的寓言就出现在卷一的《伏傲篇》里。"[2]这些作品只是简单地翻译《伊索寓言》中的几篇,而不是完整地翻译《伊索寓言》。同时以上译介多用来辅助传教,不是真正意义上的汉译本。

1625年,中国才出现了第一本真正意义上的汉译本《况义》。《况义》由法国基督会传教士金尼阁口译,中国人张赓笔录。《况

---

[1] 王立明:《〈伊索寓言〉在中国的传播途径与方式》,《沈阳师范大学学报(社会科学版)》2003年第6期。

[2] 熊先杰:《试论〈伊索寓言〉的早期中国版本》,《兰台世界》2009年第16期。

义》的出现开始让更多的中国人认识《伊索寓言》。1840年,《意拾喻言》问世,该书中出现了"伊索"(意拾)的名字与生平,人们能够通过这册合集本了解伊索寓言。1903年出版的《希腊名士伊索寓言》是第一本由中国人独立翻译的汉译本。

笔者研究的时间从1904年开始,时值《希腊名士伊索寓言》出版的第二年,正值清末。因此笔者主要整理明清时期的《伊索寓言》汉译本。由于明清时期的汉译本出版年代久远,出版数量与存本均不多,笔者很难找到汉译本原版的文献资料,因此将搜集到的明清时期《伊索寓言》主要汉译本的信息整理汇总如下(见表18)。

表18 明清《伊索寓言》在中国的汉译本情况

汉译本名称	编译者	出版地/社	时间	寓言篇数
《况义》	[法]金尼阁口译,张赓笔录	西安	1625年	22篇
《意拾喻言》(意拾蒙引)	罗伯特·汤姆、蒙昧先生	《广东报》	1840年	82篇
《海国妙喻》	赤山畸士(张赤山)	天津时报馆	1888年	70篇(36篇直接"汇辑"自《意拾喻言》①)
《泰西寓言》	黄海之、张学海	上海	1901年	不详
《伊娑菩喻言》	博文居士	香港文裕堂	1903年	73篇
《希腊名士伊索寓言》	严培南、严璩、林纾	商务印书馆	1903年	约300篇

除这些主要汉译本之外,当时许多报刊和寓言集都刊登过伊索寓言,报刊如《中西见闻录》《小孩日报》《万国公报》《蒙学报》等,寓言集如李世熊的《物感》。民国成立后,《伊索寓言》译

---

① 鲍延毅、鲍欣:《〈海国妙喻〉作品考源》,《枣庄师专学报》2000年第1期。

介依旧热度不减。

明清时期,《伊索寓言》不断被中国文人翻译、推广。明清以后至民国时期,《伊索寓言》也继续在中国翻译出版,受到人们的喜爱。随着中国门户的开放,"西学东渐"的社会思潮影响日深,西方文化不断传入中国,中西方文化不断碰撞。《伊索寓言》的传入不仅让中西方寓言进行了交流,西方寓言也开始慢慢为中国人民知晓与熟悉。

(2)《伊索寓言》译介中的《狐狸和乌鸦》

寓言《狐狸和乌鸦》随着《伊索寓言》的汉译,进入大众的视线。作为一篇经典寓言,在明清时期《伊索寓言》的汉译本和收录有伊索寓言的寓言集或报刊中,几乎都有《狐狸和乌鸦》的身影。

由于这些汉译本、寓言集、报刊出版年代久远,现存较少,笔者将搜集到的文献资料中有关《狐狸和乌鸦》的内容收集汇总成表。具体情况如表19所示。

表19 明清汉译本等中的《狐狸和乌鸦》收录情况

名称	编译者	出版地/社	时间	是否收录《狐狸和乌鸦》	《狐狸和乌鸦》标题
《况义》	金尼阁口译,张赓笔录	西安	1625年	是	狐夺乌肉①
《物感》	李世熊编撰	不详	不详	是	佞狐②
《意拾喻言》(意拾蒙引)	罗伯特·汤姆、蒙昧先生	《广东报》	1840年	是	鸦狐③

---

① 祝普文:《从〈物感〉一书看〈伊索寓言〉对中国寓言的影响》,《文献》1988年第2期。
② 祝普文:《从〈物感〉一书看〈伊索寓言〉对中国寓言的影响》,《文献》1988年第2期。
③ 鲍延毅、鲍欣:《〈海国妙喻〉作品考源》,《枣庄师专学报》2000年第1期。

续表

名称	编译者	出版地/社	时间	是否收录《狐狸和乌鸦》	《狐狸和乌鸦》标题
《海国妙喻》	赤山畸士（张赤山）	天津时报馆	1888年	是	喜媚①
《希腊名士伊索寓言》	林纾、严培南、严璩	商务印书馆	1903年	是	不详

纵观不同时期收录的《狐狸和乌鸦》，其寓言内容大同小异，基本框架为"乌鸦衔肉；狐狸想吃乌鸦的肉；狐狸想办法最后吃到了肉"。不同汉译本的《狐狸和乌鸦》在情节构成和语言表达方式上存在差异。

笔者将目前能搜集到的文献资料中收录的汉译本《狐狸和乌鸦》内容梳理如下。

《况义》中《狐夺乌肉》的内容为：

> 乌栖枝啄肉。狐欲夺肉，诡谀乌曰："人言黑如乌，乃濯濯如雪，是堪为百鸟王。但未闻声如何？"乌大喜，嗟然而鸣，肉下坠，狐遂得肉。又曰："人面谀己，必有己也。匪受其谀，实受其愚。"②

祝普文指出，《物感》凡一卷，由二十篇寓言故事组成，其中有五篇收录了《况义》中的寓言。③ 他对比了《物感》与《文献》杂志第24期中《况义》的明抄本全文，发现这五篇中就有《狐狸和乌鸦》(《况义》中为《狐夺乌肉》，《物感》中为《佞狐》)。

以下是《物感》中《佞狐》的内容：

> 乌栖枝啄肉。狐欲夺肉，诡谀乌曰："人言黑如乌，乃濯

---

① 鲍延毅、鲍欣：《〈海国妙喻〉作品考源》，《枣庄师专学报》2000年第1期。
② 祝普文：《从〈物感〉一书看〈伊索寓言〉对中国寓言的影响》，《文献》1988年第2期。
③ 祝普文：《从〈物感〉一书看〈伊索寓言〉对中国寓言的影响》，《文献》1988年第2期。

濯如雪,是堪为百兽王。但未闻声如何耳?"乌大喜,嗒然而鸣,肉下坠,狐遂得去。文雉遇狐而叱之曰:"反黑为白,割肉之贼!"孔雀遇乌而笑曰:"饱人之阿,味不自濡。"①

《意拾喻言》中《鸦狐》的内容为:

> 鸦本不善鸣。一日,口衔食物,稳栖树上。适有饿狐见之,欲夺其食,无以为法,乃生一计,曰:"闻先生有霓裳羽衣之妙,特来一聆仙曲,以清俗耳,幸勿见却。"鸦信为然,喜不自胜,遂开声张口,其食物已脱落矣。狐则拾之,谓鸦曰:"将来有羡先生唱者,切勿信之,必有故也。"俗云:"甜言须防是饵。"此也。②

《海国妙喻》中《喜媚》的内容为:

> 鸦之为物,本不善鸣。一日,口衔食物,稳栖树上。适有饿狐见之,欲夺其食,无以为法,乃心生一计,曰:"闻先生有霓裳羽衣之妙,特来一聆仙曲,以清俗耳,幸勿见却。"鸦信为然,喜不自胜,遂开声张口,其食物已落。狐则拾而啖之,仰谓鸦曰:"将来有羡先生歌唱者,切勿信之,必有故也。"俗云:"甜言须防是饵。"又云:"言甘者其诱我也。"③

《希腊名士伊索寓言》中的寓言内容为:

> 鸦衔肉止于树杪,狐过而欲得之,仰颂之曰:"君躯既壮,而羽复泽,设发声更美,则洵为羽族之王。"鸦闻而欲斥之,甫发声,而肉脱。狐疾取之,复语鸦曰:"吾友,尔声美于脑。"畏庐曰:处小人勿暴怒,怒则失著。④

---

① 祝普文:《从〈物感〉一书看〈伊索寓言〉对中国寓言的影响》,《文献》1988年第2期。
② 鲍延毅、鲍欣:《〈海国妙喻〉作品考源》,《枣庄师专学报》2000年第1期。
③ 鲍延毅、鲍欣:《〈海国妙喻〉作品考源》,《枣庄师专学报》2000年第1期。
④ 徐丽爽:《〈伊索寓言〉汉译本研究》,山东理工大学硕士学位论文,2018年,第31页。

2.《伊索寓言》进入教材

鲍延毅指出,在中国教育史上,《意拾喻言》是第一本被用作学校教科书的寓言集。[①]《意拾喻言》问世后,曾被列入学校教育,成为当时香港的重点中学和其他英汉学校的教科书。这意味着伊索寓言从清朝开始逐渐进入教材。此后,随着《伊索寓言》在中国译介的增加,伊索寓言不断被编入课外读物与教科书中。"光绪庚子年(1900年)江南书局印行的学生课外读物《中西异闻益智录》,其卷11共辑有19篇寓言,基本为伊索寓言。"[②]之后出版的中国第一套具有现代意义的教科书——《最新国文教科书》中就大量选入了伊索寓言。《最新国文教科书》的编写者蒋维乔受1903年出版的《希腊名士伊索寓言》影响,于《最新国文教科书》中选编了不少出自这部寓言集的选文,其中就有《鸦好谀》。

随着辛亥革命的成功和新文化运动的开展,白话文不断普及,西方文学不断传入中国,《伊索寓言》的译本更加丰富。《伊索寓言》渐渐作为一部文学作品为人们所知。同时,因寓言适合进行儿童启蒙和道德教育,伊索寓言不断被选入教科书中。《伊索寓言》中的许多经典寓言也成为教科书中的经典课文,如《狐狸和乌鸦》《乌鸦喝水》等。

(二) 不同时期《狐狸和乌鸦》的收录情况

《狐狸和乌鸦》这一标题名称是寓言演变的产物。但由于《狐狸和乌鸦》这个标题最为人们熟知,因此本节中用《狐狸和乌鸦》这一标题指代该篇寓言,以便阅读。

本研究所涉及的收录有《狐狸和乌鸦》一文的教科书有10

---

① 鲍延毅:《〈意拾喻言(伊索寓言)〉问世的意义及影响》,《北方工业大学学报》1997年第2期。
② 鲍延毅:《〈意拾喻言(伊索寓言)〉问世的意义及影响》,《北方工业大学学报》1997年第2期。

本，分别是《最新国文教科书》、《中华国文教科书》、《新制中华国文教科书》(初小用)、《新学制国语教科书》(初小用)、《新学制国语教科书》(1925年)、《新学制国语教科书》(1929年)、《基本教科书国语》(初小用)、《复兴国语教科书》(初小)、《修正初小国语教科书》和《初小国语教科书》。其中《新学制国语教科书》(初小用)、《新学制国语教科书》(1925年)和《新学制国语教科书》(1929年)是商务印书馆《新学制国语教科书》(初小用)在1923—1929年间出版的不同版本。虽然在《狐狸和乌鸦》的选文内容上无明显差别，但因出版时间不同，教科书封面等存在差异，故在此分列呈现，在选文内容和编排的研究中作为一套教科书阐述。另外，《世界第一种国语读本》(初小用)虽名为国语读本，但在当时也作为教材供学生学习，且收录了《狐狸和乌鸦》一文，因此作为辅助材料补充研究与论述。这些出版于1904—1949年间并供学生使用的11本教材是本研究的主体。

表20是对11本教科书所在的时段、编著者、出版时间等主要信息的汇总。

表20 《狐狸和乌鸦》选文在1904—1949年教科书中的收录情况

时段	教材名称	标题	单元目录编排	出版时间	编著	出版社	语言形式
清末时期	《最新国文教科书》	《鸦好谀》	第四册第十课	1909年	蒋维乔、庄俞	商务印书馆	文言文
民国初期	《中华国文教科书》	《鸦与狐》	第四册第二十五课	1912年	陆费逵、戴克敦、姚汉章等	中华书局	文言文
民国初期	《新制中华国文教科书》(初小用)	《鸦与狐》	第六册第二十七课	1913—1915年	戴克敦、沈颐、陆费逵	中华书局	文言文
新学制时期	《新学制国语教科书》(初小用)	《狐狸想吃肉》	第二册第四课	1923年	吴研因等编，朱经农等校订	商务印书馆	白话文
新学制时期	《新学制国语教科书》	《狐狸想吃肉》	第二册第四课	1925年	庄适、吴研因、沈圻编纂	商务印书馆	白话文

续表

时段	教材名称	标题	单元目录编排	出版时间	编著	出版社	语言形式
课程标准时期	《新学制国语教科书》	《狐狸想吃肉》	第二册第四课	1929年	庄适、吴研因、沈圻编纂	商务印书馆	白话文
	《基本教科书国语》（初小用）	《狐狸想吃肉》	第二册第二十课	1931—1932年	沈百英编辑，吴研因、蔡元培校订	商务印书馆	白话文
	《复兴国语教科书》（初小）	《狐狸想吃肉》	第三册第七课	1933年	沈百英、沈秉廉编著，王云五、何炳松校订	商务印书馆	白话文
	《世界第一种国语读本》（初小用）	《狼想吃肉（一）》	第二册第三十四课	1935年	魏冰心	世界书局	白话文
	《修正初小国语教科书》	《狐狸想吃肉》	第三册第七课	1938—1939年	教育部编审委员会编印	教育部编审委员会	白话文
	《初小国语教科书》	《狐狸和乌鸦》	第三册第十六课	1938—1941年	教育总署编审会	教育总署编审会	白话文

笔者对《狐狸和乌鸦》一文在1904—1949年国文（国语）教科书的收录情况主要分为清末教科书时期（1904—1911年）和民国时期（1912—1949年）进行介绍。根据教科书的出版时间、发行的学制、实施的课程标准，参考《民国时期小学语文教科书评介》①一书，又将民国时期分为民国初期、新学制时期、课程标准时期三个时期。

二、《狐狸和乌鸦》选文内容的演变

（一）《狐狸和乌鸦》语言形式的演变

1. 文白的不同形式

1904—1949年间主要使用文言文和白话文两种语言形式。

---

① 闫苹、张雯主编：《民国时期小学语文教科书评介》，语文出版社，2009年，第2页。

文言文"言文分离",白话文"言文一致"。笔者根据搜集到的《狐狸和乌鸦》文献资料,整理1904—1949年间国文(国语)教科书中的《狐狸和乌鸦》选文语言形式,情况如表21所示。

表21 《狐狸和乌鸦》选文的语言形式

教材名称	标题	语言形式	时间
《最新国文教科书》	《鸦好谀》	文言文	1909年
《中华国文教科书》	《鸦与狐》	文言文	1912年
《新制中华国文教科书》(初小用)	《鸦与狐》	文言文	1913—1915年
《新学制国语教科书》(初小用)	《狐狸想吃肉》	白话文	1923年
《新学制国语教科书》	《狐狸想吃肉》	白话文	1925年
《新学制国语教科书》	《狐狸想吃肉》	白话文	1929年
《基本教科书国语》(初小用)	《狐狸想吃肉》	白话文	1931—1932年
《复兴国语教科书》(初小)	《狐狸想吃肉》	白话文	1933年
《世界第一种国语读本》(初小用)	《狼想吃肉(一)》	白话文	1935年
《修正初小国语教科书》	《狐狸想吃肉》	白话文	1938—1939年
《初小国语教科书》	《狐狸和乌鸦》	白话文	1938—1941年

从表中显示的1904—1949年间《狐狸和乌鸦》选文语言形式情况来看,采用文言文编写的有三篇,采用白话文编写的有八篇。这一时期选文语言呈现出文言文向白话文发展的大趋势。

教科书编写中书面语言形式的转变受时代的影响。清末民初,文化教育新思潮与新主张层出不穷。在新文化运动的影响下,国语运动开展。用白话文取代文言文,提倡言文一致,逐渐成为当时教育界一股强大的时代潮流。"1920年1月12日,北洋政府教育部明令改'国文'为'国语',并通令全国各国民学校将一二年级的'国文'改成语体文(即白话文)"[①],1922年以后,

---

① 石鸥、吴小鸥:《简明中国教科书史》,知识产权出版社,2015年,第69页。

国民小学各种教科书一律改成白话文。教科书编写进入了白话文编写阶段。《狐狸和乌鸦》选文在1904—1949年间教科书中的语言表达方式就与教科书编写语言的变化趋势一致。

3. 语言形式的转型

采用不同语言形式编写的《狐狸和乌鸦》选文在情节叙述方面一共发生了三种变化。

一是语法的变化。语法上的变化,最明显的就是主语的省略。在文言文编写的选文中,如《鸦好谀》原文"仰颂之曰:'君躯既壮,而羽复泽,吾素闻君善歌,请奏一曲'"省略了"仰颂之曰"的主语"狐","未发声而肉已落"省略了主语"鸦"。而在白话文编写的选文中,行为动作的主语基本都会表现出来。

二是书面语趋向口语化。随着白话文的使用,《狐狸和乌鸦》选文中的语言从书面化慢慢倾向口语化。在《鸦与狐》选文中,鸦的表现是"鸦闻之,喜甚。甫张口,肉脱下",体现出"言文分离"的特点。而在《狐狸想吃肉》(《修正初小国语教科书》)选文中,乌鸦的表现则是"乌鸦听了很快乐,要想唱歌,把嘴一张,那块肉就落下来了",显示出口语化色彩。可见,随着语言形式的变化,选文情节也发生了变化。

三是称呼上的变化。《狐狸和乌鸦》选文中,狐狸对乌鸦的称呼从"君"变为"老鸦先生"再变成"乌鸦先生",逐渐变得具体化,指向性明确,不变的是为了便于学生学习,采用的都是礼貌性的称呼,符合狐狸的心思。

(二)《狐狸和乌鸦》选文情节的演变

1. 情节构成的流变

根据选文语言形式的分类,笔者将《狐狸和乌鸦》选文分为文言寓言选文和白话寓言选文两类。文言寓言选文包含《最新国文教科书》《中华国文教科书》和《新制中华国文教科书》(初小用)中的《狐狸和乌鸦》选文。白话寓言选文包含《新学制国语教科书》(初小用)、《新学制国语教科书》(1925、1929年)、《复兴国语教科书》(初小)、《世界第一种国语读本》(初小用)、《修正初小国语教科书》和《初小国语教科书》中的《狐狸和乌鸦》选文。

寓言选文语言从文言文向白话文转变的同时,选文情节也因语言表达发生了变化。笔者比较分析了不同版本的《狐狸和乌鸦》选文内容,根据故事的起因、经过、结果三方面,将选文情节分成五个构成部分:狐狸想吃乌鸦衔着的肉、狐狸的"计策"、乌鸦的反应、肉的去向以及揭示寓意或含义深刻的语言。其中,狐狸想吃乌鸦衔着的肉是选文故事的起因,狐狸为得到乌鸦的肉而想的"计策"是选文故事的经过,乌鸦最后的反应和肉的去向是结果。不同版本的选文在起因、经过、结果上有一些差别。笔者将分文言寓言选文和白话寓言选文两类叙述。

(1) 文言寓言选文情节构成

笔者根据五个情节构成部分整理了三套教科书中《狐狸和乌鸦》的选文情节,如表22所示。

表22 文言寓言选文《狐狸和乌鸦》情节构成情况

教材名称	标题	狐狸想吃乌鸦衔着的肉(起因)	狐狸的"计策"	乌鸦的反应	肉的去向	揭示寓意或含义深刻的语言
《最新国文教科书》	《鸦好谀》	鸦衔肉,止于树杪。狐过而欲得之	仰颂之曰:"君躯既壮,而羽复泽,吾素闻君善歌,请奏一曲"	鸦悦。张口欲鸣	未发声而肉已落。狐疾取之	狐疾取之,复语鸦曰:"他日有无故谀君者,君其慎之"
《中华国文教科书》	《鸦与狐》	鸦衔肉,止于树杪,狐见之欲食其肉	仰而颂之曰:"君羽毛丰泽,飞翔云霄,若更能鸣,堪为鸟王"	鸦闻之,喜甚,甫张口	肉脱下,狐疾取之	狐疾取之,复语鸦曰:"谢君厚赐"

续 表

教材名称	标题	狐狸想吃乌鸦衔着的肉（起因）	狐狸的"计策"	乌鸦的反应	肉的去向	揭示寓意或含义深刻的语言
《新制中华国文教科书》（初小用）	《鸦与狐》	鸦衔肉，止于树杪，狐见之欲食其肉	仰而颂之曰："君羽毛丰泽，飞翔云霄，若更能鸣，堪为鸟王"	鸦闻之，喜甚，甫张口	肉脱下，狐疾取之	狐疾取之，复语鸦曰："谢君厚赐"

上表文言寓言选文《狐狸和乌鸦》情节的五个构成部分中，差异较大的是狐狸为得到乌鸦衔着的肉所"颂"的内容（即狐狸的"计策"）和结尾部分揭示寓意或含义深刻的语言两个部分。前者蕴含着狐狸"计策"的指向性变化（下文"狐狸'计策'的指向性"中详述），都立足于狐狸"颂"中描绘的乌鸦的"特点"。后者则指向寓意的揭示（下文"寓言揭示方式变化"中详述）。在文言寓言选文阶段，《狐狸和乌鸦》选文情节构成无结构上的明显变化。

（2）白话寓言选文情节构成

相较于文言寓言选文，白话寓言选文没有明显揭示寓意或含义深刻的语言。因此笔者从前四个情节构成部分整理该阶段《狐狸和乌鸦》选文情节，情况如表23所示。因《复兴国语教科书》（初小）和《修正初小国语教科书》选文内容一致，在此列入同一行中。

与文言寓言选文相比，白话寓言选文情节叙述比较直白。白话寓言选文和文言寓言选文差异较大的是狐狸的"计策"、乌鸦的反应和肉的去向三个部分。白话寓言选文中，乌鸦的反应与狐狸的"计策"以一一对应的形式呈现，狐狸的"计策"递进和区分比较明显。同时，关于"肉的去向"，除《世界第一种国语读本》（初小用）中的选文交代了肉的最终去向是狼的嘴里外，其余

表 23 白话寓言选文《狐狸和乌鸦》情节构成情况

教材名称	标题	狐狸想吃乌鸦衔着的肉（起因）	狐狸的"计策"	乌鸦的反应	肉的去向
《新学制国语教科书》	《狐狸想吃肉》	老鸦衔着一块肉，站在树枝上。狐狸走到树底下，想吃那块肉	狐狸说："老鸦先生，你的声音真好听，你怎么不唱歌呢？"	老鸦听了很欢喜，要想唱歌	把嘴一张，那块肉落下来了
《复兴国语教科书》（初小）、《修正初小国语教科书》	《狐狸想吃肉》	狐狸在路上走，忽然看见一只乌鸦，停在树上，肉，狐狸走到树下，想吃那块肉	狐狸说："乌鸦先生，你唱的歌好听啊！"	乌鸦对他看看，响也不响	
			狐狸说："乌鸦先生，你的身上多么美丽呀"	乌鸦点点头，响也不响	把嘴一张，那块肉就落下来了
			狐狸说："你唱的歌很好听，为什么不唱歌呢？"	乌鸦听了很快乐，唱歌，把嘴一张	
《世界第一种国语读本》（初小用）	《狼想吃肉（一）》	未明确表达	狼走到树底下，说，鸦先生，请唱一支歌给我听	老鸦把嘴巴张开来	那块肉落到地上，狼抱了就吃
《初小国语教科书》	《狐狸和乌鸦》	狐狸在路上走，看见一只乌鸦衔着一块肉，站在树上。狐狸走到树下，想吃那块肉	狐狸说："乌鸦先生，你唱的歌好呀！"	乌鸦对他看看，没有理他	那块肉掉下来，被狐狸吃了
			狐狸说："你的羽毛多美丽呀！"	乌鸦点点头，没有说话	
			狐狸说："你唱的歌很好听，为什么不唱呢？"	乌鸦听了很高兴，唱歌，把口一张	

选文都到乌鸦嘴张开,肉掉下来就戛然而止,未明确肉的最终下落。尽管随着情节的发展,读者也能够发现最后肉一定是落入狐狸口中,但这样的结尾更给人想象的空间,留有余味。

几篇白话《狐狸和乌鸦》寓言选文中,狐狸为得到乌鸦嘴中的肉所经历的过程逐渐变得丰富,一波三折,表现出狐狸"计策"指向性的变化。同时,狐狸和乌鸦的出场顺序也有所变化。从乌鸦衔肉、狐狸经过,渐渐发展成狐狸漫步,偶遇乌鸦,寓言角色的落脚点有所变化。

总体而言,从文言寓言选文阶段到白话寓言选文阶段,《狐狸和乌鸦》选文情节构成大致不变,情节内容也万变不离其宗。可见,《狐狸和乌鸦》选文具有普遍性。

2. 狐狸"计策"的指向性

在各个版本《狐狸和乌鸦》选文情节的五个构成部分中,狐狸想办法得到乌鸦嘴里衔着的肉的过程叙述笔墨最多。狐狸"计策"的实施主要表现为它的语言。狐狸通过语言的表达达到让乌鸦张嘴的目的。1904—1949年间,早期的《最新国文教科书》《中华国文教科书》和《新制中华国文教科书》(初小用)中的《狐狸和乌鸦》选文原文十分明确地指出,狐狸是在"颂"乌鸦,而从《新学制国语教科书》起,《狐狸和乌鸦》选文中不再明确指出这一点,但狐狸的语言中能体现出狐狸对乌鸦的"心思"。

笔者整理了不同版本的《狐狸和乌鸦》选文中,狐狸实施"计策"使用的语言次数和"计策"中与"颂"乌鸦相关的内容,如表24所示。

表24 《狐狸和乌鸦》选文中狐狸"计策"情况

教材名称	标题	狐狸"计策"中使用的语言次数	狐狸"计策"中夸赞/假设乌鸦的内容(原文)
《最新国文教科书》	《鸦好谀》	1	躯壮、羽泽、善歌
《中华国文教科书》	《鸦与狐》	1	羽毛丰泽、飞翔云霄若更能鸣、堪为鸟王

续表

教材名称	标题	狐狸"计策"中使用的语言次数	狐狸"计策"中夸赞/假设乌鸦的内容(原文)
《新制中华国文教科书》(初小用)	《鸦与狐》	1	羽毛丰泽、飞翔云霄若更能鸣、堪为鸟王
《新学制国语教科书》	《狐狸想吃肉》	1	声音真好听
《复兴国语教科书》(初小)	《狐狸想吃肉》	3	身上美丽、唱的歌很好听
《世界第一种国语读本》(初小用)	《狼想吃肉(一)》	1	唱一支歌
《修正初小国语教科书》	《狐狸想吃肉》	3	身上美丽、唱的歌很好听
《初小国语教科书》	《狐狸和乌鸦》	3	羽毛美丽、唱的歌很好听

　　清末教科书《狐狸和乌鸦》选文中，狐狸"颂"乌鸦虽只有一次语言，但语言中表达的意味较多，具有层次感。而《新学制国语教科书》(1923—1929年)和《世界第一种国语读本》(初小用)中，狐狸(狼)虽然使用一次语言，隐意却只有一个指向性。后期一些教科书的《狐狸和乌鸦》选文中，狐狸为实现自己目的所使用的语言增加到三次，且每一次语言之后都得到了乌鸦相应的反应，营造了"对话"形式，存在层次，便于学生学习与归纳。

　　无论是一次语言还是三次语言，狐狸所采取的"计策"均类似于先跟乌鸦套套近乎，基本先从乌鸦的外观开始夸起，接着引到乌鸦的能力，最后一定是想办法让乌鸦张口——使肉离开乌鸦的嘴。虽"计策"相似，语言内容大同小异，"计策"的指向性却有所变化。

　　《鸦好谀》中狐狸"颂"乌鸦"躯壮""羽泽"指向的是乌鸦的外观，把握的是乌鸦的虚荣臭美之心。而"善歌"则指向的是乌鸦的能力，把握的是乌鸦的不自知之心。

《鸦与狐》中狐狸"颂"乌鸦"羽毛丰泽"同样指向乌鸦的外观,"飞翔云霄"指向的是乌鸦的飞行能力,具有夸大成分。《鸦与狐》中的狐狸巧妙地将想要乌鸦张嘴的目的隐藏在假设"若更能鸣,堪为鸟王"中,委婉地激怒乌鸦的同时,牢牢抓住了乌鸦内心的"欲望"——当鸟王。此假设第一次指向的是乌鸦的内心,是一种心理指向,与外观和能力的物质指向不同。

《新学制国语教科书》(1923—1929年)和《世界第一种国语读本》(初小用)中狐狸(狼)同样是"夸"乌鸦声音好听,前者中狐狸直接指出这一点,并通过问句"你怎么不唱歌呢"达到目的,而后者中狼一上场就直接请求乌鸦"唱一支歌"给它。两者都抓住了乌鸦的虚荣之心,指向是乌鸦的声音条件,具有物质指向性。

《复兴国语教科书》(初小)、《修正初小国语教科书》和《初小国语教科书》三套教材的《狐狸和乌鸦》选文中,狐狸都与乌鸦发生了三次"对话"。"对话"展开模式相同,第一次狐狸跟乌鸦打招呼,第二次狐狸夸赞乌鸦外貌美丽,第三次夸赞乌鸦唱歌好听,通过问句表示对乌鸦不唱歌的疑惑,达到乌鸦高兴张口的效果。三次"对话"起到情节一波三折的效果。每一次对话中狐狸语言的指向性也不同。第一次与乌鸦打招呼是为了引起乌鸦的注意,给乌鸦营造自己是善良者的错觉,使乌鸦轻敌,为后文做铺垫。第二次称赞乌鸦外貌美丽,物质上的赞美使乌鸦开始陶醉,虚荣心作祟,不知不觉陷入狐狸的诡计中。第三次更进一步,夸赞乌鸦唱歌好听,与嘴相关。问句的出现更加速了乌鸦张口。

以下附上三套教科书中的狐狸语言原文。

《复兴国语教科书》(初小)和《修正初小国语教科书》的原文为:

狐狸说:"乌鸦先生,你好啊!"

狐狸说:"乌鸦先生,你的身上多么美丽啊。"

狐狸说："你唱的歌很好听，为什么不唱歌呢？"①

《初小国语教科书》的原文为：

狐狸说："乌鸦先生，你好呀！"
狐狸说："你的羽毛多美丽呀！"
狐狸说："你唱的歌很好听，为什么不唱呢？"②

从《最新国文教科书》的《鸦好谀》再到《初小国语教科书》的《狐狸和乌鸦》，不同版本的选文中，狐狸的"计策"这一部分语言次数的变化使得情节结构变化，故事更加饱满，一波三折。狐狸"计策"的指向主要有两类：外观与声音。因狐狸提及乌鸦的欲望"当鸟王"的只有一篇选文，因此不作为主要指向。外观的指向是为声音的指向做铺垫。声音与嘴部相关，欲使乌鸦张口而从声音入手，但并非直接点张口，是狐狸"计策"的高明之处，也是狐狸"狡黠"的表现，与乌鸦的"愚蠢"形成对比。狐狸语言指向的变化推动故事发展，使寓意揭示变得自然。

（三）寓意揭示方式变化

寓言大多情节简单，却蕴含深刻的道理。寓言中深刻的道理就是通常所说的"寓意"，也就是寓言的主题。寓意揭示的方式有多种，最常见的是直接在结尾部分点明寓意，一般通过角色的醒悟、角色的提醒告诫或评论总结性的语言表现。但也有一些寓言通常不直接点明寓意，而是"渗透式的、从故事情节即角色活动过程的描写中来体现"③，如通过角色的语言、心理活动、动作等描写表现。

---

① 沈百英、沈秉廉编著：《复兴国语教科书》（初小）第三册，商务印书馆，1933年，第8—9页。
② 教育总署编审会：《初小国语教科书》第三册，教育总署编审会，1940年，第20—21页。
③ 李民浩：《小学语文寓言主题的提示和运用》，《基础教育研究》1996年第5期。

笔者比较分析1904—1949年间教科书中选编的《狐狸和乌鸦》选文内容,发现大多数选文的结尾部分无明显点明寓意的语言,需要读者自行去感悟,即采用了寓意渗透式的揭示方式。但不论直接揭示寓意还是通过故事情节的描写揭示寓意,都落脚在选文内容本身。笔者除关注选文内容本身,还联系标题与课后练习,归纳了以下四类《狐狸和乌鸦》选文寓意揭示的方式。

1. 标题揭示寓意

标题有时候为文章的中心思想服务。寓言的标题有时候也为寓言的主题服务。《最新国文教科书》中《狐狸和乌鸦》选文的标题为《鸦好谀》,从标题中就直接点出乌鸦的一大爱好——"谀",喜欢听"恭维话"。文中的狐狸就抓住了乌鸦这一"爱好",通过奉承乌鸦达到自己的目的。编者将这一选文标题定为《鸦好谀》,揭示选文的角色特征,进而侧面反映出选文寓意——不可"好谀"!

2. 狐狸的语言揭示寓意

不同版本的《狐狸和乌鸦》选文中,乌鸦都没有任何语言,狐狸的语言则贯穿全文,推动寓言发展。狐狸的语言分两类,一是狐狸为得到乌鸦嘴里的肉恭维乌鸦的语言,二是得到乌鸦的肉以后狐狸对乌鸦说的话,一般在结尾部分出现。

第一类狐狸语言属于"渗透式"的揭示方式。狐狸不断"夸赞"乌鸦的优点,实际上是为达到自己目的说的一种夸大的恭维话,是"阿谀奉承"的表现。这一类狐狸的语言将其狡猾的形象展现得淋漓尽致。编者通过语言描写塑造狐狸的形象,让读者在感受狐狸形象的同时,也能从中感悟寓意。

存在第二类狐狸语言的《狐狸和乌鸦》选文不多,一共有3篇,分别出自《最新国文教科书》《中华国文教科书》和《新制中华国文教科书》(初小用)。《最新国文教科书》原文为:"狐疾取之,复语鸦曰:'他日有无故谀君者。君其慎之。'"狐狸得到乌鸦的肉之后,告诫乌鸦要小心无缘无故就奉承它的人。这是通过寓言角色的提醒与告诫揭示寓言主题,即要注意无故阿谀自己的人,不要轻信他人。《中华国文教科书》和《新制中华国文教科书》(初小用)选文内容一致,原文为"狐疾取之,复语鸦曰,谢君厚赐"。"谢君厚赐"看似是一句感谢的话,何尝不是狐狸对乌鸦的嘲讽呢?狐狸嘲讽乌鸦的自以为是,爱听奉承话,不也是一种角色的提醒与告诫吗?

在《狐狸和乌鸦》选文的演变过程中,第一类狐狸语言渐渐增加,第二类狐狸语言逐渐消失,寓意揭示方式逐渐"渗透化",或许是编者希望该寓言的寓意更加具有开放性与多元性。

3. 练习揭示寓意

笔者查阅包含练习的教材,分析《狐狸和乌鸦》选文之后的练习内容,发现《初小国语教科书》第三册中的练习四与《狐狸和乌鸦》选文寓意相关。

《初小国语教科书》第三册练习四是一个故事。编者巧妙地将《狗和骨头》《两只羊过桥》《小螃蟹》《狐狸和乌鸦》这四篇相连课文中的角色组合在一起,编了一个寓言小故事。故事中的乌鸦跟狗、羊、螃蟹控诉狐狸"欺骗"自己并抢走自己的肉,而狗、羊、螃蟹直接点出乌鸦爱听"恭维话"。故事借狗、羊和螃蟹之口将《狐狸和乌鸦》中乌鸦"爱听恭维话"的性格直接点明,侧面揭示了《狐狸和乌鸦》选文未言明的寓意,强调不可学习乌鸦这种爱听恭维话、自以为是的性格。

4. 读者自我感悟寓意

这类寓意揭示方式实质上就是"渗透式"的寓意揭示。《狐狸和乌鸦》选文中既有对狐狸的语言、动作描写,也有对乌鸦的动作、神态描写。这些描写塑造了狐狸和乌鸦两种不同的形象。读者阅读和学习《狐狸和乌鸦》选文之后,可联系自己的生活经验,得到启发。这种寓意揭示方式与其他寓意揭示方式共存,几乎每个版本《狐狸和乌鸦》选文都可适用。

三、《狐狸和乌鸦》选文角色的变化

角色分主次。主角是故事情节的主要承担者,对寓言寓意的揭示有着重要作用。配角为主角服务,也为推动故事情节发展、推动寓言寓意揭示服务。角色与角色之间存在一定的关系。角色本身也有其特点。编者通过《狐狸和乌鸦》选文塑造了狐狸和乌鸦两种形象,各具特点。

(一)标题中的寓言角色变化

《狐狸和乌鸦》这一寓言标题本身就是寓言演变的产物。该寓言在1904—1949年间的教科书中的标题一共有五个,分别为《鸦好谀》《鸦与狐》《狐狸想吃肉》《狼想吃肉(一)》《狐狸和乌鸦》。标题是阅读最先开始的地方。有些标题往往是文章的重点。从这五个标题中,我们就可以发现标题中出现的寓言角色发生着变化。笔者将其出现的情况整理如表25。

表25 《狐狸和乌鸦》标题中出现的角色

选文标题	鸦好谀	鸦与狐	狐狸想吃肉	狼想吃肉(一)	狐狸和乌鸦
出现的角色	乌鸦	乌鸦、狐狸	狐狸	狼	狐狸、乌鸦

笔者查阅搜集到的1904—1949年国文(国语)教科书中所有收录《狐狸和乌鸦》寓言的选文内容,除了《世界第一种国语读本》(初小用)中出现的是"狼"和"乌鸦"外,其余出现的角色均为"狐狸"和"乌鸦"。这一点在标题中略有体现。

从五个标题中出现的角色变化可以看出寓言角色的变化以及角色与角色之间的关系。标题《鸦好谀》中出现的只有"鸦",可见这篇选文中突出"鸦"。同时标题《鸦好谀》就给出了乌鸦的特点"好谀",暗示寓意并提醒读者重点。可见,"鸦"较"狐"更主要一些。《鸦与狐》这个标题将"乌鸦"和"狐狸"用"与"这一连词连接,将"乌鸦"和"狐狸"放置在平等的位置,为"平等关系",主

次不明。具体关系视选文内容进一步分析。标题《狐狸想吃肉》中出现的只有"狐狸",突出狐狸的行为——"想吃肉",可见这个行为与选文内容有极大的关系。标题《狼想吃肉(一)》中出现的是"狼",与其他教科书中该寓言的标题截然不同。将"狐狸"改为同样狡猾贪婪的"狼",呈现出一种全新的色彩。同时,这个标题与它在同一教材中的组合课文《狼想吃肉(二)》共同形成了"狼"的学习小单元。这是编者有意的编排。《狐狸和乌鸦》标题中"狐狸"和"乌鸦"的关系与标题《鸦与狐》中两者的关系类似,是"平等关系",但《狐狸和乌鸦》将"狐狸"放在"乌鸦"之前来呈现这段"平等关系",可见在看似"平等"中有着"不平等"。

《狐狸和乌鸦》寓言选编入教材后,标题随着编者的意图不断变化,标题中的角色也因此发生变化。标题中出现的角色只是冰山一角,具体的寓言角色变化还须进一步分析。

(二) 称呼中的寓言角色变化

《狐狸和乌鸦》除了标题变化之外,寓言选文中"狐狸"和"乌鸦"的名称、"狐狸"对"乌鸦"的称呼都有所变化。而"狐狸"的某些称呼与"乌鸦"的名称改变有所联系。

《狐狸和乌鸦》寓言选文中,"狐狸"和"乌鸦"的名称变化与寓言语言表达的变化有密切关系。在文言寓言选文《鸦好谀》《鸦与狐》(《最新国文教科书》和《中华国文教科书》)中,均以"狐""鸦"的文言形式呈现。在白话寓言选文《狐狸想吃肉》《狼想吃肉(一)》《狐狸和乌鸦》中,角色的名称则以白话形式呈现。除《狼想吃肉(一)》中为"狼"外,其余选文中角色均为"狐狸",而"乌鸦"的名称则从"老鸦"变为"乌鸦"。"老鸦"落点在"老","乌鸦"落点在"乌"。从"老鸦"到"乌鸦"的演变,使乌鸦这种生物的形象更加明确。这或是受时代中科学文化的影响。

《狐狸和乌鸦》中"狐狸"对"乌鸦"的称呼从"君"变化为"老鸦先生",再变为"乌鸦先生",具体如表26所示。

表 26 《狐狸和乌鸦》中狐狸对乌鸦的称呼

选文标题	《鸦好谀》	《鸦与狐》	《狐狸想吃肉》	《狼想吃肉（一）》	《狐狸和乌鸦》
狐狸对乌鸦的称呼	君	君	老鸦先生	老鸦先生	乌鸦先生
时间	1909 年	1912 年、1913—1915 年	1923—1929 年、1933 年、1938—1939 年	1935 年	1938—1941 年

狐狸和乌鸦的称呼是一种语言表达上的变化。称呼随时代的变化而变化。从时间上看，新文化运动之前的教科书中，这篇寓言的选文里狐狸对乌鸦的称呼为文言的"君"，有"你"的意思，同时还带有一丝客套——狐狸毕竟是在吸引乌鸦的注意。

随着新文化运动的开展，白话文得到大力提倡。之后教育部公布教科书中采用白话文编选，力求"言文一致"。在此期间出版的教科书中，这篇寓言的选文中狐狸对乌鸦的称呼均采用白话文，略带书面语色彩。"老鸦先生"和"乌鸦先生"都是狐狸对乌鸦的一种礼貌的客套称呼，希望引起乌鸦的注意，获得一定的好感。狐狸和乌鸦之间存在一种利益关系。

（三）情节中的寓言角色变化

在《狐狸和乌鸦》寓言选文的情节变化中，有两个地方的变化涉及寓言角色：角色的出场顺序、狐狸"计策"的语气变化。

1. 角色的出场顺序中的寓言角色变化

角色的出场顺序是分析角色的一个方面。出场顺序代表角色进入读者视线的先后，也可能是故事角色主次的一个判断依据。在 1904—1949 年间的国文（国语）教科书中，《狐狸和乌鸦》选文中角色的出场顺序有所变化，具体内容整理见表 26。因一些教科书中的《狐狸和乌鸦》寓言选文内容一致，标题也一样，文本内容就归在一类。

表 27 《狐狸和乌鸦》中的角色出场顺序

标题	乌鸦/狐狸的出场	角色的出场顺序	教材名称	时间
《鸦好谀》	鸦衔肉,止于树杪。狐过而欲得之	乌鸦先于狐狸	《最新国文教科书》	1909 年
《鸦与狐》	鸦衔肉,止于树杪,狐见之欲食其肉	乌鸦先于狐狸	《中华国文教科书》、《新制中华国文教科书》(初小用)	1912 年、1913—1915 年
《狐狸想吃肉》	老鸦衔着一块肉,站在树枝上。狐狸走到树底下,想吃那块肉	乌鸦先于狐狸	《新学制国语教科书》	1923—1929 年
《狐狸想吃肉》	狐狸在路上走,忽然看见一只乌鸦,衔着一块肉,停在树上	狐狸先于乌鸦	《复兴国语教科书》(初小)、《修正初小国语教科书》	1933 年、1938—1939 年
《狼想吃肉(一)》	树上,有一只老鸦,衔着一块肉。狼走到树底下	乌鸦先于狼	《世界第一种国语读本》(初小用)	1935 年
《狐狸和乌鸦》	狐狸在路上走,看见一只乌鸦衔着一块肉,站在树上	狐狸先于乌鸦	《初小国语教科书》	1938—1941 年

在《狐狸和乌鸦》这一寓言的多篇教科书选文中,角色出场顺序一共有两种:乌鸦先于狐狸(狼)、狐狸先于乌鸦。在出场顺序为"乌鸦先于狐狸(狼)"的寓言选文中,乌鸦的出场都是以衔着一块肉停在树上为开场,狐狸则有三种表现:①路过想吃乌鸦衔的肉;②看见乌鸦衔肉想吃;③走到树底下。狐狸的前两种出场表现说明,狐狸只是偶然路过,见到乌鸦衔肉而与乌鸦接触,是一种偶然发生的关系。但是从第三种表现看,狐狸(狼)主动

走到树底下,则说明是一种主动发生的关系。

在出场顺序为"狐狸先于乌鸦"的寓言选文中,乌鸦的出场依旧是衔着一块肉停在树上。而狐狸的出场都是"在路上走",然后看到乌鸦衔着一块肉。编者们这样设计狐狸和乌鸦的出场表现,是直接将狐狸和乌鸦的故事定为一种偶然发生的关系。狐狸先于乌鸦出场是为了让读者注意狐狸,与后文狐狸的表现相呼应,将寓言选文的角色重心定位在狐狸身上。

2. 狐狸"计策"语气中的寓言角色变化

在国文(国语)教科书的《狐狸和乌鸦》选文中,狐狸为了吃到乌鸦衔着的肉想了一些"计策"。这些"计策"的指向性上文已提及并分析,无外乎乌鸦的外貌、声音(歌声)、欲望(鸟王)。而狐狸使用"计策"时,语气是有所变化的。

《鸦好谀》中狐狸在夸赞乌鸦一番之后说"吾素闻君善歌,请奏一曲",用了一种请求的语气,营造一种狐狸是乌鸦忠实追随者的错觉,使乌鸦松懈。

《鸦与狐》中狐狸则在夸赞之后说"若更能鸣,堪为鸟王",用了一种假设的语气,深谙乌鸦内心的"鸟王梦",营造一种狐狸是为乌鸦着想的感觉,隐藏了狐狸的不怀好心。

《新学制国语教科书》、《复兴国语教科书》(初小)、《修止初小国语教科书》、《初小国语教科书》四套教科书中的寓言选文中,狐狸都使用了一种疑问中带反问的语气,表明狐狸虽表面上好奇,实则不怀好意的心理。狐狸和乌鸦是一种利益关系。在这个利益关系中,狐狸占上风,乌鸦不知不觉就落入了狐狸的陷阱。

《世界第一种国语读本》(初小用)的寓言选文《狼想吃肉(一)》中,狼对乌鸦没有过多的夸赞,只一句"鸦先生,请你唱一支歌给我听",给乌鸦营造一种狼是它的忠实听众的感觉,狼一下子就获得了自己想要的结果。这里的狼和乌鸦也是一种利益关系,并且是一种比较直接的利益关系。

《狐狸和乌鸦》在教科书的寓言选文中，狐狸"计策"指向性语气的变化也让我们看到了不一样的"狐狸"和"乌鸦"的形象。狐狸从最初《鸦好谀》中为了吃肉奉承乌鸦的"阿谀"的形象，逐渐演变成狡猾、聪黠、不怀好意的形象。虽然仍然保留着"阿谀"乌鸦的内容，但随着故事情节变得丰富，狐狸的角色形象更加生动饱满。而"乌鸦"虽然一直都是一个爱戴高帽、比较愚蠢的形象，但在寓言选文内容的细微变化中，也显露出自以为是的一面。

四、《狐狸和乌鸦》选文编排的历史演变

（一）选文在教科书中位置的演变

1.《狐狸和乌鸦》编排的学段分布

收录有《狐狸和乌鸦》这篇寓言的不同教科书中，这一寓言选文所在的册序和课序不同。根据相应的学制或课程标准要求，笔者将《狐狸和乌鸦》选文在不同教科书中的位置编排情况以及相应适用的学段等进行了归纳，如表28所示。

表28 《狐狸和乌鸦》选文的位置编排情况

教材名称	标题	目录编排	适用学段	依据的学制/课程标准	时间
《最新国文教科书》	《鸦好谀》	第四册第十课	第二学年	癸卯学制	1909年
《中华国文教科书》	《鸦与狐》	第四册第二十五课	不详	壬子癸丑学制	1912年
《新制中华国文教科书》（初小用）	《鸦与狐》	第六册第二十七课	第二学年第三学期	壬子癸丑学制	1913—1915年
《新学制国语教科书》（初小用）	《狐狸想吃肉》	第二册第四课	第一学年	壬戌学制（新学制）	1923年

续 表

教材名称	标题	目录编排	适用学段	依据的学制/课程标准	时间
《新学制国语教科书》	《狐狸想吃肉》	第二册第四课	第一学年	壬戌学制（新学制）	1925年
《新学制国语教科书》	《狐狸想吃肉》	第二册第四课	第一学年	壬戌学制（新学制）	1929年
《基本教科书国语》（初小用）	《狐狸想吃肉》	第二册第二十课	第一学年	1929年《小学课程暂行标准》	1931—1932年
《复兴国语教科书》（初小）	《狐狸想吃肉》	第三册第七课	第二学年	1932年《小学课程标准》	1933年
《世界第一种国语读本》（初小用）	《狼想吃肉（一）》	第二册第三十四课	第一年级下学期	1932年《小学课程标准》	1935年
《修正初小国语教科书》	《狐狸想吃肉》	第三册第七课	第二学年	1936年《小学国语课程标准》	1938—1939年
《初小国语教科书》	《狐狸和乌鸦》	第三册第十六课	第二学年	1936年《小学国语课程标准》	1938—1941年

从表格来看，在选编有《狐狸和乌鸦》的教科书中，这篇选文基本编在初等小学用的教科书的第一学年或第二学年。根据不同的学制规定，初等小学的修业年限不同。癸卯学制规定初等小学堂5年，壬子癸丑学制规定初等小学4年，壬戌学制规定初等小学4年。从学制规定的初等小学年限来看，《狐狸和乌鸦》这篇寓言选文所选编的学段相较来说是低年段。这与《狐狸和乌鸦》这篇寓言的篇幅不长，寓意不深奥，内容易于理解，比较适合儿童阅读与学习有关。适合儿童阅读与学习的文本也需要符

合儿童的发展水平与认知特点。在许多选有这一寓言的教科书的编辑大意中,就叙述教材的主要任务与特点与此相关。

《最新国文教科书》初级小学第二册编辑大意中指出:"本编所采故事,均择其有益于儿童者。"①可见编者对许多课文的选择就是为了儿童,以便启迪儿童的智慧。《鸦好谀》一文就符合这种"益智"要求,让儿童从中获得启示。《新学制国语教科书》(初小用)选文涉及的体裁以故事和诗歌为主。其中,故事包括童话、寓言、传记等。编者根据儿童心理特点和发展水平,选择了许多以小动物为角色的故事,让学生学到知识,启迪智慧。《狐狸想吃肉》就是以小动物为角色、能让儿童从中学会道理的选文,符合选编要求。选文文字活泼生动,选编在第一学年不无道理。这套教科书中《狐狸想吃肉》选在第六册,是所有教科书中册序最高的。但由于这套教材前三册都是生字教材,第六册就相当于第三册,与其他教科书选编安排类似。

《世界第一种国语读本》(初小用)选材根据儿童的发展和学习心理,循序渐进编排,注重通过有趣的寓言故事启发儿童。《狼想吃肉(一)》选在一年级下学期,符合一年级儿童的认知特点,通过这样一个故事来向儿童说明道理。《修正初小国语教科书》编辑主旨中就指出:"指导儿童学习平易的语体文,并欣赏儿童文学,以培养起阅读的能力和兴趣。"②教科书还注重道德的训练。《狼想吃肉(一)》就是一篇适合道德教育的儿童文学题材的选文。

总而言之,《狐狸和乌鸦》选文编选在第一、二学年符合儿童心理认知水平和发展水平,适合儿童阅读、启智。因此,这样编排这一选文是有道理的。部编版小学语文教科书中《狐狸和乌

---

① 蒋维乔、庄俞:《最新国文教科书》(初小)第二册,商务印书馆,1909年,第2页。
② 闫苹、张雯主编:《民国时期小学语文教科书评介》,语文出版社,2009年,第421页。

鸦》也编选在一年级下的"和大人一起读"栏目中,让儿童边读边学习。

2.《狐狸和乌鸦》编排的关联性

1904—1949年这段时期的国文(国语)教科书选文基本上以课为单位。有些教科书之中出现练习系统,将课文与课文隔开,逐渐显现单元的雏形。笔者阅读编选有《狐狸和乌鸦》选文的教科书,发现这一寓言与前后课文、练习之间存在关联性。这些关联影响《狐狸和乌鸦》选文的编排位置。

(1)《狐狸和乌鸦》选文与课文之间的关联性

《狐狸和乌鸦》这一寓言选文在教科书中以独立课文存在。包含练习系统且编选有这一寓言的教科书中,《狐狸和乌鸦》与其同在两个练习之间的课文存在关联,一般为同一个主题或同一体裁的关系。比如《初小国语教科书》中的《狗和骨头》《两只羊过桥》《小螃蟹》和《狐狸和乌鸦》是练习三和练习四之间的四篇课文,都以小动物为主角,语言活泼生动,内容带有一定深意。

不包含练习的几套教科书中,《狐狸和乌鸦》这一选文虽独立,但与前后几篇课文也存在关联,一般也是同一主题或者同一体裁的关系。比如《新制中华国文教科书》(初小用)中《鸦与狐》与前一篇《狼与羊》、后两篇《鸽》《鼠矢》组成了一个"小单元",均以小动物为主角,或讲故事,或介绍小动物。与再前几篇选文《笔》《肥皂泡》《汽》组成的介绍生活中物品的"小单元"不同。

《狐狸和乌鸦》选文在《新学制国语教科书》和《世界第一种国语读本》(初小用)中都与另外一篇选文组成了一个连续的故事。在《新学制国语教科书》(1923—1929年)中,《狐狸想吃肉》和其后一篇选文《狐狸怕狗》是一个连续的故事,内容具有递进性。《狐狸怕狗》讲的是狐狸衔着一块肉,遇到白兔就丢了肉去抓白兔,遇到白鹅就丢了白兔去抓白鹅,最后遇到狗就放了白鹅逃走的故事。这两篇选文都是具有启发含义的故事。我们可以猜测狐狸衔着的肉也许就是从乌鸦那边"诓"走的。这个故事又深化了狐狸的形象。在《世界第一种国语读本》(初小用)中,《狼想吃肉(一)》和《狼想吃肉(二)》从标题上看就是两篇连续性选文,《狼想吃肉(二)》是在《狼想吃肉(一)》的基础上推进的故事。它讲述的是猎人用钩子将一块肉挂在树上,吃了从乌鸦那边"诓"来的肉的狼与乌鸦再次相遇,两者因这块肉起了争执。故事的最后,狼跳起来吃肉,却被钩子钩住了嘴。这两套教材的做法将同一形象的不同故事呈现搭配在一起,塑造的形象更加鲜活饱满,也使读者对同一形象的理解拓展延伸,起到强化学习的效果。这种做法在现代小学语文教科书中也比较常见。

(2)《狐狸和乌鸦》选文与练习之间的关联性

在选编有《狐狸和乌鸦》这一寓言的教科书中,《复兴国语教科书》(初小)、《世界第一种国语读本》(初小用)、《修正初小国语教科书》、《初小国语教科书》中存在练习。每几课之后出现的练习使得教材出现了单元编排的雏形,变得更加具有梯度。笔者查阅比较这四套教材中《狐狸和乌鸦》选文之后的练习内容,发现《初小国语教科书》中的练习内容与《狐狸和乌鸦》这一选文有关联。该练习内容如图24所示。

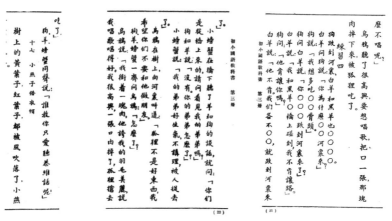

图24 《初小国语教科书》练习四

《初小国语教科书》第三册练习四是一个故事,内容涉及"狗""白羊""黑羊""小螃蟹""乌鸦"五个角色。这五个角色分别出自第三册第十三课至十六课四篇选文,分别为《狗和骨头》《两只羊过桥》《小螃蟹》《狐狸和乌鸦》。编者将几个角色组合在一起,形成了一个新的故事。新的故事中这些角色形象与原先选文中的形象一致,不仅让学生重温了选文,又学习到了一个新的故事、一种新的技能。在这个新故事中,将原本《狐狸和乌鸦》中乌鸦"爱听恭维话"的性格直接点出来,侧面揭示了选文未言明的寓意,强化了对学生的启示,一举多得。练习四的编排意图与现代小学语文教科书中的"语文园地"相似。

(二) 助学系统的变化

除了《狐狸和乌鸦》寓言选文的正文部分,选文要求的生字与插图也不容忽视。生字一直是小学语文教学的重点内容,这是语文教学工具性的体现。插图将具体的文字用抽象的图画表现出来,帮助学生更好地了解课文内容。在此笔者将寓言选文中的生字、标注、插图等能够帮助学生阅读与学习的内容归为"助学系统"。

1. 生字变化

生字一直是小学语文教学的重点内容。编选有《狐狸和乌鸦》寓言的教科书中,不同版本的选文都有生字。其中《最新国文教科书》、《中华国文教科书》、《新制中华国文教科书》(初小用)中生字出现在选文的上方。《新学制国语教科书》(1923—1929年)、《复兴国语教科书》(初小)、《世界第一种国语读本》(初小用)、《修正初小国语教科书》生字出现在选文的下方。《初小国语教科书》的生字呈现最为特别,归在教材最后的词表(类似于现代小学语文教科书中的生字表)中。可见,课文生字呈现的方式在不断变化。每版选文要求学习的生字内容如表 29 所示。

表 29 《狐狸和乌鸦》选文中的生字情况

教材名称	标题	要求学习的生字(词)	个数
《最新国文教科书》	《鸦好谀》	杪、躯、颂、奏、谀	5
《中华国文教科书》	《鸦与狐》	杪、仰、颂、君、泽、翔、霄、甫、谢、赐	10
《新制中华国文教科书》(初小用)	《鸦与狐》	杪、仰、首、颂、羽、泽、翔、霄、更、堪	10
《新学制国语教科书》(1923—1929 年)	《狐狸想吃肉》	鸦、衔、块、底、狐、狸、想	7
《复兴国语教科书》(初小)	《狐狸想吃肉》	狐、忽、然、停、響、为	6
《世界第一种国语读本》(初小用)	《狼想吃肉(一)》	鸦、底、先、张、那、抢	6
《修正初小国语教科书》	《狐狸想吃肉》	狐、忽、然、停、響、为	6
《初小国语教科书》	《狐狸和乌鸦》	狐狸、乌鸦、肉、看看、理、说话、美丽、掉	8

从表格中可以发现,"杪""颂"两个生字在《最新国文教科书》、《中华国文教科书》、《新制中华国文教科书》(初小用)中均有涉及。其中,"杪"表示"树梢"的意思,在现代是一个不常用的字。"颂"表示"称赞",现在一般采用"歌颂""赞颂"来表示,不太常用单独的"颂"。可见在文言中使用的字,白话文中不一定能用到。即使是会使用到的字,在白话文中一般也会以词语的形式出现。《复兴国语教科书》(初小)和《修正初小国语教科书》中的"響",是"响"的繁体,现在基本不出现在课文中。

选编有《狐狸和乌鸦》这一寓言选文的教科书中,一些教科书中的选文正文内容完全一致,如《中华国文教科书》与《新制中华国文教科书》(初小用)的选文正文一致,《新学制国语教科书》1923—1929 年不同版本中的选文正文一致,《复兴国语教科书》(初小)和《修正初小国语教科书》选文正文一致。而在选文正文内容一致的前提下,其所要求学习的生字却可能发生变化。《中华国文教科书》与《新制中华国文教科书》(初小用)都要求学习生字10个,其中有4个不同。这两套教材都是中华书局出版,《新制中华国文教科书》(初小用)中4个生字的变化也许是在《中华国文教科书》试用后的改动,以求更加符合学情需要。

  1922年之后,国民小学的教科书一律采用白话文编写。选文语言表达从文言文向白话文转变,文字编写的要求也渐渐向白话文要求靠近。由白话文编写的教科书《狐狸和乌鸦》选文要求的生字中,出现了选文的角色名称"鸦""狐""狐狸"和"乌鸦"。将故事角色名称作为生字让学生学习,更加关注角色,明确角色。

  生字的发展中逐渐出现以词语为单位的生字学习内容。《初小国语教科书》的生字中就出现了"狐狸""乌鸦""看看""说话""美丽"这样的词语,有名词、动词和形容词。这是笔者搜集到的这段时期第一本以词语为单位进行学习的教科书。可以猜测在同时期或稍前时期的教科书中,已经存在以词语为单位的生字学习内容,并持续了一段时期。在现代小学语文教科书中,生字表与词语表分开呈现。而在《初小国语教科书》那段时期的教材中,生字与词语呈现类别并无明显区分。同时,《修正初小国语教科书》和《初小国语教科书》的最后出现了生字表。可见,教材的生字编写不断完善,逐渐出现较为系统的生字表。随着教科书的演变以及课程标准的不断改善,生字要求也在不断完善。不同时期的学情对生字要求也有一定的影响。

  2. 标注内容变化

  笔者搜集到的文献资料中,不少教科书中《狐狸和乌鸦》选文要求的生字旁边出现了标注。标注包括汉语注音符号和数字。数字如图25《复兴国语教科书》(初小)中生字下方的数字,但笔者无法明确这些数字的含义。而这些数字仅仅在《复兴国语教科书》(初小)这一套教材中出现,其他教材中均未发现。

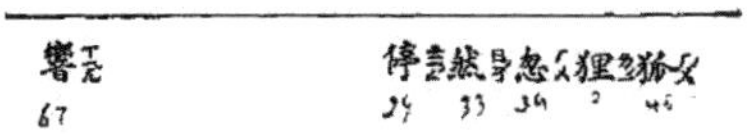

图 25　《复兴国语教科书》(初小)生字

《狐狸和乌鸦》选文生字旁出现的汉语注音符号与现在使用的汉语拼音不同。虽然两者都用来标注汉字,但是汉字注音符号"以民国时期在'读音统一会'领导下于 1918 年 11 月 23 日公布的'采用注音字母案'为基础"①,由北洋政府教育部在 1918 年正式颁行。汉语拼音则"以新中国成立后,周有光等知识分子制定的《汉语拼音方案》(1958 年公布,1982 年成为国际标准)为基础"②。汉字注音符号根据音节理论设计,采用"三拼法"。图 26《新学制国语教科书》(初小用)生字旁的标注即为"汉字注音符号"。

图 26　《新学制国语教科书》(初小用)生字

1918 年之后选编有《狐狸和乌鸦》选文的教科书《新学制国语教科书》(1923—1929 年)、《复兴国语教科书》(初小)、《世界第一种国语读本》(初小用)、《修正初小国语教科书》、《初小国语教科书》的生字旁都有汉字注音符号标注。

汉字注音符号将生字的读音以拼读的方式呈现出来,是辅助性的学习工具。汉字注音符号能帮助学生自学汉字,认识汉字,读出汉字,感受文字读音的魅力。不过,在笔者查询到的教科书中,汉字注音符号一般标注在生字旁,这与现代小学语文教科书中汉语拼音一般用在选文正文部分不同。但不论是汉字注

---

① 吕伟慧、蔡嵘:《汉字注音符号和汉语拼音方案的比较研究》,《文化创新比较研究》2019 年第 28 期。

② 吕伟慧、蔡嵘:《汉字注音符号和汉语拼音方案的比较研究》,《文化创新比较研究》2019 年第 28 期。

音符号还是汉语拼音,都是辅助教学和帮助学习的工具,从汉语注音符号转变为汉语拼音是为了更好地帮助学生学习与朗读。

3. 插图与文本的互文关系

插图在教科书中的作用是为了辅助学生学习,有的插图甚至超出了选文内容本身,增添了新的内容。这种图文并茂的形式很受儿童喜爱。

选编有《狐狸和乌鸦》选文的教科书中,除《基本教科书国语》(初小用)文献资料未搜集到外,其他教科书这一选文均配有插图。不同版本的区别在于插图数量和插图内容。在插图数量上,《狐狸和乌鸦》选文配有一幅插图的教科书为《最新国文教科书》、《中华国文教科书》、《新制中华国文教科书》(初小用)、《新学制国语教科书》(1923—1929年)以及《世界第一种国语读本》(初小用),配有两幅插图的是《复兴国语教科书》(初小)、《修正初小国语教科书》和《初小国语教科书》。

教科书为儿童所用,插图内容符合儿童的审美。《狐狸和乌鸦》选文插图画面都以选文角色为主体,画风简单有趣。不同版本的《狐狸和乌鸦》选文中出现的插图如图27～图33所示。

图27 《最新国文教科书》

图28 《中华国文教科书》、《新制中华国文教科书》(初小用)

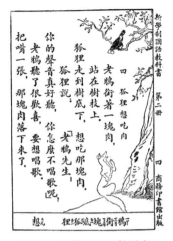 

图 29　《新学制国语教科书》　　图 30　《世界第一种国语读本》
　　　　（1923—1929 年）　　　　　　　　（初小用）

图 31　《复兴国语教科书》（初小）

图 32　《修正初小国语教科书》

图 33　《初小国语教科书》

不同版本的插图因插图风格、印刷技术、编者意图等因素存在区别。以上《狐狸和乌鸦》选文插图中，插图主人公的形象特征都被表现了出来，让读者看到插图就能够明确选文角色。除《世界第一种国语读本》（初小用）中以"乌鸦"和"狼"为角色，其他的都以"乌鸦"和"狐狸"为插图人物。

选文插图与选文文本有对应关系。虽然不同版本的教科书《狐狸和乌鸦》选文搭配的插图数量不同，但是对于搭配有两幅插图的选文，第一幅插图的内容与只配有一幅插图的选文插图基本一致，即图27、图28、图29、图30、图33的第一幅插图，都表达的是"乌鸦衔着一块肉停在树上，树下的狐狸想吃乌鸦嘴里的肉"的基本内容。但插图与选文内容对应的同时，细节发生着变化。这些变化部分在教科书与选文的发展中不断被延续下去。

首先是插图中狐狸的神态与动作的变化。虽然狐狸的头部动作都是抬起看着乌鸦，但狐狸的神态、腿部动作有变化，表达出来的意境也不同。图27描绘的树下的狐狸仿佛张着嘴跟乌鸦说着什么。而和图27相比，图28树下的狐狸一条腿抬起，仿佛在跟乌鸦打招呼，也透露出自己想要乌鸦嘴里的肉的想法。图28狐狸的动作更能表现出狐狸的"贪婪"与"跃跃欲试"。图28狐狸的动作在此之后几个版本的教科书中被保留下来。图29这个版本的插图中树下的狐狸不再是动物式的站位，而是一种拟人化的姿态：背挺直、一条腿抬起，与选文中狐狸的动作"走"对应起来。图29狐狸这个动作的变化在之后的《复兴国语教科书》（初小）、《修正初小国语教科书》和《初小国语教科书》的插图中延续下来。

其次是乌鸦衔着的肉的大小变化。图27中乌鸦衔着的肉较小，而在图29、图31和图33中乌鸦衔着的肉明显比图27的肉要大。乌鸦衔着的肉的大小，隐含狐狸想吃肉的欲望大小。可见编者设计乌鸦衔着的这块肉更大一点是为了让这个冲突更加合理。

最后是故事发生的地点有细微变化。图27、图28、图29中的地点不明确,根据树旁的草木推测是在树林中。而图31、图32、图33中树旁出现了一条路,故事发生地点演变成了路边。地点的变化更加符合选文中"狐狸在路上走,看见一只乌鸦衔着一块肉,站在树上"的内容。

如果说只有一幅插图表现的是静态的画面,那么两幅插图表现出的就是动态的情景。上文提到,图27、图28、图29、图31、图33的第一幅插图对应的只是选文故事中的一部分,加上第二幅插图更能表达出故事的完整性。图32和图33的第二幅插图均表达的是狐狸奔跑起来,去抢乌鸦掉下来的肉吃的内容。两幅插图合在一起,将选文内容以情景式的画面呈现出来,使读者从两幅插图中就能感受到选文的魅力。这个插图的变化与选文文本的联系更加紧密。同时,在《复兴国语教科书》(初小)和《修正初小国语教科书》中,第二幅插图让读者获得了选文文本未提及但又在意料之中的内容。这两套教科书中的《狐狸和乌鸦》选文文本以"乌鸦听了很快乐,要想唱歌,把嘴一张,那块肉就落下来了"结尾,未提及肉的去向,但在插图中我们会发现肉是被狐狸抢去了。插图的作用就这样体现出来。

部编版一年级下册小学语文教科书的"和大人一起读"栏目中编选有《狐狸和乌鸦》一文。该选文也配有两幅插图,如图34、图35所示。

部编版选文的插图中,将狐狸的动作和神态刻画得更加形象,细节表达到位,狐狸贪婪狡猾的形象跃然纸上。这与1904—1949年间教科书中《狐狸和乌鸦》选文插图有所不同。后者狐狸的神态和脸部动作没有明确表现出来,更加注重场景性。但插图表达的内容相似。可见,在《狐狸和乌鸦》选文插图的演变过程中,前期变化大,后期变化渐渐变小。在插图和文本的关系上,编者的意图相似。

研究发现,《狐狸和乌鸦》选文在这段时期不同国文(国语)

图 34　部编版插图(1)　　　图 35　部编版插图(2)

教科书中的演变有以下特点。

第一,《狐狸和乌鸦》选文都被选编入清末民国时期的初等小学国文(国语)教科书,且编排位置在第一、二学年。这与《狐狸和乌鸦》作为寓言选文的特点有关,选文内容符合儿童心理发展和学习能力发展规律。该选文选编在低年段利于学生阅读与学习,便于教师进行道德教育。

第二,《狐狸和乌鸦》选文正文语言从用文言文编写向白话文编写发展。在此过程中,生字呈现从文言字词向白话字词的变化,并逐渐出现以词语为单位的生字。教材的生字编写不断完善,后期的教科书中出现较为系统的生字表。同时,随着语言形式的文白变化,插图数量逐渐从一幅增加到两幅,插图与文本的联系更加紧密,插图中的角色更加生动形象。

第三,《狐狸和乌鸦》选文正文内容的情节根据起因、经过、结果等分出的五个情节构成部分中,变化较大的是寓意的揭示方式和选文的呈现。寓意揭示方式从标题侧面揭示、结尾处的狐狸语言揭示,发展到更多表现为"渗透式"的揭示和读者自我感悟寓意。而选文呈现中狐狸的语言不再只有一次,而是表现为三次语言和行为,并且与乌鸦的反应一一对应,情节变得一波三折,更加生动有趣。

第四,《狐狸和乌鸦》选文受社会学制、教育观念、编者意图等因素影响,语言表达形式、情节构成、编排位置等发生变化。

总之,本节对1904—1949年国文(国语)教科书中《狐狸和乌鸦》选文的研究,明确了这一选文第一次被选入具有现代意义的教科书中的时间,也对这段时间中不同时期的选文及其演变进行了比较研究。望对新时期这一选文在教科书中的选编与教学提供一定的思路。

第二章　制度:审定制与小学国文(国语)教科书发展研究(1902—1932年)

清末废科举、兴学堂后,教科书需求量剧增,民间形成自编教科书的潮流。清政府顺势实行教科书审定制,承认民间编纂教科书的合法性,并给予版权保护。1902—1932年间,教科书制度以审定制为主,在此期间小学国文(国语)教科书逐渐规范和完善。审定实行前后及审定实施期间,小学国文(国语)教科书从传统转向近代化,与时俱进并不断规范。

第一节　小学国文(国语)教科书的发展与问题

清末到民国期间,审定制实行时期,小学国文(国语)教科书的内容、语言与时俱进并不断发展。笔者通过分析审定通过的小学国文(国语)教科书及审定实施前后小学国文(国语)教科书编者、出版机构的变化,呈现教科书制度在教科书发展过程中所产生的影响。本节主要介绍教科书审定制度发展前后教科书的变化。

一、审定制前教科书编选现状

(一) 从传统迈向近代化

最直接影响教科书发展的因素是教科书制度,在教科书更新换代的过程中发挥着无可替代的作用。教科书制度起源于清末时期的审定制,通过一系列规则、条例、标准引导教科书迈向近代化。审定制实施以前,学校的教学内容除了传统书籍外,很多书籍是国外译本,表现出不适应学情、不适应国情两方面的现状。

学校教育改革开始系统建立学制,普及教育,此时教科书需求量剧增。清政府引进西方政体的同时,也建立了教科书制度。审定制实施不久,第一部近代化教科书《最新国文教科书》产生,这是第一本根据学制、按照年级编写的教科书。它的外观、排版、插图、文字开创了众多先例,从内容到形式均体现出与时俱进的特点。创新是民编教科书实力的证明,也是教科书审定制给予的机遇。教科书制度在不同时代的延续既肯定了民编教科书的合法性,也督促其褪去传统外衣,踏上近现代化的道路。

(二)从一成不变到与时俱进的教科书内容

古代教科书以"三、百、千"等蒙学读物为代表,几千年无变化。清末"任人自行编纂"的政令给了大多数人自编教科书的权利,民间掀起编纂教科书的浪潮,出版机构开始争先编纂教科书。与此同时,清政府也开始引进国外教科书管理制度。

此时,教科书编纂在既有认知基础上融合了各自的主张,呈现百花齐放的态势。在此之前,凌乱的教材毫无章法,固守传统。审定制确定后,教材依据课程标准、思想潮流编撰,为学校选用教科书提供范例。

政府对通过审定的教科书进行定期审查,促进教科书内容的更新和调整。教科书投入使用后,依据实践教学再修订,使教科书能与时俱进、更新换代。主流思想从清末教科书编写遵循忠君尊孔,到民初遵循自由和民主,再到三民主义。教学内容随着教育思想不断更新,逐渐符合儿童心理发展需求。语言内容上从文言文转向白话文。

(三)从混乱走向规范的教科书体系

教科书需求量增加和开放的编纂环境促使越来越多的人投

入教科书的编撰中。清末时期,商务印书馆和文明书局因出版教科书成为行业佼佼者,随后越来越多的个体和群体以文化事业立足。编纂环境的开放必定会造成教科书编写的混乱,无论是否从事过教育行业,是否有过教材编撰经验,是否了解教育,是否有学识,均可参与教科书编纂,一时间教科书市场鱼龙混杂。编纂者知识、文化水平的差异也造成了教科书内容的悬殊。

为治理教科书市场鱼龙混杂的局面,清政府引进教科书管理制度,开始实行审定,规范教科书编写的内容及形式。与此同时,政府也建立了现代学制和课程标准,确保教材编写有章可循。

政府通过建立专门的审定部门,制订条例规范管理教科书,对于审定通过的教科书,准许其在学校中发行使用,版权也得到政府的保障。在学校中使用的教科书价格稳定,社会认可度高,促进了教育的普及,也成为促进社会进步的物质保障之一。

第二节 审定制与国文(国语)教科书的生产

审定环境的开放、编纂者的增加、出版技术的提升,对教科书产生了深远影响。在这期间,无论是教科书的数量还是质量,均得到了进一步的提升。

一、编纂人群的变化

小学国文(国语)教科书的发展离不开编撰群体文化水平的提升、出版机构规模的壮大。普及教育、广兴学堂后,教科书需求量增加。更多编撰者、编撰群体投入教科书编纂中,一时间教科书市场多元纷呈。

(一) 编纂人群的增多

清末到民初教科书审定制度实施期间,允许民间自编教科书。笔者根据《民国时期教科书总书目——中小学教材》统计了19世纪50年代至20世纪初小学国文(国语)教科书的编者数量(见表30、31)。

表30　审定制实施前后小学国文(国语)教科书编纂人群

时间	小学国文(国语)教科书编撰者	编纂集体
1854—1902年	善文魁、泊镇、程允升	文池堂梓、文华书局
1903—1912年	朱维梁、朱树人、王建善、黄展云、林万里、陆基、丁福保、陈懋治、何琪、戴可让、戴克敦、陈子褒、黄守孚、蒋维乔、庄俞、俞复、丁宝书、陶守恒、顾倬、高凤谦、张元济、华国铨、何荣桂、唐蔚芝、王立才、钱正居、陶守恒、吴闿生、施崇恩、程宗启、杜芝庭、程宗启、周世恒	乐群图书编译局、学部图书编译局、上海城东女学社、无锡三等公学堂、文明书局、国民教育社、上海春风馆、上海国粹研究会、彪蒙编译所、澄衷学堂、上海广益书局

表31　审定制实施期间小学国文(国语)教科书编纂人群

时间	小学国文(国语)教科书个人编纂者	编纂集体
1902—1912年	朱维梁、朱树人、王建善、黄展云、林万里、陆基、丁福保、陈懋治、何琪、戴可让、戴克敦、陈子褒、黄守孚、庄俞、俞复、高凤谦、张元济、华国铨、何荣桂、丁宝书、陶守恒、顾倬、唐蔚芝、王立才、蒋维乔、钱正居、陶守恒、吴闿生、施崇恩、程宗启、杜芝庭、程宗启、周世恒	文明书局、学部图书编译局、上海城东女学社、无锡三等公学堂、上海春风馆、彪蒙编译所、澄衷学堂、上海国粹研究会、乐群图书编译局、国民教育社、文明书局

续表

时间	小学国文(国语)教科书个人编纂者	编纂集体
1912—1922年	庄庆祥、唐文治、戴克敦、蒋维乔、庄俞、华鸿年、何振武、江乃民、朱树人、沈颐、张继煦、李步青、陈抚辰、陶守恒、周肇华、李文渠、吕思勉、曹秋庭、刘传厚、庄适、陆懋勋、张景良、郑朝熙、黄展云、范源濂、吴研蘅、俞子夷、范祥善、黎均荃、陆衣言、戴克敦、杨达权、胡舜华、黎锦晖、陆费逵、汪家栋、赵铭、秦同培、向大锦、屠元礼、刘传厚、谭廉、钱巩、董文、周本培、杨宝森、黎均荃、樊平章、顾公毅、周尚志、胡君复、周世勋、易作霖、马国英、胡朝阳、汪渤、华国栋、郭成爽、樊炳清、张景良、顾棹、杨喆、刘大绅、朱麟、季锡组、严玉成、林纾	中华图书公司、新教育社、学部图书局、彪蒙编译所、新学会社、北京教育图书社、山西国民教科、圣教杂志社
1922—1932年	吴研因、杨喆、范祥善、胡怀琛、庄适、蒋昂、严会、张景文、刘藻、俞复、戴克敦、李步青、胡贞惠、朱剑芒、陈霭麓、魏冰心、王祖廉、沈百英、陈鹤琴、盛振声、叶圣陶、苏兆骧、朱文叔、沈秉廉、蒋息岑、吕伯攸、陈伯吹、朱翙新、杨镇华、沈圻、钱选青、张景深、华超、陈白、吴伯翰、殷叔平、徐子龄、沈白华、薛天汉、顾诗灵、吴伯匡、孙慕坚、顾志贤、金润青、蒋品珍、梁士杰、周刚甫、宗亮寰、杨复耀、赵景源、蒋镜芙、方钧、谭廉、王鸿飞、许昭全、赵骧、戴杰、计志中、朱麟、魏冰心、朱经农、宋文翰、王志	中华书局、炼石书局、文明书局、北师大附属小学校教科书编纂会、徐家汇光启社、国立北平师范大学附属第二小学、教育部、人民教育委员部、中国教科书研究会、新学会社、圣教杂志社、教育部教科用书编辑委员会、国立编译馆、(伪)教员总署编审会

续 表

时间	小学国文(国语)教科书个人编纂者	编纂集体
	瑞、戴洪恒、赵景深、俞焕斗、黄人济、卢芷芬、钱畊莘、喻守真、马精武、倪锡英、乔宅安、蒋志贤、刘雅觉、戴标、奇铁恨、马国英、方宾观、诸东郊、缪天授	

根据不完全统计,1902—1912年间小学国文(国语)教科书编者共计51人,1912—1922年间小学国文(国语)教科书编者增加到79人,十年后又增加到82人(见表32)。教科书编撰从个人转向群体,并随着时间变化不断转移,清末时期官府、教会编纂占大多数,到了民国,民间编纂者占据优势。小学国文(国语)教科书编者在审定制实施期间数量保持稳步提升,人群也随着时代变化不断更新,其中有些编者曾多次参与国文(国语)教科书编撰。

表32 小学国文(国语)教科书编者统计

时间	小学国文(国语)教科书编者数量
1854—1902年	3
1902—1912年	51
1912—1922年	79
1922—1932年	82

注:1912—1932年间,数据统计的仅仅是小学国文(国语)教科书编撰者,尚未涉其他科目的教科书编者。

1902—1932年间参与教科书编撰的可查共计212人。其中1902—1912年间参与小学国文(国语)教科书编辑者51人,集体编撰者7个。1912—1922年间参与小学国文(国语)教科书编撰者79人,新增8个编辑团体。1922—1932年间,参与国文(国语)教科书编纂者 82 人,新增编辑团体 13 个。

(二) 编纂者背景多元

笔者经过对审定制实行期间参与小学国文(国语)教科书编撰的 26 位代表性编者的学识分析,发现部分学者曾多次参与国文(国语)教科书编纂(见表 33)。

表 33 小学国文(国语)教科书编纂者教育背景及编纂书籍

编撰者	教育背景及经历	编纂书籍
朱树人	南洋公学,师范生、教员、翻译家	《国文新读本》《初等小学国文读本》
丁福保	江阴南菁书院,清末秀才、京师大学堂教习	《初等小学读本》《高等小学读本》
蒋维乔	江苏高等学堂,师范生、教员、商务编辑	《最新国文教科书》
庄俞	参与康有为"公车上书",武阳公学教习,1903 年后 30 年间一直在商务印书馆编辑教科书	《最新国文教科书》《共和国教科书新国文》《复式学级国文教科书》
庄适	日本早稻田大学师范部毕业生	《最新国文教科书》《新学制国语教科书》《共和国教科书》《新法国文教科书》《新法国语教科书》
胡怀琛	铁路编译局科员,多次编纂诗集	《新撰国文教科书》
魏冰心	小学语文教员	《新学制小学教科书国语读本》
王祖廉	清华大学毕业,芝加哥大学经济学学士、银行学博士,复旦大学等高校教授	《新中华教科书国语读本》
沈百英	江苏省立师范学士、小学教员、校长、商务印书馆编辑	《基本教科书国语》《新生活教科书国语》《复习国语教科书》

续表

编撰者	教育背景及经历	编纂书籍
吴研因	上海龙门师范毕业,曾担任小学校长、教员、主任,中华书局、商务印书馆编辑	《新学制国语教科书》《小学国语新读本》
陈鹤琴	清华大学学士,哥伦比亚大学硕士,"活教育"倡导者	《儿童国语教科书》《儿童国语课本》
叶圣陶	小学教员、商务印书馆编辑	《开明国语课本》《儿童国语课本》
何琪	—	《最新女子初等小学国文教科书》
吕思勉	近代历史学家,中国现代四大史学家之一	《新式国文教科书》
陶行知	金陵大学毕业,哥伦比亚大学硕士,师从杜威	《平民千字课》《老少通千字课》
黎锦晖	长沙高等师范毕业,兼职小学音乐教员、报刊编辑和主笔	《新中华国语读本》《小学国语读本》
朱文叔	杭州省立第一师范小学教员,中华书局编辑	《国语读本》
戴克敦	杭州求是书院教习、商务印书馆编辑	《女子国文教科书》《简明国文教科书》《新编国文教科书》
刘传厚	—	《新编中华国文教科书》《初等小学新国文教科书》《单级中华国文教科书》
沈颐	中华书局创始人,多次编纂国文教科书	《共和国教科书新国文》《学制单级国文教科书》《女子国文教科书》
李步青	东京高等师范学校肄业,国民政府教育部官员	《新式国文教科书》《新小学教科书国语文学读本》
胡贞惠	—	《新时代国语教科书》
胡舜华	—	《新教育教科书国语读本》

续　表

编撰者	教育背景及经历	编纂书籍
高凤谦	浙江大学堂总教习,赴日本留学考察	《最新国文教科书》
陆费逵	中华书局创始人、清朝翰林院编修,赴日本考察	《新小学国语文学读本》
俞复	无锡三等公学堂创始人,同盟会员	《新小学教科书国文读本》

小学国文(国语)教科书编者的编撰经验丰富,既有外出留学者,也包含毕业于师范院校的专业人才,还有在史学、文学等其他领域学习过的混合型人才。在实践经验上,他们既从事过编辑,也做过教学工作,同时在文学、音乐、历史学等众多领域颇有建树,编辑者大多数博采众长,因此小学国文(国语)教科书呈现出继承传统、兼收西学的特色。

俞复是无锡三等公学堂创始人,高凤谦曾前往日本留学考察,沈颐多次参与国文教科书的编纂,戴克敦曾就职于杭州求是学院,朱文叔也曾任职于小学,吕思勉是史学领域专家,黎锦晖毕业于师范专业并兼任过音乐教师,陈鹤琴和陶行知均是教育领域专家,由此观之,小学国文(国语)教科书编者经验丰富、学识渊博。

根据资料记载,"自光绪二十九年正月起,至民国十九年十一月止,当次二十八年中,商务聘用留学归国者七十五人,内法国毕业者二人,美国毕业者十八人,日本毕业者四十九人,国民不详者三人"[①]。从商务印书馆一家聘用的出版人才来看,就注重吸引有留学背景的人才,有利于商务印书馆自身发展的同时,也形成教科书编著方面的优势。这也是商务印书馆取得较高成就的原因之一。

---

① 冯志杰、范继忠、章宏伟:《中国编辑出版史研究》第 2 卷,九州出版社,2011年,第 86—87 页。

二、出版机构变化

近代出版业的转型离不开审定制对民间出版机构的认可,出版机构从教会经营转向民营,竞争日益激烈,出版业的繁荣也促进了教科书的更替。①

(一)民营出版机构数量增加

学社、书局、书室、教师纷纷加入教科书编纂行业,满足了教科书多样化的需求(见表34)。随着现代学制的建立,学校逐渐增多,刺激了出版业的发展。出版技术的进步给书籍出版带来便利,教育从一种特权变为普遍权利,备受民众认可。

表34 小学国文(国语)教科书出版机构

审定时间	小学国文(国语)教科书出版机构	民营出版机构
1902—1912年	湖北学务公所、南洋官书局、彪蒙书室、文明书局、商务印书馆、中国图书公司、新学会社、湖北官刷印书局、蒙学书局、集成图书公司、时中书局、科学书局、京华印书局、广益书局、学部编译图书局、上海春风馆、会文学社、求是学社、劝学会社、国粹研究会	彪蒙书室、求是学社、文明书局、商务印书馆、中国图书公司、上海春风馆、会文学社、蒙学书局、集成图书公司、时中书局、科学书局、广益书局、新学会社、京华印书局(印刷机构)
1912—1922年	正中书局、商务印书馆、振兴书社、世界书局、中华书局、中国图书公司、新学会社、共和编译社、新教育社、彪蒙书室、民国南洋图书沪局、文明书局、晋新书社、土山湾印书馆、平民书局、国民书局、新国民图书社、(南京、北平)编者刊、国民教育编译馆	商务印书馆、振兴书社、世界书局、中国图书公司、新学会社、新教育社、共和编译社、编者刊、彪蒙书室、文明书局、晋新书社、土山湾印书馆、平民书局、新国民图书社、民国南洋图书沪局、国民书局

---

① 黄镇伟编著:《中国编辑出版史》,苏州大学出版社,2003年,第68—72页。

续表

审定时间	小学国文(国语)教科书出版机构	民营出版机构
1922—1932年	审局编印出版社、民智书局、世界书局、商务印书馆、新国民图书社、儿童书局、开明书店、编者刊、大东书局、大众书局、儿童书局、土山湾印书馆、上海新民图书社、中华书局、正中书局、青光书局、北新书局、北平著者刊、北平学出版社	世界书局、商务印书馆、中华书局、青光书局、北新书局、大众书局、大东书局、儿童书局、土山湾印书馆、北平著者刊、上海新民图书社、新国民图书社、北新书局、正中书局、开明书店

以上数据仅统计清末到民国时期小学国文(国语)教科书的出版社数量。1902—1912年间,小学国文(国语)教科书民间出版机构占据教科书出版机构中的大多数,官方出版社仅湖北学务公所、南洋官书局2所。上海春风馆、国粹研究会信息不全,求是学社、劝学会社、会文学社等是编纂教科书的民间集体,共计14所。到1921年,21所小学国文(国语)教科书出版社中,有17所民间出版机构,仅有正中书局为官编书局,南京、北平编者刊、国民教育编译馆刊所属信息未知。1922—1932年间,小学国文(国语)教科书出版机构19所,其中民营出版机构16所,民智书局、审局编印出版社为官方出版社,北平学出版社、北平著者刊所属信息未知。

民间出版机构占据了小学教科书出版机构的多数,在审定制开放的氛围下,民营出版机构不断向规范化发展,对近代文化产生了深远影响。①

(二) 立足教科书出版

学校教科书分年级、学科,数量巨大。只要学校存在,教科

---

① 黄新宪:《近代来华传教士编译出版教科书活动史略》,《江西教育科研》1995年第3期。

书的编纂、出版、印刷就依旧是热门行业。各出版机构之间为赢得教科书市场,不断提高教科书编纂质量,引进编纂人才,倡导最新教学理念,教育呈现出力争向上的态势。根据1906年上海书业商会《图书月报》记载,入会的22家出版机构大多数以出版教科书为主业。① 到了民国时期,这种现象不减反增。

中华书局创始人陆费逵在《我国书业大概》中说道:"我国大规模出版、印刷事业只有商务、中华两家,且均以学校教科书为主,稍微高深之书,殊不易销,良著不多见,实可谓仍在幼稚时代。"②

赵俊在《怀恋雄才大略的出版家陆费逵先生》一文中称:"中国除教科书和通用的工具书以外,一般都只有几千,销售差的甚至只有几百。商务、中华、世界所以能成为出版界的翘楚,唯一的基本条件是印数最多的教科书。"③这显示出编辑出版行业中教科书占据的优势。

(三) 出版规模不断壮大

民间出版机构通过发行需求量较大的教科书,为自己积累深厚的资本。民国时期,商务印书馆、中华书局、世界书局出版的教科书占据小学国文(国语)教科书中的大多数。据史料记载,1930年上海小学教科书出版市场中,商务印书馆、中华书局、世界书局、国民书局四家共计出版教科书2734种,其中商务881种,占32.2%,世界书局874种,占32%,中华书局546种,占20%,国民书局433种,占15.8%。④ 商务印书馆的教科书销售额1912年为182万元,1916年315万元,1921年686万元,1930

---

① 张静庐:《中国现代出版史料甲编》,上海书店出版社,2011年,第260页。
② 俞筱尧、刘彦捷编:《陆费逵与中华书局》,中华书局,2002年,第461—465页。
③ 俞筱尧、刘彦捷编:《陆费逵与中华书局》,中华书局,2002年,第3—25页。
④ 汪耀华编:《商务印书馆史料选编 1897—1950》,上海书店出版社,2017年,第73页。

年则增加到 1 200 万元。[①]

民营出版机构竞争激烈。清末时期的出版机构有编译所、印刷所、发行所三大部门。到了民国时期，随着审定制持续开放，越来越多的出版机构不断加入教科书出版行业，市场的自由化竞争，不仅对经营者提出了资金和技术的要求，而且要求有适当的经营策略。清末时期兴盛的文明书局，到民国时期没有足够的经济支撑，运营生存非常艰难，面临转型的难题，被并购或倒闭。各民营出版机构密切关注市场需求，利用新技术，提高出版生产力，推进资本主义经营模式，出版与时俱进的教科书。

三、小学国文（国语）教科书变化

审定制实施期间，越来越多编者参与小学国文（国语）教科书编写，小学国文（国语）教科书发展呈现出欣欣向荣的态势。这不仅仅是数量上的突破、质量上的提升，还有分量上的转变。

（一）过审数量增加

笔者统计 1902—1932 年间审定通过的小学国文（国语）教科书，以 10 年为间隔，发现每隔 10 年通过审定的小学教科书数量逐渐增加（见表 35）。

表35 审定通过小学国文（国语）教科书数量统计

时间	过审小学国文（国语）教科书	数量
1902—1912 年	《最新国文教科书》《高等小学国文读本》	2
1912—1922 年	《简明国文教科书》《共和国教科书新国文》《女子国文教科书》《新制中华国文教科书》《中华民国新国文》《普通教科书新国文》《新制单级国文教	

---

① 庄俞、贺圣鼐：《最近三十五年之中国教育》，商务印书馆，1931 年，第 46—47 页。

续表

时间	过审小学国文(国语)教科书	数量
	科书》《复式学级国文教科书》《新法国文教科书》《新编中华国文教科书》《新法国语教科书春季始业》《新法国语教科书秋季始业》《新教育教科书国语读本》《新小学教科书国语读本》《女子新国文高小》《高小新制中华国文教科书》《共和国教科书新国文高小》《共和国教科书新国文秋季高小》《实用国文教科书高小》《新法国语教科书高小》《新教育教科书国语读本高小》	21
1922—1932 年	《新小学国语读本》《新学制国语教科书》《新学制小学教科书初级国语读本》《新国民国语教科书》《新小学国语文学读本》《新主义教科书前期小学国语读本》《新主义国语读本》《新中华教科书国语读本》《基本教科书国语》《开明国语课本》《国语读本》《小学国语读本》《复兴国语教科书》《新生活教科书国语》《初级小学国语新读本》《大众教科书国语》《儿童国语课本》《复兴初小国语教科书》《新编初小国语读本》《新学制国语教科书高小》《新学制小学教科书高级国语读本魏冰心编高小》《新学制小学教科书高级国语读本秦同培编高小》《新主义国语读本高小》《新中华教科书国语读本高小》《新中华国语读本高小》《新时代国语教科书高小》《高小国语读本》《开明国语课本高小》《新编高小国语读本》	30

  清末到民国审定制实施期间,过审小学国文(国语)教科书数量逐渐增多。清末通过学部审定的小学国文(国语)教科书有 2 种。民初十年,通过审定的初小国文(国语)教科书共 14 册,高小 7 册,1922—1932 年初小有 19 册通过审定,高小 11 册通过审定(见表 36)。1902—1932 年间,小学语文教材共 182 种,初等小学 91 种,高等小学 91 种。通过审定的初小语文教科书 34 种,高小语文教科书 19 种,共 53 种小学语文教科书通过审定。

表36　审定通过小学国文(国语)教科书数量统计

时间	小学国文(国语)教科书总量	过审小学国文(国语)教科书数量	比例
1902—1912年	31	2	6.5%
1912—1922年	90	21	23%
1922—1932年	91	30	33%

通过审定的小学国文(国语)教材占小学语文教科书总数的25%，其中清末小学语文教科书31种，民初十年小学国文(国语)教科书90种，1922—1932年间小学国文(国语)教科书共91种。清末审定通过率为6.5%，民初十年为23%，1922—1932年为33%，可以看出从1902—1932年，教科书审定力度逐渐加强。清末到民初十年增长率为354%，民初十年到1922—1932年增长率为143%，民初这段时期内教科书编撰处于飞速进步时期。

(二) 过审教科书社会认可度高

审定通过的小学国文(国语)教科书成为编者们争相模仿的对象，引导着教科书向高质量、高品质方向发展。官方认可的教科书，相较于没有标明教育部、学部审定的教科书，销售量明显较高。《最新国文教科书》发行量占全国课本份额的80%。[①] 通过审定的教科书销售量更大，也更容易被人们认可。学部审定教科书为出版机构提供政治、质量保证。商务印书馆凭借审定的通行标志和教科书编纂的独创性，通过报刊网络进行教科书发行，到民国成立前，不到十年间第一册已被再版82次。[②]《共和国教科书新国文》更是有甚于前者，印刷2 520多次，累计销售

---

① 陈丽菲主编:《上海近现代出版文化变迁个案研究》，上海辞书出版社，2016年，第113页。
② 秦玉清:《中国最早的新式课本〈最新国文教科书〉研究》，《教育史研究》2017年第3期。

7 000万余册,出版后广受社会好评,多次再版。①

审定标志被作为一种销售符号放到教科书广告、封面中,反映审定权威、社会认可度,同时也为学者购买教科书提供参考(见图36、图37)。

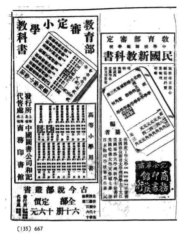
图36 教科书广告,《申报》1915年第15264期

图37 中华书局教科书广告,《申报》1913年第14406期

民国时期的审定机构教育部,从送审教科书中选出质量较高、符合其教育宗旨的教科书。送审教科书须呈现内容,封面注明价格,否则不予审定。因此教科书之间形成质量和价格的互相竞争,给普及教育提供了机遇。图36便是编辑出版机构通过报刊介绍自己新出版教科书的情况,广告上最醒目的就是教科书书名和教育部审定的标语,这说明人们在选择教科书时,看中教科书是否通过审定,官方和民间对教科书的评价趋于统一。图37是中华书局在《申报》上刊登的教科书广告,用大号字体将教育部审定、中华书局出版的一系列教科书呈现,包括书名、册

---

① 《上海出版志》编纂委员会:《上海出版志》,上海社会科学院出版社,2000年,第295页。

数、编者、定价、适用学年、教育部审定的具体日期,以供学校或读者购买。

(三) 满足社会需要

清末到民国期间教育状况复杂,不仅有全日制和半日制学校,还有男学校和女学校。对教科书的需求也是各式各样,出版社分别出版了适应不同学校的教科书,种类足够齐全。教科书迎合时代要求,适应社会需求、儿童需求、地区差异、男女差异、学情需要(见表38)。

表38 民国国文(国语)教科书类型

教科书适用范围	教科书名称
女子学校	《女子国文教科书》《中华女子国文教科书》
单级学校	《新制单级国文教科书》
复式小学	《复式学级国文教科书》
国语时期教科书	《开明国语课本》《最新国语教科书》《新制国语教科书》
民初国文教科书	《共和国教科书新国文》《新制中华国文教科书》
新学制颁布后教科书	《新学制国语教科书》
适应不同地区	《儿童南部国语》《儿童北部国语》《儿童中部国语》

编者根据中国教育的实际情况,编写了简明国文教科书。为了解决贫寒子弟、低学段儿童上学问题,商务印书馆又接着出版了简易国文教科书。中华民国成立后,共和国系列教科书得以编纂。女子享受教育权后,民间出版机构随之编纂适用于女子上学的教科书。新学制颁布后,随之出版了新学制教科书。1910年出版了《新制单级国文教科书》,以及适应复式教学背景的《复式学级国文教科书》。白话文运动开始,文言文退出后,开

始用白话文编纂小学国语教科书。"三民主义"背景下,各书局与时俱进,编纂新主义教科书。此外还有适应不同地区的教材,如陈鹤琴《儿童南部国语》。

第三节 审定制对小学国文(国语)教科书的制约

审定制在实行过程中受到统治阶级意识形态及审定制度本身不健全性的影响,造成教科书日趋同质化等负面效应。

一、意识形态在教科书中的渗透

美国学者阿普尔认为,"教科书是一种文化资本分配和使用的过程与记录,同时受到政治去哪里的介入,而难以摆脱意识形态的操控"①。教科书发展离不开意识形态的渗透,其经历了清朝"忠君、尊孔"、民国"民主、科学"、尊孔复古、党化教育、三民主义几个阶段的变迁。

(一)忠君尊孔的教育宗旨

清末实施审定制是临时措施,清政府一边实行审定,一边着手编纂部编版教科书。审定的原则标准是勿违背"忠君"的教育宗旨。在审定过程中,有质量较高的教科书因不符合清末教育宗旨,审定不予通过。如何琪《初等女子小学国文教科书》,学部评价其宗旨不符合要求,主张平等、自由,违背"忠君"观念。

而对于审定通过的教科书,如《最新国文教科书》,张元济这样评价:"本书谨遵教育宗旨,以忠君、尊孔、尚公、尚武、尚实为主,而尤详于宪政。凡立法、司法、行政以及议院、地方自治、军

---

① [美]迈克尔·W.阿普尔:《意识形态与课程》,黄忠敬译,华东师范大学出版社,2001年,第29页。

情、教育之要政,无不详言,其表彰国粹,纠正陋俗,亦再三致意。至于爱国、合群、进化、自立等事,尤言之至详,以期养成立宪国民之资格,不特图画注意实物搜罗宏富,彩色图照像图亦皆有关学识。"① 后世评价较高的《最新国文教科书》尚且无法避免迎合清政府要求,更何况其他同类书籍。

图 38 《最新国文教科书》第二册第十九课

图 38 是清末时期编写出版的《最新国文教科书》第二册第十九课。书中呈现的内容是清末社会面貌,清朝军队、服饰。最明显的是清朝的标志性旗帜"龙旗",课文内容会潜移默化地影响学生认可清政府的官方权威。可见当时的教科书支持清朝封建统治,其发展最终离不开政治的影响。

(二) 复古逆流中的国文教科书

中华民国建立之初,民主氛围刚刚持续不久,袁世凯就篡夺了革命果实。该段时间出版的教科书在内容中加入读经,重视对孔子的尊崇,要求法孔孟、戒贪争、戒躁进。根据其确定"国民

---

① 柳和城:《书里书外:张元济与现代中国出版》,上海交通大学出版社,2017年,第 58 页。

教育以孔子之道为修身大本"的标准,大力推行封建复古教育,并编纂教科书。① 为了加强思想领域的独裁,除了严格审定教科书外,当局还企图用实行教科书国定取代"教科书任人编辑"。《审定教科书暂行章程》规定"图书发行人应于图书出版前,将印本或稿本呈请教育部审定"。②

中华书局《新编国文教科书》编辑大意写道:"孔子之道德学术为吾国文化中心,兹择圣经贤传之切于日用浅易解者,采入国文科,以便诵习而资服膺。"③《新制单级国文教科书》中也涉及不少关于古代君王的故事(见图39)。

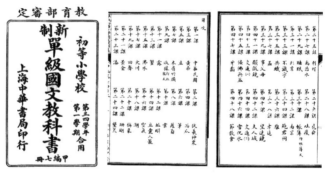

图39 《新制单级国文教科书》封面及目录

1915年教育部审定通过中华书局《单制国文教科书》,其中共有选文四十七课,其中有关"复古"的文章共四篇,第三课《黄帝》、第二课《伏羲神农》、第二十七课《禹治水》、第二十六课《尧舜》包含大量关于古代三皇五帝的介绍。该段时期教科书无论是内容、编纂思想还是目的都围绕尊孔。教育对政治的依附,教科书发展的迂回,导致这一时期教科书审定越发严格。

---

① 陈学恂主编:《中国近代教育大事记》,上海教育出版社,1981年,第247页。
② 《中华教育改革编年史》编写组:《中华教育改革编年史》5,中国教育出版社,2009年,第531页。
③ 侯怀银:《民国教育学术研究》,湖南教育出版社,2018年,第56页。

（三）“党化教育”和“三民主义”

南京国民政府时期，实行“三民主义”教育方针。随后，孙中山针对性地提出“党化教育”治国策略。教科书的编写也围绕国民党“三民主义”及“党化教育”展开。

由于时局动荡，“党化教育”被有心之人歪曲利用，更替教育宗旨，设置学校课程，教学理念、教科书内容亦随之更改。这一时期，教科书围绕“三民主义”，致力于培养独立、团结、奉献的人才。① 国文（国语）教材选编以“三民主义”为内容，提倡互相帮助，教材中不得含有自私、自利、封建思想。

笔者搜索到，大学院审定《新时代国语教科书》（高小）的编辑大意倡导在教育范围内提倡“党义”（见图 40）。此外，还有同一时期大学院审定《新时代国语教科书》（初小）第八册的内容，如图 41 所示。

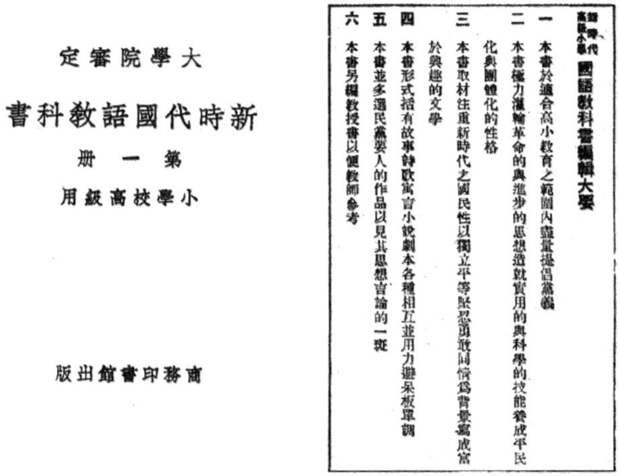

大學院審定
新時代國語教科書
第一冊
小學校高級用
商務印書館出版

新時代、高級小學 國語教科書編輯大要

一　本書於適合高小教育之範圍內儘量提倡黨義
二　本書極力灌輸革命的與進步的思想造就實用的與科學的技能養成平民化與團體化的性格
三　本書取材注重新時代之國民性以獨立平等堅忍勇敢同情爲背景寫成富於興趣的文學
四　本書形式括有故事詩歌寓言小說劇本各種相互並用力避呆板單調
五　本書並多選民黨要人的作品以見其思想言論的一斑
六　本書另編教授書以便教師參考

图 40　大学院审定《新时代国语教科书》（高小）第一册

① 刘芳：《民国时期的“三民主义”教育》，《素质教育大参考（A 版）》2013 年第 10 期。

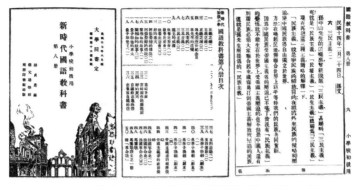

图 41　大学院审定《新时代国语教科书》(初小)第八册

教育作为社会系统的一部分,需要为政治经济发展服务,教科书的撰写与政治形态密不可分,图 40 展示了 1929 年商务印书馆编纂《新时代国语教科书》(高小)第一册的编辑大意:"本书于适合高小教育之范围内尽量提倡党义。"图 41 是 1932 年大学院审定商务印书馆编纂的《新时代国语教科书》(初小),目录中第六、七、八课内容均为"三民主义"的介绍,该段时期教科书编写和审定以国民党"三民主义"为中心。此外《中华国语教科书》《新主义国语教科书》的质量相较于之前的《共和国教科书新国文》确实有待提高,文字也没有民初编写的国文(国语)教科书细致。

二、审定制度内部建设缺失

(一)审定权利界限不清

教科书编写机构和审定机构应相互分离、职责明确,审定过程中才能立场坚定。学部时期成立的审定部门,送审教科书的数量远远超出预期,审定部门没有专门人员,常常临时借用、招聘审定人员。

负责教科书编写的人参与教科书审定环节,自然影响审定过程的公平性。教科书审定制起草工作也是临时聘请商务印书馆的国文教科书编者蒋维乔、高旦梦承担的。① 李步青也曾任教科书编审员兼审查部门负责人。1919年商务印书馆《共和国教科书新国文》编著者沈颐任教育部编审处编纂股编审员、1923年任教育部图书审定处审定员、1925年冬任教育部图书审定委员会专任委员、1927年任教育部编审处编审员。② 中华书局《新学制国语教科书》编者吴研因1933年曾担任教育部中小学教科书编审委员会委员。叶圣陶曾出任华北政府教育部编审委员会主任。③

(二) 审定标准操作性弱

教科书的审定需要明确、具体的审定标准,才能确保审定教科书的过程中无差错。

1929年,民国时期教科书审定标准基本要点如下④:

  1. 关于教材之精神者
  (1)适合党义;(2)适合国情;(3)适合时代性
  2. 关于教材之实质者
  (4)内容充实;(5)事理正确;(6)切合实用
  3. 关于教材之组织者
  (7)全书分量适宜;(8)程度深浅有序;(9)各部轻重适度;(10)条理分明;(11)标题醒目确切;(12)有相当之问题研究或举例说明;(13)有相当之注释插图索引等;(14)适合学习心理;(15)能顾及程度之衔接;(16)能顾及各科之联络
  4. 关于文字
  (17)适合程度;(18)流畅通达;(19)发言俚语摒弃不用

---

 ① 洪港、王莉:《教科书出版与近代政治变革》,《出版发行研究》2008年第4期。
 ② 王昌善:《我国近代中小学教科书编审制度研究》,湖南师范大学博士学位论文,2011年。
 ③ 俞筱尧、刘彦捷编:《陆费逵与中华书局》,中华书局,2002年,第76页。
 ④ 教育部:《审查教科书图书共同标准》,《申报》1929年1月1日。

5. 关于形式者

(20)字体大小适宜;(21)纸质无碍目力;(22)校对准确;(23)印刷鲜明;(24)装订坚固美观

清末到民初,在教科书审定方面仅颁布了审定条例,审定条例相对于审定具体标准来说规定模糊,操作性不强。1929年,国民政府首次颁布审定标准,其标准分为教科书精神、组织、文字、内容、质量几方面。虽然相较于之前的审定条例有所进步,但与现代审查教科书的指标相比却显不足,审定标准操作性依然较弱。[①] 以定量或定性的形式呈现更便于教科书划分指标,具体指标呈现更容易确保教科书审定过程中的质量。

第四节 审定制与小学国文(国语)教科书的规范

国文科产生于清末学制颁布后,直到民初才与经学相分离,走向语文的道路。在国文教科书走向规范化的过程中,审定制发挥了其特有的督促、检查、促进作用。政府通过颁布课程标准等一系列措施,为编写教科书提供基本范围。教科书编写过程前有课程标准衡量,后有审定条例制约,这确保了教科书使用过程的规范性。1902—1932年审定制实行期间,随着实施力度不断加强,教科书编纂也由混乱走向规范。本节将从形式、内容、语言方面呈现教科书编纂的变迁过程。

一、小学国文(国语)教科书形式的统一

教科书封面对学生发展有着潜移默化的影响,学生能透过封面感知文化特色,得知与课程相关的信息。随着印刷技术的进步和教育理念的更新,现今我们看到的教科书色彩鲜艳、内涵

---

① 俞筱尧、刘彦捷编:《陆费逵与中华书局》,中华书局,2002年,第76页。

丰富。① 本节展现了清末到民国时期小学国文(国语)教科书封面的变化。

（一）审定制前教科书的外观形式呈现

教科书虽然最早在教会学校使用，但并不适用于我国的国情和学情。学制颁布、新式学堂建立后，国人开始尝试自编新式教科书。编者对教科书的认知限制了其编纂教科书的形式。笔者将通过教科书封面呈现时代缩影。

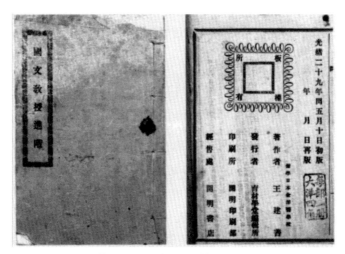

图 42　1903 年《国文教授进阶》

《中国老教材封面图录》中收录了 1903 年《国文教授进阶》的封面及目录，封面信息是左侧竖排繁体字"国文教授进阶"（见图 42）。图 43 是王步青为科举考试编撰的《四书朱子本义汇参》，封面紧靠左上角用繁体大号字体书写"大学"，靠右中间以繁体书写"卷壹"。中国古代教科书封面基本沿袭此体例，简单

---

① 张贝杰、李祖祥：《统编本小学低年级语文教科书封面分析》，《戏剧之家》2020 年第 11 期。

清晰。审定制实施后,版权意识渐浓,通过审定的教科书质量、发行量、销售量均遥遥领先。随着印刷技术的发展,教科书盗版日益严重,编者对书籍编纂版权的意识渐浓,反映在教科书封面上,就表现为信息呈现越来越具体。

图43 《四书朱子本义汇参》

(二)审定制对教科书外观呈现的要求

学部通过审定凡例,对教科书外观提出要求。"送审的教科书须有著者姓名、出版年月、价格、印刷所、发行所。"[①]审定教科书的封面呈现关于教科书的基本信息。这些基本信息能够确保教科书的质量,便于使用者选购适宜的教科书。

民国时期同样对送审教科书的基本信息做出了要求,如字体、纸质、印刷、装订坚固美观等。1913年,教育部颁布《审定教科书暂行章程》,规定"送审人送审的是稿本,须将印书用纸张、行款、封面样式,一起查阅","送审教科书需要载明教科书名称、

---

① 《东方杂志 第3年第9期》,《东方杂志》,商务印书馆,1996年,第223页。

册数、定价及何项学校所用、发行年月日,图书上译注人及发行人之姓名商号,每册书面准载明某年月经教育部审定"①。1926年,教育行政委员会时期颁布的《教科书审查规程》提出,"审定教科书稿本需要呈送纸张、印刷、款式等样式"②。1927年,大学院审定教科书也对教科书外观做了相似的要求:"已审定图书由大学院公报宣布书名、册数及页数、定价、某学校用、发行之年月、编辑人及发行人,大学院审定评语。"③1929年《审查教科图书共同标准》提出,通过审定的教科书需要字体大小适宜、纸质无碍目力、校对准确、印刷鲜明、装订坚固美观。④

随后,1935年教育部公布《修正教科图书审查规程》,规定教科书须统一使用正楷字体,纸张、页数、图标、格式、位置、横书直写。⑤ 小学国文(国语)教科书的形式确定由装帧、封面、编辑大意、目次、课文部分、版权页、封底几部分组成,审定后教科书按照以上形式逐渐统一。以上均是审定教科书规程中对教科书形式的要求,过审教科书须符合以上要求才可以被投入使用。

(三)过审小学国文(国语)教科书形式的统一

通过审定标准、章程,确保了教科书在外观形式上呈现本学科教科书编写、出版的基本信息。这些信息为学校、学生、教师购买教科书时提供参考。经常编纂教科书的编者、大型出版机构、经过审定的教科书质量,对于购买者来说都是选择的标准。不同时期通过审定的教科书在外观形式上表现出不同的特征。清末时期学部审定的教科书封面,左侧正方形框内是教科书名

---

① 金学方:《春光里的一片绿叶》,人民教育出版社,2000年,第27页。
② 《东方杂志 第16卷》,《东方杂志》,商务印书馆,1996年,第654页。
③ 宋恩荣、章咸:《中华民国教育法规选编》,江苏教育出版社,2005年,第537页。
④ 宋恩荣、章咸:《中华民国教育法规选编》,江苏教育出版社,2005年,第524页。
⑤ 张运君:《晚清学部与近代教科书的审定》,《历史档案》2011年第1期。

称、出版机构、使用范围、具体册数,方框上方印刷有"学部审定"字样。下面以学部审定通过的《最新国文教科书》和《高等小学国文读本》为例,具体呈现其外观及版权页信息(见图44、图45)。

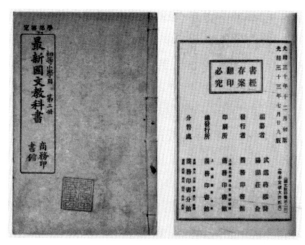

图44　1904年《最新国文教科书》封面及版权页

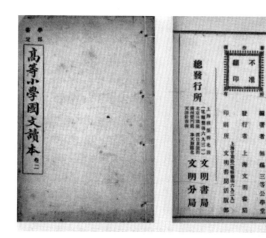

图45　1907年《高等小学国文读本》封面及版权页

两幅图片呈现了清末学部审定通过的商务印书馆《最新国文教科书》、无锡三等公学堂《高等小学国文读本》的外观信息,封面文字均为竖排,用楷书大号字体呈现书名,中号字体呈现具体册数、使用范围。两册书均将学部审定标志置于长方框上方。商务印书馆在封面上呈现的信息更为清晰,包括了具体的印刷机构,而《高等小学国文读本》则简单明了。这些信息呈现考虑到了不同年级的差异,对小学阶段更细致地呈现基本信息,以楷书工整书写,为其提供范本。到了高等小学,学生已经具备一定理解力,信息以简单概括为主,帮助学生掌握知识,书写更偏向行书。教科书的最后一面均是版权信息。清末时期的教科书基本呈现出以上封面、课文到版权页的统一模式。教科书封面信息均在左侧呈现,有传统教科书的缩影,简洁清晰。

教科书形式在摆脱传统的过程中不断优化,编撰信息愈发明确清晰。到了民初,教科书封面具体内容不变,图46和图47分别呈现了《女子新国文》和《新制中华国文》的封面及版权页。图片来源于李保田《中国老教材封面图录》。

图46　1912年《女子新国文》封面及版权页

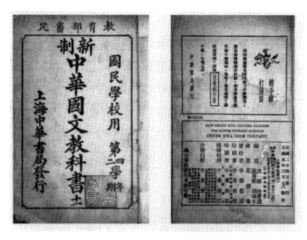

图47　1913年《新制中华国文教科书》封面及版权页

两册书封面信息均在长方框内,方框里的信息是经过审定需要呈现的基本内容,从右往左分别为使用范围(使用学年)、教科书名称与册数、出版社信息。使用范围(学年)靠右上方,中号字体,教科书名称居正中间位置,大号字体,出版社信息居左下方,中号字体。长方框上方从右往左横排呈现文字"教育部审定",依旧采用楷体书写。教科书最后一面为版权页,相较于清末教科书版权页是单独的,这一时期版权页增加了各书局的广告,有时也呈现教育部审定评语,侧面反映出该时期教科书行业竞争的激烈。版权页增加英文名称是该时期教科书编纂融汇中西的反映。

1930年左右,小学国语教科书封面开始增加了图片。图48是1931年世界书局出版的《新主义国语读本》,经教育部审定,封面文字摆放出现变化。文字横放,从右往左阅读,封面从上到下依次呈现"中华民国二十一年教育部审定",最显著的是大号字体"新主义国语读本",下方用小号字体注"第八册",编辑者吕伯攸、魏冰心,整个封面上方是太阳光芒象形图,下方是小学生正认真阅读的图片,最下面用横线隔开出版机构。图49是商务印书馆出版的《复兴国语教科书》(初小)第五册,封面相较于之前,最显著的特点是添加了图画,以小学生活动为主,从上到下依次呈现审定机构、使用范围、教科书名称、册数、编者及出版发行机构。版权页基本上未有较大变动,标明本书出版信息、售价、编辑校定等相关信息。相较于前段时间,这一时期教科书封面最显著的变化是文字横向摆放和出现封面图画。两种书的使用范围是均是初级小学生。

图 48　1931 年《新主义国语读本》第八册

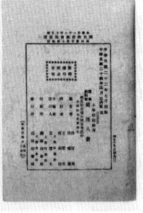

图 49　1933 年《复兴国语教科书》(初小)第五册

此后,教科书基本由封面、广告、编辑大意、目录、选文、附录几部分组成。教科书封面排版越来越独具匠心,注意字形的大小、高度和字间的距离、两行间的距离、摆放位置,增添图画的灵活度,有助于培养儿童观察、想象和审美的能力。

二、小学国文(国语)教科书的适切性

清末到民初审定制实施期间,审定条例、审定标准得以确立,对教科书各方面提出要求,确保了其在使用过程中的规范性。笔者主要从意识形态、内容、价格几方面呈现审定对教科书适切性的要求。

(一) 审定制对教科书适切性的要求

审定教科书所依据的学制和教育宗旨逐渐演变。从清末维护封建王朝,到了民初,则转变为规定:"凡民间通行之教科书,其中如有尊崇满清朝廷及旧时官制军制等课并避讳抬头字样,应由各该书局自行修改,呈送样本与本部及本省民政司、教育总会存查,如学校较远遇有教科书中不合共和宗旨者,可随时删改,亦可之处呈请民政司或教育会通知该书局改正。"[①]

国民政府时期,通过共同标准确立了教科书编纂的方向:"适合党义、国情、时代性并且内容充实、事例正确、切合实用,适合学习程度。"[②]不久,随着政局的变化,教科书内容编纂也向"三民主义"改变。

在价格的适切性方面,学部《第一次审定初等小学暂用教科书凡例》规定:"审定之图书以书精价廉为合格,之多者价至 6 元,少者价至 4 元。凡定价者由各发行所自行酌报部核查,不准

---

① 宋恩荣、章咸:《中华民国教育法规选编》,江苏教育出版社,2005 年,第 568 页。
② 汤志钧、陈祖恩:《中国近代教育史资料汇编:戊戌时期教育》,上海教育出版社,2007 年,第 241 页。

额外增加以致碍教育普及。"①民初审定教科书暂行章程规定："教科书不载明定价者不予审查。"②"审定图书由教育行政委员会将书名、册数及页数、定价、某种学校用、发行之年月日、编辑人及发行人之姓名各项公布之。"③

审定要求教科书纸质坚韧,印刷清晰,字体大小适宜,既能帮助学生学习,又能给教师教学提供便利。这是学部第一次对审定教科书内容做出要求。审定教科用书规程规定"编辑图书应依据小学校令"。1926年教育行政委员会提出:"审定图书不违背党义而适合教授目的、教育程度、教科体裁为合格。"④审查教科书共同标准,是晚清以来我国颁布的第一个具体明确的中小学教科书审定标准,要求"教材内容需充实、事理正确,程度深浅有序,标题醒目,适合学习心理,估计衔接程度"⑤,该标准首次明确了审定的内容与要求。1902—1929年,教科书一直未公布具体内容要求,笔者通过呈现部分小学国文(国语)教科书审定批语,考察政府部门对于教科书内容适切性的要求(见表39)。

表39　学部、教育部审定教科书评语呈现

送审书目	编撰者	是否通过	原因
《最新女子国文课本》	上海美华书馆	否	深浅未能合程度而未能通过审定
《初等小学国文教科书》	陈作霖	否	深浅未能合宜,编辑无甚条理,教授法体例亦未尽合

---

① 学部:《第一次审定初等小学暂用教科书凡例》,《学部官报》1906年第4期。
② 教育部:《教育部审定教科图书暂行章程》,《教育杂志》1912年第8期。
③ 国民政府教育行政委员会:《设立教科书编审处》,《第四中山大学教育行政周刊》1927年第7期。
④ 《学校教科书审查规程》,《广州民国日报》1926年5月12日。
⑤ 宋恩荣、章咸:《中华民国教育法规选编》,江苏教育出版社,2005年,第451页。

续 表

送审书目	编撰者	是否通过	原因
《初等女子小学国文教科书》	何琪	否	宗旨纰缪,颇然平权自由邪说,应严行查禁,以维学术而正人心
《最新初等小学国文教科书及教授法》	彪蒙书室	否	因取材甚略,解说亦欠完密,教授法殊少意义,提问项下拟加之字亦多呆相
《女子国文读本》	夏瑞芳	否	字句未尽雅训
《最新国文教科书》	蒋维乔、庄俞	是	深浅、程度适宜
《高等小学国文读本》	无锡三等公学堂	是	文多取材子史,不失为国文善本
《新制中华国文教科书》	中华书局	未知	初版略有改良,大致尚属合用
《新体国语教科书》	商务印书馆	是	符合教科书编纂体例
《国民学校秋季始业共和国教科书》	商务印书馆	是	修改后已经适用于国民学校
《复式学级国文教科书》	商务印书馆	是	取材注重使用,文字亦尚浅,前四册用同一材料异程度,尤便于接受。符合教科书编纂体例
《新制国文教案》	中华书局	未知	编纂循序渐进,颇合接受之用,但其中尚多讹误,未妥之处,应先修改再送审备案
《女子高小新国文》	商务印书馆	是	部审定在案,六年将满重新审定
《共和国教科书薄记》	商务印书馆	是	取材、编制尚可,说理简明适合中学

表39展示了清末到民国期间审定部门对审定教科书的评语。通过这些评语可以看出政府部门对教科书内容适切性的要

求,通过的评语可以概括为程度适合,文字浅显适合学生,编撰教科书内容有条理,对于不同阶段,教科书审定部门要求的程度有所区别。教材选文取材要具有典型和代表性,通过审定的教科书可以用内容"正确、恰当、丰富、实用"概括,为教科书编纂提供范例。

(二) 教科书的适切性

通过审定的小学国文(国语)教科书得到社会各界人士的认可,标有"学部审定""教育部审定"字样的教科书在当时被列为官方认可的优质课本。常有不良出版商为盈利伪注"学部审定""教育部审定"字样,出版的教科书纸质低劣,内容模糊不清。官方认可的教科书价格、纸张、字体大小、内容均符合标准。

其一,内容适切性。编写教科书需要将科目、课程标准作为基本准则,此外,教科书内容要符合不同时期的教育宗旨要求。不同时代背景下出版的教科书呈现出不同特色。民国时期,人们的思想和价值观发生转变,教科书宣扬五育并举的教育观念。教科书内容反映出培养社会所需人才的要求。商务印书馆编撰的一系列教科书均跟随时代变化迅速做出反应。《共和国教科书新国文》第四册第二课《大总统》、第一课《我国》;初小第四册第一课《自治》、第三十三与三十四课《我国革命》均在时代变换下做出适切性更替,符合民初共和民主精神,有助于国民养成自治参政能力。① 五四运动时期,中国迎来民主科学精神,突破传统,为摆脱封建迈出了坚实步伐。随着时代更替,清末到民初,教科书内容逐渐摆脱经学,进入民国后,教科书在新文化运动的洗礼中摆脱封建,注重内容编纂循序渐进,培养农业、工业、商业等方面的人才。

---

① 庄俞、沈颐编著:《共和国教科书新国文初小商务印书馆》,天津古籍出版社,2013年,第1页。

其二,编排适切性。教科书编排是否符合体例属于教科书适切与否的问题。教科书编排须考虑不同年龄段的学生特点、不同学科之间的衔接、不同课时的呈现难度。学部评价商务印书馆清末时期编纂的《最新国文教科书》:"深浅、程度适宜,按照康熙字典部首依次编入,笔画由简而繁,最便儿童之用,且初等学者既经习熟,则部首之次序、偏旁之分合庶了然于胸,检查字典自然不难白纸红字最便描写之用。"①评语符合教科书本身的特色,商务印书馆在宣传该教科书时也借用其评语。

鉴于之前的编纂经验,商务印书馆编写《新体国语教科书》时考虑到每册书之间的衔接,不同年级学生学力程度有所不同,教学内容也应该有所差异。第一册第一课的汉字笔画不超过五笔,且是学生常见的简单汉字,识字被作为主要学习目标。初等小学第三册开始增加小篇幅课文,并配上练习,学练结合。

其三,教科书价格适切性。为普及教育,政府在确保教科书质量的同时,也严格控制教科书价格,其中,1913年《申报》第14396号刊登了教育部公布的第一次至第四次审定教科图书的所有信息,如表40所示。

教育部公布审定通过的小学国文教科书中,《简明初等小学国文教科书》八册,第一到二册每册八分钱,三到四册每册一角钱,五到八册每册一角二分钱。《高等小学国文教科书》每册五分钱。相较于商务印书馆的教科书价格而言,中华书局的教科书价格相对更亲民,总体而言,教科书价格比较稳定。《中华初等小学国文教科书》送审时规定每册售价一角钱,严格按照送审要求规定售价。《初等小学新国文教科书》每册五分钱。《高等小学女子国文教科书》每册一角钱。此外,还有部分教科书通过广告来促销,降低教科书价格,帮助销售。

---

① 蒋维乔:《编辑小学教科书之回忆》,载张静庐编:《中国近代出版史料补编》,中华书局,1957年,第138—145页。

表 40 教育部公布通过审定教科书价格

名称	使用学堂	价格	编者	发行人	发行年月日
《简明初等小学国文教科书》第一—八册	初等小学春季始业学生用书	第一、二册每册八分钱，三—四册每册一角钱，五—八册每册一角二分	蒋维乔、庄俞、沈颐、戴克敦	商务印书馆	第一册元年10月15版；第二册10月14版；第三册10月11版；第四、五册10月9版；第六、七册10月8版；第八册11月7版
《高等小学新国文教科书》第一—六册	高等小学校春季始业学生用书	每册一角，对折五分	庄俞、沈颐	商务印书馆	第一册元年9月4版；第二册8月3版；第三册9月3版；第四册10月3版；第五、六册9月3版
《中华初等小学国文教科书》第一—二册	初等小学校第一学年春季始业学生用书	每册一角	何振武、华鸿年	中华书局	第一册元年7月21版；第二册7月14版
《初等小学新国文教科书》第一—八册	初等小学春季始业学生用书	每册一角，对折五分	庄俞、沈颐	商务印书馆	第一册元年7月5版；第二册10月15版；第三册10月10版；第四—八册10月2版
《高等小学女子国文教科书》第一—六册	女子高等学校学生用书	每册一角	庄俞、沈颐、樊炳清	商务印书馆	元年11月初版

三、小学国文(国语)教科书的语言规范

语文是运用语言文字传达信息的一门学科,语文教科书的语言相较于其他学科,在精准的基础上要实现优美、恰当、完善,因此在教科书编写过程中,要尤其注重其语言文字的规范性。编者对作品进行加工,确保语言文字适合教学。通过语言文字学习阅读、听、表达能力,而这些基本能力又是帮助学生获得更多知识的前提。最初语文教科书产生之时,许多编者没有编写教科书的经验,编纂教科书的语言常不适用于教学,学部审定时驳斥其"多鄙夷之语、方言、俚语"。通过审定严格规范教科书语言,给予了其他教科书正确的语言示范。实际教学时,良好的教科书对学生发展语言能力有着良好的示范作用和潜移默化的教育功能。

(一)教科书中语言"不规范"现象

近代教育变革、建立现代教育体制后,民间开始系统编纂教科书。教科书作为外来文化,大多数编者对其的认识停留在传统书籍层面。社会发展也带动着世界不断变迁,编纂教科书要考虑其中的时代性,这就要求教科书编者在传统与现代的转换中能做出选择。清末送审教科书常因语言不适合教科书之用而遭到否定。

其一,教科书中存在方言、俚语。教科书刚刚兴起时,无固定用语,不少编者对新式教科书的认识停留在传统"三、百、千"四字韵语或文意较深奥的经史句子。教科书编者队伍中涌现出多样人群,受到地域差异、文化知识的限制,出现在教科书编纂过程中使用方言、俚语,多用韵语的局面。

其二,教科书文、白混用。教育部审定教科书的语言面临从文言转白话过程中的困境,民国政府积极推进将文言文转化为白话文,文言文不适用于一些国文教科,但编者不愿意编撰语体

文教材,依旧采用文言文编撰教科书,如蒋昂、严会著《新国文国民教科书》。

其三,书面语中存在用词不恰当现象,不适合学生程度,语言不通顺。例如商务印书馆编纂、通过教育部审定的《新体国语教科书》(见图50、图51)。

 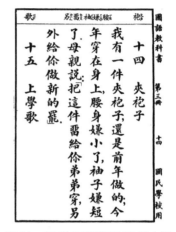

图50　《新体国语教科书》第一课　　图51　《新体国语教科书》第十课

以上两图展示了商务印书馆《新体国语教科书》课文内容。第一课中的"我很要读书"按照现代语法来说搭配不当,"很"和"要"之间缺少形容词。第二课《鸟兽》第一句"你不看见飞的鸟,走的兽么"用词不恰当。[①] 第十课《夹袍子》一文中"今年穿在身上,腰身嫌小了"意为"今年我穿在身上,觉得袍子腰身小了",缺少了两个主语。这是文言转白话过程中出现的语法问题,由于时代局限,语言的转换需要经过一个漫长的过程。

(二) 审定制对教科书用语的要求

审定制下,政府发布统一审定标准,对教科书语言规范提出

---

① 郑国民:《清末民初教育的发展对文言文和白话文教学的选择》,《中学语文教学参考》2001年第7期。

要求,国文(国语)教科书选编文章应该选取规范文章,确保国文(国语)教科书的质量。当时的教科书十分注重语音和语法的规范。为了规范教科书用语,学部编译图书局专门设立了"名词馆",帮助确立准确规范的统一语言。

1. 审定标准规范教科书用语。民国时期要求教科书编写语言流畅,满足不同年龄段学生的学习需要。在编写教科书的过程中,要统一使用规范的语言,禁止使用地方方言,确保全国教科书的统一。清末学部在审定教科书时就常遇到教科书语言不合教科书体例的问题,如庄景仲编纂的《苏通文法教科书》因为其中杂方言俚语而被学部否定,还有一些国文教科书如《女学四言合编》《蒙学分类韵语》在编纂时无法摆脱传统的束缚,多采用四言韵语,不便于教师讲解,《女子必读》中夹杂俚语,徐承锦《蒙学教科书国文识字法读本》因所选俗语、俚语杂乱被否定,夏瑞芳《女子国文读本》字句未尽雅驯,等等。

2. 审定评语促进白话文传播。《新法国语教科书》中所有生字都进行规范注音,使用了新式标点符号,教育部称赞其为教科书中的善本。对于《新体国语教科书》,教育部称"椎轮大,实开国语教科之声"①。中华书局编纂的《新式国文教科书》,教育部审定认为"该书最新颖处在每册后附四课,其附课系用官话演成,间有与本册各课相对者,将来学校添设国语,此可谓其先导,开通风所,于教育前途殊有裨益。在最新教科书中洵推善本"②。这些均表明在白话文运动期间,教育部通过审定积极促进其更新,对于使用白话文编纂的教科书给予肯定和赞扬,从而促进了语言更替。

---

① 学部:《第一次审定初等小学暂用教科书凡例》,《学部官报》1906年第4期。
② 璩鑫圭、唐良炎:《中国近代教育史资料汇编:学制演变》,上海教育出版社,2007年,第617页。

(三) 小学国文(国语)教科书语言的规范化

教师通过教学同样可以规范学生的表达和书面用语,教科书并不是掌握语言的唯一工具,但是它对学生的语言发展起着重要作用。教科书用语要顺应时代潮流,配合教育形式,符合传播规律,在此过程中不断走向规范。

其一,教科书起简化文言文的作用。通过审定的《简明国文教科书》《中华国文教科书》《共和国教科书新国文》等文字,均采用简单文言文语体,用语规范,课文内容言简意赅,具有概括性。

其二,教科书从文言转向白话文。新文化运动后,全国掀起"白话文运动",教科书在此之前为适应学情,部分出版社已经开始编纂简单的白话文。审定肯定以白话文编纂教科书的价值,鼓励国语教科书的出版。此后,教科书进入国语时代。教育部审定通过的《复式国语教科书》《新主义国语读本》《新中华教科书国语读本》《开明国语课本》《复兴国语教科书》《新生活教科书国语》等,均以白话文作为语言。

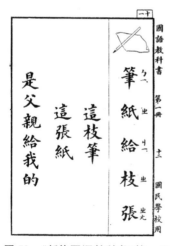

图52 《新体国语教科书》第一册

图53 《新学制国语教科书》第二册

1920年教育部审定通过的《新体国语教科书》第一册和第二册都是用来学习一些简单的字词和日常用语的。此外,该教科书还十分注重语言表达能力的训练,不仅内容丰富,读起来也朗朗上口,学生能从书本中读到与日常生活相联系且规范化的语言。图52为《新体国语教科书》第十二课,用白话文造句"这枝笔、这张纸,是父亲给我的",课文的语言已经转为白话。图53呈现1925年教育部审定、商务印书馆出版的《新学制国语教科书》第二册,教科书审定批语称赞其注重国语教科书编写时各版本之间的衔接,符合体例。

四、小学国文(国语)教科书的周期性更新

(一) 教科书审定周期的规定

　　随着时代的变更,教科书与时俱进地更新。晚清政府时期,学部规定初等小学、高等小学教科书的审定周期分别是五年和四年。1914年《修正审定教科用图书规程》从图书审定后次学年始起算,第十一条规定审定图书有效期为五年[①],第十二条要求图书发行人应在图书未满有效期五个月前呈教育部重新审定,第十三条提出审定图书满五年者,由教育部于三个月前送政府公报宣布失去审查效力,但教育部仍认为适教科之用者,得重新审定。[②]

　　1916年公布的《修正审定教科书规程草案》将中小学教科书使用的有效期限改为六年,随后一直持续到国民政府时期。[③] 国民政府时期,审定有效期被骤然缩短为两年。1929年,教育部《教科书图书审查规程》又把中小学教科书的使用有效期改为三年,简易师范学校及小学堂审定有效期限为四年,等到期满四个

[①] 教育部:《教育部公布审查办事规则令》,《教育杂志》1913年第9期。
[②] 教育部:《教育部公布审查办事规则令》,《教育杂志》1913年第9期。
[③] 中国第二历史档案馆编:《中华民国史档案资料汇编·教育》,江苏人民出版社,1979年,第882页。

月前再送审查。① 审定周期不断改变,教科书若在使用过程中做了更改,也须呈送审定部门重新审定。审定周期的相关规定在实行期间不断细化,涉及不同年级,时间也在不断缩短。

(二)教科书周期性更新的呈现

教科书更新与学制修改有关,也离不开政治、价值趋向、文化变迁的影响。审定制对教科书周期性更新的规定,是教科书质量有效性的保障。政府通过报刊,如《学部官报》《申报》《教育公报》公布审定通过的教科书及其使用范围和使用期限,为学校选择教科书提供借鉴和参考。

1914年教育部公布第一至第四次审定通过的教科书,从书名、册数、定价、审定日期、发行年月日、编辑者、发行人几方面全面展现教科书基本信息(见图54)。审定日期为学校、个人选择教科书提供参考,确保购买的教科书随时更新。

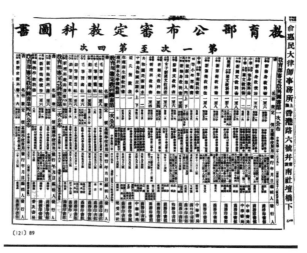

图54 1914年《申报》第二期教育部审定教科书公告

---

① 《教科书图书审查规程》,《教育杂志》1929年第6期。

(三) 教科书周期性更新效应

课程问题最终的解决措施在于中小学教科书改革。国家课程目标、课程思想通过教科书转化为课程学习内容,在教学中得以实现,因此教科书的变更格外受到关注,教育界及社会各界对于培养何种人才有着自己的看法。适当地更新教科书可以帮助融合新知识,然而,随着社会思潮的不断更新,教科书面临教学质量低下的困境。教科书需要在稳定和变化中寻找平衡,让时代变迁与经典在内容中不断融合。

1. 避免教科书滞后性

社会不断进步,开放的环境中新知识呈爆炸增长,教科书既需要继承优良传统,也需要不断吸收新知识,适应时代要求,提高质量。为了符合新时代的要求,编者不断更新教科书内容、形式,通过改版实现渐进式发展。周期性更新是社会进步、课程发展对教科书的要求。民间出版机构积极应对时代变化、教育思潮更新,出版社迅速编撰符合要求的教科书,占领市场。从清末到民国时期是教科书第一次跟随时代变迁更新,到袁世凯篡夺政权后,复古主义思潮下教科书第二次跟随政治变动改变,再到白话文运动背景下,教科书随着社会思潮进行语言更新,民间出版社总能跟随社会变化,及时编撰新的教科书。其中既有提高教育质量的目的,也有跟随政治变化的无奈。

2. 学生知识掌握不牢固

过于频繁地更新教科书是民国期间特有的现象。教科书出版发行的速度,赶不上知识更新换代的速度。随着思潮、政局变化,教科书不断更新,从新学制、新主义教科书到新教育教科书,教科书的变换让学校教学始料未及。面对多种类型的教科书,教育部门在审定过程中面临教科书在审定期限内再送审的状况,迫使审定效率低下。据审定期间相关史料记载,审定制给选用教科书带来很大便利,教师在教学过程中出现随意更换教科书的行为。"既用一书未几,辄蹙额而语人曰:'此书不能用。'甚且一学期而再易之。"①根据以上记载,教师更换教科书过于频繁,导致了教学效果不佳的现象。教科书编著的时间不充分,学校使用教科书和教学法的研究成果还没来得及吸收,教科书就开始新一轮的更新,过于频繁的送审也造成审定效率低下,审定过程无法慎重和细致。

五、结语

教科书编审制度是教科书制度的重要组成部分,具有明显的时代性。诞生于清末时期的教科书编审制度,从自由制到审定制,再到国定制,逐渐走向混合的道路。在此过程中,教科书编审制度不仅逐渐完善,也形成了我国特有的编审局面,促进了教科书的现代化。

1902—1932年间,政府颁布审定条例,确立了教科书审定标准,公布审定评语和过审教科书。审定的确立首先开放了教科书的编纂权限,"任人自行编辑"。在此理念下,更多编撰者、出版机构加入教科书编纂过程。

政府审定民间编写教科书的方式,推动了出版机构的兴盛和教科书内容的进步。在市场机制的调节下,教科书价格与质量达到最优化。教科书的编纂符合课程标准、教育宗旨。课程标准为教科书编纂提供了可参照框架,审定则确保了其落到实处。清末教科书编写权限的放松,使得教科书编撰人才多聚集于民间出版机构,而非政府部门。在此期间,出版机构兴盛,教科书数量激增,形成了教科书种类各异的发展局面。

清末到民国时期,审定制不断完善,审定教科书的力度也在不断加强。教科书审定制在实践中不断完善,更维护了教科书的出版质量。审定条例约束教科书的价格、封面、编纂内容,促

---

① 帅群:《论采用教科书》,《教育杂志》1913年第1期。

使其更加规范。不过,教育的发展受政治的制约,特定时期的教科书制度也对教科书发展产生了负面影响。小学国文(国语)教科书在发展过程中受制于政治和审定制度本身,发展不健全,在内容上则呈现出封建倒影和审定不全面的问题。

第三章 文本与图像:教材选文中的人物形象与图像叙事

晚清到民国时期国文(国语)教材的文本分析是教材研究的方向之一。本章选取《中华女子国文教科书》与《新学制国语教科书》(高小)两部教材为对象,对教材中的女性形象和西方人物形象做了研究。由于这两部教材编撰、发行于五四新文化运动前后,转型前后的启蒙命题同样隐现于两部教材中。无论是从《中华女子国文教科书》中对女性形象的家本位和女性国民的思想的书写,还是《新学制国语教科书》(高小)中对西方人物的接纳,都可以看到延续传统与兼容西方的问题,已经并存于晚清先行者和五四先锋的实践,在国文(国语)教材中相互呼应。作为民国时期的代表性教材,《开明国语课本》(初小)的插图一直是教材研究的重要问题。丰子恺创作的教材插图不仅在内容与功能上服务与丰富了教材的文字系统,同时凭借其独特的审美创造孕育了单纯的童心世界,在教材中自成一体。

第一节 《中华女子国文教科书》中的女性形象研究

《中华女子国文教科书》简称《女子国文》,上海中华书局1914年出版,由沈颐、杨喆、范源濂三人共同编撰而成。全书共六册,供女子高等小学校学员学习之用,是专为女性教育和女性群体而编写的教科书。《女子国文》每册编选40篇课文,共计240篇,根据内容主题,全部选文大致可分为"人物故事""家政技能""政治经济""历史文化""自然地理科学""道德说理""生活名物"七类。在《女子国文》中,"人物故事"类选文共有 42 篇,占全部选文数量的 17.5%。"人物故事"类中包含女性形象的选文有 29 篇。①

《女子国文》选文中出现的女性形象颇多,且女性形象本身并不是非此即彼的关系,而是存在交叉,如《罗兰夫人》中的罗兰夫人,如果从家庭角色来看,罗兰夫人是其丈夫的妻子,如果从社会角色来看,罗兰夫人又是倡导革命的"女豪杰"。因此本节在对《女子国文》中的女性形象进行分类时,依据女性形象在选文中的主要活动空间以及在活动空间中主要扮演的角色,将其大致分为女性"家庭"角色形象和女性"社会"角色形象两类,并以此展开讨论。

一、《女子国文》中女性"家庭"角色的延续

传统认知中,人们重视的是女性的"家庭"角色形象。这类女性形象以家庭为活动的主要空间,关注家庭,重视家庭成员,并且这类女性形象对家庭的贡献集中体现在对家庭男性成员的服务上,"相夫教子""操持家务"便是这类女性形象的职责所在。这类女性通常表现出"奉献""忠贞""慈爱"等品质。

本研究依据女性形象在选文中主要表现的角色职责,将其分为"女""妻""母"三类女性"家庭"角色形象。其中,"女"指的是尚未为人妻、人母且在家庭中主要表现为女儿、孙女等角色的女性形象;"妻"指的是在家庭中主要表现为辅佐丈夫、管理家庭事务的妻子角色的女性形象;"母"指的是在家庭中主要表现为养育子女、训导子嗣的母亲角色的女性形象。

---

① 具体篇目有《盘中园景》《邹瑛》《安贫》《义姑姊》《杨万里妻》《亚衣丹》《纵鸟》《张负嫁女孙》《乐羊子妻》《罗兰夫人》《介子推之母》《敬姜》《少待之患》《李侃妻杨氏》《豢鸡妪》《海伦》《任侠之母女》《义婢》《孟光》《曹大家》《沈云英》《侠妇》《立那》《秦良玉》《木兰诗》《盲女(一)》《盲女(二)》《斯考夺》《斯巴达妇女之美谈》。

(一)"女儿":恪守孝道与习为人妻

"女儿"是女性在原生家庭中所扮演的角色。在封建社会中,身为"女儿"的女性在家庭之中处于纲常伦理层级的最下层,因而"孝道"是女性作为"女儿"所必须恪守和践行的道德规范。恪守"孝道"最主要的表现为女性对长辈,尤其是父系长辈的尊敬与服从。除此之外,女性还需要在原生家庭中学习如何成为一名妻子,为之后融入新家庭做好准备。

1. 恪守孝道

"孝道"是中国传统文化中最为重要的价值体系之一。这一价值体系的核心就是"孝顺","孝"要求子女奉养双亲,而"顺"则要求子女顺从父母。人们遵从"孝道"价值体系的同时,也自发地维护着它。中国古代历史中就有许多和"孝道"有关的故事,其中也有许多女性奉行"孝道"的故事,如著名的"缇萦救父""木兰从军"等。《女子国文》也选入了关于"孝道"的选文,并将多篇宣扬"孝道"的选文放置在第一册中,旨在强调"孝道"对于为人女者的重要性。如《女子国文》第一册第九课选入徐善建之诗《鸟哺儿时》,着力描写鸟哺其子的艰难,以凸显父母养育子女之辛劳,教导女性当感念父母抚育之恩,强调女性在未嫁之前对于原生家庭应尽心侍奉。在第十课《孝亲》中则进一步细说为人子女者应如何尽孝才能使父母满意,并强调女子在对长辈尽孝上具有独特的优势,或者说女性相较于男子更适于奉养长辈。第十一课节选孟子言论而成的《养志》,更是反复强调"孝道"的重要性以及孝顺父母的标准,"事亲若曾子者可也"。可见《女子国文》的编者对女性遵从"孝道",从而尽心尽力侍奉双亲、舅姑的期望。

重视"孝道"的背后是人们对女性形象塑造的道德要求。"孝"作为中国传统文化的重要组成部分之一,几千年来一直是评价个人道德水平的重要标准,甚至在选拔国家官员时,"孝道"也是考察的首要标准。女性因为性别分工而长期居于家中,得以与长者朝夕相处,加之女性的柔婉特质,使得人们普遍地认同女性在"事亲"一事上胜于男性,最终导致能否尽心尽力地侍奉双亲和舅姑成为社会评价女性的重要标准。基于这一背景,编者除了通过道德说教来表示对"孝道"的重视外,还塑造了数位"尽孝"的女性典范,供女性读者学习和效仿。这些女性形象的尽孝行为大致分为:诚色事亲,为长者分忧,听从父母教诲。

诚色事亲,即婉容愉色以事双亲,侍奉父母、舅姑能做到和颜悦色、不恼怒。如第一册第十二课《邹瑛》①中的邹瑛在面对母亲对兄嫂的刻意刁难时,能够既保证母亲的长者权威,又及时地帮助嫂子,最后以诚信感化母亲,使之成为慈母。邹瑛的故事原本重在言明姑嫂相处之道,而在《女子国文》中,编者将邹瑛与前三篇孝亲的选文相联系,强调事亲之重在于"婉容愉色谨言慎行",邹瑛在救济嫂子的同时,也能够照顾到母亲的心情和颜面,并没有违抗母亲的权威,而是在母亲和兄嫂之间周旋调和,以诚意和善行感化母亲。

为长者分忧,指女性在家庭中凭借自己的能力才干为年长者分担事务。《女子国文》第一册第十八课《亚衣丹》中,编者虚构了异国女童亚衣丹这一聪慧的孝女形象,亚衣丹在风雨夜替父点亮灯塔,从而使得父亲免于刑罚,为女性读者们提供了一个为父分忧的典范。此外,《木兰辞》《沈云英》中亦有为长者分忧尽力的事迹。值得思考的是,在《女子国文》中,为长者分忧的事迹大多是为父亲解决问题,而鲜少有为母亲效力的事例,这反映出在男性话语下,女性形象多表现为男性的协助者,或服务于男性,或协助于男性,少有男性协助女性之场景,可见男女性别力量的差异使得男女形象的主体地位并不对等。

听从父母教诲,指女性在家庭中听从父母的指令和教诲。《少待之患》一课中,编者强调身为子女应当遵从父母的教诲。

---

① 原文出处为清人陈弘谋《教女遗规》中"姑嫂之道"一节,编者选入时有删改。

文中的幼女如亚衣丹一样聪慧,但对于父母的命令却不重视,最终致使心爱的小鸟丧命猫口。仔细推敲可以发现,选文中隐含着要求女性顺从父母的内在逻辑。"凡父母有命,未尝疾起",则"鸟之毙其小焉者也",其内隐的逻辑指向女性对父母命令须顺从、疾行,幼女看书的行为与母亲要求关门的指令,体现出在"孝道"的文化语境中,身为晚辈的"女儿"对于长辈的命令必须服从,而不可违背和怠慢。有时,女性不得不牺牲自身的权利和压抑自身的诉求,以顺从长辈的命令。如《张负嫁女孙》一课中,张负以一己之见而强令其女孙嫁于陈平:"负归谓其子曰:'吾欲以女孙予陈平。'其子惑于訾笑之言,殊不欲。负强之,卒予以女。"[①]虽然在故事的结尾,陈平功封曲逆侯,张负强嫁女孙的行为似乎获得了令人满意的结果,对于张负来说,他的选择被证明是有先见之明,对于陈平来说,张负嫁女孙使他获得了进身之本,但对于被迫出嫁的孙女来说,在这一事件中,她只是作为男性之间构建社会关系和非血缘纽带的载体,遵从父辈的命令是她恪守"孝"道的体现,而其自身的权利与诉求则消散于尽孝的过程之中。在传统女学中,"孝女"被反复强调和灌输要顺从长辈,尤其是男性家长的要求,为父分忧成了"孝女"形象的标签。

　　在封建时期,"孝道"作为维系血缘纽带的手段,维护着封建体制的基石,而对于女性而言,一方面,"孝道"在传统观念中是具有普适性的道德价值体系,它使得血缘家庭的联系更为紧密,女性能够凭借奉行"孝道"而获得一定程度的家庭地位与话语权,部分孝行甚佳者还会获得官方的嘉奖与社会的赞扬;另一方面,"孝道"又是约束着女性自由发展的枷锁之一。在"孝道"的约束下,女性必须听从父母的命令,这使得女性实现自我价值的途径与家庭牢牢捆绑,无法通过婚姻、家庭以外的途径实现,失去了选择的权利与自由。

---

① 见《女子国文》第二册第十一课。

2. 习为人妻

在传统"孝道"的价值体系中,女性在原生家庭中除了孝敬双亲外,还需要学习如何成为一名合格的妻子。《女子国文》延续了这一传统,在选文中加入了大量有关女性家庭生活的内容。如家政技能类选文有:《裁缝》《图画》《造花》《刺绣》《女红》《家计簿记》《纺织》《育蚕(一)》与《育蚕(二)》《补衣》《制麻》《烹饪》等。从烹饪、裁缝到绘画、簿记,这些选文中既有满足家庭需求的基本技能,也有便于管理家庭事务的管理技能,可见在编者的观点中,女性走入家庭是必然的选择。就连中华书局的创始人陆费逵也深深认同女性必定是要走入家庭的:"女子无不为人妻,当受妻之教育;女子无不为人母,当受母之教育。"①因而在男性群体的视角中,习为人妻成了女性在人生早期阶段的主要目标。

《女子国文》为了帮助女性达成这一目标,在教科书中除了选入有关家政技能类的选文,还加入了有关家庭相处和生理生育常识的选文。如第三册第三十三课《家庭之幸福》一文,以劝说的口吻阐述家庭幸福的根本在于"各修其职",强调"男子主外女子主内"的性别分工,继而言明女性在家庭中的职责为"一家庶务处理攸宜",文中编者还对男女之职的关系做出解释:"譬诸二手,左右相依,不容偏废,诚能各尽己责,使家计有丰腴之象,门庭呈整洁之观,则入此室处身心泰然,幸福莫逾于是矣。"②在编者的解释中,男性与女性在家庭中的地位是平等的,这种平等建立在内外职司的合理划分之上。

正是出于对女性家庭角色重要性的深度认可,编者极为重视在教科书中加入能够帮助女性适应未来家庭生活的内容。如第一册的《宽待佣役》,第二册的《俭装饰》,第三册的《祛迷信》

---

① 陆费逵:《女子教育问题》,《中华教育界》1913 年第 5 期。
② 见《女子国文》第三册第三十三课。

《辟浮屠》《家庭之幸福》《惜物》,第四册的《爱子》《教子》《家庭教育(一)》与《家庭教育(二)》,第五册的《缠足之害》《劝种桑》《良妻》《闲谈》,第六册的《舅姑》《守分》等,都是为了教导尚未成家的女性读者们,如何更好地以目前"女儿"的身份,做好转变为"妻子""母亲"等家庭角色的准备,也是为了培养出更多有知识、有技能,既恪守传统价值观,又能满足新时代需求的"妻子""母亲"。

(二)"妻子":坚守贞节与襄助丈夫

随着婚姻关系的确定,女性实现了从"女儿"到"妻子"的身份转换,其职责也在这一过程中发生了转变。《女子国文》中涉及"妻子"这一角色的选文有《邹瑛》《杨万里妻》等。① 可以说在《女子国文》的女性形象中,"妻子"角色占据了较大比例,这也反映出教科书编者对于女性作为"妻子"这一家庭角色的重视。

女性与男性通过确立婚姻关系而发生紧密联系,女性实现从"女儿"到"妻子"的身份转变。在这一过程中,女性的生活空间从原生家庭转换为重组家庭,以新成员的身份加入丈夫的家庭,身份的转变和生活空间的转换,使得女性履行责任的逻辑关系从依据血缘的自然发生,转变为基于社会规范和道德要求的强制发生。女性在成为丈夫的妻子后,其社会身份便不自觉地被丈夫所占有,并被赋予了新的角色责任:坚守贞节与襄助丈夫。

1. 坚守贞节

"贞节",意为坚定不移的节操,多指女子守贞或夫死而不改嫁的节操。坚守贞节的品质一直为男性主导下的父权体系所看重,《列女传》中就有专门记载贞节女性的"贞顺传"。《女子国

---

① 具体的篇目有《邹瑛》《杨万里妻》《张负嫁女孙》《乐羊子妻》《罗兰夫人》《李侃妻杨氏》《韩世忠黄天荡之师》《蜀路石妇诗》《侠妇》《孟光》《曹大家》等。

文》中虽然没有出现直接灌输守贞思想的选文，但在选文中却延续了对"贞节"的重视，如第四册第二十一课选用了白居易的《蜀路石妇诗》。诗中刻画了一位具有"孝贞"品德的女性典范。诗中极力赞美石妇守贞尽孝的行为，可以看出在传统道德中，要求女性坚守贞节是为了确保女性能够代替男性履行部分或全部的家庭职责。诗中石妇的丈夫应征入伍后，其在家庭中应承担的奉养责任通过婚姻关系转嫁到妻子身上。男性话语主导的父权体系要求女性坚守贞节，并大肆宣扬守贞女性的事迹，予以表彰，这样一来，女性无法通过改嫁等方式免除丈夫所转嫁的家庭责任，必须深居家中，代替男性履行应承担的家庭责任——赡养老人、养育子女等。

坚守贞节的要求除了确保女性代替丈夫履行家庭责任之外，也是为了保持父系血脉的纯洁，以维护宗法制社会的稳定。基于这样的考虑，能否坚守贞节就成了社会对女性评价的重要标准之一。女性如果想要得到社会的认可，就必须坚守贞节。石妇能得到社会认可甚至后人赋诗赞美，正是因为她奉养舅姑的孝心与为丈夫守寡的忠贞。从《女子国文》选入《蜀路石妇诗》可以看出，编者对于"贞""孝"等符合当时价值观的传统女德并不排斥，反而持有认可和宣扬的态度，希望能以石妇作为已婚和未婚女性的典范，教育她们作为妻子所应该秉持的道德准则。

2. 襄助丈夫

妻子的角色除要求女性坚守贞节之外，还需要从多方面襄助丈夫。《女子国文》选文中的妻子形象大致上通过三种途径来辅佐丈夫：操持家务，劝谏丈夫，代替丈夫处理外务。

妻子辅佐丈夫的方式以为丈夫操持家务、管理家庭最为常见。《女子国文》中选取了数位具有代表性的古代妻子形象，她们为丈夫管理家庭、操持家务，秉持不使家务烦劳丈夫的原则，或包办家庭事务，或管理家庭人员与一应事务。如《女子国文》

第一册第四十课《杨万里妻》①中,杨万里妻罗夫人在操持家务方面,表现出中国古代家庭女性的典型品质:勤劳、俭朴。"年八十余,尤其于圃中种苧,躬亲纺织,晨夕不懈,平居服饰,屏去华丽。"在家庭管理上,罗夫人也是驭下有方,"待遇仆役宽严得中"。② 罗夫人这一妻子形象体现出在男性完全主导社会事务的背景下,男性对于能够胜任妻子角色的理想女性的想象:善于操持家务,为人勤劳俭朴,明晓事理。

男性期望女性除了能够操持家务外,还能够表现出对男性的顺从。这种顺从不仅体现在对男性命令的服从,也在于对丈夫各方面条件的适应。如《女子国文》第一册第二十一课《安贫》中,巴长卿之妻便是这类妻子的代表。巴长卿妻③对丈夫的贫贱家境不仅没有埋怨自哀,反而"处之恬然",对于嫁入富室的姊妹的讥讽,巴长卿之妻能以诗自解,安于贫贱之境,自得其乐。从罗夫人和巴氏妻身上可以发现,男性对理想女性的想象中,家庭一直是男性最为重视的领域。生理构造的不同和生产方式的改变使得男性在社会发展过程中逐渐获得和积累了社会资源上的优势地位,确立了"男主外女主内"的性别分工。在这种男性主导的性别分工影响下,女性被要求为致力于外务的男性营造稳定而舒适的家庭空间,因而与此相关的家务技能和适应能力就成了家庭女性培养的重要内容之一。

劝谏丈夫,既是妻子襄助丈夫的一种途径,也是女性间接参与社会事务的方式之一。女性以男性附属的面目在家庭中出现,加之父系社会下的"夫为妻纲"和"夫妇有别"的纲常伦理体系强化了男性对女性的话语压制,女性在家庭中只能听命于男

---

① 杨万里妻,名不详,称之罗夫人,原文出处推断是清人陶成等参与编纂的《江西通志》卷九十九《列女》所记载的杨万里妻罗氏之事迹,原文选入教科书时有所删改。
② 见《女子国文》第一册第四十课。
③ 巴长卿妻,名不详,称之李氏女,其事迹在处襄斋主人辑录的《诗女史》卷十二、清人王初桐的《奁史》卷五十七中均有记载,多赞扬其安贫之德。

性。这种性别间的话语权力差异在《女子国文》中发生了改变，编者并不认同传统纲常伦理对女性话语的绝对压制，而是期望女性也能在家庭中发声，起到劝谏和辅佐丈夫的作用。如第二册第三十三课《乐羊子妻》①中，乐羊子与其妻之间不像纲常伦理制度所规定的"夫主妻从"，相反，乐羊子妻能对丈夫行为中的不当之处予以批评和劝谏。如乐羊子拾金还家，其妻批评乐羊子曰："廉者不食嗟来之食，况拾遗求利以污其行乎？"②当乐羊子怀思返家时，乐羊子之妻更是以"引刀断织"的激烈行为来劝诫丈夫，最终促使丈夫"复还终业"。从乐羊子与其妻子的相处中可以看出，乐羊子与其妻在夫妻关系中表现出不同于传统夫妻关系的平等，妻子在家庭中的地位与丈夫相等，面对丈夫的不当行为也能进行劝谏和纠正。

乐羊子妻这一女性形象蕴含着编者和一部分中国知识分子对于理想女性形象的想象。在他们看来，理想的妻子应明理晓义，既能操持家务、管理家庭，又能襄助丈夫，正如《女子国文》第五册第五课《良妻》一文所言："然有家以后，果何以慰此期望乎？夫而为乐羊子也，则当勖之力学；夫而为陶渊明也，则当助之养高。"③在这里，编者明确地将妻子定位为丈夫的辅佐者，妻子有责任去襄助丈夫。基于这一定位，编者又选取了孟光作为这类襄助丈夫的妻子典范。《女子国文》第五册第七课《孟光》④选入汉孟光与梁鸿的故事："汉扶风梁鸿家贫有高节，同县孟氏有女，年三十未字，父母为择对，女曰：'欲得贤如梁伯鸾者。'"⑤《后汉书》中此处原是对孟光相貌的描写，"状肥丑而黑"，编者在此处删去既是为了凸显孟光以贤择婿的婚嫁标准，也隐含着对女性

---

① 《乐羊子妻》一文出处为《后汉书》卷一百十四《列女传》中《乐羊子妻》，选入时编者有所删改。
② 见《女子国文》第二册第三十三课。
③ 见《女子国文》第五册第五课。
④ 《孟光》一文出自《后汉书》卷一百十三《梁鸿传》，编者选入时有删改。
⑤ 见《女子国文》第五册第七课。

读者择偶标准的劝导,希望女性读者能够在婚配时以德行为重,而不以相貌为先。孟光与梁鸿同乐羊子与其妻一样,均表现出在家庭中夫妻之间平等相处、互相尊重的和谐关系。再者,编者选取的妻子形象多是汉唐时期的女性形象,如巴氏妻、罗夫人、孟光、乐羊子妻等,在这些女性所处的汉代和唐代,女性在家庭之中仍有着重要的地位,并没有因为纲常伦理之说而在家庭之中也要屈居于男性之下。

编者选取这些时期的女性形象进入教科书,而非明清时期的贞洁烈妇,可见教科书编者一方面期望女性能够通过妻子的身份帮助丈夫管理好家庭,从而间接地为国家服务,另一方面又反对明清时期盛行的如"女子无才便是德""男尊女卑"等女性观念,希望培养出能够满足时代需求又符合传统价值观的女性群体。

在国家危机的影响下,编者鼓励女性以妻子的身份协助男性处理社会事务。《女子国文》第四册第二十五课《李侃妻杨氏》中,杨氏①在国家危难关头挺身而出,代替其丈夫处理国家事务。课文如下:

> 唐德宗时,李希烈陷汴州,分其众攻项城,县令李侃不知所为。妻杨氏曰:"君邑令也,寇至,守力不足死焉,职也。君如逃,孰与守者?"侃曰:"兵与财皆无,将若何?"杨曰:"若不守城,为寇所得,仓廪皆其粟也,府库皆其财也,百姓皆其战士也,国何有焉? 今不菑夺贼之财而食其食,重赏以令死士,其必济。"于是召胥吏、百姓于庭,杨氏出,谕之曰:"县令城主也,虽然秩满则罢去,非若吏人百姓,然坟墓在焉,室家在焉,其安所逃? 将相与死守,以全其节耶,抑忍失其节隶于贼也?"众皆泣,争奋,得敢死士数百人。侃率以乘城,杨亲为执爨,无少长必均。贼轻项城小邑,谓可指顾下,率其

---

① 《李侃妻杨氏》选自《新唐书》卷二百五十《杨烈妇传》,选入时有删改。

徒超城而入，或以强弓射其帅，堕马死，遂夺气引去，城卒获全。①

《新唐书》中对李侃面对贼寇时的记载为："侃以城小贼锐，欲逃去……侃中流矢，还家，妇责曰：'君不在，人谁肯固？死于外，犹愈于床也。'"选文中还删去了杨氏对贼寇的宣告："项城父老义不下贼，得吾城不足为威，宜亟去徒失利无益也。"②从《新唐书》的记载中可以发现，作为男性的李侃在面对危难时，表现不堪入目，更没有身为一城长官的担当和勇敢，反倒是深居于家中的妻子杨氏在面对贼寇破城的险境时挺身而出，甚至敢于在城头劝说贼寇放弃攻城，足见其胆量和担当。编者删去了有关李侃怯敌的描述和杨氏临城喊贼的表现，从中可以推断出编者期望女性能够协助男性处理事务，但又不允许女性在处理外务时表现强于男性。究其原因，仍是男性话语对于女性涉足国家事务时的警惕和抗拒。女性踏足国家事务的情况在以男子为尊的父权社会中是难以忍受的，因而才会出现"牝鸡司晨"这样扭曲和敌视女性参与国家事务的说法。在《李侃妻杨氏》一文中，虽然编者对原文做出了一定的删改，使得男性形象并没有因为女性形象的突出而受到太多的折损，但女性形象出现在原本不曾涉及的外务领域之中，这一现象本身就意味着男性也需要女性的力量去处理外务，证明了女性有力量去参与国家事务，尽管这种参与的途径依赖于男性所拥有的社会身份。这种局限性无可避免，毕竟在数千年的父权体系下，男性积累了女性无法相匹的社会资源优势。

通过这几位妻子的形象可以发现，《女子国文》试图树立新的"妻子"角色，一改传统妻子幽居家庭，听命于丈夫的做法，提升妻子在家庭中的地位，扩大妻子在家庭中所能发挥的作用，引

---

① 见《女子国文》第四册第二十五课。
② 《新唐书》卷二百五十《杨烈妇传》。

导女性读者认可居家为妻并不会使得女性的地位弱于男性,女性也能够在传统角色和时代变化之中取得平衡,选择通过居家相夫来实现报效国家的愿景。

(三)"母亲":抚养后代与教导子女

在梁启超看来,女性在家庭中除了管理家庭和襄助丈夫之外,更为重要的是养育强健的孩子,并给予儿童良好的启蒙教育,使之成为体格、精神全面强健的国民。波伏瓦在《第二性》中指出:"女子于作母亲的阶段中,才算完成了她在生理上的使命;作母亲是她的'天职',因为她的整个身体结构是为了适应种族的繁衍的。"① 女性生理上的独特构造使其自出生以来便天然地具备成为"母亲"这一角色的潜力,男性话语主导的父系社会也以此为由,要求女性背负起抚育子嗣和延续种族的责任与使命。《女子国文》选入的"母亲"形象延续了传统母亲所须履行的家庭职责:抚养后代与家庭教育。

1. 抚养后代

相比男性,生理上的联系使得女性与子女的关系更为亲密,在经济关系中处于优势地位的男性以性别分工和女性生理特点为由,要求作为"母亲"的女性承担抚养后代的主要职责。这种女性承担抚养责任的倾向性在《女子国文》中也有体现。《女子国文》与家庭生活相关的选文中,"母亲"形象出场的次数远超过"父亲"形象,这就造成了一种奇怪的现象:父亲在家庭中是缺位的。如《盘中园景》一文中描写了女儿和母亲之间有趣的亲子互动,而全文中从未提及父亲。同样的例子还有《少待之患》,文中教导女儿改正不良习惯的人是母亲,父亲在全文中从未出现。这种现象或许是编者有意为之,试图在选文中强调女性在家庭

---

① [法]西蒙·波伏娃:《第二性——女人》,桑竹影、南珊译,湖南文艺出版社,1986年,第262页。

中所须承担的责任之重,将女性从日新月异的女性运动中唤回,回到家庭中履行应有的或者说男性所期望的责任。这一点编者沈颐在其《论女子之普通教育》一文中就有提及:"且男子之性沉毅有余而缜密柔婉诸德终不如女子,婴儿初生如叶始芽如花始胎,爱惜保护犹虞不育,故其事宜以女子任之。"[1]由此可知,编者对于家庭中抚养儿童一事有其立场和倾向,将女性的生理特质与个性特质同家庭责任建立联系,使得男性脱离出抚养子女的家庭责任,从而转嫁给女性。

再者,中国古代男性在家庭中的地位是至高无上的,以一家之主的形象出现,作为父亲的男性与妻子、子女之间除亲属关系外,还存在着纲常伦理制度规定的形如君臣的阶级关系。这一点在《张负嫁女孙》[2]中有所体现。张负与其子、其女孙之间就表现出明显的阶层关系,张负之子张仲不愿嫁女于尚处贫贱的陈平,《女子国文》中描述为张负"强之"、"卒予以女",而在《史记》和《康熙阳武县志》中,张负以"人固有好美如陈平而长贫贱者乎"为由劝说张仲[3],最终促成了女孙与陈平的婚事。选文改动了张负嫁女孙的言行,从劝说改为"强之",编者一方面试图延续传统"父母之命"式的婚嫁制度,另一方面又期望通过张负嫁女孙的故事来劝告女性读者,不以暂时的外在条件择偶婚配。

男性在家庭中所处的优势地位以及"男主外女主内"的社会分工,加之对女性生理特质的标签化宣传,使得身为"母亲"的女性不得不在家庭中承担起更多的抚养职责。因此也就不难解释为何在《女子国文》中,教育子女的角色多由"母亲"担任,而非"父亲"。

2. 教导子女

女性在家庭中承担了主要的抚养责任,如此一来,子女的教

---

[1] 沈颐:《论女子之普通教育》,《教育杂志》1906年第6期。
[2] 《张负嫁女孙》一文选自《史记》卷五十六《陈丞相世家第二十六》,选入时有删改。
[3] 详见《史记》卷五十六《陈丞相世家第二十六》、《康熙阳武县志》卷七《陈丞相世家》。

导也就顺理成章地成为女性的家庭职责之一。梁启超在《论女学》中指出,女性在教导儿童方面具备男子所没有的优势,"孩提之童,母亲于父,其性情嗜好,惟妇人能因势而利导之",认为女性在教育儿童上有着至为重要的作用,"以故母教善者,其子之成立也易;不善者,其子也成立也难"。① 在西汉刘向所撰的《列女传》第一卷中,也有对古代女性教导子嗣的描述:"胎养子孙,以渐教化。既成以德,致其功业。"在男性话语的主导下,教导子女成了女性的应有责任。

如《女子国文》第三册第三十七课《少待之患》中,幼女因心爱的小鸟被猫扑食而被其母借机教导。全文中父亲并没有出现,教导子女的只有母亲。编者在选文中通过营造父亲在家庭教育过程中的缺位,来凸显身为母亲的女性在教导子女上的重要作用,潜移默化地引导女性读者接受"因为女性善于教导子女所以理应居家承担这一职责"的内在逻辑。

然而,从另外一个角度来看,女性也能通过对子女的教导,而间接地参与公共事务。如《女子国文》第二十课《敬姜》②中,敬姜通过训导其子而议论鲁国的政治情况,得到了当时掌握话语的男性知识分子的称赞,"仲尼闻之曰:弟子志之,季氏之妇知礼也"③。敬姜能通过与儿子的谈话而间接参与国家事务,这与她当时作为"大夫之母"的身份是有密切联系的。在中国古代,当女性成为"母亲"之后,就能凭借母亲的身份和"孝"的文化语境提升自己在家庭中的地位,如敬姜和罗夫人能以母亲的身份批评身为国家官员的儿子。古代中国奉行家天下的封建制度,这种以血缘为纽带的封建制度与"孝"文化相结合,两种因素的影响使得女性能够借助母亲的身份,通过子嗣而间接地参与国家事务,如历史上时有发生的太后代替幼小的皇帝行使政治权力。

---

① 梁启超:《论女学》,载梁启超:《变法通议》,华夏出版社,2002年,第87—95页。
② 《敬姜》节选自汉刘向所撰《列女传》第一卷《母仪传》中的《鲁季敬姜》一文。
③ 见《女子国文》第三册第二十课。

女性通过男性子嗣而间接地参与国家政治,这一现象在破除封建王朝之后的民国初期也有发生,人们推崇"国民之母",期望女性能够成为像斯巴达妇女一样为国家诞育合格国民的母亲,并把这种为国生子的行为视为对国家的重要奉献,将女性的母性神圣化,这一点将在下文中具体分析。

然而,女性参与公共事务的前提条件是拥有男性子嗣,也就是说,尽管女性在成为"母亲"之后其身份和权利获得了一定程度的提升,但在这一过程中,女性始终需要借助男性才能实现参与公共事务的诉求,女性自身仍不具备独立的社会身份。

(四)小结

《女子国文》的编者们对于女性在家庭中的传统角色——女儿、妻子、母亲,并没有像激进的女性主义者一样直接予以否定和抨击,反而从古代典籍中巧妙地选取了多位具有代表意义的女性形象,作为这三类女性家庭角色的典范。这些女性形象的巧妙之处在于,一方面,她们大多是因为所担任的家庭角色而被载入史册,如敬姜因教子勤勉而被孔子赞扬,孟光因成全梁鸿高义而流芳千古;另一方面,这些女性身上的特质具有普适性且易于为人接受,如敬姜的勤勉和罗夫人的俭朴。无论在任何时代、任何思潮之中,她们的品质都为人们所认可和赞扬。尽管这些女性形象以家庭角色登场,但是其身上具有的普适性品质却并不与现行的价值观相冲突,淡化了她们身上的家庭角色所带来的传统色彩。

再者,《女子国文》所选家庭角色的女性形象大多来自明清以前的女性故事,多为汉唐及战国时期的女性形象。彼时的女性在家庭、社会中的地位并不像明清时期那么卑微,女性甚至时有机会参与到公共事务之中。如西汉时被当作孝亲典范的缇萦,在其救父故事中,缇萦能够以平民女性的身份向皇帝申诉,这一情形在明清时期是难以出现的。在这些女性形象中,即便是来自明清时期的女性形象,其身上也并没有沾染多少封建陋习,或者说在编者的处理下人为地消除了可能带有弱化女性意味的行为表现,如沈云英、秦良玉等女性形象并没有表现出为人们所不喜的缠足、迷信等陋习。

编者除了在选入女性形象时进行巧妙处理外,为了宣扬女性应进入家庭、承担职责,还为女性家庭角色正名。如《家庭之幸福》中,编者将男女职责放到同等重要的地位,提出男女职责"譬诸二手,左右相依,不容偏废",通过提升女性家庭角色的重要性,来确定"男主外女主内"的性别分工制度的合理性。对于"男主外女主内"的分工制度,中华书局的编者们并不因循古人之说,将性别同阴阳、乾坤、内外等范畴相联系,产生二元对立,而是从男女生理特质出发,提出不同工作有其独特要求,男性可为,女性不一定可为,反之亦然。"女子之性质柔弱而优美,限于生理的作用,无可如何,吾岂不欲吾国骤增加倍之政客军人而必窒遏之,无如实际不能,犹之牝鸡不能司晨……如妻之持家,母之育儿将令孰任。"①正如陆费逵所言,女性的生理特质决定了在生育、抚养等事上,男性很难代替女性完成,此外,如保育、师范、蒙养等需要细心谨慎的工作,也都是女性的表现优于男性。编者期望通过引入具有典范意义的女性形象来为女性家庭角色正名,使得女性家庭角色既不被男性话语所污名化,成为女性地位弱于男性的象征,又不至于被激进主义极端化,使得女性的家庭角色与社会角色之间形成对立。

二、《女子国文》中女性"社会"角色的重塑

在经历变革、尚未稳定的民国初期,外有强敌环伺,内有军阀割据,国家和民族危机并没有因为清王朝的覆灭而随之消散,团结一致寻求可能的力量以解决危机,成了有识之士们的共识。

---

① 陆费逵:《女子教育问题》,《中华教育界》1913年第5期。

蓬勃发展的女子教育和女权运动使得女性的力量开始为人们所重视,女性群体也逐渐在时代舞台上展现风采。越来越多的女性走出家门,在充满变革的社会舞台上扮演属于自己的角色。女性教育理念随着历史和社会的变化而更新,女性群体开始参与到社会事务之中,女子教科书的选文中也相应地出现了参与国家和社会事务的女性形象。这些参与社会事务的女性虽然身份、阶层、国籍各不相同,但她们的出现共同昭示了女性不再是国家、社会事务的旁观者,而是与男子一样的参与者,甚至是领导者。这些女性形象的出现也意味着人们,尤其是男性在应对国家和民族的危机时逐渐正视女性群体的力量,并迫切地需要女性群体的帮助。

(一)"国民之母":女性生理角色的社会化想象

1. "国民之母"话语的确立

"女性通过做母亲来实现她的生理命运,是自然赋予她的'使命',她的全部生理机制都为物种延续做准备。"[①]波伏瓦在《第二性》中将"母亲"这一身份称为女性的"生理命运"。在中国古代,女性的生育能力决定了女性在家庭中的地位以及女性的个人价值,为男性绵延血脉是家庭女性的重要职责,甚至是唯一使命,若妻子无法为丈夫诞育子嗣或诞育足够多的健康子嗣,丈夫便能够"合理合法"地通过纳妾的方式来延续自己的血脉。在这种父权体系的强权笼罩下,女性被物化为延续男性血脉的生育工具。当女性经历了漫长的怀孕过程最终诞下子嗣后,她对于丈夫的依从关系又根据"服从男性"的逻辑转嫁给新生的男性子嗣。如《介子推之母》中,介子推之母跟随介子推隐居山林,虽被人称为贤母,却也折射出男性话语为女性设计的服从逻

---

① [法]西蒙·波伏娃:《第二性——女人》,桑竹影、南珊译,湖南文艺出版社,1986年,第195页。

辑——"既嫁从夫,夫死从子"。在男性话语之下,女性的"母亲"角色成为家庭中男性成员的服务者,其活动场所仅为一家之屋舍,哪怕是接受过新式教育的家庭妇女,也不过是"识字的乳媪,学文的保姆"。"国民之母"的出现,使得女性"母亲"角色的地位和性质得到了转变。

1903年,金天翮在《女界钟》中提出"国民之母"这一话语:"国于天地必有与立,与立者国民之谓也。而女子者,国民之母也。"①"国民之母"话语的确立,使得晚清以来男性对于女性典范的想象逐渐由"贤母良妻"转为"国民之母"。当时中国的知识分子试图通过话语的重新确立将古老的中华帝国重新建构为现代意义上的国家,"国民"一词风靡一时。中国之国运载于中国之国民,在"国民之母"话语提出之前,男性启蒙者以女性天然具有"母亲"这一生理角色,将改变国民根性的责任施加于女性身上,"而根性之传,必离母以附子,阳施阴受,顿渐各殊。故国民无师,其所师则女子也"②。更有甚者,将"国民根性之缺"归咎于女性自身的"衰弱":"夫以二万万女子居国民全数之半者,殆残废无用愚陋无知,焉能尽国民之责任,尽国家之义务乎?"③男性凭借其智识上的优势,在论述女性权利和女性解放时,往往带着启蒙者的优越心态,批判女性智识的愚昧、身体的孱弱、精神的封闭等落后之处。梁启超在《论女学》中就历数女性的落后之处,将其称为"坐而分利之人",更将中国的落后归因于女性的落后,"然吾推及天下积弱之本,必自妇人不学始"。④

---

① 金天翮:《女界钟》,载夏晓虹编:《中国近代思想家文库·金天翮吕碧城秋瑾何震卷》,中国人民大学出版社,2015年,第6—7页。
② 金天翮:《女界钟》,载夏晓虹编:《中国近代思想家文库·金天翮吕碧城秋瑾何震卷》,中国人民大学出版社,2015年,第6—7页。
③ 胡彬:《论中国之衰弱女子不得辞其罪》,《江苏》1903年第3期。
④ 梁启超:《论女学》,载梁启超:《变法通议》,华夏出版社,2002年,第87—95页。

在严复翻译《天演论》引入优生学和进化论思想后,男性启蒙者们认为国家的强盛与人种的优良密切相关,"母亲"这一生理角色天然地与人种优良产生联系,因而原本被视为"坐而分利者"的女性也开始得到重视。金天翮提出的"国民之母"话语使人们意识到,女性独特的生理构造使其具备独特的生育能力,且作为母亲的女性天然地与儿童有着更为亲密的关系。

如此一来,女性在培养国民一事上便有了举足轻重的影响。正因为女性是培养国民的关键因素,身为母亲的女性的地位就变得重要,其职责也变得神圣。而在女性"母亲"角色神圣化的背后,是男性启蒙者们试图通过将女性的生理角色同国家命运相关联,从而使得女性角色社会化,令女性得以参与公共事务,帮助男性共同处理日益严峻的国家、民族所面临的内外危机。女性凭借着"国民之母"的形象获得了更多的政治参与权利,尽管这种政治参与仍是间接的,却也意味着女性的社会地位得到了进一步的提升。

2."母亲"角色的社会化想象

男性对女性"母亲"角色的想象,最早体现为"贤母良妻"式的理想女性形象。"贤母良妻"着重强调的是女性对家庭成员,尤其是男性成员的奉献与服务,突出丈夫之妻子和儿子之母亲的角色。"贤母良妻"这一话语仍没有脱离家庭空间,强调的是女性居家服务家庭成员的职责,其背后折射出男性话语对女性的优势支配。金天翮等人宣扬的"国民之母"将女性的"母亲"角色神圣化,强调女性作为"母亲",背负着为国家培育国民的责任,将女性的服务对象从家庭成员转变为整个国家,将女性生育的目的从为丈夫延续血脉,转变为为国家培育国民。女性作为"母亲"时,其职责从个人之小家庭走向国民之大家庭,生育后代从带有个人目的的行为,转变为服务于社会的公共行为。

事实上,近代中国女性教育的根本目的一直是让女性服务于国家和民族,而非促进女性自身的个性发展。晚清时期颁布的《女子师范学堂章程》就是用儒家家国同构的伦理观念解释了兴办女学的意义,将女性教育与国家民族关联。"家政修明,国风自然昌盛;而修明家政,首在女子普受教育,知守礼法"①,强调兴办女学是为了服务家国,而女性服务家国的途径仍是服务家庭,从而奉献国家。"倘使女教不立,妇德不修,则是有妻不能相夫,有母而不能训子,家庭之教不讲,蒙养之本不端,教育所关,实非浅鲜。"②家国一体的概念自兴女学之时就被不断地灌输给女性,"为家庭服务等于为国家服务"的内在逻辑得以确立,女性自身的意义和个体价值在这一过程中被异化,女性必须通过丈夫和子嗣,才能实现自我对国家的价值。

"国民之母"话语的提出建立在"贤母良妻"的基础之上,它进一步强化了"家国一体"的概念,将女性"母亲"角色的职责神圣化,使之与"保种强国"这一有着浓厚功利色彩和工具性质的政治意图相结合。与此同时,女性被男性启蒙者尊奉为"国民之母",女性群体的地位得到了提升,其参与公共事务的方式也得到了新形式的阐释。女性原本必须通过丈夫和子嗣才能服务国家,而"国民之母"的话语出现后,女性能够直接将生育行为与服务国家相联系,为国家诞育国民。虽然这一话语的实质仍是鼓励女性在家庭中抚养和教导后代,但在话语意义上,女性"母亲"的角色从间接的家庭服务者转变为直接的国家贡献者。

在《女子国文》第六册第三十八课《斯巴达妇女之美谈》一文中,教科书编者表现出对"国民之母"这一女性形象的认同与推崇。文中编者盛赞斯巴达妇女"好勇爱国"之特质,"其好勇之性、爱国之忱不特男子为然,即妇女亦踔厉风发,非近世民族所及"③。编者在文中着重强调斯巴达妇女以抚育强壮子嗣为贡献

---

① 学部:《学部奏详议女子师范学堂及女子小学堂章程折》,《东方杂志》1907年第4期。
② 学部:《学部奏详议女子师范学堂及女子小学堂章程折》,《东方杂志》1907年第4期。
③ 见《女子国文》第六册第三十八课。

国家的方式。"凡国势之强盛,皆国民健全勇壮致之,而斯巴达妇人则以产育强敢国民为其责任。"①此处编者的用意昭然若揭,即期望中国女性皆以斯巴达妇女为榜样,竞相成为"国民之母",以诞育英勇善战之男性为责任。对"国民之母"的形象,编者进行了神圣化的处理。"有一母生八子者,同日死于国难,及奏凯招魂,母非惟不哭,且曰:'吾以爱斯巴达故诞彼八人,而今可以无恨矣。'"②

文中的斯巴达母亲面对八个儿子战死的反应是反常态的。这种反常态的情感流露,体现出男性主体对女性"国民之母"形象的想象:具有强健的生育能力、高尚的牺牲品质、以国事为重的爱国精神。从这种想象中可以看出,在现实危机并没有解决反而进一步变得复杂时,男性主体对于女性的期许也在悄然发生改变。面对严峻的现实局势,男性不再期望女性像传统的贤母良妻那样深居家庭之中,而是期望女性能够以更积极、更主动的方式参与到救亡进程之中,与此同时,作为言说主体的男性启蒙者们为了避免男性与女性之间因争夺主导话语而发生对抗,以相对温和的"国民之母"代替原先的"贤母良妻",加强女性"母亲"角色的地位和话语力量,同时也为男性的主导地位保留了余地,"国民之母"于国家最有利处,便在于诞育强健的男性国民为国效力。

在《斯巴达妇女之美谈》一文的结尾处,编者表示了对女性成为"国民之母"的热切期许:"由是观之,斯巴达妇女殆无不以国事为前提者。其立国于群敌之中,版图日拓,狎主齐盟,即谓妇女与有力焉可也。"③"以国事为前提",编者的意图十分明显,即对女性灌输"家国一体、以国为重"的爱国精神,在这种国家中心主义的驱动下,女性的地位和话语虽得到一定程度的提升,但

---

① 见《女子国文》第六册第三十八课。
② 见《女子国文》第六册第三十八课。
③ 见《女子国文》第六册第三十八课。

是女性个体却被裹挟进男性主导下的家国话语之中,爱国精神遮掩了这一话语背后的功利性和工具性,女性个体价值和个体意义在这一过程中被消解了。

(二)"女军人":女性社会角色的男性化想象

在20世纪初中国面临民族危机的情境下,解决国家和民族的危机成为首要任务。有识之士竭尽全力动员可用的力量以解决国家和民族的危机,作为半数国民的女性群体自然首当其冲。"国民之母"话语提出后,部分已受过完善教育的精英女性不满足于依从男性的现状,渴望获得进一步的独立地位和政治权利,她们认为自身受到的教育可以让她们更有效地服务国家,而这种服务的效果远胜于培养一个二十年后才能服务国家的未来栋梁。"养此子须二十年后乃成一人才,若我则五年后可以成一人才,君何厚于二十年后之人才而薄于五年内之人才?"[①]女性要求在新世纪里扮演新的政治角色,摆脱依赖于男性以间接服务国家的处境,不以妻子和母亲作为其服务国家和民族的中介。女性为了自身的进一步独立,表达更为激进的政治诉求,而男性在面对这一诉求时也有着自己的考虑,他们需要培养更为武勇的国民以应对日益紧迫的民族危机。培养"国民之母"进而培养尚武的国民,这是一种路径,但它解决不了当下的紧迫处境。在这样的情况下,确立能够满足时代需求的新女性形象就显得尤为重要。

1."女军人"形象的重新发现

在选入《女子国文》的女性形象中,有一类女性表现出与其他类型女性形象迥然不同的特质,她们一反中国传统认知中女性柔顺的特点,具备尚武、尚勇等通常只出现在男子身上的品

---

① [美]季家珍:《历史宝筏——过去、西方与中国妇女问题》,杨可译,江苏人民出版社,2011年,第122页。

质,出入于原本鲜有女性出现的战场之中,与男性共事,甚至率领男性为国家效力。这类女性形象就是以木兰、沈云英、秦良玉等为典型代表的女军人形象。她们身上隐去了人们印象中女性固有的"柔弱""卑怯"等决定了她们无法进入战场的特质,表现出"爱国""冒险""武勇"等异于传统女德的新特质。

在以往的历史中,这些女军人的形象并不像《列女传》《内训》等女学读本中的传统女性形象一般得到正式的记载,往往是在男性的传记或记载中以妻子或女儿的身份一笔带过,如秦良玉和沈云英,并不能得到独立的记述,如木兰这样的女军人只存在于人们口耳相传的民谣等非正式文本之中。到了晚清至民国初期,国家和民族的危机严峻到仅靠男性无法单独解决的地步,男性不得不寻求女性的力量,这种需求不只表现在家庭中,也逐渐地显露在原本为男性独占的"外"领域中,女军人形象所带有的武勇特征和女性的标签,正好满足了人们对于新女性典范的需求。于是原本不为人所知的女军人形象被人们重新从历史中发掘,制作为脍炙人口的故事,甚至进入教科书,用以鼓励新一代的女性效仿学习。

在这一"发掘—进入"的过程中,编者们基于各种目的,对这些女军人形象进行了一定程度的改造或重塑。像秦良玉这样的女军人形象在官方史料中并无多少记载,如《石柱厅乡土志》中所记:"元年以秦良玉(马千乘之妻)功又升马氏为宣慰使司予守土职司。"①寥寥数语记之,仍不忘点明秦良玉为马千乘之妻的身份。而在非正史的文本中,对于秦良玉的描写则生动详细许多,如明人王世德《崇祯遗录》中记载:"四川石柱土司女帅秦良玉帅师勤王,召见赐彩币羊酒……世间多少奇男子,谁肯沙场万里行……试看他年麟阁上,丹青先画美人图。"②在王世德的记述

---

① 〔清〕杨应矾、谭永泰、刘青云:《石柱厅乡土志·历史卷》,清抄本,第2页。
② 〔明〕王世德:《崇祯遗录》清抄本,第19页。

中，秦良玉不再以马氏妻的身份出场，而是直接作为女帅亮相，随后的诗句更是直抒作者对女性参军报国的激赏，以及对男性掌权却无用于国的讥讽。从两处关于秦良玉的史料记载的区别可以看出，女军人的形象并不为社会主流所重视，参与到"外"领域的女性寥寥无几，男性依旧主导着国家和社会的事务。

在《女子国文》出版的1914年，女性教育大力发展，女性的地位逐渐上升，民国初创之际，还曾有过"女子参政"事件，这些都表明女性在新的时代舞台上逐渐展现出应有的风采，也渴望获得与之匹配的权利、地位。国家面临的危机也迫使着人们培养拥有武勇品质的国民，"国民之母"话语的提出让人们正视女性群体的力量。种种因素的影响下，武勇的女军人形象成了人们寻找的新女性典范，于是木兰、沈云英等女军人们不再蒙尘于历史中，应着人们对尚勇女国民的热烈期盼，重现于教科书之中。

2. 女性社会角色的男性化想象

然而，如何让这些女军人们进入教科书，成为新一代的女性典范？千百年来，这些女军人身上的特质因时而异，有的忠于国家，有的牺牲自我，凡此种种，不一而足，但这些女军人形象也有着共同的特质。这些女军人们并非以独立的女性身份进入男性主导的国家、社会事务之中，她们必须是以男性（父亲、丈夫）的替代者身份进入，如沈云英是为了夺回父尸才与敌作战[1]，木兰是为了代替年迈的父亲和年幼的弟弟才参军作战[2]，秦良玉是代替战死的丈夫领导军队[3]。女军人们身处男性主导的战场之中，她们必须伪装成男性或声明自己是代替男性而进入这一空间。

在这一过程中，女性所扮演的社会角色变得男性化，她必须将自己的身份转化为带有强烈男性标签的军人，而不能以单独

---

[1] 见《女子国文》第五册第二十七课。
[2] 见《女子国文》第六册第十六课。
[3] 见《女子国文》第六册第三课。

的女性身份加入战争、政治等社会事件之中。在所有包含女军人形象的文本中,女性社会角色的男性化过程是暂时的,即女性参与社会事件的行为是暂时的,且发生在特殊前提下,如帮助男性平息国家和社会的动荡,恢复国家和社会的平静。只有在这样的特殊前提下,女性才被允许以男性化的社会角色参与到社会事件之中。当女性参与的社会事件结束之后,她必须解除这一男性化的社会角色,重新恢复女性的特质。如《女子国文》中《沈云英》一文写道:"郡守上功,诏赠至绪副总兵,加云英游击将军署守道州,云英辞不受,奉父柩回籍。及明亡,云英赴水死,母救之免,贫无食,开塾于家祠之左,教授诸生以终。"①《光绪云阳县乡土志》"节孝传"一节中记载,沈云英是因为丈夫战死才辞官回乡的,"闻夫殁,遂哭辞诏命,扶夫柩还川,佣书族里,年三十八卒"②。在《康熙萧山县志刊误》中也记载沈云英是因为丈夫战死而辞诏还乡,"万策被杀,云英号呼曰:'吾命绝矣。'因哭辞诏命,扶父柩回籍"③。无论沈云英是为父扶柩,还是为夫扶柩④,都反映出女性在踏足男性所属的外务领域时所受到的限制,沈云英在特殊情境下所扮演的社会角色因特殊情境的结束而必须终止,不得不脱下军装,而重新回归"既孝且贞"的"女儿"与"妻子"的家庭角色身份。

编者在《沈云英》一文中删去了沈之丈夫贾氏战死、沈氏哭辞诏命一节,凸显了沈云英在完成男性化社会角色的职责(杀贼收尸)后,剥离了被男性化的社会角色,从而重新恢复女性特质的过程,强调沈云英杀贼尽孝这一行为体现出的"孝道"价值观。编者试图让人们重点关注沈云英面对敌人时的武勇和夺回父亲

---

① 见《女子国文》第五册第二十七课。
② 〔清〕武丕文等修,甘桂森等纂:《光绪云阳县乡土志》清抄本,第56页。
③ 〔清〕毛奇龄:《康熙萧山县志刊误》清抄本,第57页。
④ 综合《光绪云阳县乡土志》《嘉庆道州志》《康熙萧山县志刊误》《光绪道州志》的记载,沈云英当时应是扶其父柩回籍,而非如《光绪云阳县乡土志》中所载之"扶夫柩回乡"。

遗体的孝顺,而并不聚焦于她个人作为一名女性所表现出的不亚于男子的各项能力,这就构成了在言说女军人形象上的矛盾态度。

一方面,编者极尽其能地赞赏沈云英杀贼夺回父亲遗体的英勇行为,另一方面又不露痕迹地将这种英勇行为与孝顺的品质相联结,试图淡化女军人身上不亚于男性的能力、品质,在选文中着重引导读者关注沈云英身上的孝顺、奉献、谦逊,而非其身上不亚于男性甚至犹有胜之的勇武。当女性代替男性进入"外"领域,并且表现出不亚于男性甚至超过男性的能力时,这种言说上的矛盾表现得尤为强烈。作为言说主体的男性并不愿意见到女性以更为独立和自主的形象登上时代舞台,他们希望男性在国家和社会事务上仍然居于主导,女性则以男性的协助者而非与男性同等的独立身份登场。因而在战争之后,沈云英、秦良玉、木兰等武勇的女军人们得到了相似的结局,"辞不受官,归隐田园"。这似乎是男性刻意营造的观念,即女性有义务为国家、社会、民族贡献力量,这种贡献被视作高贵的牺牲和女性应尽的义务,至于女性所应得的权利和地位,在男性的视角中,则希冀女性以谦逊和奉献的品质予以拒绝,并回归家庭。

(三)"女豪杰":女性社会角色的公共性想象

"女豪杰"话语盛行于晚清,至于民初亦时常被提起。丁初我(丁祖荫)在《女子世界颂词》中列举了数位中国古代"女豪杰":"披吾国三千年之历史,冯嫽、木兰、梁夫人、秦良玉之勇武,轰天烈地,胜于奄奄一息、束手待毙者何如?缇萦、聂姊、庞娥、红线之游侠,高义云天,胜于同胞胡越、翻云覆雨者何如?班昭、左芬、卫恒、若兰之文学美术,照耀古今,胜于咕哔终身、溺于科举者何如?"[①]金一(金天翮)在《女子世界》发刊词中也对"女豪

---

① 丁初我:《女子世界颂词》,《女子世界》1904年第1期。

杰"激赏不已:"其尤特立独行,则班昭、伏女、左芬、谢韫之文章,卫恒、若兰、薛媛、蔡琰之灵秀,缇萦、聂姊、庞娥、红线之义侠,冯嫽、荀瓘、梁夫人、秦良玉之干济。"①由二人之言论可见,能成为"女豪杰"的女性必须表现出侠义、勇武、文采等某一方面的品质或特长。以下列举《女子国文》选文中的"女豪杰"特质及其形象:

  以侠义称豪杰者有义姑姊、义婢、任侠之母女、侠妇、海伦;

  以武勇称豪杰者有秦良玉、木兰、沈云英、斯考夺、立那;

  以坚韧称豪杰者有盲女。

其中沈云英、木兰、秦良玉三者,已作为"女军人"形象讨论,这里主要讨论义姑姊、义婢、任侠之母女、侠妇、海伦、斯考夺、立那、盲女等"女豪杰"形象。

  从这些"女豪杰"形象可看出,《女子国文》不仅选入中国古代女性故事,也吸收了自西方传入的女杰故事。东西方女杰形象在教科书中相遇,相互作用之下,《女子国文》中"女豪杰"的女性典范群像逐渐立体。这些"女豪杰"有着各自独特的形象特征,又有着一些女性所共有的典型特质,这些特征有的源于形象本身,有的却是由编者通过一定程度的加工和改造赋予该形象的。接下来,本研究将着重讨论《女子国文》中"女豪杰"形象与民初所倡导的公共责任意识之间的联系,以及在"女豪杰"形象身上,编者寄托了对女性群体怎样的期望和诉求。

  1."侠义精神"与"女豪杰"形象的确立

  "女豪杰"形象中选入最多的是具有侠义精神的女性形象,如义姑姊、义婢、任侠之母女、侠妇、海伦等。在这里需要先了解什么是"侠义"。"侠"在《辞海》中的解释为"见义勇为、抑强扶弱

---

① 金一:《〈女子世界〉发刊词》,《女子世界》1904年第1期。

之人"。"义"作为名词,有正道、正理、合宜的事情等字义,作为形容词,有合于正义的、用来周济公众的等字义。结合《义姑姊》一文中对"义"的解释,可以初步得出"义"的一个特征是公共性,即符合"义"的行为必定是为了满足公共的需求,而非满足个人目的,这也是为何人们用"公义"来称呼这一话语。"侠"与"义"在公共性这一特征上有交叉,因而"侠义"的精神或行为必定是具有公共性,并符合社会共同认同的公理和正义的。民国初创之际,国家从封建王朝的"家天下"转变为民主共和国,原本以家庭为单位维系的家族关系变成了以公民(国民)为单位构成的公共关系,人们对于公共性的认识十分有限,仍然保有"小家""大家"的内在区分,如老舍小说《四世同堂》中的祁老太爷便只看重家族的传承,而对国家的变换无动于衷。这种只关心家族的"家本位"观念在幽居家庭良久的女性群体中表现得尤为严重。因而要想使得人人都成为真正意义上的国民,具备国民意识,就必须先让作为"国民教育之基础"的女性群体拥有这种公共意识,从"家族"观念中挣脱出来,成为公共社会的公民,而不是封闭家庭的一员。

  公共意识的灌输非一朝一夕可以完成,源自本土的女性形象更能为人们所接受,因而从本国传统的女性故事中找寻具有公共意识的女性典范,就成了教科书编者们传播公共意识、塑造共和民的有效途径。如选自《列女传》的《义姑姊》,记述的便是鲁国妇人在危难时宁可舍弃自己的儿子,也要保护兄长的子嗣血脉。文中鲁妇人弃己子这一悖于情理的行为,被编者用"义"解释得合乎情理:"己子,私情也。兄子,公义也。亡兄子而存己子,幸而济,谓义何?故宁忍而弃己子也。"[①]兄子与己子的区别意味着公义与私情的对立,两难选择中也暗含着编者的价值倾向,即为公义而舍私情。这一价值倾向与当时的社会动乱

[①] 见《女子国文》第一册第二十二课。

不无关系,人们渴望更多的仁人志士能够奋不顾身地投入拯救国族危亡的事业之中。

在这一价值倾向的影响下,《女子国文》中此类具有侠义精神的女性形象都有着强烈的自我牺牲精神和无私奉献的高尚品格。如《侠妇》一文中,王羲士违背法律替换罪犯因为满汉民族对抗的背景而被定义为"义"的行为,而王氏妻为了成全丈夫的"义"自愿献身,也被认为是"义"的行为。从义姑姊和王氏妻的例子可以看出,编者给出了一条女性读者们可选择的实践"义"的途径,即通过对国家、家庭的自我牺牲和奉献,使这种牺牲和奉献服务于公共目的的达成。女性在这一践行的过程中实现了从家庭成员到社会公民的转变。这一途径与"国民之母"颇为类似,都是通过为公共目的的服务来完成女性从家庭成员转为共和国国民的社会化过程,但不同的是,在"国民之母"话语中,人们强调的是将女性生而有之的生理角色社会化,而在"女豪杰"的形象上,编者更为关注女性个体行为与公共目的之间的联系。

虽然选文名为《侠妇》,但文中对侠妇的姓氏、名字均无提及,仅仅以王羲士妻的身份出现,反倒是王羲士之名在全文中多次出现。选文中男性主导的基调仍然存在,但女性生理上的特质逐渐被淡化,性别特质上的差异不再被强调,女性逐渐摆脱了需要依靠生理角色和生育功能才能参与社会事务的桎梏。这一点在来自异国的"女豪杰"形象上表现得更为显著。

2. 异国"女豪杰"的本土化改造

对于如何处理来自西方的女性故事,编者在编辑大意中如是说:"欧美读本亦有选译,惟仍以无戾我国国情为断。"[①]"无戾我国国情",意味着编者在选入这些西方女性故事时,自然要进行本土化的改造,甚至对其形象进行重新塑造,以满足国情需要。

---

① 见《女子国文》卷首语·编辑大意。

这种改造外来文本的行为在当时的教科书出版过程中并不少见。对西方文化的警惕和对本国女性形象的重拾信心,使得教科书编者们在选入异国女性形象作为女性典范时,总是会对其进行本土化的改造,使"舶来品"更为接地气。而在改造的过程中,不同书局、不同编者对尺度的把握各不相同,以至于有的女性形象在接受本土化改造之后与原本的形象大不相同。

不同于中国古代女性形象大多有史可查、有迹可循,如若改动过大,恐为人所攻讦,异国女性形象作为"舶来品",其解释权归属于编者,因而在改造这些异国女性形象时,编者们有着极高的自由度,可以根据自己的需要进行大幅度的改造、变换,甚至虚构形象。如《斯考夺》一文记述了加拿大女性斯考夺在英美战争期间窃听到美军作战计划,并巧妙报告给英国指挥官,从而使得英军反败为胜的故事,这一故事强调了主人公斯考夺作为一名女性,其行为直接影响了一次战役的成败。但仔细推敲,便发现斯考夺这一人物并无具体的史料记载,乃是编者虚构出来的。

对于选文中的异国女性形象,编者并不在乎其形象的真实性,甚至不吝于对他国历史进行艺术化的改编、创造。在改造这些异国女性形象时,编者们最为关注的是塑造出的女性形象是否能够达成隐藏在选文之中的教育目的,发挥编者所期望看到的教化作用。

3. 女性群体公共意识的唤起

异国女性形象的本土化改造其实是为了唤起女性群体的公共意识,不单如此,"侠义精神"和"女豪杰"形象的重新确立,也服务于这一目的。

在《女子国文》第五册《立那》一文中,编者虚构立那这一异国女性形象,称其功绩"因立那之一炬而西部护保,保西部即以安全国"①。立那能以一炬保护国家,显然是编者为了凸显个人

---

① 见《女子国文》第五册第二十八课。

对国家的重要作用而做的夸大化处理,这一行为的背后折射出编者对于个体与国家之间关系的认识,即国民个体也能对国家发展起到重要作用,国民个体与国家命运紧密联结。编者试图借"女豪杰"之口而唤起女性群体的公共意识。

侠妇、义姑姊、立那、斯考夺等"女豪杰"形象,其时代、背景、国籍虽不同,但她们都以普通民众的身份在公共事件中出现,她们的行为大多接近日常生活,能够为人们所效仿,她们的国家背景大多也是战争中被入侵的一方。这样看来,编者的意图已然明显,就是为了帮助面临内外危机的国家,试图以这些背景相似、生活经历相似的"女豪杰"形象激起女性群体内在的公共意识,进而使其迸发出爱国之情和报国之志,为救亡图存贡献一份力量。为了达成唤起女性公共意识这一目的,编者一改由男性担任"历史英雄"的常规,让普通女性成为挽救国家的英雄。这一方面是为了凸显女性的能力并不弱于男性,女性在社会舞台上也同样能够发出如男性一样的光彩;另一方面,编者想要表达的是,身为普通民众,也能在国家危难之际做出重要贡献,全体国民都需要为国家的生死存亡贡献力量,无论其性别如何,阶层如何,资产如何,都要肩负同等的国家责任。

为了激发女性群体的公共责任意识,编者在选文中还试图通过将公共服务与个人利益相勾连的方式,鼓励和引导女性读者走出家门,为国家和社会服务。《任侠之母女》一课讲述了美国一对贫寒母女因及时制止了一列即将坠毁的火车而得到丰厚报酬的故事。像《任侠之母女》这样助人获利的结局在《女子国文》全六册选文中都鲜有出现,选文中的义行接近日常生活,而施展义行的人物也是普通人,从中可以看出编者对于激发女性群体公共责任意识的良苦用心。在中国古代的义利观中,"义"和"利"之间存在二元对立,"重义轻利"便是这种二元对立的具体表现。在中国的传统认知中,行义与获利之间是不相容的,人们提倡的多是"施恩不图报","挟恩图报"被认为是对"义"的玷污,所以在同类型的《侠妇》中,王羲士夫妇最后的结局也是"皋人感其义,敛金赎之,夫妇终老于家矣"。换言之,王氏夫妇并没有因为施义行而获利。在《义姑姊》一文中虽有提及鲁君厚赠鲁妇人,但鲁妇人以一人之言行而改国运的事例脱离实际,难以触动人心。

由此观之,编者试图通过展现任侠之母女这类来自异域的普通人所施行的义行来以小见大,循循诱之,使尚未觉醒公共责任意识的女性群体在经历对选文和选文形象的学习和理解后,逐渐焕发"国家兴亡匹妇亦有责焉"的公共责任意识,激发以国家和社会为己任的共和国国民意识。在女子教科书、女子读本等文本中涌现出如此多的"女豪杰"形象,这些"女豪杰"形象不论古今东西,都代表着当时人们在应对国族危机时对于女性群体的期望,期望占据国民人口半数之多的女性群体能够挺身而出,以"匹妇亦有责焉"的公共责任意识投身救亡图存的进程之中,在危难时刻为国家和民族贡献一份力量。

(四) 小结

"国民之母"话语的确立使得女性的生理特质被强化甚至神圣化,女性"母亲"的家庭角色被社会化,生育后代的目的从传统的延续丈夫的血脉,转为为国家养育合格国民,对女性家庭角色的重塑,折射出男性在日益严峻的国族危机面前,不得不开始借助女性群体的力量,以解决国家、民族遇到的危机和困境。再者,蓬勃发展的女性教育客观上推动了女性群体自我觉醒的进程,使得越来越多的女性在接受教育之后不满足于名为"国民之母"、实际上仍相夫教子的家庭角色,女性渴望出现在社会舞台之上,扮演更为多元化的社会角色。基于国家的需要和女性群体的渴望,教科书编者们从古今中外的女性故事中选取了"女军人""女豪杰"等进入社会舞台参与公共事务的女性社会角色形象。这些女性形象中,有的原本湮没在历史之中,被重新发现而赋予了新的时代意义;有的源自异域,在接受本土化改造之后,作为新一代的女性典范而展现风采。无论这些女性形象源自何处,或是否真实,当她们被编者选入或创造时,她们身上就背负着编者所寄托的期望和目的——唤起女性群体的公共意识,使更多的女性以爱国之情和报国之志为国家和民族贡献一份力量。

诚然,这些女性形象表现出并不弱于男性的能力和才干,编者在选文中也并不否认这一事实,但可以看到,在塑造这些女性社会角色形象时,编者仍然抱有男性中心的价值倾向。在选文中,编者重视女性的能力和作用,强调女性对国家和民族所负有的重要责任,但对于女性应得的政治权利却丝毫不曾提及。这反映出在男性话语主导下,人们过于强调女性对国家和民族所应该负有的责任,而忽视了女性在履行这些责任的同时应该享有的合法权利。这种带有倾向性的权责关系建立在男性长期占据的社会话语优势上,作为一本编者全为男性的女子教科书,《女子国文》中出现男性中心主义的价值倾向是难以避免的。不过,从客观上来说,《女子国文》对于女性力量和女性地位的认同和重视远胜于封建时期的《女诫》《女四书》等传统女学读本。正如女性群体的自我觉醒需要有一个过程,消除男性话语对女性形象的影响也需要经历一个反复而缓慢的过程,只有女性群体的自我力量不断壮大,才能够逐渐获得与男性平等的话语权力。

三、结语

晚清至民初,以民主和人权为代表的西方资产阶级思想传入中国,与儒家主导下的传统价值观念相互碰撞又相互融合,在这一过程中,女性问题成为两者角力的平台。塑造怎样的理想女性形象是女性问题中的重要议题,而理想女性形象的塑造,一方面代表着中西价值观念之间碰撞、冲突、融合的过程,另一方面也是传统价值观念与国家、民族的现实需求相互打磨融合的过程。在这一过程中,女子教科书对理想女性形象的塑造起着重要的作用,同时也为我们拨开迷雾去观察百年前人们塑造理想女性形象的过程提供了新的视角。

作为一本出版于民国初期的女子教科书,《女子国文》及其选文中的女性形象反映出当时代表着传统道德价值的女性家庭角色,与代表着国家民族的现实需求的女性社会角色之间冲突与平衡的过程。尽管在整个晚清至民初时期,女性家庭角色所代表的传统道德价值都被视作女性形象的核心特质,以男性为主导的社会舆论大都认同和支持女性学习新式知识以更好地相夫教子,但在救亡图存的背景之下,代表着国家民族现实需求的女性社会角色越来越为人们所重视,表现出蓬勃的发展势头,如沈云英、秦良玉等被遮掩在男性历史之下的女军人、女豪杰得以在女子教科书中被重新发现,成为女性读者学习和效仿的榜样。除此之外,教科书的编者逐渐倾向于选取来自日常生活的女性形象,如《女子国文》中的任侠之母女、义婢、盲女等女性,这反映出国家和民族的现实需求使得女性教育的对象和理念发生转变,从最开始的只收上流社会女眷到平民化教育,从培养相夫教子的"贤母良妻"到开始唤起女性群体的公共意识。

然而,教科书编者在处理女性家庭角色与社会角色时,表现出男性中心主义的倾向性。在《女子国文》所有涉及女性形象的选文中,编者都强调了女性形象的家庭角色,关于女性的介绍都与其家庭角色紧密相连,如沈云英、梁红玉等女军人,编者并没有言明她们的军人身份,而是强调她们是某某之女或某某之妻;在处理异域女性形象罗兰夫人时,编者更是淡化罗兰夫人对法国大革命的贡献,而强调其作为罗兰之妻对丈夫的辅佐之功。除此之外,在《女子国文》选文中更不曾出现对职业女性的介绍,仅在《女子职业》《看护妇》等文中对女性可从事的职业做了简单介绍,并没有描述具体的人物事迹。可以明确的是,编者为了适应救亡图存的现实需求,让女性形象扮演了较以往而言更为多样的社会角色,更加频繁地出现在社会事务的处理过程中。然而,编者同时也保留了男性话语和传统价值观念对女性的影响,使得女性形象在社会化的过程中带上了男性化的色彩,女性服务于国家和贡献于民族的方式与服务男性相联结,通过服务男性而服务国家。

究其根源,在《女子国文》编撰出版的民国初期,承前启后、新旧交替的时代特性使得女子教科书在具备部分先进性的同时,也不可避免地延续了男尊女卑、男主外女主内等相对落后的传统观念。加之民国初期官方虽然重视和支持女性教育,却没有给出具体的教育方针,仅仅表现出对培养女性家庭角色的倾向性,这一开放而又谨慎的态度一方面为女性教育的自由发展提供了充足空间,另一方面也造成了女子教科书中女性教育观念混乱纷杂的局面。男性主导编撰的女子教科书并不能代表女性群体的真正诉求,教科书编者所期望塑造的女性形象虽然在一定程度上适应了国家和民族的现实需求,但其实质仍然服务于男性话语主导的父权社会体制。女性形象虽然有了更多的角色选择,不再受困于家庭之中,却仍然处于男性话语的主导之下,在男性话语的定义下承担起社会责任,而无法享有与男性同等的社会权利。就表达女性自身的诉求来看,《女子国文》并非性别平等的理想读本,虽然在教科书中出现了较晚清时期而言更为丰富和多元的女性形象角色,但其内在表达的仍是男性话语在裹挟国家和民族现实需求的情况下对女性提出的责任要求。

性别平等不仅仅是女性群体的自我诉求,也是社会文明进步的内在需求。要想实现性别平等,从教科书的角度出发,我们需要警惕在现代教科书,尤其是基础教育阶段的教科书中仍然存在的性别偏见和男性中心主义,这些性别偏见影响着儿童平等性别观念的形成,也阻碍着女性主体身份的自由选择。而消除教科书中的性别偏见除了需要教科书编者在编写过程中有意识地进行性别平等意识的渗透,还需要有关部门结合国外的成附：

表 41 《女子国文》全六册选文篇目统计

册数	人物故事	家政技能	政治经济	历史文化	自然科学	道德说理	生活名物
第一册	盘中园景、邹瑛、机变、亚衣丹、安姊、义贫翁、卖油扑满、杨万里妻、记某法人事	裁缝、图画、造花	国文	佛教、道教、习字、书信	齿、食物、鼠与猫、小鸟之伴、蜜蜂（一）、蜜蜂（二）、嵩山、初夏时	就学、习劳、早起、鸟哺儿时、孝亲、养志、惜阴、愚明柔强之道、宽待佣役、惧徵	衣服、公园、居室、运动
第二册	纵鸟、张负嫁女、鲁姿孙、乐羊子妻、罗兰夫人	一	国旗、政体	英民之特性、回教、基督教、阅报、赎鸡鸭	蚁、小孤山、磁矿产、汽、火山、空气镜、色、热、风与色关系之自述、热之发明	合力、友爱、和睦永某氏之鼠、自立、诚实、崇俭妆饰、美丑、交友、礼之用、师教、忍耐	馈赠、浣濯、女子职业
第三册	奈端之铁事、薯介之推者、敬母、少侍之息、斯密亚丹	刺绣、女红、家计簿记	物质之文明、民族之演进、通商、国货	印刷术之进步、与女子介书、名溪记、游珍珠泉记	华山、象、稻、麦、动物之色	不自足、退让、拒迷信、辟屠、食戒鸡鸭、家庭之幸福、惜物	纸鸢、图书馆、博物院、看护妇、宴会水火、慈善事业（一）、慈善事业（二）

续 表

册数	人物故事	家政技能	政治经济	历史文化	自然科学	道德说理	生活名物
第四册	海伦,仁侠之母女,义婢,达尔文,李侃氏、韩世忠黄天荡之师,蒙鸡姬,蜀路石妇诗	—	海岸,社会,分治,我国地图(一),我国地图(二),共和国民之精神,家族之制	文字,小说,读书法,百有一人	地质,苗,火器,庐山,棉	富,爱子,黎理,爱身,教子,家庭教育(一),家庭教育(二),礼貌,学作,务本	保险,传染病之预防,专利,蒙养园,家规,利用废物
第五册	沈云英,侠妇,孟光,曹大家,孔子,孔子之大,立那	纺织,育蚕(一),育蚕(二)	中华民国成立记,释中华民国,国债,国势,资本,公司(一),公司(二)	桃源行,诗歌,书法,陈怀立传神,猫说,原过,真州游桃花坞记	狮,鹰,机器(一),机器(二),利用天然力,登菩马拉雅山观日出记,飞行机,苏伊士巴拿马两运河	成需,缠足古物,害,爱护古物,功种桑,良妻,闲谈	常识之养成,婚姻,记上海西人赛马事
第六册	秦良玉,盲女(一),盲女(二),木兰诗,斯宾考夺,赵威后同齐使斯巴达妇女之美谈	朴衣,制麻,烹饪	赋税,币制,纸币,股分,实业之关系,交通之关系,我国之交通,权度	纺纱机之发明,登龙华寺浮屠,黄冈竹楼记,核工记,观巴黎画记	银河,针之自述,毛织品,人工孵鸡,普陀	爱国,舅姑,礼意,廉德,守分,勤训,俭训	婴儿之保育,种痘,病说,居民之卫生,冰窖
总计	42	12	29	28	45	55	29
占比	17.5%	5%	12.0%	11.6%	18.5%	22.9%	12.0%

功做法,完善相应的教科书审查机制,以确保从教科书层面实现男女性别的地位平等。

第二节 《新学制国语教科书》(高小)西方人物的研究

在民国新学制改革时期,外国翻译作品和以西方人物为主角的课文明显增加。尤其在《新学制国语教科书》(高小)教材中,关于近代人物的传记和以西方人物为主角的课文更多。这背后的具体原因以及语文教材如何对待外来文化的问题值得探究。

在"全球化"趋势不断强化的今天,不同地域、不同种族的文化相互融合、相互借鉴,其中不乏普适的价值观和审美。研究文本中的西方人物,为如何在教材编写中正确把握外来文化、积极接受异域文化信息提供了参考。

一、《新学制国语教科书》(高小)编撰的背景

(一) 西方想象进入新学制改革

下文将民国小学教科书的时间范围划定在 1912 年中华民国政府成立到 1949 年国民政府撤离到台湾。在这 37 年间,中国发生了白话文运动、新文化运动等,这些文化事件影响着教育制度、教育宗旨以及教材的变化发展。范远波在《民国小学语文教材研究》中,把民国小学语文教材建设分为三个阶段,其中,第二阶段是 1922—1928 年语文教材多元的探索期,期间学制改革颁布,全国教育会联合组织专家拟定了《新学制课程标准纲要》,各地在纲要指导下进行国语教育的探索。① 本节研究的《新学制

---

① 范远波:《民国小学语文教材研究》,华东师范大学博士学位论文,2007 年,第 27 页。

国语教科书》(高小)正是在教材多元的探索期诞生、发展的。《新学制国语教科书》分为初小和高小两套,其中初小用教材服务于义务教育4年,高小用教材服务于高级小学2年。《新学制国语教科书》(高小)由吴研因、高梦旦编纂,于1926年由商务印书馆发行,共有四册。

  研究民国的教育史要追溯到更早的历史时期。1840年鸦片战争后,中国进入旧民主主义革命时期,西方列强的坚船利炮打开中国的大门,有志之士们开眼看世界,借鉴吸收西方先进的教育理念,教育改革逐渐走进人们的视野。洋务运动中"中体西用"的教育指导思想带来了真正意义上的近代教育。开办语言学校、派遣留学生出国、培养精通外语的语言人才等一系列措施,为以后进行教育改革奠定了一定基础,而后的维新变法更是从制度、思想上学习了西方的民主共和。废除科举、创办编译学堂和编译局、兴办私人学堂等举措,体现了虽然当时资产阶级革命派力量微弱,但国家仍把教育改革放在重要位置。1904年,清政府颁行《奏定学堂章程》,这是中国历史上第一个正式颁布且在全国普遍推行的学制。其中有一条宗旨写道,学堂"应以忠孝为本,以中国经史之学为基……而后以西学瀹其知识,练其艺能",仍可见"中学为体西学为用"的影子。1904年,中国近代第一个效仿西方学制的"癸卯学制"颁布后,文教改革拉开序幕,传统科举教育制度没落,新式学制和新式教育登上近代中国教育界的舞台。

  然而,中国近代学制形成后,经过民国初年的实行,仍存在不少问题。袁世凯复辟帝制后,教育的民主之风被大大打压,各学校"所教的无非是中国迂腐的经史文学,就是死读几本外国书和理科教科书,也是去近代西洋教育真相精神尚远"[①]。因此,改革旧学制成了当务之急。在这一时期,新学制改革(也称壬戌学

---

① 陈独秀:《近代西洋教育》,《新青年》1917年第5期。

制改革)这一重大事件对小学语文教材的编写产生了重要的影响。1922年11月,北京政府公布了《学校系统改革案》,提出七项改革标准:适应社会进化之需要;发扬平民教育精神;谋个性之发展;注意国民经济力;注重生活教育;使教育易于普及;多留各地伸缩余地。这些标准体现出新文化运动以来所倡导的民主与科学精神,以及当时盛行的实用主义教育思想。① 新学制改革将小学年限由7年改为6年,并分为初级小学4年和高级小学2年。西方想象正是在这样轰轰烈烈的改革背景下被引进小学国语教科书的。

　　西方教育思潮进入我国主要是靠归国的海外留学生,以及欧美教育家、传教士在中国的推广。

　　新学制教科书的编撰队伍精英云集,多是来自欧美、日本的留学生。据黄炎培统计,1914—1915年,留美学生有1 248人。胡适曾说:"学制从硬性的变成弹性的,固是一大解放。但教育的精神究竟在内容而不在学制的系统。"②因此,这些留学归来的学子们不仅大力倡导后来的新学制改革,并且参与到小学国语教科书内容的编写之中,尤其是商务印书馆聘请了大量海归人才。如《新法国语教科书》的编者庄适、《新学制国语教科书》的编者高梦旦都曾留学日本,竺可桢、胡适、严济慈等曾留学欧美的博士都有参与到教科书的编撰和校订工作中。如果说晚清留日学生群体是一支活跃于中国近代教科书发展舞台的重要力量,那么民初留欧美学生则是直接促使中国近代教科书成型的决定力量。③

　　鸦片战争后,西方国家纷纷想把自己的力量渗透到中国教育界。一大批传教士为"使中华基督教化"积极推出举措,在中国开办西式学校,建立教会大学,资助学生赴美留学。民国成立

---

　① 杜怡茜:《壬戌学制下的小学语文教材——以〈新学制国语教科书(初小)〉为例》,《语文学刊》2015年第1期。
　② 胡适:《教育部召开学制会议》,《努力周报》1922年第10期。
　③ 吴小鸥、石鸥:《民初欧美留学生与中国现代教科书的成型——基于商务印书馆1922年新学制教科书的分析》,《高等教育研究》2012年第2期。

后,欧美一批著名教育家访问中国,对中国教育界产生巨大影响,如杜威、罗素、孟禄。主张实用主义的杜威更是陶行知、胡适等教育大家的导师。五四运动前,杜威曾多次在中国讲学。1919年4月30日—1921年7月11日,杜威在中国住了2年2个月12天,足迹遍及14个省市,举行大小演讲200多次。① 孟禄主张中西文化的融合,"在中国文化中选出好的部分,在西洋文化中也选出好的部分来……造成一种新的文化"②。1924年,应梁启超、蔡元培邀请,印度诗人泰戈尔带领"国际大学访问团"来华访问。无论是试图宣扬本国宗教和文化的传教士,还是传播自己学派思想的教育家们,他们都在客观上给中国教育界带来了新气息。

(二)国语课程标准与教材中的西方想象

随着新学制的改革,新的课程标准也相应地制订出来。1923年6月,新学制课程标准起草委员会公布了《新学制小学国语科课程纲要》,明确了国语的课标、目的和内容。语文教材也由此发生了很大的改变。名称上由国文教科书改为国语教科书,教材所承担的任务也发生了很大变化,语文书中包含了语言、读文、作文、写字等多方面内容和教育功能,课文的选材和文体类型更加丰富。新学制也给教科书的编写提供了七项标准:"适应社会进化之需要;发挥平民教育精神;谋个性之发展;注意国民经济力;注意生活教育;使教育易于普及;多留各地方伸缩余地。"③

《新学制国语教科书》(高小)就是在这样的背景下,为了响应学制的改革、国语课程标准的颁布而发行的,该套教材淋漓尽

---

① 吴小鸥、石鸥:《民初欧美留学生与中国现代教科书的成型——基于商务印书馆1922年新学制教科书的分析》,《高等教育研究》2012年第2期。
② 陈宝泉、陶行知、胡适编:《孟禄的中国教育讨论》,实际教育调查社,1922年,第112页。
③ 宋恩荣、章咸:《中华民国教育法规选编:1912—1949》,江苏教育出版社,1990年,第32—33页。

致地体现了新学制改革的种种宗旨和标准。选材内容和文体类型十分丰富,有小说、童话、寓言、传记、诗歌、书信文等。尤其是演讲稿、剧本这些体裁,正是引进了西方艺术形式,如《自由的责任》《苏秦求官》。该教材还适应社会进化之需要,选入了许多宣扬民主和平主题的素材,如《小吹手》《童子列因的伟绩》,均表达了反帝反专制的思想。通俗的白话文篇幅和分量明显加大,分量虽大但生字少,各册生字分配均匀,便于自学。

经过主动地吸收、被动地接受西方教育思想之后,实用主义教育思潮、平民主义教育思潮、科学主义教育思潮等西方教育思潮席卷中国,这些西方思潮也同样体现在国语教科书中。

其中,以杜威为首的主张实用主义的流派在中国最为盛行。吴研因、叶圣陶、陶行知等著名学者深受杜威实用主义教育学和儿童本位论思想的影响,在《新学制国语教科书》的编排中体现了儿童本位、循序渐进的特点。比如在初小教科书中,几乎没有文言文的存在,较多的是关于生活的常识。在高小教材中文言文开始出现,并从第一到第四册逐渐增多。高小教材中涉及西方人物、民主共和思想的课文远远多于初小,这也体现了高小的教材更有深度、更抽象,这样由易到难、由浅入深的编排符合儿童认知规律。

(三) 编者背景

《新学制国语教科书》(高小)四册由主要由吴研因、高梦旦两位编者撰写而成。该教材中的西方人物形象大量增加,西方想象、西方先进思想逐步被引入课文,这些现象和两位编者的生平经历、所处时代、文教观念密不可分。

1. 吴研因

吴研因是民国时期著名的语文教育家,1904 年从上海半淞园师范讲习所毕业后,便开启了小学教师生涯。吴研因没有出色的文凭和求学经历,他所有的文教观念全部来源于他的教育实践。吴研因在江苏任教期间,正处于清末民初教育改革之时,深受杜威、赫尔巴特等西方教育家思想的影响。吴研因站在时代最前沿,吸收当时的最新思想,形成了自己独特的教材编撰观念。吴研因推崇"向生性"思想,追求"儿童本位",强调儿童应学习自己所需要的、而非成人的知识技能。在教材编写方面,吴研因提倡小学语文教材"文学化"。所谓"文学化",就是用科学的知识做材料,拿儿童的兴趣做编制的标准。① 而这样做的目的则是引起儿童读书的兴趣。要使教材中的作品"儿童文学化",吴研因主张在教材中用多元化的体裁,因此在《新学制国语教科书》(高小)四册中,人物传记、小说、历史故事、民间故事等体裁数量不少,相较于民国更早期的教材,《新学制国语教科书》(高小)中各种故事、小说、传记中塑造的西方人物形象更为鲜明,所要传达的价值取向也更为明显。

"小学校儿童用书该怎样的问题,我以为最要紧的,选材十分精审。"②吴研因对教材选材十分重视,"调查外国的小学用书,挑选适于我国儿童的内容,翻译出来。但要注意本国化",是他认为编者选择教科书素材的四种方式之一,且是最容易的途径。欧美小学用书已有汗牛充栋的趋势,挑选适合我国儿童用的内容,翻译过来,必有许多便宜的地方,但同时也需要专家的指导。③ 由此,吴研因在《新学制国语教科书》(高小)中选取了大量欧美小学教材中的文本,并加以翻译、改编,使之本国化,符合本国儿童的发展需要。

在政治追求方面,吴研因和当时受到西方文化影响的广大有志青年、知识分子一样,追求民主和自由。吴研因曾在袁世凯复辟称帝时,在学校展览馆后放了一座自由女神的雕塑,在馆内

---

① 吴研因:《国语国文教学法概要》,《新教育杂志》1922年第5期。
② 吴研因:《新学制建设中小学儿童用书的编辑问题》,《新教育杂志》1922年第1期。
③ 苏金如:《中国现代小学语文教育的探索者——吴研因》,华东师范大学硕士学位论文,2007年。

展示了秦始皇、拿破仑称帝的专制事迹，以此来反对专制，宣传民主共和。这样的思想也在《新学制国语教科书》（高小）的课文中得以充分体现，尤其展现在文本中的西方人物形象身上。比如《自由的责任》一文就是华盛顿号召人们追求自由、担负责任、振兴民族的演讲词。

2. 高梦旦

《新学制国语教科书》（高小）的另一主要编者是高梦旦。高梦旦生于1870年，于1901年赴日本留学，而后又多次出访欧洲诸国。高梦旦的家乡福建因为特殊的地理位置，有着开放的西学思潮。加之在日本、欧洲等丰富的留学、游览经历，使高梦旦形成了独特的中西兼容并包的新派教育理念。1904年的"癸卯学制"、1922年的"壬戌学制"等学制改革颁布后，商务印刷馆为了汲取最新潮的教育理念，聘请了高梦旦主持编纂国文（国语）教科书。

在国语教科书编撰方面，高梦旦大量吸纳西方先进教育成果，兼容并包。比如，在他主编的《最新国文教科书》中，《法兰西》《美利坚》《德意志》《俄罗斯》等课文中介绍了西方世界的历史、地理、政治知识。又如在《新学制国语教科书》（高小）中，《马技》《街头音乐师》《大力士和狮子角斗》等课文介绍了西方独特的职业人物。这些新奇的素材、区别于传统文言课文的体裁，都让儿童以更开放的视野和胸怀看世界。

另外，高梦旦对编译事业也有颇深研究，他不仅热衷于编译教科书，而且热衷于编译西方著作和工具书。高梦旦与著名译者严复、林纾、高而谦四人常聚在一起高谈阔论。高梦旦对编译事业的研究也十分契合吴研因所提出的要求，即翻译外国教材作为小学国语素材，且有专家指导。

1922年制定的新学制表明中国从学习日本的教育制度转向学习美国。作为中国近代教育史上影响最深的一次教育变革，新学制改革对当时的教材影响很大。海外留学生归国带来了大量先进西方思潮，欧美教育家、传教士积极在中国推广西方教育,教材编写者的海外留学经历、高强的编译能力,都促进了中国积极引进西方文化,吸收西方思想。这些客观条件、主观原因,使得中国的教育在制度和内容上都逐渐西化。而《新学制国语教科书》(高小)作为响应新学制改革而编写的国语教材,外国翻译作品和以西方人物为主角的课文明显增加,更表现出"西化"的特点。研究《新学制国语教科书》(高小)有利于我们深入了解20世纪20年代民国小学国语教科书中的西方想象,了解当时的教科书是如何对待西方文化的。

二、《新学制国语教科书》(高小)中西方人物的概况

(一) 西方人物的比重

《新学制国语教科书》(高小)4册教材共141篇课文,以下对其中西方人物的数量与分布做量化的统计分析。人物不仅限于课文的主人公,凡是文本有所形容的人物都在统计范围之内;人物不仅限于特定的单个人,文本中有描述的人物群体也包括在统计范围内。文本中只提到人物名称,而没有进行相关语言、动作、外貌、神态等描述和塑造的人物不在统计范围内。具体数据见表42。

表42 《新学制国语教科书》(高小)西方人物选入课文数量统计表

课文数量	第一册	第二册	第三册	第四册	总计
总课文数	39	32	33	37	141
涉及人物的课文数	35	25	22	26	108
涉及西方人物的课文数	7	3	6	7	23
涉及西方人物的课文所占涉及人物的课文总数比例(%)	20	12	27	31	21
西方人物数量	11	3	9	10	33

由上表可知,4册教材涉及人物的总计108篇,在此之中,涉及西方人物的课文数量占比21％,共有23篇,在第三册和第四册中占比较大。在23篇课文中,共有33个西方人物形象,第一册和第四册中人数最多。相较于以前的语文教材大多以文言和本国内容为主,《新学制国语教科书》(高小)中外国翻译作品和以西方人物为主角的课文大量增加,占比较大。比如,同样是商务印书馆出版的《共和国教科书新国文》(初小)8册教科书于1912—1913年出版,该书是辛亥革命后商务印书馆编的第一套影响较深的教科书,里面多为儿童诗歌、文言文、韵文等,没有涉及西方人物的课文,这也和初小比较适合学习浅显易懂的材料有关。1914年中华书局出版的《中华女子国文教科书》(高小)共6册240篇课文,其中有《英民之特性》《鲁滨孙》等9篇课文涉及西方人物,占比为3.7％。1915年中华书局出版的《新编中华国文教科书》(高小)6册240篇课文中,有《勃罗斯》《斯替芬孙》等5篇涉及西方人物的课文,占比2.1％。之后的国文教科书中出现西方文化、人物和知识的课文逐渐增多。1921年商务印书馆出版的《新法国文教科书》(高小)共6册,204篇课文中有《勇少年》《波斯童子》等12篇文章中涉及西方人物形象,占比有所增加,达到5.9％。在1922年新学制改革前,小学国文教科书中涉及西方人物的课文占比都在10％以下,而在《新学制国语教科书》(高小)中,涉及西方人物的课文占比高达21％,《新学制国语教科书》(高小)中外国翻译作品和以西方人物为主角的课文大量增加主要有两方面原因。

首先,西方思潮流行于中国是客观条件。

杜威、孟禄等西方学者访华,带来实用主义、平民主义等教育理论,在中国广为传播。平民主义教育思潮主张争取并扩大"平民"的教育权利,使普通平民获得文化知识,从而打破少数人独占教育特权的局面。① 这种观点同样可在《新学制国语教科书》(高小)中窥见一二。课文《杨继盛半工半读》《一个牧羊的孩子》《苦学生自述》《窗槛上自修》讲述的都是穷苦农民的孩子争取读书的权利。这些课文均表达了教育应该普及"庶民"的观点。另外,杜威认为平民主义有两个要件:一是发展个性的知能,个性的发展是共和国的基础,是平民主义的真髓;二是养成协作的习惯,共和国的要素就是人人须共同作业,所以要发展的个性不是互相冲突的个性,而是互相吸引的个性。② 对立统一的个性和共性表现在职业观上,就是接受各种职业,而非只关注我国传统的士、农、工、商,树立平等的职业观,而非"学而优则仕""商为末业"。《新学制国语教科书》(高小)中关于西方人物的课文就有两篇介绍了新兴的职业,《大力士与狮子角斗》《街头音乐师》中分别提及了斗兽士和音乐师这两个在我国封建传统年代难登大雅之堂的身份。这样的课文有利于给儿童树立正确的职业观,引导儿童个性化发展的同时,认识到职业平等、各司其职的道理。

维新变法、五四运动、新文化运动等一系列社会政治事件和文化运动,不仅在教育体制和改革上学习西方,教科书的选材也将目光投向世界。在《新学制国语教科书》(高小)中就有介绍到其他国家革命和战争的故事。如《战场上的天使》是发生在第二次世界大战时期的故事,《女郎走马索亡牛》发生在美国独立战争期间,《小吹手》则发生在波俄战争期间。教材中还介绍了不少欧美政治人物、艺术名人等,如课文《急流拯救》中的华盛顿、《竖鸡蛋》中的哥伦布、《街头音乐师》中的亚历山大不歇、《马哥孛罗》中的马可·波罗。许多以西方人物为主角的课文都传达出民主共和的思想,如课文《自由的责任》中,华盛顿就告诉大

---

① 吴洪成、李晨:《杜威的平民主义教育思想及其对中国的影响》,《广州大学学报(社会科学版)》2016年第4期。
② 舒新城:《中国新教育概况》,中华书局,1928年,第40页。

众,国家是属于公民的,公民有捍卫自由的责任。

其次,社会的要求和教材编制者的共同追求,是以西方人物为主角的课文增加的主观原因。

陈独秀在谈论对西方文明的摄取时指出:"我们教育若想取法西洋,要晓得真正的近代西洋教育,有几种大方针:第一,是自动的而非被动的,是启发的而非灌输的。"①留学生是主动沟通中西方文化不可或缺的桥梁。一批从欧美留学归来的学者大力宣扬欧美学说和教育模式,投身于教育事业。许多学者、专家公开表示,中国须取法西洋各国的学术思想潮流。天津南开学校校长张秋桐先生曾说:"此时西洋各国学术思想潮流,居世界之大部分,吾国不过居一小部分,只合一小部分随从大部分,不能够强教大部分随从一小部分,所以我们中国必须舍旧维新。"陈独秀在天津南开学校演讲时对此表示赞同:"所以鄙人之意,我们中国教育必须取法西洋的缘故,不是势力的大小问题,正是道理的是非问题……鄙人以为秋桐先生此言,可谓探本之论。"②

综上,小学语文教材深受西方文化影响,以西方人物、情景为主要内容的作品或译作进入语文教材的数量大增。

(二) 西方人物的类型

1. 外在形象分析

外在形象是一个人能够从最表面被人所获知的信息,也是认识一个人的第一印象。学生在学习课文时,会首先抓住这个人最容易获取的外部特征和信息,比如他(她)是男是女、是哪个国家的、职业和身份是什么、是大人还是小孩,等等。以下是对西方人物外在形象四个类目量化的分析与罗列(见表43)。

---

① 陈独秀:《近代西洋教育》,《新青年》1917年第5期。
② 黎锦熙:《国语教科书的革新计划》,《中华教育界》1921年第2期。

表 43 西方人物性别、时代、国别、身份职业具体分布表

类目	课文	人物	性别	时代	国别	身份和职业
第一册	3. 孩子拒大将	男孩	男	近现代	英国	普通人
		惠灵吞	男			军官将领
	4. 女郎走马索亡牛	安蕾	女	近现代（美国独立战争时期）	美国	普通人
		康卫士	男			军官将领
	6. 马技	马师	男	近现代	德国	驯马人
	9. 高岗上起火了	老人	男	不详	日本	普通人
	12. 冒雨救危车	母亲	女	不详	美国	普通人
		女孩	女			
	21. 金药	古德密士	男	不详	英国	医生
	43. 华盛顿和大树	华盛顿	男	近现代	美国	政治领袖
		大尉	男			军官将领
第二册	4. 街头音乐师	亚历山大不歇	男	近现代	法国	音乐家
	5. 马哥孛罗	马哥孛罗	男	古代（元朝）	意大利	旅行家
	32. 真是聪明人	苏罗门	男	古代（上古时期）	犹太国（以色列）	国王

续 表

类目	课文	人物	性别	时代	国别	身份和职业
第三册	8. 大力士和狮子角斗	孙唐	男	不详	美洲	角斗士
	26. 铁达尼邮船遇险	船长	男	近现代(1912年)	英国	船长
		男子们	男			普通人
		克里夫斯	男			国王
	27. 最得意的人	苏伦	男	古代	希腊	哲学家
		沙哀勒斯	男			国王
	31. 急流拯救	华盛顿	男	近现代(1750年)	美国	政治领袖
	37. 救沉船将身补漏洞	船长	男	近现代	美国	船长
	44. 自由的责任	华盛顿	男	近现代	美国	政治领袖
第四册	2. 童子比尔	比尔	男	不详	英国	普通人
		亚里布兰	女			歌唱家
	7. 竖鸡蛋	哥伦布	男	近现代(1492年)	意大利	航海家
	32. 快乐的磨面人	磨面人	男	不详	英国	手工业者
		英王	男			国王

续 表

类目	课文	人物	性别	时代	国别	身份和职业
第四册	40. 地狱中的明星	伊立查培	女	近现代(1780年)	英国	普通人
	41. 战场上的天使	南丁格兰	女	近现代(1854年)	英国	医生
	42. 小吹手	宝尔	男	近现代(波俄战争时期,1939年)	波兰	普通人
	46. 童子列因的伟绩	列因	男	古代	意大利	普通人
		百夫长				军官

(1) 性别

教科书中人物形象的性别选择偏向,往往能反映出我国当时社会的性别观念,判断出教材传达出的性别观念合理与否。《新学制国语教科书》(高小)的23篇西方人物课文中共33个西方人物,其中男性人物有27个,占比82%,女性人物有6个,占比18%,男女比例约为4∶1。显然,男性人物处于绝对优势地位。《新学制国语教科书》(高小)更愿意将男性作为叙述对象和榜样人物,这体现出以男性为中心的性别观念。这一现象既体现了民国时期我国未曾破除的男尊女卑观念,又可以看出当时教材编写者对女性的关注度不高。西方男女人物形象存在比例的不合理可能会强化学生男强女弱、男尊女卑的思想,不利于性别平等的教育,不利于学生对性别的正确认识。在封建专制的时代,我国的封建女学观念强调男尊女卑、男主外女主内,尽管民国成立后,要求男女平等、男女同权、追求女性独立的呼声日益高涨,但女性解放运动进程缓慢,仍没有完全破除男尊女卑观念。

进入教科书的男性角色具有的典型特点,表达了一定的价值取向。我们对教科书中出现的27个男性人物进行分类,除去难以界定品质的5人以及反面人物4人以外,他们可以分为机智勇敢的少年儿童(5人)、勇于探究的智者(5人)、无私助人的好人(4人)、技能专业人员(2人)、民主领袖(2人)。由此可以看出,勇于探究、勇敢睿智、民主领袖是教材中最突出的男性典范和气质。

值得一提的是,勇于探究的智者形象、机智勇敢的儿童形象、民主领袖形象是男性所独有的,而没有出现此类西方女性人物。有别于强调女性乐于奉献、无私助人,男性角色进入教科书时,通常是以智者、领袖、探索者的形象成为榜样。这在某种程度上反映了当时社会对男性和女性的期待和要求存在差异。男性更应该具有勇敢、勇于探索的精神,在政治事业上也应该有更高的追求。

虽然男性角色占主导地位,但西方女性人物占比大于中国女性人物。统计四册教材中的中国人物,女性为8人,在中国人物中占比仅13%,西方女性人物6人,在西方人物中占比18%,比中国女性多5%。发达的西方国家更早摆脱专制和封建,在推动近代女性解放运动上走在世界前列。因此,该教科书中西方女性形象虽然出现不多,但类型典型,出现了许多先进女性代表。分析这六个形象所带有的道德品质,可以归成三种类型:无私助人、技能专业、勇敢无畏。(因为有些人物身上不仅拥有一种品质特点,所以归类会有重合。)

无私助人的人物形象有5个。课文《冒雨救危车》塑造了英勇救人的平民母女形象。《地狱中的明星》中的伊立查培是一个富有爱心的女孩,听说监狱里的女犯们生活艰苦不堪,她心生恻隐,鼓起勇气去监狱为她们唱歌、讲故事,带去快乐。《童子比尔》中的亚里布兰听到穷苦孩子比尔的母亲病危的经历后,对比尔慷慨资助,比尔长大后将她看作自己的亲生母亲照料。职业独立、技能专业的女性有2位。《战场上的天使》讲述了白衣天使南丁格尔尽职救人、奉献自我的故事。《童子比尔》中的亚里布兰则是一位美丽、著名、有才华的音乐家,受到人们的追捧。勇敢无畏的女性形象有3位,包括《女郎走马索亡牛》中不畏强权的安蕾和《冒雨救危车》中勇敢救人的母女。

综上,教材中的西方女性人物有这样几个特点:一是出身普通,身份平凡。冒雨救人的美国母女没有姓名,安蕾则只是个未成年的小女孩。二是品德高尚。无论是慷慨无私的歌唱家,抑或是乐于助人的伊立查培,她们都有着正面的、善良的品质。三是结局美好,好人有好报。亚里布兰在生病时得到了自己曾资助的孩子比尔的照顾。四是勇敢独立、追求自由。南丁格尔、亚里布兰都有自己独立的事业,且对社会产生较大价值和贡献。这与中国传统文静柔弱、女子无才便是德的形象差别甚大。这些女子们出身虽平凡,但有着一颗善良仁爱的心,对社会做出自己的贡献。这样的人物形象及特征对儿童有着很好的导向和教化作用。

(2) 时代

不同时代的人物形象向读者传达出不同时代特有的价值观念。西方人物出现在教科书里的时代,可以从侧面反映出教材编选者的价值取向。这里研究的是民国时期的教材,研究对象是西方人物,因此没有按照中国历史发展的一般时代划分标准(以1840年为古代和近现代的界限),而是以1400年作为划分古代和近现代的标准。《新学制国语教科书》(高小)中涉及的西方人物共33个,其中近现代人物有18个,占比最大,为56%;古代人物有6个,占比最小,为16%;时代不详的人物有9个,占比28%。近现代、古代和时代不详的人物数量比例大约是4∶1∶2。可见,近现代西方人物占比最大,呈现出崇今轻古的现象。

与中国人物形象所处时代相比,西方人物的呈现更具有崇今轻古的特点。一方面,近现代西方国家的国力更为强盛、思想更为先进,民国时期的教育者们注重吸收当时的西方文化。另一方面,一些西方国家如美国的发展历史并不久远,当时的教育工作者们自然把眼光放在更熟悉的近现代历史中。这体现了当时对西方时代精神的普遍追求,重视西方近现代文化的价值取向,也体现了教科书与时俱进、紧跟时代、具有开放性的特点。

在14篇塑造近现代西方人物的课文中,最推崇的是无私助人、乐于奉献的精神,以及追求民主和平的思想。如《铁达尼邮船遇险》中,泰坦尼克号撞上冰山、即将沉没之时,船上的男人们主动让妇孺先上救生船,船上的乐工像平时一样演奏、歌唱,十分镇静。这个故事表现了英国的绅士精神。《自由的责任》中华盛顿说道:"我以为我们的国家……是把各人'热爱自由的意思'组成的。"这强烈地表达了每一个公民都具有追求民主、自由的权利,是当时不可抗拒的时代潮流。古希腊、古罗马的智者,以及后来文艺复兴、启蒙运动等中出现的先贤们,代表着古代西方的思想文明,因此在塑造古代西方人物的课文中,智者的形象最为突出。如《最得意的人》中的哲学家苏伦,认为尽力于家庭和社会的穷人是最得意的人,他拥有奉献社会、知足乐观的大智慧。

另外,可以发现许多故事都发生在战争时期。《女郎走马索亡牛》发生在美国独立战争期间,女孩安蕾不畏强权,勇敢反抗专制霸道的英国将军。《战场上的天使》描写了第二次世界大战之时士兵们伤亡惨烈的场景。《小吹手》发生在俄波战争期间,男孩宝尔说"我愿意做个音乐家……我一点不喜欢战争的事",表达了自己对战争的厌恶。当时的中国结束了鸦片战争、八国联军侵华战争以及旧民主主义革命等,人民饱受战争的摧残,生活在水深火热之中,这些课文表达出的反帝反专制思想正符合当时中国的时代潮流,迎合了人民反对战争、爱好和平的愿望。

(3) 国别

教科书对人物形象的国别选择体现出当时的时代特征,以及教科书编写者对这些国家文化的重视。《新学制国语教科书》(高小)中共涉及西方国家9个,其中,有11个英国人物、9个美国人物、4个意大利人物、1个法国人物、1个德国人物、1个日本人物、1个波兰人物、1个以色列人物、1个希腊人物,3个国籍不详。

在国别方面,英、美、意等发达欧美国家占主流,且在涉及英美国家的选文中,真实历史人物与事件更多,比如美国的华盛顿成为三篇课文的主人公,还有英国的惠灵顿、南丁格尔,意大利的马可·波罗、哥伦布。一方面,当时的英美两国在政治、经济、文化方面都属于世界中心,成为中国学习的对象。而自称为"日不落帝国"的英国虽不再是资本主义最强国,但实力仍存,是老牌资本主义国家,教育文化积淀深厚。另一方面,20世纪20年代后,陶行知、胡适在中国推崇杜威的美国实用主义学说,中国深受美国教育思潮的影响。因此,当时的教材编写者和社会更关注英美等发达国家的文化,西方发达国家的文化对学生的渗透呈现出越来越强的趋势。追溯中国学习西方的历史轨迹,清末,由于甲午战争的失败,中国开始对日本进行理性的认识,走上学习日本的道路。1904年癸卯学制的指导思想是"中学为体西学为用",大部分借鉴了日本教育体制和思想,掀起一股留学日本的风潮。之后,美国与中国签订文化教育交流条约,并退还庚款,这意味着美国大力支持中国人留学美国,支持中国学习美国。美国在20世纪初到20年代之间发生了进步主义运动,第二次工业革命的中心也由英国转变成美国,经济、科学发展迅速。此时,由于美国开放的外交政策和国内的迅速发展,中国由学习日本转向学习美国。因此,在20年代的国文(国语)教科书中,以美国、英国人物为主角的课文数量更多。

(4) 身份与职业

一个人的身份和所从事的职业与这个人的性格、行为相互影响。教科书中选取的人物的职业、身份的呈现,会对小学生未来的职业观产生影响,因此其身份和职业呈现多样化、平民化的特点。《新学制国语教科书》(高小)中的33个西方人物有12类身份职业,分别是军官将领(4)、帝王(4)、政治领袖(3)、医生(2)、艺术家(2)、船长(2)、杂技艺人(2)、航海家(1)、哲学家(1)、旅行家(1)、手工业者(1)以及未涉及职业的普通人(10)。其中普通人、帝王、军官将领、政治领袖的身份出现较多。

首先,人物身份平民化,普通人占据人物身份类目中的最大数量。《新学制国语教科书》(高小)中,作为课文主角的更多的是普通人,没有具体的身份和职业,有的甚至没有出现姓名,呈现了更加真实的生活化、平民化形象。如《冒雨救危车》中的母女、《高岗上起火了》中的老人,虽然只有代称、没有姓名,但是他们有着无私助人的高尚品质,当属平民英雄。平民的形象更容易使普通读者产生共鸣,更容易引起效仿,能对儿童起到更好的教化作用。

其次,23篇课文中还有7个未成年的少年儿童形象,且都以正面的积极榜样形象出现。《孩子拒大将》《女郎走马索亡牛》中都塑造了勇敢、不畏强权的儿童形象。《童子列因的伟绩》《小吹手》同样塑造了忠勇爱国、反专制尚民主的儿童形象。《冒雨救危车》《急流拯救》则塑造了无私助人、舍身救人的少年形象。"同龄群体的规范和价值往往被个人作为社会化过程中的重要参照系,而成为个人社会化的一个重要环境因素。"[①]小学生对同龄人的共鸣会更深,同龄人对小学生的模范和榜样作用会更为有效和明显。

最后,新兴职业、边缘职业入选。虽然教材人物在身份职业上仍主要是普通人、军人将领、政治人物、帝王,但是这种模式已被打破,职业种类开始丰富多样,出现了船长、艺术家、医生、杂耍艺人、航海家、旅行家、哲学家等身份多样化的格局。航海家、船长、旅行家这些职业是西方海洋民族所独有的。欧洲的海洋文明起源于古希腊,古希腊没有肥沃的大河流域和广阔的平原,由于其特殊的地理条件,人们自然而然地到海外去拓展,开展频繁的航海贸易活动。航海使欧洲人练就了勇于开拓、善于求索的民族性格,同时创造了辉煌灿烂的海洋文明。比如《竖鸡蛋》一文中,哥伦布是航海家,《马哥孛罗》一文中马可·波罗是旅行家,《大力士和狮子角斗》一文中孙唐是角斗士,这些身份都展现了西方民族的冒险精神。

对比中西方人物的身份职业可以发现两点。第一,中国人物的边缘职业与西方大相径庭。首先是数量上的差异,涉及中国边缘职业的课文只有3篇,在比例上远小于西方。《口技》《义伶》《听王小玉说书》分别介绍了口技者、伶人(演员)、说书者。

[①] 郑杭生主编:《社会学概论新修》,中国人民大学出版社,1994年,第118页。

与西方表现的探索精神不同,这三个职业在封建社会中都是为统治阶级、上流社会的娱乐所服务的,在古代中国属于最末等的身份,因此历史记载较少,教材塑造不多。第二,中国人物中军官将领的身份占比大于西方。西方人物中军官将领的身份占比为12%,而中国将军官员的人物数量很大,在59篇课文中出现了13个将军官员,占比22%。这与我国古代官本位的传统职业观有关,学而优则仕,当官是中国古代所有文人的追求。可见,教材编写者在塑造西方人物的边缘职业时,也将西方的独特国情和异域风情展示给学生读者,打破中国封建社会"农为本、商为末"的传统职业观,有助于学生建立正确的、平等的职业观。

2. 内在形象分析

在教材文本中,想要展示一个人物鲜活饱满的形象,除了具有显而易见的外在形象之外,更需要具有丰富的内心世界和道德品质。对人的认识过程而言,人物形象不只是单纯的表象,而且是经过复杂的思维过程后所确立的丰富思想认识。[①]《新学制小学国语科课程纲要》中对教材编写提出了小学语文教材"涵养感情、德行,启发想象、思想"的要求。而"人物形象"作为语文教科书的重要组成部分,担负着道德教育的责任。

依据《小学德育纲要》的内容,参考许晓放的《人教版小学语文教材选文的德育因素分析》一文,笔者将《新学制国语教科书》(高小)中的西方人物道德品质因素分为个体、社会群体、国家世界三个方面。"个体"的具体内容包括心灵善良、勇敢镇定、睿智聪明、旷达乐观;"社会群体"的具体内容包括关爱他人、无私奉献、舍己救人、礼貌待人、孝顺体贴;"国家世界"的具体内容包括热爱祖国、民族自豪、和平民主。具体类目的统计数据见表44。

---

① 傅建明:《新中国八套小学语文教科书价值取向比较研究》,浙江大学出版社,2014年,第53页。

表44 西方人物道德品质统计表

类目	道德品质	人物	数量	占比
个人	勇敢镇定	男孩(《孩子拒大将》),安蕾(《女郎走马索亡牛》),老人(《高岗上起火了》),母亲、女孩(《冒雨救危车》),孙唐(《大力士和狮子角斗》),男子们(《铁达尼邮船遇险》),华盛顿(《急流拯救》),船长(《救沉船将身补漏洞》),宝尔(《小吹手》),列因(《童子列因的伟绩》)	11	33%
	心灵善良	老人(《高岗上起火了》),母亲、女孩(《冒雨救危车》),古德密士(《金药》),男子们(《铁达尼邮船遇险》),华盛顿(《急流拯救》),船长(《救沉船将身补漏洞》),亚里布兰(《童子比尔》),伊立查培(《地狱中的明星》),南丁格尔(《战场上的天使》)	10	30%
	旷达睿智	苏罗门(《真是聪明人》),苏伦(《最得意的人》),哥伦布(《竖鸡蛋》),磨面人(《快乐的磨面人》)	4	12%
社会群体	关爱他人	老人(《高岗上起火了》),母亲、女孩(《冒雨救危车》),古德密士(《金药》),男子们(《铁达尼邮船遇险》),华盛顿(《急流拯救》),船长(《救沉船将身补漏洞》),亚里布兰(《童子比尔》),伊立查培(《地狱中的明星》),南丁格尔(《战场上的天使》)	10	30%
	无私奉献	古德密士(《金药》),南丁格尔(《战场上的天使》),伊立查培(《地狱中的明星》)	3	9%
	舍己救人	华盛顿(《急流拯救》),船长(《救沉船将身补漏洞》),男子们(《铁达尼邮船遇险》)	3	9%
	礼貌待人	安蕾(《女郎走马索亡牛》)	1	3%
	孝顺体贴	比尔(《童子比尔》)	1	3%
国家世界	热爱祖国	驯马师(《马技》),宝尔(《小吹手》),列因(《童子列因的伟绩》)	3	9%

续 表

类目	道德品质	人物	数量	占比
其他	和平民主	宝尔(《小吹手》),华盛顿(《华盛顿和大尉》《自由的责任》)	3	9%
	难以界定的人物	康卫立(《女郎走马索亡牛》),沙哀勒斯(《最得意的人》),英王(《快乐的磨面人》)	3	9%
	反面人物	惠灵吞(《孩子拒大将》),大尉(《华盛顿和大尉》),克里失斯(《最得意的人》),百夫长(《童子列因的伟绩》)	4	12%

(1) 个体层面

从个体层面来看,《新学制国语教科书》(高小)较关注"勇敢镇定"的品质。"勇敢镇定"品质通常表现在儿童身上,《孩子拒大将》中大将军虽有权有势,男孩依旧坚守原则,拒绝放行人人都害怕的将军,勇气可嘉。《女郎走马索亡牛》中,在财物被英军夺去后,女孩安蕾从容镇静,找到大将军索回自己的财物,态度礼貌、不卑不亢。另外还有《小吹手》中不愿为侵略者吹号的宝尔,《童子列因的伟绩》中不屈服于恶势力的男孩列因。这也体现了教材编者对儿童的期冀,希望孩子们可以学习西方儿童的勇敢、坚韧。

该册教材也很注重"心灵善良"的品德。例如,第一册第九课《高岗上起火了》中,老人故意点着自己的粮仓,吸引村民跑来而躲过了海啸。第十二课《冒雨救危车》中的母女冒着雨,向空中抛烧着的树枝,提醒火车不要开向断崖,典型地表现了人物的仁爱与善良。

统计分析中国人物在个体层面的品质,发现与西方人物有所区别,中国更重视"睿智旷达"这一品质,在 59 篇课文中,有 17 个人物表现出了聪明智慧、学识渊博的特质。如《诸葛亮》《草船借箭》《空城计》中都塑造了诸葛亮料事如神、才华非凡、有勇有谋的军事家形象。《孔子》《孟子》《老子》《墨子止楚攻宋》等人物传记中塑造了博闻多识、能言善辩的睿智圣人形象。与中国古代崇尚智慧不同，西方国家从古希腊、古罗马的城邦时期就有着尚武、尚勇的传统精神，因此在人物身上更多表现出勇敢、坚毅、绅士的骑士精神。

值得一提的是，中国人物身上"不慕名利"这一特征出现较多，而在西方人物身上没有任何表现，例如《子贡见原宪》中安贫乐道的原宪，《接与却金》中恪守本心、拒绝当官的接与，以及《陶潜》中隐居山中、淡泊名利的陶渊明。中国自汉朝以来就以儒家学说为正统思想，而儒家思想始终主张重名轻利的名利观，孔子曾说："君子喻于义，小人喻于利。"自古到今，中国对追求外在的物质享受都秉持着批判态度。而西方在追求物质利益方面和中国截然不同。经济方面，西方资本主义萌芽早，农民很早就完成了向工人的转变，遭到剥削。16世纪，西方人开始对海外探索，对黄金、香料、财富的追求催生了一大批逐利者。政治方面，西方君主为了抗击地方割据势力，和商人、资产阶级联合，实行重商主义政策。到了代议制时期，对参政人员的财产有着相当高的要求，意味着只有大资本家才能参与政治。在思想方面，享乐主义、斯宾塞的进化论和詹姆斯的实用主义哲学在近代西方国家大行其道。因此，对金钱的渴望成为整个社会的追求。人们对逐利、享乐十分热衷，毫不避讳。

在个人品质方面，该教材中西方人物品质的表现各有所侧重。西方人物的个人品质更偏重"勇敢镇定"，中国人物则更偏重"旷达智慧""淡泊名利"的气质。这说明了编者在表现中西方人物形象时，选材和编写都具有一定客观性，体现了中西方不同的文化特点。中西方也有共通的道德品质，如"心灵善良"，这是国内外普遍认同的价值。

（2）社会层面

从社会群体来看，《新学制国语教科书》（高小）最重视"关爱他人""无私奉献""舍己救人"的道德因素。例如,第四册第四十课《地狱中的明星》中,伊立查培用无私的爱感化和帮助监狱里的人们。第四十一课《战场上的天使》中,南丁格尔日夜不寐地细心照料战场上的伤兵们。这些女性人物身上都体现了无私奉献、仁爱善良的精神。

表现"孝顺体贴"的课文只有1篇,即《童子比尔》。比尔为了救治病重的母亲,求助歌唱家亚里布兰。而在中国人物的课文中,最重视的社会层面的道德品质就是"孝顺体贴"。课文《淳于缇萦上书救父》《木兰辞》《窗槛上自修》分别塑造了为救父给汉文帝上书陈述自己父亲无罪的孝女形象,花木兰替父出征的女中豪杰形象,家中虽穷但懂事孝顺的男孩形象。在传统中国社会,"孝"是道德的核心,是立国之本。孟子曾说:"尧舜之道,孝悌而已矣。"(《孟子·告子下》)孔子认为"孝悌"是做人、做学问的根本。在汉朝几百年的孝德教育中,孝道观念已经深深地刻在中国人的骨髓中。西方也重视"孝",《圣经》中记载的上帝对人们提出的十条原则中,第五条就是要孝敬父母。但是中西方的孝道有所不同。首先是程度上的不同。西方的"孝"不像中国,被摆在传统道德的核心位置。这可以从涉及"孝道"的课文数量上看出。其次,"孝"的对象不同。《童子比尔》中比尔为了救助病重的母亲,求助歌唱家亚里布兰。"吾今在贫困中,能制一歌词,为女士所唱,则稿可大贵,吾母医药之费不必虑矣。"比尔尽孝的对象仅为自己的母亲,而中国的"孝"通常和"悌"连在一起,指的是孝敬父母、友爱兄弟。《木兰辞》中因为"阿爷无大儿,木兰无长兄,愿为市鞍马,从此替爷征",花木兰替父兄从军,将自己奉献给国家,她所"孝"的对象不仅是父母,还有兄弟、整个家庭、整个国家。

(3)国家层面

从国家世界层面看,《新学制国语教科书》(高小)注重体现"热爱国家""和平民主"的品质。第四册第四十二课《小吹手》

中的宝尔典型地体现了忠勇爱国的品质。他不愿用喇叭吹波兰曲帮助敌人侵占华沙,最终被俄军残忍杀害,成为英勇牺牲的民族英雄。课文《自由的责任》是华盛顿的演讲词:"第一,我们该负着拥护自由的责任……第二,我们该负着光大自由的责任。"华盛顿大力抨击封建专制制度,呼吁人们追求自由和民主的权利。

和西方一样,在国家世界层面,中国人物的塑造也注重体现"热爱祖国""和平民主"的品质,这反映了东西方共同的价值追求。而强调"爱国""和平""民主",也与时代有着密不可分的关系。

(4) 反面人物

根据表44可以发现,《新学制国语教科书》(高小)中的西方人物道德形象丰富,大多数是积极正面的榜样形象,只有少数的四个负面形象。这表现了语文教科书中人物形象的正面导向功能,同时也可以看到民国时期教材对西方文化不存在偏见。这些反面人物形象有一定的典型性。四个反面人物中有三个人物的身份是军官将领,一个是帝王,他们所表现出的不良品质都与残暴、自以为是相关。这在一定程度上反映了教材的反帝反战反侵略的价值取向。其中大尉和克里失斯两个人物并不是简单的负面形象,他们在故事的结尾都表现出了知错能改的倾向,体现了人物的复杂性和饱满性。另外,这几个负面人物都有其形象功能,那就是在对比中衬托正面人物的优秀品质。比如在《华盛顿和大尉》一文中,大尉仗着自己身份高人一等便袖手旁观,站在岸边看着士兵们气喘吁吁地抬木头;而华盛顿虽贵为总统,却"跨下马来,卸了大衣,到岸旁去帮士兵抬木头",两者形成鲜明的对比。

(三) 西方人物的文体构成

从教材的题材功用角度来看,教材的选编范围可以包括图画类和文字类。文字类主要是指由文字写成的各种文体的课文,主要分为记叙文、说明文、议论文、实用文、韵文。其中记叙文的文体最为常见和常用,又可以根据不同的标准划分为童话、小说、游记、寓言、传记等。《新学制国语教科书》(高小)第一册的国语教科书编纂大要中写道:"本书内容方面仍以儿童文学为主,但趋重现实的生活,减少想象的资料。本书的材料,注重小说、传记,诗歌约占全书六分之一。"① 根据《新学制国语教科书》(高小)中西方人物选编的实际情况,选西方人物进入课本的选文文体可以被归纳为六种,分别是:小说,包括《女郎走马索亡牛》《大力士与狮子角斗》《小吹手》等10篇课文;名人传记,包括《华盛顿与大尉》《马哥孛罗》《急流拯救》等5篇课文;历史故事,包括《孩子拒大将》《街头音乐师》等5篇课文;民间故事,包括《真是聪明人》《最得意的人》2篇课文;演说词,《自由的责任》1篇课文;文言文,《童子比尔》1篇课文。本书中对小说、名人传记、历史故事的分类定义是有区别的。小说指完全虚构的、具有完整情节的故事,名人传记指历史、文化领域的名人真实发生过的事件的文学性记录,历史故事则是合乎史实的记人或记事的故事,但在细节上可以带有虚构成分。

《新学制国语教科书》(高小)中选西方人物的课文的文体类型如表45所示。西方人物进入教材的文体种类较多,丰富全面,打破了清末民初多以文言经书诗词编入小学语文教材的局面。其中小说占比最多,其次是名人传记和历史故事,除此之外,还有少量涉及民间故事、演说词、文言文等其他不常用的文体。可以由此看出教材编写在文体分配上的合理性。

选取中国人物的教材课文文体类型更加丰富,有小说《义勇的老农夫》《阿留》等25篇,历史故事《席下明珠》《田兴打虎》

---

① 吴研因、高梦旦:《新学制国语教科书》(高小)第一册,商务印书馆,1926年,第1页。

等16篇,人物传记《孔子》《孟子》等8篇,文言文《扁鹊见齐桓侯》《河伯娶妇》等7篇,民间故事《把枣子当午膳》《佳偶》2篇,剧本《苏秦求官》1篇。经统计得出,中国人物进入的课文中,文体为虚构小说的占比为60%,而较为真实的历史故事、人物传记、民间故事占比为40%。西方人物进入的课文中,文体为虚构小说的占比为42%,较为真实的人物传记、历史故事等占比58%。

表45　西方人物进入课文的文体类型统计

课文文体	第一册	第二册	第三册	第四册	数量总计
小说	《女郎走马索亡牛》《冒雨救危车》《马技》《高岗上起火了》	—	《大力士与狮子角斗》《救沉船将身补漏洞》	《小吹手》《童子列因的伟绩》《快乐的磨面人》	9
名人传记	《华盛顿和大尉》	《马哥孛罗》	《急流拯救》	《竖鸡蛋》《战场上的天使》	5
历史故事	《孩子拒大将》《金药》	《街头音乐师》	《铁达尼邮船遇险》	《地狱中的明星》	5
民间故事	—	《真是聪明人》	《最得意的人》	—	2
演说词	—	—	《自由的责任》	—	1
文言文	—	—	—	《童子比尔》	1

三、《新学制国语教科书》(高小)中西方人物形象的现代想象

(一) 西方人物的写实与虚构

教材中的人物有写实和虚构之分。探寻虚实人物不同的道德品质、形象特征,可以更深入地挖掘教材编写者所传达的价值

取向,从而了解人物背后担负的德育功能。

如前所述,本书中小说是指完全虚构的、具有完整情节的故事;名人传记是指历史、文化领域的名人真实发生过的事件的文学性记录;历史故事则是合乎史实的记人或记事的故事,但在细节上可以带有虚构成分。因此,根据人物进入课文的文体,也可以推断出人物的虚实、故事的虚实。

根据人物是否在历史上真实存在以及进入课文的文体,我们把教材中的西方人物分为三类。第一是写实的人物(11个),这些人物是真实存在的或有历史来源的,可以在细节上有适当虚构,通常以名人传记、历史故事的体裁表现。第二是虚构的人物(10个),没有来源,历史上也不存在,是编者或者作家凭想象描写出来的,大多数以小说的形式呈现。第三是写实与虚构界限模糊的人物(2个),这类人物没有真实的历史记载,只存在于人们口耳相传中,这类故事通常以民间故事、民间传说的体裁表现出来。

1. 写实的西方人物

根据统计得知,西方虚构人物占比(40%)小于写实占比(50%)。另据人物进入课文的文体数据统计,西方虚构人物占比小于中国人物。这说明编者选入教科书的西方外来文化素材多取自真实事件,而非想象捏造。其原因有两方面。一方面,在20世纪20年代初,吴研因关于小学语文教材"文学化"的主张受到争议,有学者认为"鸟言兽语"以及大量想象材料缺少科学依据。因此,之后的教科书减少了虚构的材料。在《新学制国语教科书》(高小)第一册的国语教科书编纂大要中写道:"本书内容方面仍以儿童文学为主,但趋重现实的生活,减少想象的资料。"[①]另一方面,西方经济政治文化实力雄厚,为了复兴民族,有

---

① 吴研因、高梦旦:《新学制国语教科书》(高小)第一册,商务印书馆,1926年,第1页。

志之士开始开眼看世界。经济上,洋务运动学习西方的科学技术;政治上,维新变法试图效仿西方的政治制度。新文化运动、五四运动后,文人们意识到,对社会变革更重要的还有文化的深层变革。大批留学生出国深造,一批欧美教育专家访问中国,大量西方著作、教科书翻译出版,人们对西方的历史、地理、著名人物等知识的了解越来越深入和广泛。因此,教科书中的西方形象越来越趋向真实化、纪实化。

写实的西方人物课文中,有三篇都介绍了美国国父华盛顿的事迹。《华盛顿与大尉》中华盛顿虽贵为总统,却愿意放下身段帮助士兵抬柱子;《自由的责任》中华盛顿大声表达了自己追求民主、自由的呼声;《急流拯救》中18岁的华盛顿不顾湍急的水流,毅然跳入河中救人。可见,当时教材最认同的是美国的民主化进程,视华盛顿为世界上成就最高的政治领袖。一方面,当时中国的新学制改革就是从学习日本转向学习美国的,20世纪20年代的美国无论在政治、经济还是思想文化上,都遥遥领先于世界,因此,人们自然将更多目光投在美国真实人物上。另一方面,华盛顿作为政治领袖,带领美国赢得独立战争,并且主持制订了美国宪法,领导创立了民主政体,担任美国首任总统,成就斐然。作为普通美国人,华盛顿舍己救人、无私助人。无论是何种身份,华盛顿都有其独特的魅力和值得学习的品质。

纵观写实的西方人物,最多的人物品质特征是无私奉献。《战场上的天使》中照顾伤兵的护士南丁格尔、《地狱中的明星》中用爱感化和帮助监狱中囚犯的伊立查培、《金药》中慷慨资助穷人的医生古德密士、《铁达尼邮船遇险》中先让妇孺们等上救生船的人们,可见,善良的品行、绅士的精神是中西方共同追求的价值取向,为人们所推崇。而这些高尚的人物和事迹,因为其真实性而更容易触动读者,能够对儿童起到更好的榜样和导向作用。

另外，可以看到以真实形象出现在课文中的人物，大多是政治领袖、历史名人、优秀艺术家等，如美国国父华盛顿、旅行家马可·波罗、音乐家亚历山大不歇、白衣天使南丁格尔、发现美洲的航海家哥伦布等。教材编者既将这些人物作为榜样，强调其对儿童的模范作用，又将历史人物融入文学中，让儿童更容易地接受西方历史人物知识。

2. 虚构的西方人物

作者之所以创造虚构的人物，首先是因为特定的形象真实生活中很少存在，或是历史上没有记录。其次，编者赋予虚构人物的道德品质反映了编者的价值取向，担负了对儿童的德育功能。

十个虚构人物中有三个表现出了舍己救人、无私助人的品质，且三篇课文《冒雨救危车》《高岗上起火了》《救沉船将身补漏洞》故事结构相似。三篇小说一开头都出现了某个天灾或意外：火车铁轨被暴雨冲断、发生海啸、船只出现漏洞。接着出现了品德高尚的主人公，想尽办法挽救他人，不惜冒雨拦火车，烧毁自家房屋来提醒大家远离海边，甚至用自己的身体补住船上的漏洞，抵挡冰冷的海水。三篇课文都表现了文中人物舍己救人的道德品质。历史故事《急流拯救》讲的是美国国父华盛顿18岁时，跳入激流涌动的河中救人的故事，和以上三篇小说有着同样的叙述结构，表现了主人公华盛顿舍己救人的品质——虽然华盛顿这个人物真实存在，但是在历史上这个事件的真实性有待考察。由此可见，表现人物舍己为人品质的课文均是虚构的故事，这些虚构的故事正反映了中国人眼中的西方想象。从古希腊罗马时期对私人财产的重视，到中世纪末骑士精神的没落，再到资本主义制度的确立，西方人更追求独善其身。19世纪，西方居于主流地位的资产阶级思想开始摆脱理想，转向功利主义。纵观西方责任伦理思想的变迁，可以看出，进入近代社会后，自然、自我越来越成为人们负责的对象。可见，当时人们的西方想象带有一定的美化成分,这与当时崇尚欧美思潮的背景有关,但同样反映出当时的学者对西方的认识和了解缺乏一定的理性、客观性。这些故事虽然披着西方人物的外衣,但是本质上想表达的仍然是中国传统儒家道德观,即舍生取义,而舍生取义、仁义礼智在西方并不是主流文化价观。尽管在反对复古主义教育逆潮的背景下,西方人物身上仍带有孔孟传统道义的影子,但这也说明了当时的教科书从选材到改编都本着适合我国国情的原则进行,而非全盘接受西方文化。

虚构的人物中还有四个是勇敢机智的儿童形象。《孩子拒大将》中勇拒大将军的男孩,《女郎走马索亡牛》中向英国将军索回财物的女孩安蕾,《小吹手》中为祖国英勇献身的宝尔,《童子列因的伟绩》中为追求自由、反对专制而献身的男孩列因,这些英勇儿童的行为有一定的成人化倾向。比如,《童子列因的伟绩》中的孩子列因在遇上凯撒的骑兵时,大声骂他们是"凶手""刽子手",高呼"让我迎上去,让他们杀死……你要是杀人嫌少,可杀了我,我全不怕你,我恨你们……现在请你杀我吧"。然而,"不怕死"这一想法和行为违背了人的天性,而心智尚未成熟的孩子更不可能不惧怕死亡。孩子的天性是以自我为中心,在孩子身上很少出现牺牲精神。编写者之所以将英勇爱国、不怕牺牲、坚守原则这些道德品质冠于虚构的儿童,正反映出了编者对这些品质的推崇,希望儿童从小树立热爱祖国、和平民主、坚守原则、勇敢无畏的价值观。

(二)现代文明诉求

"人物形象"是教科书传递知识、表达作品内涵的重要手段,"人物形象"所传递的价值导向对帮助学生树立正确的世界观、人生观、价值观具有重要意义,对学生形成良好的个性和健全的人格具有重要影响。当代形象学认为,异国形象有言说他者和言说自我的双重功能,一方面反映了本民族对异族的理解和认识,另一方面也投射出本民族的欲求和心理。①《新学制国语教科书》(高小)中的西方人物形象也有一样的功能。西方人物形象既体现了当时编者心目中的西方想象,编者又以西方人物形象作为载体,以西方人物身上的特质表达自己对本民族的理想和期待。"人物形象"中加入了资本主义政治形态、西方意识形态以及异国文化,使得教学内容更为丰富。西方人物形象与东方人物形象的价值传达既有不同之处,又有共同追求。因此,探寻人物形象背后蕴含的价值取向非常重要,这不仅能探索民国教科书编者对西方的想象世界,还有利于我们反思并改进教材编写,取得人物选取与塑造的经验。

1. 平民化取向

20世纪20年代,杜威、孟禄等人的平民主义教育思潮在中国得以流行。许多国文(国语)教科书编者,如陶行知、吴研因等人均受到影响。1922年新学制改革也受该思潮影响,在七项改革标准中提到"发扬平民教育精神……注重生活教育"。1927年"党化教育"强调教育的"革命化、平民化",1929年国民党"三民主义"教育宗旨中也强调"充实人民生活,根植社会生活"。② 可见,当时的教育宗旨对教科书编写在选材和价值取向上提出了"平民化""生活化"的要求。

通过量化分析,我们发现,普通人占据人物身份类目中的最大数量。《新学制国语教科书》(高小)中的西方人物呈现的场景相对生活化,人物塑造以对话、动作等方式为主。人物身份的选取不再偏向帝王将相、圣贤名人,而越来越转向普通人,塑造了众多平民英雄、平民榜样。譬如,第三册第三十七课《救沉船将身补漏洞》中的船长无名无姓,但他舍己救人,冒着被冻僵的危

---

① 李雪:《清末民初女子国文教科书中的异国女性形象》,山东大学硕士学位论文,2016年,第31页。
② 韩永红:《清末民国小学语文教科书中的人物形象研究(1904—1937)》,河北大学硕士学位论文,2017年,第59页。

险,用自己的身体堵住船上的漏洞。另外,新学制教材中还塑造了众多平民职业形象,如手工业者、医生,这些职业平凡又贴近平民生活,更容易引起学生的共鸣。第四册第三十二课《快乐的磨面人》中,乐观豁达的"磨面人"这样快乐地唱道:"日出而作,日入而息,不忮不求,自食其力。"他的职业既不富贵,身份也不高贵,但他对生活保持着积极向上的态度,这是属于平民百姓的知足常乐。《战场上的天使》《金药》中的主角职业是普通的护士、医生。还有的普通人没有具体的身份和职业赋予,有的甚至没有出现姓名,呈现了更加真实的生活化、平民化形象。如《冒雨救危车》中的母女、《高岗上起火了》中的老人虽然只有代称,没有姓名,但是他们同样有着无私助人的高尚品质,当属平民英雄。平民的形象更容易使普通读者产生共鸣,更容易引起效仿,对儿童起到更好的教化作用。

2. 民主和平取向

中华民国建立前,鸦片战争、八国联军侵华战争等使得人民饱受战争的摧残,人们同时也受到腐朽清政府的打压侵害。中华民国建立以后,中国虽获得相对的和平,但仍战乱不断。20世纪20年代的中国处于北洋军阀统治时期,中国终于推翻了两千多年的封建专制制度,资产阶级民主共和国建立,但出现专制复辟,军阀割据混战,社会黑暗动荡,战争不断,百姓处于水深火热之中,人人向往和平的美好世界。随着新文化运动的全面展开,提倡"民主""科学",为了动摇封建正统思想的地位,使民主共和观念深入民心,教科书中也大力宣扬着"民主""科学",反帝反封建、反战争反侵略的价值取向在教科书中大量显现。

在《新学制国语教科书》(高小)中,教材编写者编写了大量将人物置于战争背景之下的课文,通过人物的话语、命运,向学生展示了战争的残酷,表达对和平、民主生活的向往。比如,《小吹手》中的男孩宝尔明确地表达了自己对战争的厌恶。"我愿意做个音乐家,我爱鸟的声音,和海潮的声音。我一点不喜欢战争的事。"《女郎走马索亡牛》发生在美国独立战争期间,安蕾不屈服于英国士兵,勇敢地向英国将军索要回自己的财物,表现了女孩安蕾对革命和民族独立的坚定信念。《战场上的天使》一课中浓墨重彩地描绘了战争中士兵们的伤残景象。"一千八百五十四年,俄国南部的战场上,尸横遍野、血流成渠,景象十分凄惨……但是断手断足的,倒卧在壕沟中的,寂寞呻吟着,却离不了极端的惨痛。"这同时表达了对反对强权、争取自由的战士们的赞美。"那无数的勇敢少年为着强权、优胜的几块金字招牌,大多数做梦似的牺牲了自己的生命。"《童子列因的伟绩》中,男孩列因忠勇爱国、视死如归,大声唾骂专制暴戾的士兵,最终被残忍杀害。编者借他们的形象向读者们表达了对战争的厌恶。《自由的责任》一文是华盛顿呼吁人们追求自由、担负责任、振兴民族的演讲词。可见,教材编写者希望学生可以努力追求民主和自由,担负起复兴中华的责任。

3. 历史人物知识教育的文学化

《新学制国语教科书》(高小)中除去大量虚构的人物身份之外,还出现了许多历史上真实存在的人物。在文体上还新增了人物传记,如《华盛顿和大尉》《马哥孛罗》《竖鸡蛋》《战场上的天使》。美国总统华盛顿、意大利旅行家马可·波罗、意大利航海家哥伦布、英国护士南丁格尔、英国将军惠灵顿、法国音乐家亚历山大不歇等都是真实存在的历史人物。这些真实存在的人物形象除了担负传达一定道德因素和价值取向的功能之外,还承担了历史人物客观知识的教育功能。

比如,在《马哥孛罗》一课中,学生们通过学习马可·波罗一生游历中国,写成《东游记》的经历,了解了马可·波罗是一个颇有胆量、乐于探索的旅行家;《竖鸡蛋》中航海家哥伦布勇于尝试、开拓创新;《战场上的天使》中白衣天使南丁格尔"情愿牺牲家庭幸福,到战场上看护伤兵"。《华盛顿与大尉》《急流拯救》《自由的责任》三篇课文展现了历史上华盛顿既亲民又勇敢、追求民主、具有魄力、明德惟馨的美国国父形象。《铁达尼邮船遇险》中通过描写灾难面前妇孺优先得救的故事,船长"叫男子们退后,妇孺们先登小艇避难……没有一个人不服从",让读者了解了英国的"绅士精神"。

教材编者吴研因受到杜威"儿童本位"思想的影响,主张小学语文教材"文学化",即将知识以文学化、故事化的方式展现在教科书中。西方的历史、人物知识对小学生来说本就比较陌生,将这些枯燥的知识化为阅读性更强的故事、传记,更容易提高儿童的学习兴趣,被孩子接纳。

(三)东西方文化的共通价值取向

教材编写者在塑造西方人物形象时,突出表现西方民族某些特有的品质与特征,但除此之外,其大部分道德品质与中国人物有共通性。通过定量和定性的分析,可以看到西方人物身上体现的道德品质、价值取向具有普遍性,和东方人物具有一致性。

在个人品质方面,中西方人物共同的道德追求有机智勇敢、善良无私,这些都是全世界、全人类都认同的道德品质追求。比如,《金药》中的古德密士是一个医生,"他的性情很是慷慨,家里的东西凡是人家能说出正当理由,向他索取的,他都可以给他"。他经常热心救助看不起病的穷人,心地善良又大方慷慨。《赠麦救急》中的尧夫和古德密士一样善良热心。他替父亲收租回一船小麦,路上遇到父亲的老友,老友没有钱安葬家人,尧夫便"把所有的小麦连船送给曼卿,不等他推辞,一个人骑着马,一溜烟的向睢阳去了"。

《孩子拒大将》《女郎走马索亡牛》《竖鸡蛋》《真是聪明人》等课文皆塑造了聪明机智的西方人物,有勇敢聪慧的孩子、能言善辩的哥伦布、用蜜蜂辨别真假花的聪明人。《爹爹回来了》中的中国孩子福儿同样聪慧机警,父亲离开,让他一个人看守船时,遇到假装是父亲朋友的骗子骗他的钱财,他心中有疑却不动声色。在骗子正要下船拿钱时,福儿"看见岸上有一个人走来,就心生一计,指着那人说:'不用你去拿了,爹爹回来了。'"吓跑了骗子。

在社会层面,中西方一样推崇无私奉献、舍己救人的品质,如《战场上的天使》《文天祥》。《急流拯救》中的少年华盛顿为了救掉入急流中的人,"急忙脱了身上的裰子,跑到江噗通一声,连影儿也蹿到水里去"。描写中国人物的课文《义伶》中的伶人同样有着舍己救人的高尚品质。何伶不顾火势凶猛,舍身救援火场中的妇女,却牺牲了自己。"逆着狂风,冲开烈火,把许多妇女,提的提,挟的挟,跳过高墙,放到空地上去……他就冲过烈焰,使尽最后的力气去救……末后跳出墙来,火烧着他的衣服,他没有气力扑救,竟被火烧死了。"

在国家世界层面,中西方人物都表现出了热爱祖国、向往和平民主的倾向。《小吹手》中俄军挟持男孩宝尔,要他在华沙城外吹奏波兰乐曲,以骗取城内人的信任。宝尔没有听命,反而吹奏了一首警告波兰人的曲子。"可怜那忠勇爱国的童子,竟被那凶恶的俄军官砍死了。"《墨子止楚攻宋》和《鲁仲达》中,墨子和鲁仲达都是爱好和平的人。墨子在听说楚国即将攻打宋国的消息后,走了十天十夜赶到楚国,阻止公输班助秦攻宋。课文这样介绍墨了:"他所著的《墨子》中间有兼爱、非攻等篇,是极反对侵略的。"教材编写者以牺牲的爱国勇士宝尔为载体,告诫孩子要热爱自己的祖国;通过墨子、鲁仲达之口表达了战争的残酷,希望人们珍惜和平;以华盛顿的演讲词《自由的责任》为例,传达了期望孩子追求民主、自由的目标。

第三节 《开明国语课本》(初小)第一—八册插图研究

教科书作为一种教育资源,是学生系统学习文化知识最为重要的载体。教科书插图的存在对于增强学生学习的趣味性、有效性、主动性具有重要的意义。国外学者认为"带有插图的教科书的学习效果要优于纯文字性教科书。因为教科书的插图具有多方面的作用：可以提高学习者的学习兴趣和阅读速度；可以调动多种感觉器官参与学习活动；影响学习者的非认知因素，激发其学习动机；促进整体记忆、想象和理解，增加动感。并可以表达那些文字难以言状的空间和具体细节"①。

开明书店的编辑队伍中都是一些国学根基深厚、教学经验丰富的学者或教员。正是由于开明的编辑们对于教育事业的热爱，加之他们能结合当时民国出版业的发展趋势，1932年，由叶圣陶主编、丰子恺作图的《开明国语课本》应运而生。新颖的版式、活泼的语言、精美的插图，使得该套教材一经出版便受到了大众的热捧，在短短的十几年中共印行40余次，以致一度被人们称为"吃饭书"。

在内容上，《开明国语课本》（初小）具有这样几个特色：第一，该套教材取材于儿童周围的生活，涉及内容广泛；第二，符合儿童身心发展规律，由生活向社会过渡；第三，其中作品皆为原创或改编，契合国人的心理和审美。随后，叶圣陶又力邀漫画大师丰子恺来为课本作插图，丰先生疏疏朗朗的几笔，配上他亲手书写的课文，图文并茂、互相辉映、相得益彰。

在本套教材的插图中，丰子恺从儿童的视角出发，描绘的都是儿童生活中经常出现的场景。有关乎生活常识的，有涉及生活规律的，有描绘和睦融洽的家庭生活和校园生活的，有反映劳动生活的，等等。随着儿童年龄的增长、年级的升高，插图中的内容开始发生变化。这主要表现在插图由单纯地描绘场景，变为开始宣扬优良的传统道德观念；由讲述传统的民间故事，变为

---

① 曾天山：《国外关于教科书插图研究的述评》，《外国教育研究》1999年第3期。

渗透文化历史典故;由赞美儿童的游戏生活,变为穿插当时的时事政治等。这些插图中所表现出来的渐进式的改变,符合儿童身心发展规律,也遵循了上述编辑要旨。

正是凭借着一颗赤子之心,这些学者、艺术家抛开身份,虔诚地与儿童对话,编辑出一套文学性与艺术性相融合、传统感与时代感兼备的国语教材。也正是由于这套教材具备了题材广泛、绘制精美、编排新颖等特点,其在清新活泼之中弥漫着隽永的深情,一扫往日教材的呆板腐朽之气,因此成为一本"热销教科书"。

(一)《开明国语课本》(初小)插图的内容

语言文本和图像文本是两种不同的表达形式,也分属于不同的符号系统,然而两者结合,却往往能够创生出意想不到的效果。自古以来,"书"与"图"关系之密切就是不言而喻的。以下着重对《开明国语课本》(初小)插图的内容进行探讨,故笔者将该套教材的插图按内容分为人物形象类、动植物形象类、生活场景类、科学示意类几个部分,并对它们的特点进行分析(见表46)。

表46 《开明国语课本》(初小)各类型插图数量统计

册数	人物形象	动植物形象	生活场景	科学示意	总数
一	0	21	20	2	42
二	0	21	15	8	44
三	3	12	12	1	28
四	0	19	10	3	32
五	0	7	19	3	29
六	0	10	15	4	29
七	0	4	8	2	14
八	1	3	8	2	14
总数	4	97	106	25	232

以上是按内容对《开明国语课本》(初小)插图所做的数量统计。从上表中我们可以看出:

《开明国语课本》(初小)第一——八册的插图中,以动植物形象类与生活场景类所占比例最大。动植物形象类插图总数为 97 幅,占插图总数的 40.1%,生活场景类插图总数为 106 幅,占插图总数的 44.2%。而科学示意类占 10.3%,人物形象类为仅为 1.7%(见图 55)。

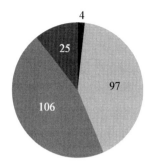

图 55 《开明国语课本》(初小)各类型插图数量分布图

动植物形象类插图集中在第一——四册中,每册占插图总数的 1/2,之后下降趋势虽明显,但仍占有一定的比例。生活场景类插图在《开明国语课本》(初小)中所占比例颇高,但由于插图作者考虑到儿童的认知心理特点,呈现此类插图时多以拟人化动物形象出现,故笔者在归类的时候将其归为动植物形象一类。人物形象类与科学示意类由于在本书中所定义的范畴较小,故比重偏低。

(二) 插图内容的特点

1. 人物形象鲜活

我们不难发现,在描画特定的人物肖像时,丰子恺先生总是习惯通过对人物面部表情、五官特征的精心绘制,来让学生正面感受课文所述人物的直观形象,不仅加强了插图与生活的联系,也体现了插图作者的良苦用心。在不同类型人物的绘制上,丰子恺亦采用不同的表现手法,以此来突出人物的个性特征(见图 56~图 59)。

图 56 《我要老了》

图 57 《中华民国》

图 58 《孙中山先生》

图 59 《达尔文》

以上是《开明国语课本》（初小）中《我要老了》《中华民国》《孙中山先生》和《达尔文》中出现的四幅人物肖像插图。人物的身份分别是一位老者、孙中山先生和生物学家达尔文。接下去，笔者将以以上四幅插图为例,从绘制手法、人物服饰和人物面部特征三个方面来进行阐述。

首先,从绘画手法上来看,图56的老者形象和图57银元中孙中山的侧面头像,采用的是国画白描手法中的单勾形式,即只用墨色线条来勾画人物的形象。并且,画家仅通过线条疏密、粗细的变化,就将人物的面部特征、表情刻画得入木三分。而图57、图58中孙中山的形象、图59中达尔文的形象则加入了西方绘画技法中光影的运用。以图58为例,孙中山先生的左半边脸用黑色进行了阴影处理,而右半边脸则用的是中国画中常用的线条。从画面上看,仿佛有一束光从侧面打下,这不仅隐喻了孙中山的光辉形象,契合主题,又创新了绘画的艺术形式,凸显了丰子恺中西结合的创作理念。另外两幅同理,光影的运用不仅使他们的人物形象更为饱满深刻,同时也是对他们的历史成就、人格魅力的高度赞扬。

其次,再看人物服饰,人物服饰在一定程度上反映着该人物的性格特征和社会角色,丰子恺也深谙其道。所以面对这三位国别不同、职业各异、性格特征也大相径庭的人物,丰子恺在他们的服装设计上也别出心裁。虽然四幅插图中人物的服饰显露得并不多,但我们仍可以发现,图56中的老者身着的应该是民国时期典型的圆形立领长衫。在该时期,文人学士或拥有一定文化素养的儒士对此类服装尤为偏爱,这与老人戴眼镜的形象相呼应,一位睿智的老者形象跃然纸上。在图57和图58中,孙中山先生身上所穿的则是八字形领口的"中山装",该服装的由来说法众多,但以英国军装与日本学生服结合之说流传最为广泛,这也符合孙中山先生的英、日留学经历。"中山装"以其肃正、挺括、便捷、经济等特点为当时的男士所喜爱,也成为他们迎接新时代的象征。本册教材插图中,身着中山装的孙中山先生的形象不仅彰显了其作为革命领袖的风度与气概,也突出了其严谨务实、沉稳庄重的人物性格,更暗示了他对待革命事业一丝不苟、坚韧不拔的态度。图59中达尔文的服饰由于只用黑色进行了描绘,故无法对其款式进行分析,但也正是这种庄重的黑色,凸显了生物学家认真严谨的科学态度。

最后,是人物的面部特征,人物肖像画中,最能够传情达意的便是五官所体现出的人物表情。丰子恺的漫画素来不重人物眉眼和神情的描画,为的是留给人们思考揣摩的余地,唯独在这四幅插图上反其道而行之,对他们进行了精心的绘制。

我们看到,图56中的老人面容清瘦但不孱弱,须眉皓然的脸上架着一副细丝圆框眼镜,使其散发出一种儒雅的文人气质。下垂的眉眼、满脸的皱纹,是他饱经沧桑的见证,也为整个画面注入了一丝慈爱、亲切之感。这样一个戴着圆框眼镜、蓄着长须,并且"缺了牙"的传统老者形象,不仅对应了课文中"哥哥"对祖父的描述,也能够使孩子们自然地想起家中自己的祖父或长辈,不但联系了生活,也激起了孩子们的好奇心与求知心,增加了课文的趣味性。图57和图58是对孙中山先生形象的描绘,正面描绘时,他面部表情泰然自若,目光深邃而坚定;侧面刻画时,显得端正庄重、棱角分明。这对于孩子们直面伟大领袖的风采,体悟其对民主共和事业的坚定信心,有着无法替代的作用。图59中的达尔文与图56中的老者像有以下两个共同点,即"蓄须"和遍布的皱纹,但由于中西方人种的不同,达尔文的络腮胡更浓密。此外,达尔文神情严肃,眼窝深陷,目光锐利,似乎昭示着科学家那敏锐的洞察力,反观中国的老者则面带微笑,俨然一副和善可亲的长辈形象。

2. 动植物形象多样

由于本套教材的受众是初级阶段的小学生,同时也为了遵循教材"与社会、自然、艺术等科企图作充分的联络"①的编写主旨,创作者在插图中也插入了一定比例的动植物形象。在《开明

---

① 叶圣陶编:《开明国语课本》(初小)第一册,丰子恺绘,开明出版社,2011年,编辑要旨。

国语课本》(初小)中,动植物形象大体可以分为两类,即拟人化动植物形象和现实化动植物形象。

首先是拟人化动植物的形象。由于初小学生的思维特点是具体化、形象化、富有想象性,所以在他们的眼中,日月星辰、花鸟鱼虫、碧海蓝天皆可以作为对话者,都具有像人一般的形象和特点。作为教育学家的叶圣陶和丰子恺,深谙儿童思维的特点和发展规律,所以在课文内容的撰写和插图的绘制方面增加设置了拟人化因素。

右图呈现的是第一册中《小牛画图》一课(见图 60),课文描写的是小羊到小牛家里做客,看到小牛在画图的情景。插图中小牛盘腿而坐,一手插兜一手执笔,俨然一副画家的态势;小羊身着格子裙,推门而入,双手提着长长的裙摆,生怕弄脏似的。这个画面中,羊和牛的形象都被拟人化了,不仅它们的形象拟人,连细节也模仿得十分到位。"牛先生"插兜执笔的样子洒脱

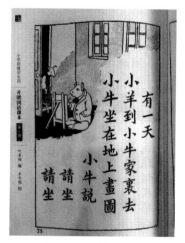

图 60 《小牛画图》

认真,"羊小姐"推门提裙的动作细致讲究,举手投足间都是"人"的意味。孩子们在学习的时候不仅能对此提起浓厚的兴趣,而且像是进入了一个童话世界,与此同时,对于男女生之间不同的行为姿态也受到了耳濡目染的熏陶。这样别出心裁的形象设计、细致入微的细节刻画,对于增强刚入学的儿童的学习兴趣、帮助其体味社会文化大有裨益。

其次是现实化动植物形象,即根据自然界动植物的原本面貌,以形象还原的形式进行艺术的再现和再创造。图 61 中写道:"春风来,梅花开。梅花开,阵阵香,好像姊姊的香蜜那样香。

图61 《春风来》

春风来,茶花开。茶花开,满树红,好像弟弟的新衣那样红。春风来,桃花开。桃花开,朵朵美,好像妹妹的脸儿那样美。"课文中提到的梅花、茶花、桃花皆是冬末春初最具有代表性的植物,为了使新入学的孩子能够更加直观地感受到春天的气息,丰先生轻轻盈盈地画上了三枝色彩明艳、形态各异的花枝,它们或含苞待放,或花开正浓,也正是从这些明艳的色彩中缓缓流淌出一部春天的序曲。

3. 生活场景亲切

由于《开明国语课本》(初小)内容多取材于儿童身边的校园生活、家庭生活以及游戏活动等,故课本中生活场景类插图占大多数。在《开明国语课本》(初小)中,生活场景类插图可以分为以下几个部分。

第一,是学校生活,即学生以集体形式在学校进行的一切活动,包括学习、劳动、游戏、人际交往等。在本套教材中,丰子恺笔下的学校生活丰富多彩、趣味盎然。如第一册的《先生早》《坐下来》描述的是学生到校行礼、问好与他们上课听讲的场景,学生态度谦恭、师长满眼慈爱;《都出去》和《国庆日》描绘的则是学生出操和开国庆会的情景,师生个个严正肃立,神情庄严,表达了对祖国的热爱和崇敬;儿童节在孩子们自导自演的《拔萝卜》中欣然度过;《你说了出来吧》里同学们围在一起猜谜语,《三脚赛跑》与《轮流赛跑》里在室外游戏,孩子们的课余生活也丰富多彩,异常充实。

第二,是家庭生活,学校生活充满了乐趣,家庭生活则洋溢着温馨。第二册《今天早上》画的是孩子们晨起打扫屋子的场面。开窗、扫地、烧水、看母鸡,大家各司其职,平凡琐碎的画面里散发出浓浓生活的气息。又如《怪东西》一课中,描绘的是一对母子战战兢兢地趴在窗前,讨论着窗外的怪声音,最后得知是风以后,不禁惹人会心一笑。平淡无奇的小事总能在丰子恺的笔下转化成一幅幅灵妙无比的小画,仿佛一首首带着滋味的小诗。

第三,为社会生活,除了描绘儿童的生活场景,该套教材插图中也有相当一部分取材于社会民众的日常活动。其中,人们的市集生活以及古朴的老式街道建筑更是主要的取景场所。《市集》(见图62)一课中呈现了一幅贸易频繁、货运繁忙的"码头运输图"。陆路上赶车、开车、拉车的车夫动作各异,却都行色匆匆;水路上朝南的、向北的、运煤、装米的船夫姿态万千,却都一丝不苟。无声的画

图62 《市集》

面却能给人动态有声之感,仿佛耳畔已经响起马车夫的呵斥声、汽车的引擎声、拉车人的口号声。马车夫扬起的长鞭与船夫有力的竹竿构成纵横交叉的美感,也给整个画面平添了一份紧张感与节奏感。诸如此类,丰子恺笔下的生活场景类插图画面亲切、生活性强,时而拙朴静谧、时而活泼生动的画面总能勾起人对故乡的怀念。

4. 科学观念萌芽

《开明国语课本》(初小)插图的内容以贴近儿童生活、取材广泛等为人称道,这些优点与教材编写者的文化功底深厚、艺术涵养高深等息息相关。20世纪30年代,正值中西方文化交融碰撞、火花迸发的时期。作为走在文化发展前沿的叶圣陶和丰子

恺等思想开明的学者兼教育工作者,他们以对先进思想的灵敏嗅觉,迅速将当时先进的外来文化融入并应用于教科书的编写,期望起到"开民智"的作用。

伴随着20世纪初"杜威访华之旅"的进行,由其创始的实用主义思潮也开始在我国教育界盛行。实用主义的教育观念、工业社会的成果影响着我国社会的方方面面。下面,笔者将着重分析在《开明国语课本》(初小)中崭露头角的科学示意类插图。科学,引用《辞海》中的解释是指"运用范畴、定理、定律等思维形式反映现实世界各种现象的本质的规律的知识体系"①,现将在《开明国语课本》(初小)中呈现出来的科学现象分为:科学人物、科学仪器、科学思想、常识示意四个部分进行阐述。

首先,是科学人物。科学人物在这里指的是从事科学活动、进行科学研究的有关人物形象。《达尔文》(见图59)一课中对于生物起源学说代表者达尔文的生平、经历、成就进行了简单的介绍。课文条理清晰、行文流畅,配上丰子恺所创作的细致传神的人物形象,对于引起小学初级学生对于科学世界的兴趣、对科学名人形象的崇拜有着重要作用。

其次,是科学仪器。科学,也说分科而学。另一种解释指的是将知识进行细化、分类而成的某个领域的专门知识体系。而科学仪器就是在科学活动的过程中所借助的,促进科学实验、行为成功的仪器。以第七册的《望远镜与显微镜》为例(见图63、图64),课文讲述了能够利用天文望远镜观察星空,认识星星,以及利用显微镜观察血液和水中微生物的事。两者对于人类探寻宏观世界与微观世界的种种奥秘具有不可替代的作用。丰子恺根据两种仪器不同的外形特点,对它们的形象进行了再还原。对于儿童来说,这些器材在生活中可能并不常见,那么利用插图

---

① 尤春来:《科学课,要有"科学味"——〈导体和绝缘体〉一课教学随感》,《江苏教育研究》2012年第24期。

认识此类仪器的意义也就可见一斑了。

图63 《望远镜与显微镜》(1)

图64 《望远镜与显微镜》(2)

接下来,是科学思想。科学思想指的是从科学活动和科学理论中总结出来的、能够广泛应用于同类事物的思想观念,对于人类的生产生活具有指导作用。在第二册《种痘》(见图65)一文中,课文以"爸爸种豆,种在地上。医生种痘,种在臂上"这种诙谐幽默的态度对两种行为进行了对比,既挑起孩子的好奇心和兴趣,又普及了种痘防天花的医疗科学知识。插图中,西医面带微笑、和蔼可亲的模样,和孩子疑惑又恐惧的表情形成了鲜明对比,让孩子们在说说笑笑中学到了医疗卫生知识,提高了对疾病的防范意识。

图65 《种痘》

最后，是常识示意，指的是在文中进行单独呈现或特意呈现的生活事物、情节步骤，以及用几幅插图同时呈现同一事物的多个方面的情况。在《好月亮》一课中，弟弟喊大家来看月亮，插图便呈现了一轮高挂在黑夜中的明月（见图66）。这就是对月亮这一事物的示意，这样的安排能够使儿童了解月亮的名称，知晓它的特点，完成对月亮这个常识概念的学习。再如第二册中的《都靠十个朋友》（见图67），画面中以上下型的排版方式，分别呈现了四个手的状态以及四种劳动工具，意图说明劳动工具要靠手来拿，而人们拿着这些工具又能够进行种树、种豆等活动。同样，插图作者以这样的方式普及了劳动常识，也培养了学生的劳动意识。

图66 《好月亮》

图67 《都靠十个朋友》

这部分内容主要是对《开明国语课本》（初小）教科书中插图内容的研究。我们发现，该套教材中的插图内容在总体上严格遵循了编辑主旨中"以儿童生活为中心"的要求，并以循序渐进的方式扩展到社会的各个方面，完全符合儿童身心发展规律。丰子恺的画作往往"意味十足"，不仅表现在作品中所传达的生活感、人情味上，更表现在他十分善于通过运用技法的转换融合,赋予作品更深刻的含义上。同时,《开明国语课本》(初小)的插图绘画手法温柔细腻,细节刻画往往十分到位、传神,这与老艺术家兢兢业业的创作态度、深厚的艺术功底有着莫大的关系。

同时,丰子恺以自身极高的文化素养和对教育的无限热情,为课文和插图内容增添了丰富的文化元素,使其在注重实用性、生活性、传统性的同时,也处处渗透着现代观念、艺术气息。这不仅陶冶了儿童的情操,对于他们的学习生活也有重要的指导作用。

二、《开明国语课本》(初小)插图的功能

插图又称插画,插画在《辞海》中的解释是:"指插附在书刊中的图片。通常分为科学插图和艺术插图两类,对正文作补充说明或艺术欣赏。有的印在正文中间,有的用插页方式。部分文学作品的插图为画家在原作基础上进行的创作,具有独立的艺术价值。"[①] 而插图在教科书中也有着其特有的功能。

(一) 促进文字直观化

小学语文教科书是小学生学习和运用祖国语言文字,理解和感知文章作品最直接的媒介。其内容的编写与排版的设计应该符合各个阶段小学生的认知发展规律和水平。根据著名教育学家在儿童认知发展理论中的论述,儿童在7—11岁虽然具有了简单初步的推理能力和抽象性思维,但对于具体事物和直观表象还是有较强的依赖性。所以在这个时候,教科书的直观化表现形式在学生的学习过程中所发挥的作用与承担的意义就显得尤为重要。

1. 图对文的阐释作用

教科书插图对书中文字的阐释作用是其最基本的功能之一,《开明国语课本》(初小)中的插图有许多便是依文字而创作

---

① 《辞海(第七版)》,上海辞书出版社,2020年。

的。而图对文的阐释又可以分为两种,在此笔者将其归纳为忠实再现和提取要点。

（1）忠实再现

所谓的忠实再现,指的是插图创作是对课文中所描述事物和情节的解释和再现。此类插图在小学初级低段教科书中较为常见。我们可以看到,如《小黄狗》《你玩皮球》等课文内容浅显、字数精简,插图完全是对场景的再现(见图68、图69)。这样的创作形式的优点就是能够帮助认知系统还不够完善的学生理解文本,增强课文的被感知性和被理解性,在插图解释文本的同时,也增强了它的形象性,使得两者既互为点缀又同为主体,这对于唤醒学生原有的生活经验与记忆,使他们快速地建立起生活与课文的联系,准确地理解文本具有重要的意义。

图68 《小黄狗》

图69 《你玩皮球》

（2）提取要点

提取要点指的是随着课文内容的增加,创作者无法在有限的画幅中呈现所有情节,于是在对课文内容进行整理归纳后,选取最能表达文章主旨或精神的情节片段进行重现。此类插图集中在教材的第三—八册,并且随着年级的升高,创作的难度也逐渐增大,十分考验画家的文本解读能力和绘画功底。在此以第五册《农人和野兔》(见图70)为例。

该课讲述的是成语"守株待兔"的故事。文章详细描述了故事的起因、经过、结果,篇幅较长,涉及的情节、场景也较多。而插图中呈现的是这样一个画面:一个农人抱膝坐在树前,眉眼低垂,心情低落,四周除了零星的杂草不见其他。笔者认为,这幅插图的精妙之处就在于场景的选择和农人神情的刻画。农人失望的神情和无精打采的样子,可能表现的是他等待过程中的焦灼,也可能是他醒悟之后的悔恨,各种滋味全凭读者自己想象。一幅插图能给读者留下揣摩的余地和想象的空间,真可谓"图简意繁"。而他的这副形象也正告诉了儿童,万事不应心存侥幸、妄想不劳而获的道理。

图 70 《农人和野兔》

2. 图对文的补充作用

随着年级的增高,课文的篇幅加长,儿童的认知能力也在逐步地发展。而此时《开明国语课本》(初小)中的插图促进文字的直观化就不仅仅表现为阐释文本了,必要时还起到了对文字的补充作用。笔者在这里将插图对文字的补充作用理解为:当作品所表达的情感、主旨、意义无法全然被读者从文字中领悟与感知的时候,起到对于该作品情意表达上的一种弥补作用。

(1) 情感的升华

对于插图的作用,鲁迅认为:"书籍的插图,原意是在装饰书籍,增加读者的兴趣的,但那力量,能补助文字之所不及。"[1]也就

---

[1] 转引自张科:《〈丰子恺绘画鲁迅小说〉》,《读书》1983 年第 4 期。

是说,有时候书籍插图的存在能够提升文字内在的精神主旨,并升华其中的情感。

《等一会儿吧》一课中,课文描述的是老街两边的米店垒起白米待人选购,对面的人家因贫穷而吃不起饭,妇人边纺纱边安慰着饥饿的孩子的事。课文采用口语化的叙述方式,文字质朴平实,读来只觉表达的是贫苦人家生活不易。这时,丰子恺作了这样一幅图:货物充足的米店前摆放着一桶桶待人选购的白米,米店对面是一户普通人家,屋里有一位妇人正纺着纱,而屋外的儿童痴痴望着对面,似乎在等待着什么,整齐的石板路、旧式的店招牌、高高垒起的白米、支起的短窗……简单的画面还原了当时原汁原味的日常生活(见图71)。这幅画展现的场景是旧式且引人回忆的,同时又是引人遐想的,充足优质的白米垒到屋顶,对面贫苦人家的儿童却因无钱消受而面容憔悴,仅仅一街之隔,就隔开了贫与富、卑与尊。文字的叙述引人遐想,加之视觉上的强烈对比,将这种想象具象化,一下就使整个场景都有血有肉起来,着实给人造成了一阵强烈的心灵冲击。

图71 《等一会儿吧》

(2)填补想象

所谓填补想象,即文章所描述的内容不能或难以被该阶段儿童感知或理解,需要具体的图像进行补充说明的功能。在此举第五册《移菊》(见图72)为例,课文描述的是同学们要将后园的菊秧移到教室前排成圆形,但苦于排不整齐的事情。经过同学提议,采用了"木棒画圆"的方式,最终画出了一个大圆形。这个方法在课文中有详细的描述,但却容易让学生感到繁复和难以理解,尤其是方位感与几何能力较弱的学生,容易在读完课文之后感到茫然。而丰子恺不仅在图中还原了这个方法的操作过程,还将孩子们拍手称好的场景刻画得惟妙惟肖。这样的设计在赞美儿童的机敏与睿智的同时,也减轻了想象能力较弱的同学的学习负担。

图72 《移菊》

(二) 增加课本趣味性

小学阶段是学生思维最活跃而不受束缚的时候,这样的他们对于生活中的一切都充满好奇。又因为他们正处于形象思维占主导地位的年龄,所以任何具体而有趣味的事物都会引起他们的关注与兴趣。

1. 动物拟人化表现

《开明国语课本》(初小)插图作者考虑到儿童认知发展规律,在图中设置了许多拟人化形象,通过将动物拟人化的夸张形式,让课文趣味感十足。为了使论述更加直观,笔者将涉及动物拟人化的插图做了如下的分类(见表47)。

表47 《开明国语课本》(初小)插图拟人化形式统计图(单位:幅)

册数	第一册	第二册	第三册	第四册	第五册	第六册	第七册	第八册
形象拟人	11	8	2	1	0	0	0	0
情感拟人	2	6	5	8	2	5	0	0
总数	17	16	11	13	4	6	3	2

以上是对《开明国语课本》(初小)第一——八册中动物拟人化

类型的插图所做的统计,表中的总数指的是每册教科书中涉及动物形象的插图总数。从上表中我们可以看出:第一,随着学生年级的升高,涉及动物形象的插图呈逐年递减的态势。第二,在第一、二册中,动物形象拟人化插图比例颇高,而从第三册开始,动物情感拟人化插图的比例开始高于形象拟人化插图。针对上述两个现象,笔者将从以下两个方面展开论述。

(1)形象拟人化

形象拟人化,是指将人类生活场景中的人物角色用动物形象代替,即动物形象拟人化。如第一册《我也来帮忙》和《请请请》中,描绘的是小牛、小羊、小猫、小马等都换上了人类的服饰,坐在桌边吃饭的情景(见图73、图74)。

图73 《请请请》　　　　图74 《我也来帮忙》

此类插图在小学初级低段第一、二册中出现的频率较高。因《开明国语课本》(初小)的编辑要旨中明确指出,该套教材是以儿童生活为中心,取材从儿童周围的生活逐渐扩展到社会,所以低段教材的重心是儿童生活,重点是让他们学会生活,体悟生活。此时,将生活场景类插图中的人物形象用小猪、小兔、小马、小羊等孩子们生活中常见的动物形象代替,在增强趣味性的同时,也可以拉近儿童与自然、与动物的距离,培养了孩子与动物平等、和谐相处的观念。

（2）情感拟人化

情感拟人化,指的是将人类的情感迁移到动物的身上,而动物的外形则不加以改变。《"叫我做什么事呢"》(见图75)一课中,课文描述的是小鸟因为找不到朋友而向小蚯蚓哭诉的事情。此时,小鸟和小蚯蚓的外形均未进行拟人化加工,而小鸟的眼睛里却流出了眼泪,这是人类情感流露的体现,是将人类情感迁移到动物身上的结果。此类插图在第

图75 《"叫我做什么事呢"》

三—六册,也就是小学初级中段插图中呈现的次数较多,这是因为此时儿童的学习目标已由体悟生活过渡到了建立良好的人际关系。这样的设计赋予了动物人类的喜怒哀乐,让孩子们仿佛进入了一个童话世界,有利于孩子将对童话与故事的喜爱之情迁移到课文内容的学习上,让儿童更乐于学,更善于学。

2. 画面夸张化表现

小学阶段语文课的学习不仅应该立足课本内容,更应该走出课本,超越课本。如果说课文中拟人化的画面形象能够使孩子们乐于亲近课本,走进课本,那么毫无疑问,其中夸张的画面形象更是给予了孩子放飞想象的空间。《开明国语课本》(初小)中画面的夸张化表现亦有两种形式。

（1）形象夸张

所谓形象夸张,即插图中人物或事物的形象大于或小于正常规格,呈现出一种"超人体"的状态。典型的例子是童话故事中的巨人、侏儒等。这样的题材在《开明国语课本》(初小)中也

得到了呈现,在当时可谓十分先进。

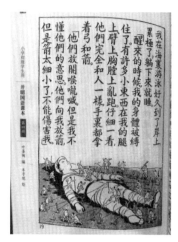

图76 《我的身体被缚住了》

以《我的身体被缚住了》一课(见图76)来说,作为大小对比的典型,这里讲述的是一个水手在海上遇到事故,误入小人国的故事。人物原型来自英国小说《格列佛游记》中的外科医生格列佛。水手一觉醒来,发现身体被绳子缚住了,而且在他的身体上和边上有许多"小人"正在来来回回地忙活着。有的站在他腿上,有的站在他手边,还有的正准备爬到他的肚子上。陷入昏迷意识模糊的"我"和对庞然大物感到新奇、惊讶的"小人"形成静与动、大与小、少与多、无表情与神态各异的多重对比,使得童话世界里梦幻、奇妙、夸张又趣味十足的感觉呼之欲出。

(2) 行为夸张

形象的夸张带给孩子们强烈的视觉冲击,让他们感到惊讶与新奇,而行为的夸张则为他们打开了一扇想象的大门。

《我坐飞机了》(见图77)里,课文描述的是梦境中"我"骑在小鸟背上,高喊着"我坐飞机了"的事。画面中,一只体型庞大的小鸟张开双翅,托着少年翱翔在白云之上。少年昂首而视,小鸟乘风飞翔。人类飞上天空的想法本就来源于天上的飞鸟,梦境

图77 《我坐飞机了》

里,孩子将飞鸟当作飞机,是心中最质朴的愿望的表达,也是对现实情境的一种夸张的反映。这类插图的存在肯定了孩子的奇思妙想的价值,也为课文增添了一抹梦幻的色彩。

(三) 培养学生的审美情趣

美育的最高理想与目标便是陶冶感情,提高人的审美情趣。丰子恺作为一个艺术家、一个艺术教师和一个艺术教育实践者,对于年轻一代的艺术教育,也就是审美教育,高度重视并且身体力行。他的画作以生活气息浓厚、诗意性强、儿童视角与中西融合画法等特点著称,感染和影响了一代又一代人,培养出了不少民国书籍绘画与装帧大家。而他这些绘画特点在《开明国语课本》(初小)中也逐一得到了体现。

1. 诗意想象

《说文解字》说:"诗,志也。"《书·舜典》中写道:"诗言志,歌咏言。"可见诗的作用在于反映生活,抒发情感,表现志趣。"诗意"的意,可以解释为意思、意趣、意味。古人谈"诗中有画,画中有诗"。丰子恺画中的诗意是其绘画创作的一大特色,也是其作品能够广受喜爱、直击人心,并为各个时代的艺术家所津津乐道、争相模仿的重要原因。下面笔者将从几个方面来论述《开明国语课本》(初小)中的诗意。

(1) 古典文学的诗意

丰子恺自小便热爱古诗词,同时对它们的优劣也有自己独到的见解和审美。在《开明国语课本》(初小)中,古典文学诗意主要从以下两个方面来表现。

第一类是形式上的诗意,表现为古诗入画。学者张斌认为:"中国画,讲求诗画相通,对古诗的诵读,对其诗歌语言的掌握与熟悉,就是诗意的直接习得。"[①]所以这第一层诗意便是儿童在有

---

① 张斌:《丰子恺诗画》,文化艺术出版社,2007年,第148页。

一定古诗词积累后,从插图中感受的古诗意境。

图78 《燕子飞》(1)

图79 《燕子飞》(2)

图80 《蜗牛看花》

《燕子飞》一课中,画面中两只新燕掠过河面、飞出木窗,灵活的身姿一闪而过,徒留河面层层晕开的波光和粉墙黛瓦背景下一道长长的黑影。画面用色虽然素雅简洁,但春天万物复苏、朝气蓬勃之感已跃然纸上,颇有苏轼《蝶恋花·春景》中"燕子飞时,绿水人家绕"的意味(见图78、图79)。又如《蜗牛看花》,身型弱小的蜗牛为了看到墙顶的花,不顾风吹雨打奋然前行的样子,倒是让人想起方回的"人生如蜗牛,欲升一丈壁"的感慨(见图80)。这些插图虽表现的是现代人的生活,却常含古典文学的意味。

同样,第二册《泉水到了河里》所描画的正是《咏鹅》中的场景,而《柳树条》则让人不禁脱口而出"留连戏蝶时时舞,自在娇莺恰恰啼"之句。

以上插图都以形式取胜,从画面中带给人美感,让人体味诗的乐趣。以诗意入画,以有诗韵的画为课文作插图,相信对于触发孩子们对我国优秀传统文化的好奇心与兴趣,激起他们心中对于美感的知觉和感受有着潜移默化、不可言说的作用。

第二类是内在的诗意,表现为意象的呈现。古人作诗,惯用赋、比、兴等手法,善于将情感寄托在世间万物身上,这就引出了诗词中的另一概念"意象"。在古代诗文当中,"意象"二字尤为重要。意,即心意、情意,象则是心意外化后的形象,也就是心意的寄托物。所以,有时候虽然我们无法将丰子恺的画作与具体某句诗词联系起来,却因看到了诗词中惯用的意象,感到诗意油然而生。

在《开明国语课本》(初小)插图中,我们看到在描绘春天时,丰子恺的画中常出现的意象有柳树、红花、溪水、白鹅、纸鸢,如《柳树条》《春风来》《你现在不渴了》《不用翅膀飞上天》;在表达夏夜的闲适时,则有螟蛾、闷雷闪电等入画,如《跌倒水盆里》《一会儿见》;在感慨冬天的萧条凄凉时,则通过枯树、飞雪来表现,如《麻雀看朋友》《北风吹》等。这些意象也如人情一般亘古不变,在时空的交错与变幻中,散发出阵阵诗意。

(2)生命的诗意

丰子恺善思善虑,有着江南人的多愁善感,他自小便喜欢思考生命,探讨生命,他的漫画中自然也不能缺少生命的主题。在《开明国语课本》(初小)中,有许多插图表现了生命的顽强和积极。

① 生命的顽强:在第四册《初进光明的世界》一课中,画面中是数颗种子破土而出,长成一株株随风摆动的小苗的情景。厚重、严实的泥土与纤细的幼苗形成了强烈的对比。画面中的泥土代表了难以克服的困难与艰险,压迫着种子,禁锢着种子。幼

苗代表卑微却不屈的生命,在层层泥土中奋力生长,负重前行。当它们冲破泥土,探出头来时,遇见的是一个截然不同的、光明的世界,于是我们看见它们孱弱纤细的身姿竟开始迎风而舞,这是对光明的赞美,对顽强生命的歌颂。简简单单的几株幼苗,让人们从困境中看到希望,从柔弱中看到力量,这是对人的一种激励,是创作者的人生态度在画中的体现。顽强生存,奋力生长,

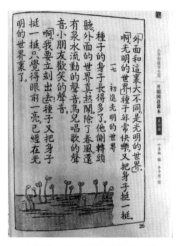

图 81　《初进光明的世界》

这就是生命的意义,也是一种生命的诗意(见图 81)。

② 生命的积极:第五册《牵牛花蕾》描绘的是太阳初升,牵牛花迎着太阳开放的情景。画面中,初升的太阳才刚跳出地平线,身上的光芒就照亮了大半个天空。牵牛花的藤蔓缠绕在身后的篱笆上,花蕾挨挨挤挤。整幅画从对角分开,上半部分明亮耀眼,有象征自由的浮云,有象征光明的太阳;下半部分暗沉繁复,有象征着阴郁的黑色,有错综复杂的枝节。我们看到,所有的牵牛花都朝着光明的方向吹起了喇叭,向着光明、向着自由高歌,这是从这幅画中传达出来的生命的含义(见图 82)。

图 82　《牵牛花蕾》

(3) 生活的诗意

丰子恺对一切事物都抱有同情的态度,常常能发现生活中

的诗意,而在《开明国语课本》(初小)插图中,他笔下的生活的诗意又分为生存的本质与生活的趣味两种。

首先是生存的本质。丰子恺是世俗的,生于江南,长于江南。江南的水土滋养着他,江南人的勤劳感染着他,在他的眼里,种桑、养蚕、纺纱、剃头、叫卖……这些江南人赖以谋生的活动,都充满人间情味;丰子恺是艺术的,有艺术家对生活的敏感性,也有艺术家对众生的同情心。在他看来,在繁重的劳动下、在艰辛的生活中努力生存的人更是值得赞扬与歌颂的。

《采棉》中,画面描绘的是一个人弹棉花的场景。只见他将一根竹条系在腰间,再用长绳连接着弹弓,双手配合默契,棉絮上下翻飞(见图83)。课文如是说:"弹棉絮乓乓乓,搓棉条细又长。白天纺纱纺不完,晚上点灯再来纺。"从课文的描述和画中棉絮翻飞的场景,我们感受到了他弹棉技术的纯熟。从农人弯腰而作的身姿里,我们看到了他态度的坚韧和生活的不易。农人或许不知道何为坚持,也不知道这值不值得被称颂,但正是这种对生活质朴的态度,让人感受到了一股强大的力量,让我们在平凡中看见了伟大。这种力量让我们不再为平日里的小事无病呻吟,让我们在面对困难时奋勇前行。

图83 《采棉》

其次,是生活的趣味。丰子恺的许多画作题材都选自农村生活,表现邻里和睦、家庭温暖、自然和谐。他认为,练画就是练心,就是要练就一颗敏感善良的心,于琐屑与繁复中发现乐趣,找到依托。而想要从生活中发现美,则需要使用"绝缘"的眼,因为只有"绝缘的眼,可以看出事物本身的美,可以发现奇妙的比拟"①。

图84 《雪花》

《雪花》一课中,课本采用的是图文融合式排版,文字隔开插图,嵌入其中。从画面的整体意义上来看,这幅图描绘的是两个儿童伫立在窗前,看窗外雪花漫天飞舞的场景(见图84)。雪花纷飞,万物凄然,萧条苦涩的冬景常常让人心生悲凉。而儿童的关注点却不在此处,他们就窗外纷纷扬扬的雪花,提出了像盐还是像糖的争论,全然不顾漫天飞雪带给冬天的究竟是寒冷还是凄美,代表的是祥瑞还是灾难。这便是所谓"绝缘的眼"。隔开了雪花与万物的一切联系后,他们看到的只是雪花的形态,想到的只是雪花的滋味。他们从事物的本质中看到了实在的美,从事物的本真中发掘了单纯的趣味,而这种能力正是我们在成长过程中渐渐失去的。在成人眼里,似乎每一样事物必然要含有一种意义才是合理的,殊不知万物的存在与消亡本身就是一种合理,是一种美,是一种诗意。

2. 情感渗透

中国画"在意不在象,在韵不在巧",凡事点到为止,美于内

---

① 丰子恺:《丰子恺文集》第二卷,浙江文艺出版社、浙江教育出版社,1990年,第250页。

心体验,给人们以思考和回味的余地。在艺术鉴赏中,情感是一剂很重要的"加味"。

依然引用学者张斌对于诗意的探讨,她认为:"诗意的核心是人情。"何谓人情?"人情就是人之情志,在于人心之所同然,心与心相通,才有同情。而心相通,诗与画则无不相通。"①丰子恺的作品以温柔敦厚、充满人间情味著称,这些在《开明国语课本》(初小)中同样有所体现。

(1) 家庭的和睦

该套教材中《窗子外》和《妈妈走来看》描画的是一位母亲同四个孩子一同望着窗外的月亮的景象。画面中,人物衣着朴素却简单大方,母亲满脸慈爱且面露笑容,儿童虽未露正脸,但从他们一个个高高抬起头的样子看,俏皮可爱的面目也仿佛就在眼前。虽然这样的夜晚实在普通,但整个画面却洋溢着一种安静、祥和、其乐融融的感觉,左下角突然出现的竖着尾巴的小猫又为整个画面注入了一丝灵动与活力(见图85、图86)。这幅图画无论是人物服饰还是屋内装饰,都符合中国普通百姓的审美,不仅使人感受到了中国传统家庭日常生活中的质朴与温馨、母

图85 《窗子外》

图86 《妈妈走来看》

---

① 张斌:《丰子恺诗画》,文化艺术出版社,2007年,第7页。

亲与孩子之间的爱,而且通过月与窗的布局、人物服饰与人物表情的设计、人与动物位置的安排,使一股浓浓的传统味、人情味、生活感扑面而来。

(2) 万物皆有情

第三册《他们一齐离开树枝》的插图中所绘的本该是秋风凄凄、万物凋零的景象,但丰子恺笔下的落叶小巧玲珑而姿态万千,它们或散落在地,或空中飞舞,抑或落入河水似一叶扁舟,远处黑而茂密的树林与近处姿态活泼、形象各异的树叶形成了强烈的对比,使整幅画在深沉中透露着明快,在凄凉中展现着活力,配上叶圣陶拟人化的、口吻轻松的课文,即将小树叶比作因为要去旅行而充满期待、兴致盎然的孩子们,让人不禁觉得秋天也是那么可爱而富有活力。一向被看作无情萧瑟的秋风,此时也被赋予了一点人文情怀(见图87)。

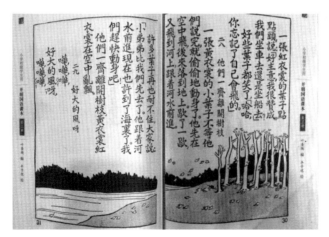

图87 《他们一齐离开树枝》

3. 技艺熏陶

"人情"是普通大众接受艺术的重要形式,也是作品的内在灵魂。而被普通民众看作欣赏"人情"的助力的技巧与形式,才是丰子恺眼中纯正的艺术。

谈到丰子恺先生作品的技法,由于笔者在此方面较为薄弱且并不专业,尚不敢班门弄斧,也不敢妄加分析。但笔者认为,丰子恺先生画作的技法与形式、理念与风格与他自小到大的成长背景和学画经历有着密不可分的联系。如果说童年时期着迷《千家诗》中的木版画和偷描《芥子园画谱》中的图案等学画经历是丰子恺绘画的启蒙的话,那么对丰子恺的绘画技法与风格产生极大影响的主要有两位画家,即丰子恺在浙江省立第一师范学校的老师李叔同以及日本画家竹久梦二。

(1) 西洋画法的学习

丰子恺在《怀李叔同先生》一文中谈到,李叔同先生在二年级时开始教他们美术,可以说李叔同(弘一法师)是他在西洋画法上的启蒙老师,在他的启发引导下,丰子恺走上了系统学习美术的道路。在西洋画法的学习上,除了李叔同对他的指导与帮助外,丰子恺也曾大量阅读相关书籍,以充实自己的绘画理论与技巧,这为其日后的中西融合画法打下了坚实的基础。

(2) 东洋画法的吸收

1921年春,丰子恺东渡日本,开始十个月的游学。而其中最大的收获便是缘于一次偶然的机会,获得了一部日本画家竹久梦二的《春之卷》,丰子恺称其为"小小的毛笔画"。回国后,他不仅托朋友为其收集齐了竹久梦二的其他几卷漫画,更是开始学习起竹久梦二的画法,不仅画过多幅题材类似、立意相近的漫画,而且开始在漫画上进行题字。他认为此番行为颇有画龙点睛之功用。至此,笔者认为,竹久梦二对丰子恺的启发和影响也是极为明显的。

由此看来,丰子恺的画既吸收了西方绘画技法,又拥有东方绘画的神韵。

(3)《开明国语课本》(初小)插图的中西合璧

首先,关于插图中的国画风韵,中国画的一个显著特点便是对于背景并不注重,在本套教材中,运用了白描手法的插图不胜枚举,如第二册的《"我要做蜜"》《"我要开路"》、第三册的《看你出不出去》《狗和骨头》等。白描手法的运用不仅能够使所描绘的对象主体更为突出,也能够给孩子留下想象的空间,同时在页面排版上不至于显得拥挤繁复。

其次,是插图中的西洋画法,西洋画法十分注重光影的运用,可以说,在一定程度上,光影是绘画的灵魂。在《开明国语课本》(初小)中,就有许多是丰子恺利用光影变幻的技巧创作出来的插图。

图88 《比从前更有趣味了》

例如,第五册《比从前更有趣味了》展现的是学校里焕然一新的教室。鸡冠花、矮书橱、装饰画充盈却不拥挤,静止却不失生机。此时,从窗外倾泻下一道夕阳的余晖,光与影之间明暗相交,静止如画。若用课文中的话来说,就是"眼睛看去都觉得舒服"。创作者利用对光影的处理,给画面增添了一份静谧、安宁,让儿童看了之后对学校充满期待与热爱之情(见图88)。

关于《开明国语课本》(初小)插图的功能,从不同角度分析,各人有各自不同的见解。本套教材中的插图除了拥有一般插图所具备的装饰书本、活泼版面、阐释、激发兴趣等作用以外,其最主要的功能还是体现在对孩子审美情趣的培养上。

道德、诗意、人情是插图中最具特色的三个方面,也是插图创作者丰子恺人格魅力、生活志趣的展现。道德心与善心是人之所以为人所要具备的基本品质,道德的建立、善心的培养,为儿童今后健康的发展奠定基础。而丰子恺插图中的诗意依托于中华民族绵延数千年的文化底蕴,承担着传承传统文化、树立民族文化自信、提高儿童艺术鉴赏能力的重任。插图中所表现的生活片段、风土人情,则从精神上感染着儿童,增强着他们的民族认同感。

在《开明国语课本》(初小)插图中,我们永远能够感受到丰子恺心中对生活的热爱,看似无惊无扰、悠然闲适的状态背后,是他对世间万物慈悲、深沉、宽厚、包容的心。儿童在他作品的熏陶下,不仅能够提高对美丑的辨别能力,更造就了一双诗意的眼睛,养成一颗温润豁达的心。这些插图正是在潜移默化之中,完成了对儿童的教化与感化。

三、《开明国语课本》(初小)插图的审美性

(一)《开明国语课本》(初小)"美"的阐释

丰子恺作品中的美是多方位的,他的一幅幅画作仿佛是一句句禅语,精深玄妙,颇多意味。一旦将其中所要表达的意义解读出来,就像是破解了一个仅有寥寥数语的谜语一般欢欣、舒然。而这些所谓的意蕴,正是他心中志趣的体现,也是成长环境与个人经历使然。笔者将从以下几个方面来解读丰子恺作品中别具一格的美。

1. 美的表现

(1)表现手法:毛笔漫画,图简意繁

期刊插图在民国时期的表现手法十分丰富,我们常见的有国画、水彩、装饰画、版画、漫画等。

丰子恺是我国著名的绘画艺术家,在他的作品中,最为人称道的还是漫画,其风格自成一派,素有"子恺漫画"的美称。对于"漫画"一词,他也有着自己的见解:"漫画这个'漫'字,同漫笔、漫谈等的'漫'字用意相同。漫笔、漫谈,在文体中便是一种随笔或小品文,大都随意取材,篇幅短小,而内容精粹。漫画在画体中也可以说是一种随笔或小品画,也正是随意取材,画幅短小,而内容精粹的一种绘画。随意取材,画幅短小,故宜于'简笔'。

内容精粹,故必'注重意义'。故'简笔'与'注重内容',是漫画的两个条件。"①丰子恺为《开明国语课本》(初小)所作的插图正是采用了其最擅长也是最为大众所熟悉的"漫画"风格。而他所谈到的漫画的两个条件,也均在这些插图中得到了展现。

以图89《大家开店》为例,画面描述的是节假日儿童们聚在一起,玩起了用桌椅当道具,各自扮演米店、玩具店、布店、打铁店、裁缝店等店主的游戏。画面中,孩子们个个忙得不亦乐乎,兴致勃勃。年龄稍大的孩子搬椅子、写店招,年龄略小的侧立而视,聚精会神,等着加入这场颇具趣味、也可能是期待已久的游戏。这幅画取材随意却又富有代表性,它描绘的正是大多数孩子在孩提时代最有兴趣、最常玩的"过家家"的游戏。一幅画中只出现了椅子五把,桌子一张,孩童六七,人物角色简单,道具普通,并且在人物形象的刻画上,面部表情均以点、线点缀,不刻意描眉画眼;在服装样式上,有格纹、条纹以及无花纹三种,朴素整洁,带着学生气。整个画面给人一种民风淳朴、生活和谐的感

图89 《大家开店》

---

① 陈星:《丰子恺漫画研究》,西泠印社,2004年,第36页。

觉,这与"漫"的理念相对应。再看画面中孩子们有奔走的、站立的、弯腰的、抬头张望的,动作各异;面部表情虽只以点、线表示,却通过走向、大小、形态的细微变化,让我们感受到他们心中的期待与欢愉,这就使得原本静态和美的内容一下子鲜活起来,散发出浓厚的人间情味。所以说,丰子恺的漫画理念在《开明国语课本》(初小)插图中也得到了完美的体现,对于这些插图,笔者认为正可以用丰子恺谈漫画条件中的"取材随意、内容精粹"来形容。

其中,所谓"内容精粹",还不仅限于此。20 世纪 30 年代,正是西方思想大量涌入的时期,不管是工业思想、学术思想还是经济思想、艺术思想,都迅速地被国民了解与吸收,而孩童也在这种环境下耳濡目染。在西方经济思想传入、国家经济复苏的背景下,孩童这种看似无意识地模仿成人经济行为的做法,也包含了他们稚嫩朴素的经济观念,这也是插图作者想在画中展现的现代观念。

丰子恺通过这样一幅取材于生活、取材于儿童周边的插图,让我们不仅感受到了浓浓的生活气息,欣赏了孩童的天真烂漫,也体悟了创作者渗透在其中的生活理念和时代观念。

(2) 色彩:墨画为主,彩画为辅

① 用墨精妙

"国画以形为骨骼,以色为肌肉。形与色合成图画,犹之骨骼与肌肉合成人体。"①按色彩分,国画可以分为"墨画"和"彩画",在《艺术修养基础》一书中,丰子恺以山水画两大流派在画坛的影响,南宗胜于北宗的事实,来阐明"墨画"在国画中的主流地位。

在中国传统色彩观念中,有"随类赋彩"和"墨分五色"之说,而这种观念对于自古以来的国画创作者都产生了深刻的影响。

---

① 丰子恺:《艺术修养基础》,岳麓书社,2010 年,第 107 页。

在这里,"随类赋彩"有两种含义,首先指的是画家在进行绘画创作时,会将属性相同或相近的事物归为一类,而赋予同类色彩;其次指画家会根据他从所描绘的事物中所感悟到的精神或情感来分类,他们往往将表现同种意境的事物归为一类,随后将其以相近色系来进行着色。"墨分五色",这五色分别指的是焦、浓、重、淡、清,画者常常根据不同的需要来控制墨量,掌握下笔轻重,以完成一幅幅色彩深浅有别、气韵生动的画作。而这两种理念在丰子恺的画作中体现得尤为明显。

丰子恺的漫画或其他绘画作品以墨色居多,从小受到中国传统文化熏陶的他,作品里自然少不了国画的痕迹,无论是用色还是其他,总有一种浓浓的中国味在里面。这也与他自身萧远疏淡、恬淡安然的心境有着不可分割的关联。

图90 《游泰山记》

在《开明国语课本》(初小)中,除了仅有的六幅有色彩的插图外,八册教材中的插图全然以墨色为主,所有插图均以墨线勾勒、黑白为界,配合以深浅的变幻,创造出一幅幅富有笔情墨趣、灵妙清丽、意境深远的画作,这样的创作形式与中国画有着异曲同工之妙。在此,笔者举第七册第二课《游泰山记》为例(见图90)。

课文讲述的是"我"与父亲登泰山的经历。课文就泰山的地点、登山方式、途中景色一一做了介绍。根据内容我们不难发现,插图所描绘的正是"我"由山下乘坐兜子到回马岭的途中,以及在回马岭看到的景色。文章是这么写的:"半山的地方叫做回马岭,到了那里,不能再骑马上去了。我回头向下望,心里不免害怕。但是从那里上去,风景却好起来了。两旁都是盘曲的柏树。涧水往下流,声音可爱。再上去看见瀑布,从石头缝里喷出来,就是涧水的源头。"画面上,文中提到的半山、柏树、瀑布逐一得到呈现。我们看到,逐级分明的台阶在半山处"戛然而止",取而代之的是一条蜿蜒盘旋的山路,这就是回马岭。白色的台阶线条分明,一丝不苟,似乎昭示着筑路工艺的考究。以台阶两边的线条为界,画家用大片的黑色隔开台阶与周边的山。中国画中有"计白当黑"之论,白指的是"无",黑则往往被认为是"有"。此时画中空荡的台阶一览无余,毫无悬念,反倒是这大片的黑色,或是密林,或为深渊,给人以一种深不可测的神秘与紧张感,与课文中所述"我"的"害怕"的心理相呼应。再往上看,道路两旁黑色的柏树,姿态随意,成了灰白色调的群山中的一抹点缀,不仅在庄严的画面上平添一抹俏皮,同时也避免了整幅画色彩"下重上轻"给人造成的不适感。另外,白色的瀑布从灰色的山间倾泻而下,与后面仅用墨线勾勒的山川色彩对比柔和,达到了画面的和谐完满。课文描述的虽然是"我"与父亲登山的内容,画面上却未出现人物,这大概与画家此时的心境相契合,此时的画已经不是为叙事而作,而是画家怀着闲散恬适的心态在欣赏祖国的大好河山。

丰子恺在这幅画中的色彩安排既表现了泰山的险峻奇绝,又赞叹了祖国河山的壮丽秀美,对于学生在学习课文之余感受泰山的壮美有着重要意义。

② 色彩明媚

《开明国语课本》(初小)的插图虽多以黑白为基调,但其中也有几幅明媚清丽的彩色插图。据统计,课本中彩色插图仅 6 幅,第一、二册各 3 幅,这在当时的出版条件下实属难得。

第一册开篇的《先生早》中,作者不吝笔墨地描绘了一幅"新生入学图":棕墙、绿植、红花;着灰布长衫的先生,穿着色彩各异、正向先生问好的学生,温馨和谐,充满希望(见图 91)。该册

图91 《先生早》

的第二、三幅彩色插图描绘的是先生和学生围坐在一起上课的情形，作者对人物的衣着进行了着色，呈现了绿、红、黑、白四种颜色，色彩延续了第一幅红绿的基调，不仅使画风趋于统一，似乎也象征着新入学的孩子们像春天的绿柳与红花一般充满希望、生机勃勃。

第二册中，第一幅彩色插图在第十六课《泉水到了河里》，以墨绿色作为基调的画面上，一只红嘴白鹅低头戏水，长长的河堤，阵阵的波光，着色低调却又生机盎然，线条柔美且不突兀，笔墨生动，温柔静美。亦真亦幻之间，让人步入诗中境地（见图92）。第二幅则是第十七课的《春风来》：从左至右分别是桃花、茶花和梅花。画面中，粉色的桃花摇曳生姿，玲珑精巧；红绿相间的茶花，花姿丰盈，妩媚动人；暗香疏影的梅花则以其俏不争春的独特气质静静吐露着春的消息（见图93）。

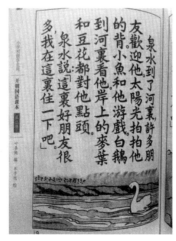

图92 《泉水到了河里》

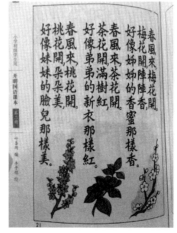

图93 《春风来》

最后一幅彩色插图是紧接着的第十八课《柳树条》。田埂细长,黄花满眼,垂柳迎风摆动,更有两只小黄蝶翩翩起舞,画面拙朴静谧,又具有动态的美感。闭上眼睛,仿佛能看见草色青青、漫天遍野的春的到来(见图94)。

从上述分析中我们发现,丰子恺进行着色的插图基本都以"春天"为题材,就连仅有的两幅"上课听讲图",选用的也是深红

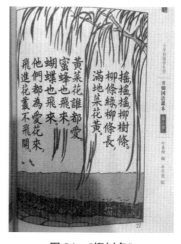

图94 《柳树条》

和暗绿两种带有"春意"的颜色。丰子恺曾在《春》一文中有过这样的感悟:"这时候实际生活上虽然并不舒服,但默察花柳的萌动,静观天地的回春,在精神上是最愉快的。"[1]可见他对春天确乎怀有别样的情怀,也正想以这种方式勾起孩子们对春天的期待、对生活的热爱。

(3) 构图:多样统一,变中求和

现代所谓构图,古人亦称之为章法、布局。位置的异与同、形与色的安排,以及元素的排列、组合,都是为了表达作者不同的情感,传递不同的信息。构图不同,所要呈现的主题思想也大多是不同的。而无论是所谓的构图还是布局,皆是有章法可循、有理可依的。

构图的最大目的,是最大程度地表现作品的主旨,其次是为了给人在视觉上造成美的冲击。根据前人在此领域的探索和研究,我们发现构图的基本法则大致有如下几种:主次、均衡、对比、对称、节奏、比例、参差、整齐、和谐等。丰子恺先生向来憧憬

---

[1] 丰子恺:《丰子恺散文(插图珍藏版)》,人民文学出版社,2008年,第134页。

孩子们的生活,所以在为《开明国语课本》(初小)创作插图的时候,也可谓独具匠心。

① 主次有别

构图时,主次之分是突出主旨思想的第一个基本法则。拿第一册第二、三课的两幅插图来说,从目录上看,这两幅插图分属于《坐下来》和《先生说》,但却可以将其看作一个整体:十三个学生和一位先生围坐在一起,坐在先生对面的,从学生的头部动作来看目光显然是平视的,而其他坐在先生两侧的孩子无一不是侧着头在听先生上课。先生虽不坐在圆圈的正中间,但却形成了以先生为中心的"上课听讲图"(见图95、图96)。这种主次上的安排,使得整幅画显得学生多却不杂乱,让看的人一目了然,即刻明白该幅插图所要表达的内容。

图95 《坐下来》

图96 《先生说》

再如《中华》一课,画面中以一位女子为中心的人们正慷慨激昂地演唱着这首气势磅礴的歌。只要稍微仔细地观察一下她们的服饰便不难看出,这群人中不仅有戴着眼镜的文化人,有蓄着长须的老者,有戴着帽子的车夫,还有剪了短发的新女性,包括高矮胖瘦的各色人群。但从每个人高高扬起的头,和女子有力地指挥着的臂膀足以看出,这时已经没有所谓的各行各业和各类人群了,此时只有一种人,就是怀着自豪的心情歌唱祖国的中国人。杂乱中见统一,就这样,丰子恺先生很好地传递了他所要表达的精神,这幅画作也很好地体现了该篇课文所要传达的赞美祖国、热爱祖国的情感(见图97)。

图97 《中华》

② 对比强烈

这里的对比不仅指大小的对比,还有远近、强弱、深浅、美丑等。正是在互相的对比和衬托中,才能更好地表现作品的主题。以《林则徐(一)》中的插图来说,这幅插图描绘的显然是这句话:"林则徐就在虎门的海岸边开成池子,把鸦片切开了投下去,浸了半天,再加生石灰,便发起火来。"鸦片和生石灰燃起的熊熊大火所产生的浓烟升到空中,竟比天上的云还要高,还要大,还要浓。这一浓一淡、一高一矮的对比分明展示了所要焚毁的鸦片数量之多,这些鸦片如若不销毁,对国民身体和精神的损害之大,以及国人对运来鸦片的英国人仇恨之深(见图98)。

图98 《林则徐(一)》

③ 协调之美

对比法则的运用使得所要表达的感情更为强烈，人们从中所能感受到的力量也前所未有地得到增强。如果此时刻意淡化对比，画面整体就会趋于和谐。这里所指的和谐，不仅是结构的和谐，还有色彩的和谐等。和谐的画面一旦呈现，必然给人平和、宁静、柔美之感，如一首轻盈的诗歌、一曲甜美的音乐，令人放松与心醉。

再看第六册第七课《初春的风》，远处青山连绵，近处杨柳随风扬起，小道蜿蜒向左，杨柳轻拂在右，玩伴两三，仿佛听见了欢声笑语正随春风飘散。这一远一近，一左一右，三三两两，难道不是由对称和参差架起的和谐之美吗？正是丰子恺疏疏淡淡的几笔，成就了这质朴、平和的美（见图 99）。

图 99　《初春的风》

2. 传统文化的渗透

中华民族绵延五千年的历史文化博大精深、辉煌灿烂，传统文化的精髓渗透在生活的方方面面。作为在中国传统文化土壤上成长起来的文人、画家，丰子恺的作品中既有传统浙西人的细腻深沉，又有传统文人的清幽玄妙。

笔者根据教科书插图的特点和属性，结合中华传统文化的表现形式，将《开明国语课本》（初小）中有关中华传统文化的插图分为传统建筑、传统技术、传统艺术、传统美德四个部分来进行阐述。

（1）传统建筑元素在《开明国语课本》（初小）插图中的渗透

丰子恺先生是浙江崇德人，自小生活在民风淳朴、诗情画意的江南水乡石门湾。江南水乡"择水而居，缘河而筑"的建筑习惯,河流交错、小道蜿蜒、错落有致的建筑格局,粉墙黛瓦、绿植环绕的建筑风格,都深深刻在丰子恺的记忆之中,也时常能在他的画作中得到体现,《开明国语课本》(初小)的插图亦不例外。

第五册《等一会儿吧》以及第六册《救火》等都体现了传统江南建筑最为典型的屋檐设计风格。江南传统建筑的屋顶具有独特的美感,檐边檐角反曲向上,不仅彰显了无限的张力,更使其散发出特有的生机与活力。(见图 100、图 101)

图 100 《等一会儿吧》

图 101 《救火》

图 102 《怪东西》

除此之外,丰子恺先生独特的审美眼光、深厚的美学功底,使得他也深谙房屋室内设计的精髓。《怪东西》中两扇长窗低调稳重,传统文化所蕴含的古朴、静谧之感随之而来(见图 102)。《等一会儿吧》一课中,精致玲珑的街道边用竹竿撑起的短窗,经济实用又独具中国特色,浓厚的市井生活气息在这里得到彰显。到了第七、八册,随着学生年级的升高,课文中所插入的历史故事也随之增加,《蔺相如》一图中,带柱墩的石柱象征着皇家的庄严和权威,为插图注入一丝紧张与危急,反衬出了蔺相如的气魄和胆识(见图103)。《孔庙和孔林》一文中,"龙纹石柱"赫然挺立,用文中的话描述就是"又精致,又伟大"。这象征着孔子受人敬仰、中华文化博大精深(见图104)。

图103 《蔺相如》

图104 《孔庙和孔林》

(2)传统技术元素在《开明国语课本》(初小)插图中的渗透

我国古代劳动人民常给人勤劳智慧的印象,不管是农业还是手工业,都曾一度走在世界的前列,中国的传统技术是古代劳动人民实践的总结、智慧的结晶。《开明国语课本》(初小)的插图中也有不少传统技术的缩影。如第一册第三十三课《妈妈裁衣》中,一位温柔的母亲坐在桌前,面目慈祥。只见她一手执剪刀,一手握着布,剪刀在布上游走,将其裁出花样,桌上放着尺子等工具,旁边还站着个可爱的小姑娘,张着嘴正和妈妈交谈,这体现的是裁缝技术(见图105)。第十九课《不用翅膀飞上天》的课文介绍了风筝的做法以及用法,插图用游戏的画面呈现,既能增加孩子的阅读兴趣,也能培养他们的动手能力(见图 106)。其他还有《采棉》《"我要做丝"》《都靠十个朋友》等,也都反映了劳动技术在人们生活中的重要性。

图 105 《妈妈裁衣》

图 106 《不用翅膀飞上天》

传统技术在《开明国语课本》(初小)选文中占有一定的比重,但插图中并未完全呈现,插图中对于传统技术的描绘一般是对劳动场所和场面的再现,对于激发儿童的劳动愿望,感受劳动的辛苦和收获的喜悦都大有益处。

(3) 传统艺术元素在《开明国语课本》(初小)插图中的渗透

《开明国语课本》(初小)中,插图对于传统艺术主要呈现为绘画、游戏、杂技几个方面。

绘画方面,第一册《现在画得像了》中,类别、姿态各异的树木、鲜花的呈现,使孩子能够理解什么是"像了",以此提高儿童的绘画技术和辨别能力。在第五册开篇的

图 107 《自己的画》

《自己的画》中,展现了几幅极具国画意境的山水画、人物画、叙事画,能够促使儿童了解绘画知识、提高美术素养(见图107)。游戏方面,第三册《骑马》一课就更生动了,三个孩子一组,一个做马头,一个做马身,一个骑在马上,在运动场上追来逐去,好不热闹。看的人也跃跃欲试,不禁想加入其中了(见图108)。杂技方面,由于笔者之前对《杂耍》一课已有过描述,故在此从略(见图109)。丰子恺在插图中对于传统艺术的描绘展示了它们的强大魅力,对于传承和发展这些艺术有着十分重要的作用。

图 108 《骑马》

图 109 《杂耍》

(4) 传统道德元素在《开明国语课本》(初小)插图中的渗透

中国被称为礼仪之邦,作为中国古代正统思想的儒家文化,其核心是"仁","礼"作为实现"仁"的根本途径,与精神道德有着不可分割的联系。在《开明国语课本》(初小)中,精神道德体现在朴素、琐碎而又充满趣味的日常生活中。从细处看,又可将它们分为行为习惯和精神品质,但由于两者含义较为接近,在插图中常常同时出现,所以不免有所重合,但笔者还是尽量根据插图中所呈现的最主要的主题来进行分类举例。

① 行为习惯

良好的行为习惯的养成,为儿童的健康生活奠定基础。第二册第六课《谁洗得干净》中,小羊、小狗、小猫、小兔站成一排,请牛先生评评谁的脸洗得干净,这里就体现了希望儿童养成勤洗脸、爱整洁的行为习惯(见图110)。同样的形式在第三册十八课《小白羊最好看》中再次出现:小狗、小猪、小羊站在白马面前,请它评评谁最好看,画面中,小狗瘦弱单薄,小猪肥胖笨拙,只有小羊身形强壮且干净整洁,自然被白马评为"最好看"的。这幅插图再次重申着装整洁的重要,也传达了儿童应勤于锻炼、强身健体的思想(见图111)。

图110 《谁洗得干净》

图111 《小白羊最好看》

② 精神品质

高尚的精神品质是传统美德的主要方面。在《开明国语课本》(初小)第一册开篇,《先生早》描绘的是师生之间互相行礼问好的场面。画面中,学生谦卑有礼,先生慈爱儒雅,一派尊师爱生、质朴和谐的景象。又如同册中的《小牛画图》:小羊进门后,

图 112 《我们一同玩》

小牛说"请坐,请坐"。第四十一课《我们一同玩》中,小狗端着茶水请小猫喝,又拿出玩具同小猫一起玩(见图112)。这些插图也都是从日常生活入手,期望对儿童进行耳濡目染的熏陶,在无形之中培养热情好客、乐于分享的品质。

3. 儒佛思想的融汇

儒家文化、佛家文化和道家文化,是我国传统文化中的三块基石。儒释道对中国传统社会产生了极为深刻的影响。几千年来,每一个中国人身上都有它们的烙印,它们成为整个中华民族的心理积淀,形成了中国人的生活方式、思维方式、人生观、宇宙观与价值观。而丰子恺的一生,正是与儒、佛结缘的一生。

(1) 尊重生命、赞美和谐:丰子恺儒、佛思想的沉淀

友人朱光潜曾这样评价:"形成他人品和画品的主要还是中国的民族文化传统。"①而中国的民族文化传统中,又以儒家文化为最主要。创始于春秋时期的儒家学说,作为我国传统文化中的正统思想,千百年来为人们所信奉和践行。以"仁"为核心的恕、忠、孝、悌、勇、仁、义、礼、智、信等理念,在中国人的心中打下了深深的烙印,影响着人们生活的方方面面。

丰子恺儒、佛思想的形成与发展,离不开儿时故乡传统文化土壤的滋养,离不开幼时家庭教育的熏陶,更离不开成年后师友的指导与感染。这两种思想的融汇,使他的作品中常含悲悯、同

---

① 朱光潜:《缅怀丰子恺老友》,载《朱光潜文选》第十卷,安徽出版社,1993年,第477页。

情、仁爱之心。当中,又以其为贺恩师弘一法师生辰所作的六辑《护生画集》体现得最为清晰。

由于世人常常误解"护生"的含义,丰子恺曾在第三辑的自序中有过这样的解释:"护生者,护心也。除去残忍心,长养慈悲心,然后拿此心来待人处世。……这是护生的主要目的。"①也就是说,《护生画集》创作的初衷正是教人学会慈悲,保护自己最初的一颗向善的心。

在《护生画集》第一辑《儿戏(其二)》中描绘了这样一个场面:一个小男孩半跪式坐在草地上,兴味盎然地摆弄着一根绑着蜻蜓的长线(见图113)。这本是最常见的儿戏,在此时,却也成了残忍的游戏,生命的活力,在幼儿的一念之间,被一根长绳禁锢,叫人痛心,心生凄然。弘一法师在旁题道:"教训子女,宜在幼时。先入为主,终身不移。长养慈心,勿伤性命。充此一念,可为仁圣。"②意思是说,儿童心中的善念、慈悲心,父母应该在其儿时就开始培养。及早教诲,便在他们心中播下了善的种子,使他们能够终身践行。丰子恺也在《子恺漫画(自序)》中说:"儿童富有感情,却缺乏理智;儿童富有欲望,而不能控制。"③所以,面对璞玉一般儿童的真心,他主张及早施加教诲,长养善念、保护慈心。

图113 《儿戏(其二)》

---

① 丰子恺:《丰子恺品佛》,作家出版社,2009年,第197页。
② 丰子恺:《护生画集》,龙门书局,2009年。
③ 丰子恺:《缘缘堂》,陕西师范大学出版社,2009年,第187页。

图 114 《雀巢可俯而窥》

在《雀巢可俯而窥》中描绘的是这样一幅画面:两个儿童推开窗户,发现在窗边筑巢的小鸟,儿童一边指点仰头而视的小生命,一边面带笑意。窗外的地上,两盆花草静静生长,剥落的墙面为画平添一丝朴素的意味(见图114)。弘一诗云:"人不害物,物不惊扰。犹如明月,众星围绕。"①此时,人与鸟、与花、与万物,互不惊扰,各自静好,这大概也是佛家追求的一种境界。

《护生画集》中表达对生命的尊重、对和谐的赞美的题材不胜枚举,这也是丰子恺儒、佛思想最为集中的作品集。佛家的"苦"与儒家的"仁"在他的笔下一一浮现,我们在他的有情世界里欣赏着、欢欣着,也哀叹着、愤懑着。《开明国语课本》(初小)中插图的仁爱与禅意虽然没有《护生画集》那么深,但亦隐隐透露出一股护生之心。

(2) 对生命的尊重在《开明国语课本》(初小)插图中的体现

生命是儒、佛两家永恒的话题。两者对于生命皆是主张爱惜、尊重的。《开明国语课本》(初小)插图中,对生命的尊重表现在以下两个方面。

① 对动物的仁爱之心

仁者是心怀爱意、满怀慈心的人,他们的爱广博且久远。诚心为善,不分对象高低贵贱,不论善事繁难简单,众生平等。第五册第二十二课《渔人的网》中描绘了这样一幅场景:岸边有两

---

① 丰子恺:《护生画集》,龙门书局,2009年,第29页。

个头戴渔夫帽的渔人,正奋力打捞起两面大渔网,河里的鱼儿刚从一人的网中逃脱,就进了另一人的网里(见图115)。从课文中我们可以得知,渔人拉起了两次网,插图中那七八条小鱼正是第一次的"漏网之鱼",它们努力求生,最终还是无一幸免。这本是一幅人类的"日常劳作图",却在鱼儿奋力求生的行为和欲望下,让人感到了一丝压抑和沉重。无论多么微不足道的生灵,都有

图 115 《渔人的网》

强烈求生的欲望,人类却轻而易举地剥夺了这些小生命生的权利,在这平凡的场景中,流露了作者对生命的爱怜与珍惜。

② 对世人的同情之心

"护心",保护的是人们的"慈悲心",这种慈悲心普及万物,既可以是对自然中的鸟兽、花草,也可以是对身边的师友、亲人。第六册第二十六课《两句话》的课文讲述的是"先生"丧父后回校,学生纷纷安慰的事。画面中,臂缠黑布的先生面容十分憔悴。这番景象与他平日上课时神采奕奕、滔滔不绝的样子想必是大相径庭的。他从柳条箱中拿出了一张父亲的照片,而围绕在身边的孩子们也同先生一般面露悲伤之情。孩子们如老师一般有这种切肤之痛,可见感情至深(见图116)。透过画面,我

图 116 《两句话》

们感受到了孩子与先生的悲伤,也读懂了孩子对老师深切的爱。生而在世,不免经历这种"无常之恸","一切慷慨的,忍苦的,慈悲的,舍身的,宗教的行为,皆建筑在这一点心上"。[①] 对生命的生长消亡,丰子恺是抱以同情的,但对师生之间淳厚的深情又是感到欣慰的。

(3) 对和谐的赞美在《开明国语课本》(初小)插图中的体现

儒家认为,万物遵循世间的天道变化,都有自己的属性和状态,当它们以本真的形式存在于世界上时,便是世界的一种大和谐。而佛家的理解则更为玄妙、虚幻,它追求的是精神上的"极乐"与功德上的圆满。但不论何种理解,它们追求的都是一种"和合相依"的状态。这种状态在《开明国语课本》(初小)插图中,则从以下两个方面来表现。

① 物我和谐

首先是物我和谐,即人与自然的和谐,是万物和谐相处、天人合一的状态。第四册第七、八课《三头小羊》和《好朋友》讲述的是"真民"从外婆家牵回三头小羊,出于对小羊的欢喜和爱惜,"真民"着手为它们搭木棚、铺稻草、同它们玩游戏的故事。画面上,"真民"面带笑容,步履轻快,与三头小羊悠闲地走在乡间小路上。在布局上,人与动物、与花、与草、与屋宇结构疏朗,状态安然;在笔法上,收放有度,轻盈自如,隐隐透露出一股闲适、悠然、完满的感觉,这便是一种物我和谐(见图117)。

② 人际和谐

儒家中由"三纲五常"构建起来的道德伦理关系是维持社会稳定、推动社会发展的关键因素,由此衍生出来的家庭和睦、邻里互助、兄友弟恭、尊师爱生等美德则传达了一种人际和谐之美。

---

① 丰子恺:《丰子恺品佛》,作家出版社,2009年,第63页。

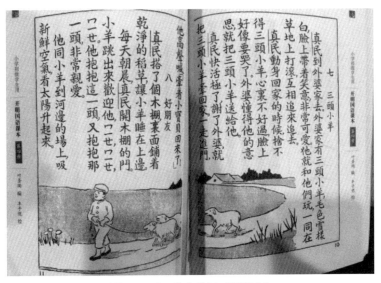

图117 《三头小羊》与《好朋友》

《茶话会》里,小兔、小鱼、小鸟、青虫"席地而坐,相谈甚欢",我们感受到了友情的率然纯真(见图118);《南风吹》里,村民割麦、收麦、挑担的景象让我们欣赏了团结协作的劳动之美(见图119);《那里什么都变了》中,透过祖父躬着身同"我"在阳光下讲述远方的故事的模样,我们感受到了亲情的温馨(见图120)……凡此种种,都让我们在琐屑平淡之余,体会了人与人之间丰厚的情谊。

图118 《茶话会》

图 119 《南风吹》　　　　图 120 《那里什么都变了》

4. 小结

《开明国语课本》(初小)中的插图一如丰子恺以往的作品,沁透着深深的中国传统文化韵味,携带着佛家玄妙的禅意,也贯穿着儒家"仁"的理念,让儿童感受着传统,传承着文化,保护着童心,长养着慈心,更让他们学会了从生活的点点滴滴之中寻找乐趣,发现美好。丰子恺以其强大的人格魅力与文化修养,用一支毛笔为儿童开辟了一方净土。

相对于现行的语文课本,《开明国语课本》(初小)插图多了一分灵气,少了一份匠气;多了一点从容,少了一抹浮躁。文化的厚重感、历史的传承感在这里得到彰显。

(二)《开明国语课本》(初小)的审美表达

日本学者吉川幸次郎曾这样评价丰子恺:"在庞杂诈伪的海派文人中,有鹤立鸡群之感。"[①]美学专家朱光潜老先生也评价他

[①] 丰子恺:《丰子恺文集》第六卷,浙江文艺出版社、浙江教育出版社,1992年,第112页。

"从顶至踵,浑身都是个艺术家"①。尽管这样,最为大众所称道的还是他的漫画。事实上,丰子恺在书法上也颇有造诣。

在《开明国语课本》(初小)课本中,丰子恺不仅承担了插图的创作,每一篇手写体的课文亦出自丰老之手。笔墨生动的插图与古朴奇拙、浑劲有力的书法,实为该套教材的一大特色。

1. 丰子恺的书画观

(1) 丰子恺的书法观

① 书法的地位

丰子恺十分注重书法,他曾在《艺术的园地》中将艺术分为十二个部门,并对它们一一做了介绍。同时,他又戏谑地称如果将讲解比作游园,那么书法就是第一境。丰子恺将书法看作最纯正的艺术:首先,书法艺术是以点、线构成的黑白极简世界,这一特性使其少了许多无谓的加饰,呈现一派浩然纯正之气;其次,中国素有"字如其人"之说,书法的刚健遒劲、清秀隽永往往昭示了书者的品性与人格,就其是人格修养的直接体现这一点来说,书法艺术亦是淳朴正义的。由此,他感叹道:"须知中国的民族精神,寄托在这支毛笔里头!"②可以说,丰子恺对于中国书法艺术是拥有自信与偏爱的。

② 书法的学习方法

首先,针对书法学习的顺序,丰子恺引用北宋文人苏东坡的话说:"楷书好比立,行书好比走步,草书好比快跑。未有不能立而先能走步或快跑的。"③故此看来,楷书是最便于学习、摹写的。他认为,初学者宜先学楷书,其次行书、草书为好。从汉到清,楷书书法大家层出不穷,各个时代都有自身的特点神韵,有各自所秉持的理念,学习哪种各凭喜好。

---

① 刘刚:《"从顶至踵是个艺术家"——朱光潜谈丰子恺的人品和画品》,《国画家》2005 年第 1 期。
② 丰子恺:《艺术修养基础》,岳麓书社,2010 年,第 176 页。
③ 丰子恺:《艺术修养基础》,岳麓书社,2010 年,第 178 页。

其次,在书法的学法方面,他尤其提倡学习和应用碑帖,认为"碑帖是书法的模范",并且根据各人的学习目的不同,应选择不同类型的碑帖。至于用法,他则深信应做到细看、体味多于临摹。碑帖的学习不应逐笔描画,而应领略其中神气。

书法中的关键一步,在丰子恺看来非笔法莫属。因此,他更是坚持学习笔法应先做到"正姿势"。除此之外,在学习书法时,端正恭敬的态度也能让效果更上一层楼。书法的学习从来不是一蹴而就的,笔法门类纷繁复杂,必定只有潜心研磨才能有所成就。

最后,关于字的行间和装法,除了应注意"避就""偏侧""相让"等一系列形式细节外,他认为最重要的还是使通篇成为一个整体,和谐完满。

③ 丰子恺的书法特点

丰子恺的书法风格在不同时期呈现出了不同的特点。这些特点与他的书法学习经历、个人气质有着莫大的联系。在这里,笔者将丰子恺的书法特点由以下几部分展开论述。

首先,丰子恺是自小开始练习书法的,有着深厚的书法功底。其次,他学习书法从临《张黑女墓志》入手,并且善于博采众长,为己所用,这为日后他形成自己的书法风格奠定了坚实的基础。

总体来说,丰子恺的书法糅合了上述碑帖的长处后,衍生、变革出独具特色的"丰式书法",既含蓄内敛,又遒劲稳健,下笔从容,又跌宕多变。何应辉曾这样说道:"详析之,用笔朴素自然,若不经意,十分舒坦浑劲,结字具有显著的个性特征:出于北魏,涉及隶草,遒密劲拔,质朴奇卓。字中笔势,尤其横笔多短促,少放纵,十分稳健。"[①]

[①] 余连祥:《丰子恺的审美世界》,学林出版社,2005年,第243页。

(2) 丰子恺的绘画观

① 绘画的地位

丰子恺是艺术上的全才,但最为人所熟知和称道的,还是他的绘画。通俗来说,书法的境界要比绘画更高深玄妙,而绘画的范畴与受众却比书法更为广大。同时,绘画艺术最精深的部分还是在东方。

这与丰子恺之前对书法的看法并不相悖。他认为书法艺术是为中国所独有的,而绘画艺术则风行全世界,且不同地域、不同时期都有各自的特点。丰子恺不仅精通中国画的画法,亦在老师李叔同的指点下进行了西洋画的学习,可谓学贯中西。在对西洋画和中国画进行比较时,丰子恺提出了自己的"中国美术优胜论"。他认为"从好的方面说,中国画好在'清新',西洋画好在'切实';从坏的方面说,中国画不免'虚幻',西洋画过于'重浊'……然而在人的心灵的最微妙的活动的'艺术'上,清新当然比切实可贵,虚幻比重浊可恕。在'艺术'的根本意义上,西洋画毕竟让中国画一筹。"①又说:"艺术不是技巧的事业,而是心灵的事业。"②

综上所述,丰子恺认为,在所有的艺术门类里,绘画的地位仅次于书法;中国画和西洋画各有长处也同有弊端,但两者对比之下,还是"中国美术优胜"。

② 绘画的学习方法

在上文中已经提到,丰子恺的画风既汲取了中国画的神韵,又融合了西洋画的技法,可谓中西合璧。由于中国画和西洋画的表现形式、创作工具、思想表达等均有所不同,所以学习方法上笔者也将分而述之。对于中西画的学法,丰子恺有过一段总

---

① 丰子恺:《丰子恺文集》第二卷,浙江文艺出版社、浙江教育出版社,1990年,第515页。
② 丰子恺:《丰子恺文集》第一卷,浙江文艺出版社、浙江教育出版社,1990年,第84页。

论:"绘画的学习,西洋画有一定的方法,而中国画没有定论。因为西洋画容易学,中国画不容易学。学西洋画可以用功而成就,学中国画用功不相干,全靠天才。"[1]就此,他也提出了中西画法的学习方法。

首先,学习中国画,他主张从临摹古人的佳作开始,这也是自古以来,学习中国画的必由之路。他主张临摹,但又不建议只是临摹,学习者应该在临摹的基础上,吸收中国画的精华,做到学古而不泥古,将中国画的气韵为我所用。

其次,根据西洋画的特点,丰子恺对于它的练习工具、题材进行了介绍和解读。西洋画以木炭为练习工具,可使人在长期练习之后,迅速抓住绘画对象的形状、明暗要点,为图像打底奠定基础。而以石膏和裸体作为练习题材是由于人体的线条变化极为微妙,若能将其忠实画出,则能够达到训练绘画者的眼睛,提高其形、色辨别能力的效果。

总体上来说,中国画要达到的是神似,而西洋画要追求的则为形似,丰子恺融两家之长,形成了其别具一格的"丰氏"绘画。

③ 丰子恺绘画的特点

丰子恺绘画的特点与其一路走来的艺术学习历程、个人经历、心向志趣、师友感染等都有着莫大的联系,而这些笔者在前文中已经有过详细的论述,故在此从略。总体来说,他的作品呈现出以下几个特点。

首先,丰子恺赞成"中国美术优胜",又因其自小受到传统文化的熏陶,故其作品中国画痕迹浓重,传统文化意蕴丰厚,可以说他是一位文人画家。

其次,丰子恺在作品中主要运用的是白描的手法,对墨色变化的要求并不高,也不十分注重背景。其运笔提按自如、收放有度,线条舒畅流利、富有节奏感,善中锋运笔、从容端庄。

---

[1] 丰子恺:《艺术修养基础》,岳麓书社,2010年,第90页。

最后，由于其曾师从李叔同进行过系统的西洋画练习，深谙西洋绘画之要领，因此他的作品也常常展现出西洋风趣。

2.《开明国语课本》（初小）中书画观的表现

（1）书法理念在教材中的体现

① 楷书的学习

在国语的学习上，新入学的儿童必然是从汉字开始学起，而汉字的学习上，书写又是至关重要的。我国常有"字如其人"之说，可见书写的好坏直接反映了个人修养的高低。为了遵循《开明国语课本》（初小）编辑要旨中"涵养儿童的美感"的要求，同时也出自丰子恺对于中国书法文化的推崇，以及他强烈的民族文化自信心，在《开明国语课本》（初小）第一——四册中，每篇课文均是出自丰子恺之手，由第五册开始加入印刷体，之后手写体逐步减少。

在多数课文中，其风格以朴拙周正的楷书为主，一笔一画极为规范，提笔轻盈，按笔有力，结体疏密有致，互相呼应。如第一册中的《国庆歌》《满园菜》等（见图121、图122）。

图 121 《国庆歌》

图 122 《满园菜》

该套教材中,课文书体多为端正的楷书,这与丰子恺认为习书应该先习楷书相吻合。在第一册中,课文字体十分粗大,这样的安排不仅能够牢牢地吸引儿童的注意力,加强汉字对他们的视觉刺激,也便于他们摹写、学习。模仿是学龄儿童进行汉字书写最基本也是最重要的途径,所以丰子恺不仅在书体形式和字体大小上别出心裁,同时也做到了使所有书写的课文字字独立、端正严谨,这就为初学汉字的儿童提供了良好的范式。另外,我们发现课本正文和练习部分线条的粗细不同,相信这是为了区分教科书中的不同板块,缓解儿童视觉疲劳而做的改变。

　　丰子恺巧妙地将自己的书法理念融入了《开明国语课本》(初小)的创作与编辑中,为儿童的汉字书法学习提供了一条"捷径",让他们从一开始就能接触到易于临摹、规范美观的书法学习样本。这对于激发他们对书法艺术的兴趣,加强他们对书法艺术的体悟,陶冶他们的书法审美情趣有很大的作用。

　② 字体的变化

　　笔者在上文曾谈到,《开明国语课本》(初小)中,丰子恺的书法主要以端正严谨的楷书为主,但其他字体也并非不存在。除此之外,笔者还发现丰子恺在该套教材中的书写风格也随着内容的不同而改变。

　　在第三册第四十一课《借书》和第四十二课《图书故事》中,他的书法风格开始变化,体现在两张便条中,且与课文的内容有关(见图123、图124)。前者是讲述表弟"张新华"向表姐"爱梅"借书的事,后者则是回信。从第一张便条中,我们感受到书写者的笔法略显稚嫩,运笔毫无顿挫有力之感,且字的结构的疏朗紧密不尽合理,字态多呈左低右高或左高右低之势,摇摆不正。反观回信中的字则美观许多,颇有行楷意味,方正稳重中带着婉转灵动,一笔一画圆润质朴、流畅爽利。丰子恺的这番设计可谓独具匠心,首先呈现了有别于课文书法风格的两种书法样本,其次在这两种风格中进行对比,最后用美观的书法作品进一步增强儿童的书法兴趣，提高他们的书法审美层次，敦促学生形成勤于练习的观念与习惯。除此之外，这两份作品的区别也是对现实生活的体现。可能是表姐因年龄略长于表弟，书法练习的年份也更长，所以作品更为精妙，也可能是女孩更踏实认真的性格导致了这个结果。无论如何，其中再次暗暗渗透着丰子恺对于书法练习的观点，即勤于练习、态度端正。

图 123 《借书》

图 124 《图书故事》

这种改变在其他课文中也频频出现，如第四册《送给我的爸爸》中，孩子第一次给爸爸写信，字迹歪歪扭扭却感情真挚；第五册《运动会》中，孩子给姑丈、姑母写信，此时的学生已经进行了两年多的书法练习，书法能力有所提高，信中文字虽不算上乘，但也算大方整洁、端正可观。诸如此类的细节设置，皆是出于丰老对教育的赤诚、对儿童的热爱。

（2）绘画理念在教材中的体现

丰子恺曾在《中国画与西洋画》中谈到两者之间的不同："东西洋文化，根本不同。故艺术的表现亦异。大概东洋艺术重主观，西洋艺术重客观。东洋艺术为诗的，西洋艺术为剧的。故在绘画上,中国画重神韵,西洋画重形似。"①正是因为他深谙两家精髓,故在其画中常将两者融合起来,打开了绘画艺术的新局面。

① 国画的线条与西方透视法的结合

丰子恺十分赞赏西洋画中的焦点透视,认为中国人作画如作诗,重重叠叠,不受透视法拘束,而西洋画中近大远小的画法,反而让事物丰满起来、立体起来了。下面是一幅将中国线条与西方焦点透视法融合绘制而成的作品。

图 125 《一群鸽子》

第七册第六课《一群鸽子》描绘的是一群鸽子在天上绕着圈子飞行。画面中,鸽子由近及远,逐渐变小,很符合西方焦点透视"近大远小"的绘画法则。然而在对鸽子本身形象的绘制上,则采用了中国绘画中"写意"的技法,除了鸽子的外形轮廓,头部均以两点来表示鸽子的眼和嘴。两者结合下的作品画面和谐,形象生动(见图125)。

② 国画的写意与西方背景法的结合

丰子恺曾在不同的文章中几次谈到中国画与西洋画一个重要的区别,即中国画写意,不注重画的背景,而西洋画反之。在《开明国语课本》(初小)插图中,我们常常看到丰子恺写意与背景并重的作品。如第一册第十三课《月亮像眉毛》,从课文的描述中看,这幅画的主题是一轮如眉毛般的弯月。而图画中则对小女孩透过木窗出神观望的背景进行了细致的描绘,无论是挂

---

① 丰子恺:《艺术修养基础》,岳麓书社,2010年,第151页。

着帷幔的眠床,还是放着课本的书桌;不管是熟睡中的哥哥,还是伫立而望的妹妹,都一一刻画(见图126)。

图126 《月亮像眉毛》

图127 《景阳冈(二)》

再如第七册《景阳冈(二)》中武松打虎的场面:武松一手按住虎头,一手抡起重拳,老虎扑倒在地,尾巴高高翘起。这时,丰子恺以灰白作背景,在他们身后分别绘出了树林、乱石、远山,这些背景的加入给本就紧张万分的情形再掺几分压迫感,整个画面惊险万分,让人心惊胆战(见图127)。

3. 《开明国语课本》(初小)中的书画结合

(1) 书画结合的优点

在我国,自古就有"书画同源""诗画一律"的说法。书画结合,不仅创新了我国的艺术形式,同时也丰富了其自身的含义。下面笔者将从形式和内涵两个方面阐述其优点。

在形式上,书法和绘画所用工具皆为笔、墨、纸、砚,这体现了其创作工具上的一致性。同时,毛笔独有的特性为书画线条的展开、变化提供了丰富的选择。书法中,笔法有平动、使转、提按等,绘画笔法较之书法自然更加变化多端、丰富精深。书法笔锋的起承转合或凝重洗练,或清逸隽美;绘画线条的流转变幻,或优柔秀美,或巧拙相依。加之书画章法布局的精绝,用墨干、湿、浓、淡的配合,使得两者结合下的作品在形式上挥洒自如却不失法度。画面中笔苍墨润,倾注着十足的韵味。

在内涵上,中国书画都注重对于意境的追求,在"立意"上尤其慎重。中国书画的立意无一不代表着创作者的气度、心胸和品格,是创作者的情感在艺术上的表达。气韵生动是我国书画创作者的重要追求,也是历来人们评判作品优劣的标准。中国画,特别是山水画,十分注重写意,而"写意"二字,笔者认为可以理解为"书写情意"。用毛笔在绘画上书写情意,抒发感慨,既有"书"的功能,又有"画"的美感,方为书画结合的最高境界。足见书画不仅在技巧上归属同源,在精神上更是互相阐发、互相融合、浑然一体的。

(2)《开明国语课本》(初小)中的书画结合

丰子恺的作品中,有不少便是书画结合下的佳作。温润敦厚的性格、淡泊名利的心境、为人服务的志趣,使他的书法愈发拙朴稳健、浑劲有力,他的绘画愈发诗情画意、恬淡静美。这些也为其书法与插图在该套教材中的完美融合奠定了基础。

第五册《市集》插图的画面中,撑船、赶车、驾马、拉货的人动作各异、行色匆匆;画面布局上,则有错落有致的船只和前倾后仰的车马。整体看来"拥挤而繁忙",有一种催人往前走的感觉。再看丰子恺对课文的书写,一笔一画井然有序,竖向排版,字字对应,只留下一股纯正之风,毫无半点矫揉造作之气,与拥挤的画面形成了鲜明的对比。如果说画面的局促紧张感是在催人往前走,那他端正稳重的书法是不是伸出了挽留的手臂?原本世俗乏味的市井生活画面,遇到拙朴淳厚的书法,便春风化雨,沁入了丝丝情意。

到了第八册,《开明国语课本》(初小)的课文基本以印刷体为主,而第八册开篇的《踢毽子》却仍然为丰子恺书写。课文描述的是两个儿童做毽子、踢毽子的情形。画面中,孩子们身形灵巧、技术高超,毽子在孩子们的跳跃旋转中上下飞舞。随意搭在栏杆上的帽衫和脚边的石头、上下翻飞的毽子形成了强烈的对比,在一静一动之间把孩子的无忧无虑、天真烂漫表现得淋漓尽致。而此时若采用方正刻板的印刷体,就果然显得有点不应景了。灵动的画面配上奇拙稳健的书法,两者相映成趣(见图128)。

图128 《踢毽子》

4. 小结

我国自古有"字如其人"之说,西方也有"风格即人"之论。的确,丰子恺的人品无一例外地体现在他的"画品"和"书品"上。其人自然圆融、质朴淳厚,一生都践行着自己"艺术生活化"的理念,将艺术融入生活,用艺术表现生活。李叔同"先识器而后文艺"的教导对他影响颇深,故他一生中都十分注重人格的修养和艺术实践。稳健的书风是他心中的质朴和真诚,写意的画作是他的志向和趣味。

朱光潜曾说:"以出世的精神,做入世的事业。"[①]笔者认为,这句话用来形容丰子恺恰到好处。丰子恺是出世的,繁复琐屑,在他看来兴味盎然;桃红柳绿,有时反倒徒增伤感。他站在自己独特的人生角度,品味着世间的喜怒哀乐;丰子恺又是入世的,一生从事艺术与教育事业,坚定地认为艺术是为生活服务的。

---

① 朱光潜:《朱光潜全集》第一卷,安徽教育出版社,1987年。

总的来说,他为《开明国语课本》(初小)所创作的插图和书写的文字,都渗透着他对儿童的热爱和期待,既体现了自己的艺术品味与功底,又提高了儿童的审美情趣,涵养了他们的人格。

第四节 《开明国语课本》(初小)插图的"童心"

丰子恺曾在《艺术教育原理》中说道:"科学是有关系的,艺术是绝缘的,这绝缘便是美的境地——吾人便达到哲学论究的最高点,因此可以认出知的世界和美的世界来。"[①]什么是艺术的"绝缘",丰子恺又在其《关于儿童教育》一文中进行了很好的阐释:"儿童对于人生自然,另取一种特殊的态度。他们所见、所感、所思,都与我们不同,是人生自然的另一面,这态度是什么性质的呢? 就是对于人生自然的'绝缘'的看法。所谓绝缘,就是对一种事物的时候,解除事物在世间的一切关系、因果,而孤零零地观看。使其事物之对于外物,像不良导体的玻璃的对于电流,断绝关系,所以名为绝缘。绝缘的时候,所看见的是孤独的、纯粹的事物的本体的'相'……绝缘的眼可以看出事物本身的美。"[②]

从以上两段言论中我们可以发现,丰子恺认为这种"绝缘"的艺术,与儿童是最相近的。正因为儿童的心还未蒙上世俗的灰尘,也未被任何功利所羁绊,所以它们仍然保持着纯净透明。眼睛是心灵的窗户,当他们怀着一颗隔绝尘世、超功利的赤子之心去看待世间万物时,他们所看到的也是一个未经沾染、不曾俗

---

① 丰子恺:《丰子恺文集》第一卷,浙江文艺出版社、浙江教育出版社,1990年,第15页。
② 丰子恺:《丰子恺文集》第二卷,浙江文艺出版社、浙江教育出版社,1990年,第250页。

化的世界。丰子恺为《开明国语课本》(初小)所作的插图也是其对儿童态度与情感的体现,下面笔者将从以下几个方面进行论述。

一、丰子恺的儿童观

在丰子恺的所有作品中,"儿童"始终是其"百说不厌"的主题,也是他创作的灵感来源。他写过许多关于孩子的文章,也曾为儿童画过许多漫画,他的作品中时时充斥着儿童的欢声笑语,时时充满着童真童趣。

(一) 对儿童的崇拜

丰子恺对儿童是崇拜的。在《从孩子得到的启示》一文中,丰子恺问儿子华瞻最喜欢什么事,不料华瞻的回答竟是逃难,因为在他看来,"逃难"就是合家乘坐大汽车去看大轮船。华瞻的回答让丰子恺感到大为惊喜,对大人们来说,逃难是一种何等惊慌、煎熬的经历,而在儿童看来,却是惬意而颇具趣味的,这两种态度的对比,让他开始反省自己。末了,他感叹道:"我今晚受了这孩子的启示:他能撤去时间事物的因果关系的网,看见事物本身的真相。我在世智尘劳的现实生活中,也应该懂得这撤网的方法,暂时看看事物本身的真相。唉,我要向他学习!"[1]孩子对事物的看法另辟蹊径,可能只是源于他们极少的人生经历与见识,但这种洒脱乐观的心态,却是大人们面对苦难时所欠缺的,是值得学习的,所以他崇拜儿童。

因为崇拜儿童,所以赞美他们。丰子恺赞美儿童,认为他们是最有同情心的,这同情心涉及世间万物。他们同花、草对话,同猫、狗玩耍,他们的心比大艺术家还要真切自然。他说:"他们往往能注意大人所不能注意的事,发现大人所不能发现的点。

---

[1] 丰子恺:《活着本来单纯》,江苏凤凰文艺出版社,2016年。

所以儿童的本质是艺术的。"①孩子的艺术心连大艺术家都无法比拟,足见他对儿童的崇拜。

(二) 对儿童生活的向往

在《给我的孩子们》一文中,丰子恺真诚热烈地说:"我的孩子们!我憧憬你们的生活,每天不止一次!我想委屈地说出来,使你们自己晓得。"②对于儿童的生活,他的确是向往的。丰子恺曾不止一次地回忆童年生活,《忆儿时》中看祖母养蚕、与父亲吃蟹赏月、同玩伴钓鱼,都被他称为"甜美的回忆";《梦痕》中对聪慧却顽皮的"五哥哥"的崇拜与追随,使得他就算跌破皮肉也觉得欢喜,并将这道伤疤称为"金印",称之为"梦痕",以此来纪念如梦幻般逝去的童年;《私塾生活》中对当时的学习经历滔滔不绝;《癞六伯》中对癞六伯于自己的关爱万分感慨,这些都表达了他对往昔童年生活的不舍与向往。

他羡慕瞻瞻,在每一件事上都倾注所有感情,打翻花生米、摔破泥人便要哭到昏去,热情率真,毫无保留地分享自己的喜怒哀乐;他赞赏阿宝,奇思妙想,为凳子穿鞋;他致歉软软,夺脱其长锋狼毫,剥夺其创作的权利;他同宝官一起看蚂蚁,同孩子们玩"跟踪追击",一如一个还没长大的"儿童"。

这些对童年的回忆,对儿童的赞美,都是他对无法重来的儿时生活的怀恋。也正是由于这番怀恋,让他更珍视儿童的真情实感、所思所想,更愿意俯下身去与他们愉快地"交谈"。

(三) 对天下儿童的关怀

丰子恺曾在《儿女》中谈到:"朋友们说我关心儿女。我对于儿女的关心,在独居中更常有悬念的时候。但我自以为这关心

---

① 丰子恺:《缘缘堂》,陕西师范大学出版社,2009年,第145页。
② 丰子恺:《缘缘堂》,陕西师范大学出版社,2009年,第2页。

与悬念中,除了本能以外,似乎尚含有一种更强的加味……所以我对于儿女的关心与悬念中,有一部分是对于孩子们——普天下的孩子们——的关心与悬念。"[①]由对自己孩子的偏爱,到对普天下孩子们的博爱,除了自身对于儿童强烈的好奇心以外,佛教"慈悲为本"的观念也促使着他将这种爱心传播到世间所有的儿童身上。

丰子恺曾因一封匿名信作过一幅名为《穷小孩的跷跷板》的画。画面中,两个赤裸上身、光着头、只穿裤子的孩子用两条长条板凳做起了跷跷板。他们先把一条放在地上,再将另一条横架上去,一人坐在一端。其中只有一人进行了面部描画,一张张大了的嘴巴露出笑意,一睁一闭的眼睛俏皮可爱。采用的仍是人们熟悉的漫画风格,寥寥数笔,两个孩子的形象跃然纸上,分明地传达出一种幸福、欢欣的情感。然而,画面的右上角却赫然题着"穷小孩的跷跷板"几个字。这个画题的添加,为原本洋溢着童真童趣的画面增添了一丝沉重(见图129)。

图129 《穷小孩的跷跷板》

丰子恺在《穷小孩的跷跷板》一文中如是说:"因此我想到了世间的小孩苦。在这社会里,穷的大人固然苦,穷的小孩更苦!穷的大人苦了,自己能知道其苦,因而能设法免除其苦。穷的小孩苦了,自己还不知道,一味茫茫然地追求生的欢喜,这才是天

[①] 丰子恺:《缘缘堂》,陕西师范大学出版社,2009年,第12页。

下之至惨!"①这本是丰子恺的漫画爱好者提供给他的作画素材,在他一番体悟之后,却发出了"是天下至惨"的感慨。

笔者认为,此番言论绝非丰子恺对穷人的藐视与嘲笑,而是他怀着一颗悲天悯人之心,对这两个儿童的善意同情。儿童并未因设施简陋而丧气,反而兴味盎然,这源于他们的"无知";他们能利用现成的材料,搭建起简易的玩具,这源于他们的聪慧。但当这样的聪慧与无知交织在一起,却只剩下悲凉。在丰子恺眼里,世间的儿童都是一样的,都有一颗纯洁未练的心,都是"身心全部公开的真人"②。如今,他在这件小小的事中,预见了两个儿童乃至所有穷苦儿童不光明的未来,这无疑会让他感到沉重与悲哀。当然,这也正反映了他对儿童的爱,是佛家"普度众生"般广博的爱、深沉的爱。

二、《开明国语课本》(初小)插图中童心的表现

正因为丰子恺对儿童爱得深沉、爱得热烈,所以在他为《开明国语课本》(初小)所作的插图中,我们再次见到了一个童心未泯的大孩子,见识了一个与成人世界完全相异的广阔天地。

(一) 儿童式游戏

热衷游戏是儿童的天性,世上没有哪个孩子是厌恶它的。孩子们的游戏生活丰富多彩、妙趣横生,孩子们在游戏中所表现的创造力也是作为成人的我们所望尘莫及的。瞻瞻曾在家里用玩具做火车、汽车、请客办酒,丰子恺称之为"劳动的艺术化"。瞻瞻曾提出让球停在墙上、拉住火车尾巴、让月亮出来、使天停止下雨等"无理"要求,这些行为在他看来并不是荒谬的,反而象征着生机勃勃的创作能力。

---

① 丰子恺:《智者的童话:丰子恺的漫画人生》,团结出版社,2008年,第124—125页。
② 丰子恺:《缘缘堂》,陕西师范大学出版社,2009年,第2页。

《开明国语课本》(初小)中也是如此,看似简单的游戏却蕴藏着孩子们的创造力和大智慧。在众多儿童游戏中,角色扮演绝不可少。图130《你做买客》中,六把椅子依次排开,椅背上分别贴上了米店、打铁店、布店、书店等"店招"。六个儿童分别站在各自椅子的右边,椅座上是自家的"商品"。"米店"里有一碗米,"打铁店"里有刀和剪,"布店"有几块布……分门别类,琳琅满目。"米店掌柜"正在与一位"买客"交谈,眼神真挚,笑容可掬,想必是在极力推荐店中的商品吧。其他几位儿童也都面露期待之色,目光炯炯地望向这位唯一的"买客"。有手持书本的,有靠着椅座的,有站得笔挺的,好像个个都是真的"掌柜",街头百态,在这由几把椅子、几样物品、六七儿童构建起的一方小小世界得到完美重现。

图130 《你做买客》

《大家来住》一课中又呈现了一类儿童惯玩的游戏:搭房子。插图中,搭房子所用的材料是大家司空见惯的积木。积木的种类和形状并不多,仅有长条的、正方的、三角的、拱形的,还有台

图131 《大家来住》

阶式的。孩子们用这些仅有的材料搭建了"两幢"房子,一幢是由几根"石柱"筑起的三层小楼,另一幢更像是一座大宅的正门,院墙坚固,门面气派。连接两处住所的是用"剩余材料"铺筑的小路,蜿蜒曲折。这样简单的作品,几乎所有孩子都能信手搭出,并不稀奇,可贵的地方就在于丰子恺对它们的描绘写实又随意,写实的是积木和成品的形态,随意的是画面的取材,让人们在赞叹之余又倍感温馨(见图131)。

又如第三册第三十八课《骑马》,关于游戏的场面,笔者在此前论述文化意蕴和传统艺术的段落中有过描述,故在此从略。骑马的游戏是该时期儿童典型的户外游戏,儿童们往往在操场上、草地上、小河边进行这种气氛热烈、形式自由的游戏,这对于孩子们接近自然、锻炼身体大有裨益。

此外,《赛猪会》《你玩皮球》《雪人》《种下几棵树》《不用翅膀飞上天》《纸船》等也都分别描绘了一幅幅栩栩如生的儿童游戏图。在《开明国语课本》(初小)插图中,游戏的确是一个重要的主题。

(二) 儿童式困惑

在《开明国语课本》(初小)插图中,丰子恺为人们还原了一个真实的儿童世界。对世界充满疑问、充满好奇的儿童形象,在他笔下一一浮现。

第一册第三十八课《你们都不对》中,课文描述的是两个尚不太会数数的儿童对于手指个数的疑惑。妈妈纠正他们以后,以儿歌的形式告诉他们手指的用处。这篇课文含有普及生活常识、培养儿童良好生活习惯的意味，旨在使小朋友了解手指的基本知识，养成自己动手的好习惯。而插图是这样描绘的：一位母亲坐在藤椅上，面容端庄和蔼，面带笑容，半举着双手。身边的桌子上放着茶壶一只、杯具三个，她面前站着两个儿童：一个女孩双手交叉于胸前，张着嘴，一副恍然大悟的表情；一个男孩低着头，掰着指头皱着眉，似乎在思考着什么，却又不得其法。这幅插图与丰子恺其他插图有所不同，画面上的每个人都描上了表情。弟弟的困惑、妹妹的顿悟、妈妈的耐心，都被刻画得活灵活现，端详之下，连母亲手指上的戒指也进行了细致的描画，一幅原汁原味的家庭日常生活画面展现在人们眼前。孩子对于人到底有几个手指的困惑，在丰子恺的画中被刻画得异常生动（见图132）。

图132 《你们都不对》

再如第二册的《可爱的泥人》《我也不知道》《小猫姓什么》三课中，孩子们对于泥人和小猫姓什么、叫什么、住在哪儿进行了发问。他们将泥人和小猫当作和自己一样的人来看待,并认真讨论起它们的名字和住所,这本身就充满了童趣。第一幅画中,两个儿童坐在沙发上,男孩抱着泥人,女孩一手搭着伙伴的肩,一手指着泥人。此时男孩略微抬头,面朝同伴,皱起的眉眼让人感到他若有所思;女孩目光向下,似在认真诉说。第二、三幅画中,泥人被放进了盒子,沙发对面的小猫跳上高台,此时女孩的手指向小猫,面露愉悦之色,而男孩的眉头也舒展开来(见图133~图135)。这几幅插图展现的是女孩解开泥人"住所之谜"后,转而对小猫感兴趣的情景。随着课文内容的展开,在简单的场景里,插图中儿童的神情和动作一并发生了变化,创作者通过神情、动作的变化,将儿童从疑惑到解开疑惑的过程刻画得入木三分。

图133 《可爱的泥人》

图134 《小猫姓什么》

图135 《我也不知道》

又如《种痘》一课，"爸爸种豆在地上，医生种痘在臂上"。同样是"DOU"，为什么有这样的区别？透过孩子纠结在一起的五官和指向医生的手，我们仿佛看到了他心中那个大大的问号。明白的人，会心一笑；不懂的人，跟着他一起疑惑，趣味良多。还有《渔人的网》《一封电报》《小鸟的回家》《爸爸种菜》，等等，这些都为我们展现了儿童在探索世界的过程中，面对困惑时真实的表现。

（三）儿童眼里的世界

丰子恺曾在《华瞻日记》中，从瞻瞻的视角描述了一个异于成人的世界。在這篇散文中，丰子恺从瞻瞻的视角思考了生活中的许多事情，这表明他对儿童的爱已经超越了外表、语言、行为，他更渴望与儿童对话，也试图和他们一起领略另一个世界的神奇。在《开明国语课本》（初小）插图中，他仿佛戴上了一副儿童的"眼镜"，为我们奉上了一个五彩、梦幻的儿童世界。

1. 万物皆有灵

儿童认为，万物皆有灵，所有的生物都有同人类一样的情感，所以在丰子恺的插图中，常常出现小牛会画画、河水能交谈、小狗会端水、小猫会烧茶等情景。与此同时，他还通过还原动物的形象，从动物的动作入手，让孩子们感受到动物之间确乎存在的深情。第一册第十四课《母鸡小鸡》一图中，一只母鸡一只脚抬起，一只脚落地，正在行进中的它，还不时回头张望，生怕落下哪个孩子似的，而四只小鸡则紧随其后（见图136）。此情此景，与文中"母鸡

图136 《母鸡小鸡》

爱小鸡,小鸡也爱母鸡"的主题十分契合,同时也和弘一法师为《护生画集》所作的诗中"鸡为守雏身不离"有异曲同工之妙。

2. 儿童是天生的模仿者

儿童是天生的模仿者,成人的一举一动都是他们模仿的对象。他们极其善于将生活中的所见所闻、所思所感变为现成的游戏素材。第二册《张家姐姐回来了》《黄家哥哥出门了》《纸船》就很好地展现了儿童的模仿天赋。孩子们从张家姐姐、黄家哥哥口中听闻了他们归家、出门所乘坐的交通工具后,就进行了模仿。丰子恺在前两课中分别绘出了成人口中过海的汽船、飞驰的火车。到了《纸船》一课,画面则呈现了一只盛满水的脸盆,盆中漂浮着一艘纸船,逼真的玩具火车候在一旁,完美地再现了大人口中出行的景象,让人看了后不得不赞叹儿童的模仿能力(见图137~图139)。

图137 《张家姐姐回来了》

图138 《黄家哥哥出门了》

图139 《纸船》

3. 儿童的同情与想象

儿童是最具同情心的,他们爱护生灵,怜悯万物。第二册《纸盒改做的房子》、《鸡的家》(见图140)分别描绘了小云弟弟为蜜蜂和小鸡做的家,展现了儿童慈悲的心。《一封电报》中,孩子们怀着担心的心情挤在拱形门前,望着渐行渐远的老师,希望能给他带去一丝好运。

儿童更是极具想象力的,一砖一瓦,一花一草,在他们的心中都有各自的形象。《白胡须老

图140 《鸡的家》

人》一课中,丰子恺在画中描了一只正在往外喷白汽的水壶,而这白汽就被孩子看成了老人的白胡须(见图141)。《云》中,孩子们将变幻莫测的白云看成白衣老人、冰岛、打猎的雪车、奔跑的白熊,无一不展现着孩子们丰富的想象力(见图142)。

图141 《白胡须老人》

图142 《云》

三、结语

丰子恺曾经说:"近来我的心事为四事所占据了:天上的神明与星辰,人间的艺术与儿童,这小燕子似的一群儿女,是在人世间与我姻缘最深的儿童,他们在我心中占有与神明、星辰、艺术同等的地位。"[①]

的确,无论是从他的创作题材,还是艺术表现风格来看,儿童都是他心中如日月星辰般的存在。丰子恺以其独特的审美视角,把儿童的"痴"、儿童的"傻"、儿童的困惑都毫无保留地呈现在读者眼前。

在教育界频繁倡导"儿童本位"的今天,《开明国语课本》(初小)插图的再版和流传无疑给我们提供了一个很好的榜样。创作者不应该再"为创作而创作",而应该俯下身去,和儿童一起去发现一个更广阔的天地。

---

① 丰子恺:《缘缘堂》,陕西师范大学出版社,2009年,第14页。

第四章　教材钩沉：吕思勉与陈鹤琴的国文（国语）教材研究

民国时期，有一批国文（国语）教材一直被研究者忽略。虽然从市场效益、教育影响上，这些教材不能与同时期许多畅销教材相比，但是其独特、创新的编撰理念，让这些教材成为教科书研究中不可缺失的部分。重新钩沉这些教材的历史价值，有助于还原民国时期教材发展的历史原貌，发现教材发展的多元与丰富性。吕思勉的《新式高等小学国文教科书》与陈鹤琴的《分部互用儿童教科书》就是其中的代表。吕思勉的史学家身份影响了这套教科书的编撰风格，《新式高等小学国文教科书》编撰体例严谨规范，教材内容的选择秉持着开阔求真的历史态度。1934年陈鹤琴主编的《分部互用儿童教科书》是民国时期少有的地域性教材。陈鹤琴按照地域特色来编撰，将教材分为北部、中部、南部三套。其中，《儿童南部国语》现存最为完整，其他几套教材都已流失不全。这部教材将中国南部地域特色资源引入国语教科书，为后期乡土教材与地方性教材的开发与编撰做了示范。

第一节　吕思勉《新式高等小学国文教科书》选文的史家风格

《新式高等小学国文教科书》，又名《新式最新国文教科书》，由著名史学家吕思勉主编，并通过了民国教育部审定。在《新式高等小学国文教科书》的选文中，无论是选文体裁、选文题材还是选文范围，都展示出吕思勉特有的史家风格。

一、选文体裁的史家风格分析

一篇文章有着内容和形式两个方面,选文体裁则是文章形式的重要组成部分,吕思勉先生在《新式高等小学国文教科书》编辑大意中提到:"文章之道,从形式方面论之,不外积字成句、积句成篇;而语其大要,不外首求明晰,次务势力,终贵流畅。"①体裁作为文学作品的表现形式,有着自己独特的功能,因此,教科书选文时,选取的体裁类别、选取比例都是经过精心考虑的。

(一) 体裁的统计

一般的白话文体裁可分为文学体裁和文章体裁,其中文章体裁包括记叙文、说明文、议论文、应用文,文学体裁分为诗歌、散文、小说、戏剧。由于《新式高等小学国文教科书》的语言形式是文言文,所以其选文的体裁分类应不同于一般的体裁分类,根据选文的特点进行有区别的体裁分类。

1. 体裁分类的依据

吕思勉先生编写的《新式高等小学国文教科书》共六册,有一百六十六课,其中吕思勉先生用简洁、流畅的文言文创作的文章有一百二十二篇。其中,第六册第十八课《木兰诗》是前人经典选文,因为作者、出处不详,没有标注,所以前人经典选文有四十四篇。文言体裁与一般文章体裁不同,根据古代文体理论的划分,文言文作品的体裁分类比较繁琐,可以分为序跋、论辩、书说、哀祭、诗赋、杂记、传记、颂赞、箴铭等。对于编撰小学语文教材来说,不必如此细分。吕思勉在《新式高等小学国文教科书》的编辑大意中提到,选文的文学体裁"多采散文,间采明白流畅之韵文,借达美感教育之旨。至所采散文,如记事记物及日常应

---

① 吕思勉:《吕著中小学教科书五种(上)》,上海古籍出版社,2011年,第3页。

用之书简文等,采列最多。行文之程式,如论辩、序跋、书说、赠序、传记,以及记游、记物之作,无不甄采。其箴铭、颂赞、辞赋、哀祭之类,仅择其浅近易解者,甄录一二,借以程式"①。他对文章体制的见解如下:"自学校中选授国文之目的言之,大别为议论记叙言情,议论文中更分为论理论事;记叙文中分为叙事记物;言情文中分为有韵无韵,足矣。"②

2. 体裁分类与统计

根据吕思勉的编辑意愿和他对文章体制的见解,教材中的一百二十二篇原创文章可以分为议论文、记叙文、言情文。议论文可分为论理类、论事类;记叙文可分为叙事类、记物类;言情文可分为有韵类、无韵类(见表48)。而前人经典文章的体裁分类过于繁杂,且朝代不同的文章,体裁划分各不相同。选录的文章可以简单地划分为诗歌类、史传类、杂记类、说理类和应用类(见表49)。史传文大都是介绍历史以及历史人物传记的文章。杂记文涵盖范围较广,按照文章内容可划分为游记、寓言、记、志等。说理文是指说明、阐述道理的一类文体,具体可以分为论、说、辩、原等。应用文是一种在古代比较常见的文体,常见于君臣之间的奏议往来,具体包括诏令、碑志、哀祭、铭、箴、颂、赞、序八类。

表48 自创选文体裁统计表

册数体裁		第一册	第二册	第三册	第四册	第五册	第六册	总计	
议论文	论理类	3	1	3	1	1	4	13	30
	论事类	5	4	1	2	2	3	14	
记叙文	叙事类	11	8	6	6	7	5	43	88
	记物类	9	9	7	9	8	3	45	

---

① 吕思勉:《吕著中小学教科书五种(上)》,上海古籍出版社,2011年,第4页。
② 吕思勉:《吕思勉遗文集(上)》,华东师范大学出版社,1995年,第739页。

续 表

册数体裁		第一册	第二册	第三册	第四册	第五册	第六册	总计
言情文	有韵类	0	0	0	0	0	0	1
	无韵类	0	1	0	0	0	1	
总计		28	23	17	18	18	15	119※

※自创选文另含三篇实用文本。

第二册第二十二课《兄与弟论传染病书》中附带通告书,第三册第六课《弟告兄小学校改建落成书》附带观礼信一封,第四册第六课《借贷与保证》附带借据和保单。这三篇课文都运用了示范性的实用文本,是一种有别于议论、记叙、言情文的选文体裁,有利于学生语言文字运用能力的培养。

第二册第二十二课《兄与弟论传染病书》中的通告书

薛弘仁施种牛痘

现在天痘传染甚盛,无论已未种过人痘及牛痘者,均应从速施种,以免危险。弘仁为利便桑梓起见,特定施种办法如左:

一 每日上午八时至十一时,下午一时至四时,在舍间施种。每人收回痘苗费银二角,实系贫苦者免收。

一 四时以后出外施种,每痘苗一支收回费银五角。

薛弘仁谨白

第三册第六课《弟告兄小学校改建落成书》中的观礼信

敬启者:敝校改建校舍,业已竣工。兹定于本月初八日上午九时,举行落成礼。凤蒙执事热心赞助,钦感无已。届时务望惠临,共襄盛举。无任盼祷。肃此敬颂

子良先生著安　　振化乡两等小学校谨启

第四册第六课《借贷与保证》中的借据和保单

立借据○○○今借到

○○名下银壹佰元,言明按月八厘起息,限三个月本利

一并归还。

此据

年　月　日立借据人〇〇〇押

保证人〇〇〇押

立保单〇〇〇今保〇〇〇至

〇〇公司充任职务,自任事日起,如有亏欠银钱货物及舞弊错误等事,均由保人赔偿理处。恐后无凭,立此存照

年　月　日保人〇〇〇押

表49　经典选文体裁统计表

体裁	第一册	第二册	第三册	第四册	第五册	第六册	总计
诗歌类	2	1	1	2	2	3	11
史传类	1	0	1	1	0	1	4
杂记类	2	6	3	0	2	3	16
说理类	2	1	0	2	0	2	7
应用类	0	1	3	0	1	1	6
总计	7	9	8	5	5	9	44

(二) 体裁的分析

吕著《新式高等小学国文教科书》的选文来源,一是吕思勉自创的文章,二是选自前人经典的文章。吕思勉对于前人经典的文章会在课文题目中标注作者或者出处。选文的来源不同,应该有区别地进行分析。

1. 自创选文体裁的分析

自创选文中,记叙文体裁的文章最多,有88篇。记叙文体裁中,叙事类有43篇,记物类有45篇。这两类体裁的总体数量很均衡,记叙文数量在第一册至第五册中呈现出随着学生年龄的上升而减少的趋势,第一册叙事类体裁数量最多,有5篇。从

表48中可以看出,记叙文在自创选文中的比例在第一册至第五册呈递增趋势,在第四册、第五册中记叙文的比例达到顶峰。虽然第六册所占比例骤减至53%,但是记叙文在自创选文中的数量依然最多,每册所占的比例仍是最大。

在自创选文中,议论文有30篇,约占自创选文的25%,论理类体裁有13篇,论事类体裁有17篇,议论文数量较为可观。议论文在第一册数量最多,有8篇,如第一课《入学》、第二课《喻学》、第十课《察理上》、第十一课《察理下》、第十八课《运动》等。第六册议论文的比例最高,约占47%,有7篇,如第七课《交通》、第八课《学术》、第十课《慈善事业》等。自创选文中言情文体裁的数量最少,全书仅第二册《心力并用》1篇。

2. 经典选文体裁的分析

在经典选文中,杂记类体裁的文章数量最多,约占经典选文的36%,共有16篇。在第二册数量最多,有6篇,约占第二册经典选文的66.7%,第四册没有杂记类体裁选文。其余几册数量较为一致,为2篇~3篇,如第一册第二十三课柳宗元的《临江之麋》、第三十一课周敦颐的《爱莲说》。史传类体裁数量不多,除第二册、第五册外,每册均有1篇,分别是第一册第三十课《晏子使楚》、第三册第二十六课《赵王买马》、第四册第三课《鲍氏子》、第六册第十七课《唐且使秦》。史传类体裁共4篇,较为稳定。

在经典选文中,诗歌类体裁的文章共11篇。从表49中可以看出,诗歌类体裁的文章虽然每册都有一两首,比如第一册第七课白居易的《放鱼诗》、第三十二课白居易的《凌霄花》,第四册杜甫的《出塞》《赠卫八处士》,第五册的《少年行》《座右铭》,但是比重较小,仅占全部选文的6.6%左右。说理类、应用类体裁的古代选文不多,两者一共才13篇选文。应用类体裁的文章共6篇,分别是《友别(有序)》《勤训》《俭训》《陋室铭》《座右铭》《祭田横墓文》,一般在较严肃的场合使用,而且语言简短,内容浅显易懂。

(三) 体裁的特点

不同来源的选文体裁各有特点,自创选文以记叙文为主,经典选文中杂记类体裁数量最多,史传类体裁较为稳定。在这些体裁特点的背后,透露出史学家选文体裁的尺度与标准。

1. 不同来源的选文体裁特点

第一,自创选文的体裁以记叙文为主。据统计,记叙文有88篇,数量最多。吕思勉自己编写的122篇课文中除了3篇实用文本外,记叙文体裁的文本占自创选文的73.3%,比例最大。在统计的119篇自创选文中,记物类记叙文有45篇,是六类选文中数量最多的,其次是叙事类记叙文,有43篇。吕思勉尊重历史的客观规律和学生的学习规律,其采择文章体裁的标准是"首记叙,次说理,次议论,次言情"①。第一册中记叙文体裁约占自创选文的71%,第二册约占74%,第三册约占76%,第四册约占83%,第五册约占83.3%,第六册约占53%,由此可见自创选文以记叙文为主。

记叙文的内容极其丰富。有记述国外故事的,如第五课《塞木披来之战》记述了斯巴达和波斯在塞木披来的军事要塞处决战,留尼达所在部落仅三百人,但与希腊人血战到底,无一人投降的故事,第十一课《斗狮》记述了英孙唐在美洲动物园驯服狮子的过程;有记叙国外地理的《苏伊士运河》《巴拿马运河》《埃及》和国外人物的《达尔文》《罗马武士》《福泽谕吉》等;有记叙国内的民间故事的,如《捕虎》讲述了在旌德近城处出现的老虎伤了很多猎户,于是人们去请世代能捕虎的唐氏,虽然是一老翁和一童子,却降伏了老虎的故事,传达了勤学苦练、坚持不懈的学习态度;还有《武训》《汉冶萍公司》等记叙文。由此可见在《新式高等小学国文教科书》中记叙文数量之多、内容之丰富,这更真实地表现了编者对记叙文的重视。

---

① 吕思勉:《吕著中小学教科书五种(上)》,上海古籍出版社,2011年,第4页。

第二,在选文中,史传类体裁的课文虽然数量不多,但是较为稳定。除第二册、第五册以外,每册均有1篇。第一册第三十课《晏子使楚》出自记载春秋时期齐国政治家晏婴言行的一部历史典籍——《晏子春秋》,是真实可考的。另外三篇分别是第三册第二十六课《赵王买马》、第四册第三课《鲍氏子》、第六册第十七课《唐且使秦》,均出自国别体史学著作《国策》。《国策》,又叫《战国策》,比较客观真实地记录了战国时期的历史。标注出处的史传类体裁选文皆出自正史。从表49中可知,史传类体裁的选文数量虽然不多,但每一篇史传类体裁的课文都是经典之作,而且篇目较为稳定。

第三,古代选文题材种类多样,以杂记类体裁为主。杂记类体裁是古代选文中最多的,有16篇,约占古代选文的37.2%,内容有游记、记事或记物,较为丰富。如第二册第二十六课薛福成的《蚁战》通过东西两方蚂蚁的交战来表达作者对战争的观点,即失败了也不要气馁,每一瞬间都可能改变胜负。第二十七课《鸡助》通过赤羽鸡和白羽鸡争夺食物的故事,告诫人们不可争强好胜,好斗者得不到别人的帮助,更不会有好下场。第二十一课戴名世的《记兰》、第三十二课刘基的《漆贾》、第三十三课黄宗羲的《樵夫陶匠》等,杂记类体裁的课文内容生动有趣、寓意丰富,切合生活实际。这类题材很适合高等小学生学习,有利于学生更好地了解所处的社会环境。

2. 选文体裁中的尺度与标准

第一,尊重规律。吕著国文教科书的自创选文以记叙文为主,该类体裁的课文占自创选文的73.3%,比例最大,内容也极其丰富。高等小学生多学记叙文的原因,是记叙文入门简单,要求较低,而议论文需要较强的逻辑思维,不是最适合高等小学学习的体裁,但可以开始接触一些,来提高学生的语言文字运用能力。即使在现代小学的课文中,记叙文也是最常见的文本,最早的写作练习也是从记叙文开始的。如第一册第六课《钓鱼》、第十四课《小鸟之良伴》等都很适合学生进行习作练习。记叙文如第二册《嵩山》《图书馆》《博物馆》《小孤山》等都适合学生阅读和学习。记叙文丰富的内容有利于开阔学生的眼界,丰富学生的认知。《新式高等小学国文教科书》的自创选文体裁符合学生的年龄特点,遵循学生的身心发展规律,在教科书中展现出尊重规律的史家风格。

第二,求真务实。在经典选文体裁中,史传类的数量虽然不多,但篇目较为稳定。同时,有些史传类体裁课文来自吕思勉有依据的改编或者自创,例如《孟母》《良马对》《赤壁之战》等。经典选文中,史传类体裁课文都出自正史《晏子春秋》或者《国策》。第一册第三十课《晏子使楚》讲述了楚王讽刺齐国人善盗,而晏子机智地反击了楚王,赞扬了晏子机智勇敢、灵活善辩的外交才能与不惧大国、不畏强暴的斗争精神和爱国精神。第六册第十七课《唐且使秦》讲述的是强秦和弱国安陵之间一场外交斗争的情况,主要表现了唐且维护国家领土的严正立场,以及不畏强暴、敢于斗争的爱国精神。这两篇课文都是弱国使者不惧强权、维护国家尊严和利益的例子,展现了作为外交使者的晏子和唐且强烈的爱国精神。吕思勉希望通过历史事实来教育学生,唤醒年轻一代的爱国精神。史传类体裁的课文必须有史可考,不能肆意杜撰,而且课文内容也为社会的现实情况服务。从选文体裁中可以看出编者求真务实的史家风格。

第三,切合实际。吕思勉曾提出:"学校之所教授,不得不以散文为断,授散文必托始于唐宋者,以其去今近,为学生所易解,授唐宋后之散文,必取其专门名家为文词者,已如是,其体例乃谨严,而合乎教授普通古文之旨,否则仍恐有一时代一地方之方言搀入,不免于教授已死古语之消;或仍与普通文及通俗文界限不清也。"①选文以散文为主,符合时代的发展趋势。与当时政体

---

① 吕思勉:《吕思勉遗文集(上)》,华东师范大学出版社,1995年,第738页。

不符的体裁概不选录,是切合实际的。在古代选文中,杂记类体裁的课文有16篇,约占古代选文的37.2%,数量最多。杂记文章涵盖范围较广,按照文章内容可划分为游记、寓言、记、志等,内容丰富、事物生动有趣,与学生的生活环境相联系,有利于与学生结合已有的知识,形成新的认知。如第三册第三课陆游的《居室记》、第三册第十六课王昶的《游珍珠泉记》、第四册第十课钱大昕的《弈喻》、第六册第十三课《核工记》等杂记类体裁的课文,联系生活,切合实际,让学生从实际生活中获得知识,展现了编者切合实际的史家风格。

二、选文题材的史家风格分析

选文体裁是文章形式的重要组成部分,而选文题材则是文章内容的重要组成部分。《新式高等小学国文教科书》选择的文章主要包括以下内容:第一道德教育,第二历史,第三地理,第四理科,第五实业,第六日用知识。吕著国文教科书的选文题材不仅联系生活、符合时代,而且题材丰富。通过多种方式对学生进行道德教育,通过美景和游记内容对学生进行美的熏陶,通过传统技术和现代科学的对比告诉学生,只有不断改良才能进步,全面展现了史家风格。

(一) 题材的统计

1. 题材分类的依据

教科书题材的选择往往具有时代的特点。1912年新学制颁布后,伴随着新式教育覆盖全国,教科书中民主政治的内涵全面展现。当时,吕思勉先生所在的中华书局明确宣布其出版宗旨是:"一养成中华共和国国民,二并采取人道主义、政治主义、军国民主义,三注意实际教育,四融和国粹欧化。"教科书从形式到内容均要适合新时代,题材的选择更要符合时代的要求。1916年,《新式高等小学国文教科书》由中华书局首次出版,它不仅是知识传播的工具,还是思想启蒙的利器。根据当时蔡元培先生提出的"五育并举"思想,即军国民教育、实利主义教育、公民道德教育、世界观教育、美感教育皆不可偏废,我们可以大致把该教材所有选文的题材类型分为以下七类:历史类、道德类、实用类、美育类、科学类、经济类、法制类(见图143)。

2. 题材分类与统计

历史类题材与蔡元培先生的军国民教育相切合,吕思勉先生在《新式高等小学国文教科书》的编辑大意中提到了历史类选文的标准:

(1) 名人之传记或轶事,其意味不专属于道德范围者。
(2) 壮快勇武之史谈,与军国民教育有关者。
(3) 欧美近世之人物及事实,与政治经济进化等有关者。①

因此,历史类题材可再细分为名人事迹类、国民教育类、国外知识类。道德类题材主要以德育为目的,用以补充修身书。

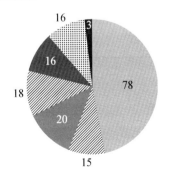

图143 选文题材比重图

---

① 吕思勉:《吕著中小学教科书五种(上)》,上海古籍出版社,2011年,第4页。

选文主要以记事、寓言的形式出现,而法制则单独列出为一类题材。实用类题材的范围是日用知识、公共事业、与生活相关的事物。美育类主要是美的熏陶,范围为美景、美物、美事,通过美景和游记内容对学生进行美的熏陶,类似于蔡元培提出的美感教育。科学类的主要范围是科学知识和理科知识,简单介绍新事物,破除封建迷信和普及相关科学原理。选文引入科学技术,辅助实利主义教育。经济类题材是经济形势、工商状况。选文题材统计见表50。

表 50　选文题材统计表

题材		第一册	第二册	第三册	第四册	第五册	第六册	总计
历史类	名人事迹类	3	5	3	1	1	2	15
	国民教育类	7	7	4	8	4	9	39
	国外知识类	4	1	4	1	8	6	24
道德类		4	4	3	2	1	1	15
实用类		8	6	3	2	1	0	20
美育类		3	5	4	1	2	3	18
科学类		4	1	3	5	1	2	16
经济类		1	5	1	4	5	0	16
法制类		1	0	1	0	0	1	3
总计		35	34	26	24	23	24	166

(二) 题材的分析

1. 历史类题材的分析

第一,历史类题材选文数量最多。吕著国文教科书的题材广泛,在166篇选文中,历史类题材约占47%,共78篇。从表50中可以看出,七类题材中历史类数量最多,比重最大,历史类题材的选文每册都在10篇及以上,第六册数量最多,有17篇,约占第六册选文的70.8%,由此可见历史类题材之重。这与历史学习本身的重要性有关,同时编者的史学家背景对此也有重大影响。

第二,中国历史知识和历史元素在教科书中有所渗透。中国历史知识在这版教科书中得到了很好的普及,如第一册第三十课《晏子使楚》选自记载春秋时期齐国政治家晏婴言行的历史典籍《晏子春秋》,这个故事主要赞扬了晏子机智勇敢、灵活善辩的外交才能与不惧大国、不畏强暴的斗争精神。在《新式高等小学国文教科书》中仅选取了楚王的第三次挑衅,即讽刺齐国人善盗,而晏子机智地反击了楚王,体现出其爱国精神。吕思勉希望通过历史事实来教育学生,唤醒年轻一代的爱国精神。

第三,历史类题材丰富多样(见图144)。在历史类题材中不仅有中国历史,还有国外知识、欧美近世之人物及事实,包括国外名人故事、国外地理知识、国家介绍等,其数量在第五、六册明显增加,如第三册第十课《勃罗斯》,第五册第二课《达尔文》、第四课《罗马武士》、第五课《塞木拔来之战》等。同时在《新式高等小学国文教科书》中不仅有选自正史的课文,还有编者根据史实的自创文章,由此可见历史类题材的丰富多样。

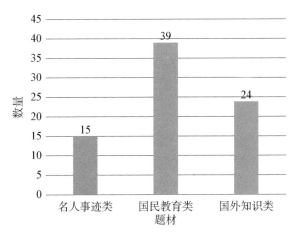

图 144　历史类题材数量图

2. 道德类题材的分析

吕著新式国文教科书中修身方面的课文数量多达 69 篇,可以看出编者非常注重对学生的道德教育。选文主要采用记事、寓言、法制三种体裁的选文来实现道德教育的目标,补充修身书所不备的内容,修身类篇目居首位,突显了其辅导智德的宗旨。道德元素的渗透主要通过以下形式实现。

第一,通过动物特性,进行道德渗透。选文有 9 篇,如第一册第十课《小鸟之良伴》、第二十三课柳宗元的《临江之麋》,第二册第三课《蝴蝶》、第十五课《北极之鸟》、第十八课柳宗元的《永某氏之鼠》等。其中,第一册第二十二课《义犬》讲了一个商人与其狗的故事。狗叼着主人收债务的钱袋提醒主人,却遭主人误会,被枪击毙,表达了忠诚的主题。狗是人类最忠诚的朋友,在现代很多文学作品中都有表现,如忠犬八公的故事,借助狗的这一特性进行忠诚的道德教育。

第二,借用国外故事,进行道德渗透。选文有 4 篇。第四册第八课《波斯老人》通过老人对三个儿子进行考验的故事,表达对仁、义、智的正确理解。第一册第二十八课《仁侠之母女》虽是欧美读本中的故事,但是符合我国道德的规范。文章称颂一对英勇救助他人的母女,两人在雨夜断桥旁叫停驾驶汽车的人,避免汽车与人坠入山谷,这与中国传统的侠义有相似之处,从而对学生进行道德的教化。

第三,采用经典实例,进行道德渗透。选文有 2 篇,第五册方孝孺的《吴士》和第二册第一课《孟母》。《孟母》一课讲述了孟母三迁的故事。孟母位居"贤良三母"之首,在我国的传统教育中有重要地位,她为了使孩子拥有一个真正好的教育环境煞费苦心,是女子贤良的典范。后来孟子成为大学问家,可见社会环境对他的熏陶感染。这篇课文是吕思勉根据孟母三迁自创的散文,通过经典故事的学习,实现对学生的道德教育。

3. 美育类题材的分析

第一,美感教育。美育类题材的选文主要是美景和游记内容,对学生进行美的熏陶。据统计,美育类题材的选文共 18 篇,第二册数量最多,有 5 篇,其次是第三册,有 4 篇。吕思勉在国文教科书中列举了自然界美丽的景色。比如第二册第八课《嵩山》刻画了嵩山宏阔壮丽的风景,运用"其北有少林寺""去寺二里许""过天门""更上""又上"等方位词来描绘嵩山之美景。本课通过游览的视角来感受自然美景,同一册第二十课《小孤山》则描绘了一座石壁嶙峋、孤峻耸直的小孤山,从山势壁立、山形峭直两方面道出名叫"孤"的原因,即物亦不得而依附之。从整体环境中看小孤山,"然江河远近诸山,对之皆如拱揖,不敢与抗";从小孤山高处看整体环境,"望风帆之上下,听波浪之奔趋,风景胜概,朝夕百变,皆若为兹山所有也"。学生能够多方面感受小孤山之美,从而得到美感熏陶。

第二,扩大视野。在《新式高等小学国文教科书》中有许多游记,如第三册第十一课《登龙华寺浮图记》、第十六课王昶《游珍珠泉记》、第六册第四课《登喜马拉亚山观日出记》等。其中,第二册第六课《旅行修学记》讲了"旅行郊野之旨,将使诸生揽山川之胜,察草木鸟兽之形态,与农牧之事业,所以修其天然之学术也"[①],一句话道破了郊游的意义。学生从游记中感受美丽景物,不仅得到美感教育,还扩大了视野。编者还介绍了国内景物,让学生在书中感受中国的地大物博。如第一册第四课《圣址》介绍了孔子的居所和孔林,第四册第十三课《蜃说》、第十四课《说海》这两篇课文分别介绍了海市蜃楼的现象和大海。第二十三、二十四课的《名山大川》上、下,在第二十三课用俯瞰的角度,从南到北介绍了四大山脉,极其壮观;在第二十四课的第一

---

① 吕思勉:《吕著中小学教科书五种(上)》,上海古籍出版社,2011 年,第 25 页。

段介绍了我国的巨川——黄河和长江,第二段描绘了两大流域的景观,第三段总结了两大流域孕育的人格特点。就如文章中感叹的一样:"美哉!山河。诚吾国之瑰宝也。"①中国有大好河山,学生应拥有开阔的视野,不能仅仅局限在自己所在的地方,故步自封。这些写景游记丰富了教科书的内容,使得《新式高等小学国文教科书》独具史家风格。

4. 科学类题材的分析

科学类题材的选文主要是简单介绍新事物,破除封建迷信和普及相关科学原理。通过科学技术,辅助实利主义教育。据统计,科学类题材选文共16篇,第四册数量最多,有5篇。科学类题材的选文如《热》《磁石》《磷火》等,能够破除封建迷信,给予学生科学的启蒙。同时,这类题材还有传统技术的渗透,传统技术是古代劳动人民生活的总结、实践的经验、智慧的结晶。在《新式高等小学国文教科书》中有不少传统技术的缩影,如第三册第十九课《种植》讲了种植之要——垦地、播种、耙土、培壅、耘草、收获、打谷,还介绍了各种种植工具(见图145)。以垦地为例,先介绍垦地:"所以揉土使松,破土使分,俾汽水光热,入于其中,而植物得萌芽也。"关于垦地的工具,"园圃用铲,田野用犁,挽以牛"。我国的农业曾一度走在世界的前列,这也是先进的种植工具的功劳。劳动人民通过辛勤的劳作来收获食物,通过传统的优良技术使得农业得到发展,推动中华民族的不断进步。编者吕思勉注重对学生的劳动教育,避免学生走向古代儒生那样四体不勤、五谷不分的境地。传统技术在教科书中的渗透,更是对传统文化的致敬。

《新式高等小学国文教科书》还介绍了改良技术。在20世纪初期,随着西方现代技术的传入,传统技术面临着各种挑战。

---

① 吕思勉:《吕著中小学教科书五种(上)》,上海古籍出版社,2011年,第68页。

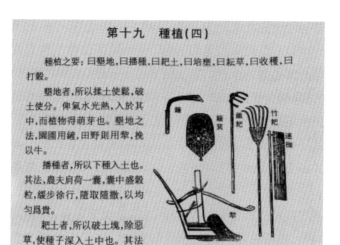

图 145 《种植》

如第二册第十七课《蚕桑》、第二十五课《报章》等,表达了对晚清帝国不思进取、技术落后于世界的感慨。第三册第八课《印刷术》讲述了印刷术的演变过程,最早始于汉代之石经,后经西方的改进,用机器代替人工,用汽电以省人力,所以技术或者工具是需要不断改良的。就像吕思勉在这篇课文最后说的:"凡事必改良而后有进步,印刷术其一端也。"面对先进的技术,我们要学会借鉴,这不仅适用于科学技术,凡事不能因循守旧,只有不断改良才能进步。

(三)题材的特点

1. 立足历史

在《新式高等小学国文教科书》中,有大量历史类题材的课文。其中,吕思勉根据史实自创的文章也不少,如第二册第七课《渑池之会》讲述了蔺相如陪赵王与秦王会于渑池,以自己的智慧和勇气维护了赵国的尊严和领土完整。这篇课文展现了蔺相如的机智和勇敢,以一己之力维护了国家,更体现了强烈的爱国之情。第三册第二十五课《郭子仪单骑见回纥》讲了节度使郭子仪单骑到回纥的兵营劝退回纥、吐蕃的故事。郭子仪的大将风范和人格魅力值得学生学习,同时也彰显了这种气魄对提升国家的综合国力尤为重要。第二册第二十八课《赤壁之战》讲了孙权、刘备联军在长江赤壁一带以火攻的形式大破曹军。这两篇自创历史类题材的课文都是以少胜多、以弱胜强的经典战役,编者通过历史告诉学生战争中军事策略的重要性。在历史知识的熏陶和历史人物的感召下,学生应该更具有独立的人格和爱国精神。

教材中有三篇经典选文选自国别体史学著作《国策》,又名《战国策》,里面有很多治理国家的方法。在第三册第二十六课《赵王买马》中,说客通过选马与治国的类比,告诉赵王祸患往往发生在自己溺爱的人身上,要远小人。第四册第三课《鲍氏子》通过鲍氏子反驳齐田氏的一番话,批判了唯心主义,赞扬了鲍氏子不畏权贵、敢于表达自己唯物主义观点的行为。第六册第十七课《唐且使秦》讲述的是强秦和弱国安陵之间一场外交斗争的情况,主要表现了唐且维护国家领土的严正立场,以及不畏强暴、敢于斗争的爱国精神。在《新式高等小学国文教科书》中,出自《国策》的主人公都是机智勇敢、具有独立人格和爱国精神的,可以看出编者希望学生从历史中吸取教训。吕著国文教科书立足历史,通过历史上的战事,传达了对中国的期待,希望国人发奋图强,为中国的崛起而努力。

2. 符合时代

历史类题材包含名人事迹类、国民教育类、国外知识类,据统计,国民教育类题材最多。该类题材有 39 篇选文,占历史类题材选文的 50%,这是"从新教育的角度体现教科书的时代特色,注重国民常识以立国民参政之基础,期以养成共和国民之人格"[①]。国民教育类题材不仅在历史类题材选文中数量最多,在

---

① 舒新城:《新制小学编制法》,《中华教育界》1913 年第 9 期。

全部选文中数量也是最多的。这体现了《新式高等小学国文教科书》各个年级段都渗透着爱国军事教育,并在教授中注重国民独立人格的养成。国民教育类题材包括爱国教育、军事教育等,如第一册第三十四课《合力》讲述了一块砖容易被人击碎,而很多砖放在一起却不易被击碎的事实,告诉学生团结的重要性。正如课文最后一句话:"尤如众人之力以为力,必先和众人之心以为心。只有国人和心和力,国家才能强大不被欺辱。"第五册第一课《原国》讲述了以家为起点,子孙繁衍形成族,族大人众形成部落,部落强盛形成国的过程,而原国和殖民地不同,后者人民的权利是不平等的。随着民国成立,民主共和思想得到普及,通过在《原国》中展现中国半殖民地的地位,编者表现出对国家独立、平等权利的追求。在动荡的民国初期,教科书注重国民教育,体现了史家风格的时代性。这也是史家站在国家、社会的角度来编写教科书,以培养符合时代发展的人才的表现。

3. 题材丰富

民国初期是一个非常动荡的年代,但是民主政治的内容仍旧得到了保留并延续下来。从图143中可以看出,实用类、科学类、经济类、美育类、道德类题材的选文数量相差不大。经济类题材的选文比重忽大忽小,从表50中可以看出,该类题材在第二册、第五册中选文最多,但是比重是第四册、第五册最大。选文最典型的有《贸易》《商战》《币制》《纸币》等,第四、第五册中介绍公司的选文内容无不渗透着资产阶级的经济观念。同时,《新式高等小学国文教科书》注重全面发展,不偏废,与蔡元培先生提出的"五育并举"思想相呼应。其中道德类题材的课文也不少,并且随着年级升高,有逐渐减少的趋势。实用类题材的选文数量相对较多,同样随着年级升高逐渐减少。实用类题材约占12%,主要涉及日常生活中所接触的事物,例如《益鸟》《公园》《图书馆》《博物馆》等。由此可见,吕思勉十分注重联系生活实际。这两类题材较为传统,在前几册中出现的频率较高。年级升高,体现民主共和观念、西方文化的内容逐渐增多。美育类题材选文相对稳定,变化不大。科学类、经济类不太稳定,起伏较大,可能与当时军阀混战、社会动荡的环境相关,但是选文的数量还是相对可观的。由此可见《新式高等小学国文教科书》选文题材之丰富。

三、选文范围的史家风格分析

1912年中华民国成立后,南京临时政府颁布《审定教科用图书规程》,1916年颁布《国民学校令施行细则》。这一时期,各大书局都竞相编写、出版教科书,同时宽松的政策使得教科书选文的范围扩大。由于《新式高等小学国文教科书》出版至今已有100年左右了,时间较为久远,并且多次改版,有些内容的范围已经无从考证。下面,笔者将简单地从时期、地理两个范围来分析一下《新式高等小学国文教科书》的选文内容。

(一)《新式高等小学国文教科书》的时期范围分析

1. 时期范围划分

任何一本教科书都有其选文范围。《新式高等小学国文教科书》中古代选文的出处主要是《国策》,记事年代起于战国初年,止于秦灭六国,吕思勉先生自创或改编的文章内容所处的朝代则不一样。对于时期范围的分析,主要是通过统计选文所处的历史时期以及呈现的分布状态,从而了解该教科书的选文范围。

历史时期的划分是以吕思勉先生对中国史之时期划分为依据的,大致可分为四期:上古史、中古史、近代史、现代史。"上古为从分立之部落,进至封建,从封建进至统一之期。政治及社会,均有剧烈之进展。所同化之异族极多。中古时代,政治及社会,无甚根本变动。惟各民族之竞争,甚为剧烈。其中有汉唐之盛世;三国、南北朝、五代之分裂;五胡、沙陀、辽、金、元之侵入。

清代侵入,其性质与前此异族侵入无异;国内治化,亦因袭前朝;惟西力于此时东侵,故发生一种新局面。现代为中国受外力之刺激,而发生反应之时代。"①

简单来说,上古即秦以前,中古即汉至明,近代即清代,现代即革命起至现在。因为是依据中国史的时期来进行划分的,所以选文内容为国外人物介绍、国外文化及风土人情或涉及国外事物的都不在统计范围内。如果选文不能用历史时期来划分,则也不计入统计,即仅统计中国历史范围内的选文(见表51)。

表51 选文所在历史时期的统计表

朝代	第一册	第二册	第三册	第四册	第五册	第六册	总计
上古史	1	2	1	1	0	1	6
中古史	7	6	4	3	3	4	27
近代史	0	5	4	1	2	3	15
现代史	2	10	4	10	4	7	37
总计	10	23	13	15	9	15	85

注:选文的时期跨两个或多个时期的以最后的时期计入统计。

2. 时期范围统计与分析

上古时期的选文最为稳定,除了第五册外,每册有1篇或者2篇,但是上古时期选文数量最少,仅6篇,占被统计选文的7%,大多数出自《国策》。中古时期选文有随着年级升高而递减的趋势,第一册数量最多,有7篇,第三册至第六册开始趋于稳定,每册有3篇～4篇选文。中古时期选文共27篇,约占被统计选文的32%,仅次于现代时期选文。近代时期选文不太稳定,第一册没有出现近代时期的选文,而第二册却有5篇。近代时期选文的数量也不多,约占被统计选文的17%,共15篇。现代时

---

① 吕思勉:《吕著中小学教科书五种(下)》,上海古籍出版社,2011年,第774页。

期的选文最多,约占被统计选文的44%,共37篇。现代时期的选文在第二册、第四册数量最多,每册都有10篇选文,第一册数量最少,仅2篇,可见现代选文数量不稳定。第二册中符合统计的选文数量最多,约占被统计选文的27%,共23篇,第五册数量最少,约占被统计选文的10%,共9篇。其中,第二册、第三册、第六册中可以统计历史时期的课文最多,这三册中现代史的课文也最多。

3. 时期范围特点

第一,与时俱进。在《新式高等小学国文教科书》中,现代时期的选文共37篇,数量最多。如第一册第十九课《公园》,第二册第九课《图书馆》、第十课《博物馆》、第二十五课《报章》,第三册第五课《地方自治》,第四册第十九课《飞艇飞机》,第五册第八课《工业》等。现代时期选文的数量极多,涵盖范围极广。课文有介绍公共设施的,有普及现代科学知识和传播先进文化的,更有论述当下社会形式的。内容极其丰富,更在选文中传播了民主共和、自由平等的观念。从这个方面可以看出吕思勉先生与时俱进、积极吸收新知识、新文化的史家风格。

第二,求真精神。在《新式高等小学国文教科书》中,可以统计历史时期的选文占全部选文的51%,由此可见,约一半的选文是有史可考的。选自正史的第一册第三十课《晏子使楚》、第三册第二十六课《赵王买马》、第四册第三课《鲍氏子》、第六册第十七课《唐且使秦》都标注了出处。自创的第二册第七课《渑池之会》、第二册第二十八课《赤壁之战》、第三册第二十五课《郭子仪单骑见回纥》也是根据史实改编的,可以看出编者求真的史家风格。

第三,务实特色。现代史的选文不稳定,与当时政局不稳是有一定联系的。但是现代的选文致力于现实生活,为当下生活服务,能够让学生更好地适应社会。第二册第十一课《保存古物》讲述了古物是先民精神和国民精神的寄托,国人定要珍藏先代留下来的古物,也可放入博物馆,公共保存,这也是爱国的表现。当时,很多外国人廉价收购我国古代文物,课文希望国人能认识到古物的珍贵,好好珍藏。第四册第六课《借贷与保证》告诫人们要讲信用,借贷与保证是信用的表现。这一篇课文附带借据和保单,对于高等小学毕业后走入社会的学生很实用。史家的务实特色在选文内容上得到了很好的体现。

(二)《新式高等小学国文教科书》的地理范围分析

1. 地理范围统计

从表50中可以看出,国外知识类选文有24篇。虽然数量不多,但是涉及范围极其广泛。尤其在地理范围上,不局限于亚洲,有多篇选文涉及欧美近世的人与事实。吕思勉在编辑大意中陈述地理类材料的选择标准:"(1)著名胜地之游记;(2)地理上特著之现象。"[①]选文的地理范围统计主要针对国外知识中涉及的人物和内容所在的地理位置(见表52)。国外知识的介绍符合学生适应社会进化之需要,有利于世界知识的普及,而偏重特定地区的文化也是对当时政治经济文化的侧面反映。

表52 选文的地理范围统计表

板块	第一册	第二册	第三册	第四册	第五册	第六册	总计
亚洲	0	1	0	0	1	0	2
欧洲	4	0	1	1	3	4	13
北美洲	1	0	1	0	1	1	4
南美洲	0	0	0	0	0	0	0
非洲	0	0	0	0	2	0	2
大洋洲	0	0	0	0	0	0	0
南极洲	0	0	0	0	0	0	0
总计	5	1	2	1	7	5	21

注:国外知识中存在无法确定板块的不计入统计。

---

① 吕思勉:《吕著中小学教科书五种(上)》,上海古籍出版社,2011年,第4页。

第一册欧洲板块中,包括西欧的英国2篇、中欧的德国1篇、南欧的意大利1篇,北美洲板块中,包括美国1篇。第二册亚洲板块中,包括南亚的印度1篇。第三册欧洲板块中,包括西欧的英国1篇,北美洲板块中的美国1篇。第四册欧洲板块中,包括南欧的意大利1篇。第五册亚洲板块中,包括东亚的日本1篇,欧洲板块中包括西欧的英国1篇、南欧的意大利和希腊各1篇,美洲板块中包括中美洲的巴拿马1篇,非洲板块中包括北非的埃及2篇。第六册欧洲板块中包括西欧的法国2篇、中欧的德国2篇,北美洲板块中包括美国1篇。

2. 地理范围分析

从表52中可以看出,涉及欧洲板块的选文最多,约占被统计选文的62%,而欧洲板块中关于西欧英国的选文最多,有4篇。其中,欧洲板块的文章中欧德国和南欧意大利各3篇,可以看出吕思勉先生希望高等小学能多普及欧洲板块的知识,尤其是这三个国家。《新式高等小学国文教科书》对于欧洲著名的历史人物、风土人情进行了简洁的介绍,选文具有代表性,例如关于英国的选文《奈端轶事》《达尔文》、关于意大利的选文《哥伦布》等。美洲板块的选文在各册中比较稳定,第一册、第三册、第六册各有1篇美国的选文,第五册有1篇中美州巴拿马的选文。北美洲板块以美国的选文为主,其中第六册的《美禁华工》中由美国对华工的不尊重、不欢迎,而引发了吕思勉先生中国须自强的感慨。在吕思勉先生编撰的高等小学用《新式地理教科书》中,北美洲地方志中美国所占篇幅最大,并配以三张插图,可见吕思勉先生对北美洲板块的美国十分关注。

亚洲板块的选文共2篇,选文内容是南亚印度和东亚日本的知识,都集中在第五册中。全册中涉及非洲板块的选文共2篇,选文内容是埃及的知识,同样在第五册中。从表52中可以清晰地看出第五册课文涉及国外知识最多,共7篇,约占被统计选文的33.3%,其次是第一册和第六册。与此同时,全册选文都没有提及南美洲、大洋洲、南极洲板块。在吕思勉先生编撰的高等小学用《新式地理教科书》中也没有提及南极洲板块,南美洲、大洋洲板块的篇幅极小。这可能和板块的地理位置有关,它们距离较远,或者与中国接触不多,所以选文中较少提及。

3. 地理范围特点

第一,不"国拘"。吕思勉在撰写《新式高等小学国文教科书》时,注重开阔学生的视野。秉承史家风格之全局观,不仅仅局限于中国,就像他在《从我学习历史的经过说到现在的学习方法》中提到的,最怕"国拘"。"视自己社会的风俗制度为天经地义,以为只得如此,至少可以如此最好。此正是现在治各种学问的人所应当打破的成见,而广知各国的历史,则正是所以打破此等成见的,何况各国的历史,还可以互相比较呢?"①在撰写教科书时,更需要广阔的视野。

第二,视野开阔。《新式高等小学国文教科书》中有大量反映国外生活、文化、政治的课文,旨在开阔学生眼界。在西方文化大量涌入中国的时代背景下,出版《新式高等小学国文教科书》的中华书局的出版宗旨之一,就是"融和国粹欧化"。对于普及西方的知识,吕思勉个人也是极其赞成的。其中反映西方国家风土人情、社会面貌、政治体制的课文有:第一册第三课《奈端轶事》、第十三课《盲鱼》,第三册第十课《勃罗斯》、第十二课《望远镜记》,第四册第八课《波斯老人》、第十五课《哥伦布》,第五册第二课《达尔文》、第四课《罗马武士》、第五课《赛木拔来之战》、第十六课《苏伊士运河》、第十七课《巴拿马运河》、第十八课《埃及》、第十九课《福泽谕吉》,第六册第二课《拿破仑》、第五课《天文台》等。有关外国知识的课文数量很多,也是这一时期教科书的一大特色。

第三,爱国精神。吕思勉先生在选取国外知识时,挑选了一

---

① 吕思勉:《吕思勉遗文集(上)》,华东师范大学出版社,1995年,第413页。

些在欧美近代史上比较突出的人物和事件进行介绍,比如对西方现代文明有重大贡献者——奈端、哥伦布、拿破仑等。教材还普及基础的科学知识,例如第三册第十二课《望远镜记》、第六册第五课《天文台》等,由此可见,吕思勉在《新式高等小学国文教科书》中表达了学习国外优秀的人物和先进的科学技术的态度。同时,编者希望通过国外典型的事件来激发学生的爱国热情,比如《罗马武士》中保卫家园的爱国精神、《巴黎观油画记》中不忘国耻的爱国精神、《赛木拔来之战》中英勇抗敌的爱国精神等。爱国是有国界的,而爱国精神是无国界的。国外的爱国事件也能激发每一位学生为了中国的崛起而发奋图强的激情。

四、吕著《新式高等小学国文教科书》选文的现代启示

吕著《新式高等小学国文教科书》在选文内容上有许多地方值得当代语文教材借鉴。民国时期的诸多大家为国文(国语)教材的编写进行了种种尝试,现在的语文教材是站在前人肩膀之上的。认真汲取我国的教材编写经验,有利于提高教材编写的质量和优化当下的课程改革。

首先,历史材料的选择要求真、致用。语文教科书是语文课程的重要资源和载体,编写语文教科书是一项艰巨且意义重大的工程,民国时期,不同作者从不同的角度、以不同的方式进行了探索。表面上看,国文(国语)教科书版本众多、形式多样,但各个版本之间都存在相似之处,有借鉴模仿的痕迹,没有本质上的差别,也没有形成独特的风格。在《新式高等小学国文教科书》中,吕思勉选择有历史依据的课文,并致力于学生的实际生活,使得吕著国文教科书独具史家风格。在编者的史学观里,史学的两大功能是"求真"与"致用",这一观点也深刻地体现在了他国文教科书的编写上。

吕思勉曾在《史籍与史学》补编中的《史家宗旨今昔异同》提到:"至于近世,又有教育之家,因儿童不能了解,曲说史事,致失

真相者。学究固非史家，生徒亦难言史学，然其人数甚多，影响颇巨，则亦不可不慎也。"①由此可见，我们不能因为学生年龄小，而迎合其认知特点，歪曲历史。教科书中的失真影响甚广，因此在普及历史知识时要慎重对待。吕思勉举了一个例子来说明：有人谈论三国时期的事，竟然认为《三国演义》所记载的就是史实。而事实上，《三国演义》是小说，《三国志》才是史学家陈寿编写的、记录三国时期的断代史。这样的错误认识使人显得粗俗无知，这不仅是史学之弊，更是教育之弊，所以在教育中必须求真。国文（国语）教科书不仅传递着语文知识，更承载着育人的目标，如果从小就接受了错误的历史知识，这会严重阻碍学生形成正确的价值观、人生观、世界观。语文是为学好其他课程打下基础的一门课程，可以说是基础中的基础，因此吕著《新式高等小学国文教科书》史传类选文是真实可靠的，就连插图也是详确可考的。在教材编排上，也处处体现了吕思勉"求真"的史家风格。

人教版语文教科书中存在着虚构的故事，或者说课文内容有失真，因此一直受人诟病，比如二年级下册第三十课《爱迪生救妈妈》、五年级上册第十七课《地震中的父与子》等。这些失真的课文引起了人们广泛的争议，有教育者反映，选取这些课文主要是为了学习课文的知识点、语言文字和课文内容，有教育意义。但是在中华民族上下五千年的历史中明明可以选出一篇真实的课文，却偏偏要杜撰一些国外的故事来欺骗学生，是不合宜的。有专家也指出，语文包括虚构文学，但是这个观点经不起仔细推敲，小说、戏剧、诗歌是可以虚构的体裁，历史、传记等则是不可虚构的。语文虽不是历史，但要坚守住底线，因此在最新统编版教科书中不再收录此类文章。语文教材编写涉及历史内容时，要"求真""较真"。现在的孩子广泛阅读，有较强的学习能力、思辨能力，不再是"不能了解者"，那么曲解历史只会对学生

---

① 吕思勉:《吕思勉遗文集（上）》，华东师范大学出版社，1995年，第283页。

带来不利影响。语文教科书对学生的价值取向有关键作用,只有"求真"的教材,才能培养出拥有正确价值观的学生。

在民国时期,受到西方实用主义思潮的影响,国文(国语)教科书编写中更加注重理科知识和实用教育,吕思勉受到西方教育思潮的影响,感悟到了科学的力量,提倡致用。在科学技术方面,吕思勉先生选取了诸如《天文台》《太平洋中汽船》《望远镜记》等文章,如第三册第十二课《望远镜记》,文中主要叙述了望远镜的构造和用途。说明望远镜的历史,描述了望远镜窥测星象、观察天象的作用,类似现代教科书中的科学说明文。在吕著教科书中,涉及国外知识的课文有52篇,约占全部选文的31%,可以看出吕思勉非常注重西方文化、先进思想和科学知识。编者将国际形势、社会发展、经济状况等选录到其国文教科书中,并因为使用国文教科书的人数多、传播快,所以成为传播当时社会状况、最新科技和实用知识一条重要的途径,这有利于先进科技成果和西方先进思想的普及,达到开启民智、解放思想的目的,帮助培养符合社会发展和国家要求的人才。

吕思勉是一个具有强烈责任感和社会责任心的历史学家,善于从历史事件中汲取经验来指示未来,为当下的国家形势提出建议。他经常思索着社会上的各种现象和问题,并期望唤醒国人,寻找通过改革社会等手段使国家强盛的方法。学生通过学习《新式高等小学国文教科书》,能够学以致用,为社会、国家做出贡献。科学技术是第一生产力,现在国家倡导科教兴国,积极培养科学人才,可以为我国社会主义事业添砖加瓦。在吕著国文教科书中,也有实用类题材的课文,范围是日用知识、公共事业等与生活相关的事物。实用类题材课文有20篇,约占全部选文的12%,主要集中在日常生活中所接触的事物,例如《益鸟》《公园》《图书馆》《博物馆》等。这些切合生活实际的课文有利于学生更好地融入社会,了解身边的事物,拓宽眼界。在吕著教科书中,《兄与弟论传染病书》中附带通告书,《弟告兄小学校改建落成书》附带观礼信一封,《借贷与保证》附带借据和保单,这些课文都是具有示范性的实用文,有利于学生语言文字运用能力的培养。可以看出"致用"是教科书编写的出发点,也是落脚点。

其次,注重国家主权教育,弘扬独立自强的民族精神。吕著国文教科书介绍国内景物,让学生在书中感受中国的地大物博;描绘祖国山川的秀美与雄壮,以美丽的景物感染学生。吕著教科书第二册第八课《嵩山》刻画了一座宏阔壮丽的嵩山,同一册第二十课《小孤山》描绘了一座石壁嶙峋、孤峻耸直的小孤山。在《新式高等小学国文教科书》中也有许多游记,如第三册第十一课《登龙华寺浮图记》、第十六课王昶《游珍珠泉记》等,让学生从游记中感受美丽的景物,得到美感教育,同时加强领土意识,认识到这些美好的景物都是中国的,不能被其他国家所窃取。第四册第二十三、二十四课《名山大川》上、下,在第二十三课用俯瞰的角度,从南到北介绍了四大山脉,极其壮观;第二十四课的第一段则介绍了我国的巨川——黄河和长江,第二段描绘了两大流域的景观,第三段总结了两大流域孕育的人格特点。就如文章中感叹的一样:"美哉!山河。诚吾国之瑰宝也。"中国有大好河山,学生应拥有开阔的视野,不能仅仅局限在自己所在的地方,故步自封,更应该为中国的大好河山感到骄傲和自豪,并具有强烈的国家意识。中国国域辽阔,地大物博,国人应该守好这大好河山。

张耕华曾评论道:"吕思勉先生留给后人的,不仅仅是史学方面的遗产,他的道德修养,他那赤诚的爱国之心以及他对国计民生的关切、对社会改革的热忱,都足为后学范式。"[①]任何优秀的才能和功绩在国家面前都会黯然失色,吕思勉对国计民生的关切、对社会改革的热忱,值得每一个人学习。编者在《新式高

---

① 张耕华:《治学修身改革社会——略论"吕思勉的文化遗产"》,《史学理论研究》1998年第1期。

等小学国文教科书》中表现出强烈的国家意识,期待开启民智,唤醒国人,同时秉承着开阔广泛的史家风格,开拓学生视野。学生不应该局限于中国,应该广泛地了解各国的历史,通过比较各国的历史,还可以获得启示和借鉴。因此,在撰写教科书时,需要广阔的视野和强烈的国家意识。

在《新式高等小学国文教科书》中,吕思勉提倡公民的独立自强精神。《新式高等小学国文教科书》在各个年级都渗透着爱国军事教育,并在教授中注重国民独立人格的养成。邹容在《革命军》中说:"国民者,有自治之才力,有独立之性质,有参政之公权,有自由之幸福,无论所执何业,而皆得为完全无缺之人。"[1]国民第一要具备的就是独立自强精神。如果不能独立自强,就算不上真正的国民。教科书中《凌霄花》一课展现凌霄花经历磨炼后仍百折不挠、自强不息,《北极之鸟》一课告诉学生连小鸟都能独立捕食,更何况人,帮助学生培养独立自强的精神。这两篇课文分别借用植物、动物来劝诫学生要自强、自立,在国家忧患之际更应该独立自强,不能做温室里脆弱不堪的花苗和好逸恶劳的小鸟,在教授国文时锻造学生独立自强的品质。国家也要独立自强。在这个动荡不安的民国时期,中国人要扩大眼界,接触并逐渐接受西方先进的知识和文化,促进中国不断崛起,取得民族的独立。在吸收先进的国外知识的同时,还要汲取古人的智慧。在《新式高等小学国文教科书》中,古代史传类体裁的课文有 5 篇,1 篇出自《晏子春秋》,另外 4 篇出自《国策》,分别是《赤壁之战》《赵王买马》《鲍氏子》《唐且使秦》。从这 4 篇课文中,我们能感受到对个人和国家的独立自强要求。第五册第七课《国货》中指出,民族企业应该改良制造,即提高制造水平,制造物廉价美的货物才是根本之道。也就是说,民族企业应当独立自强。

---

[1] 陈学恂主编:《中国近代教育史教学参考资料(中册)》,人民教育出版社,1987 年,第 124 页。

第二册第三十一课《商战》中提出商业战争如兵家之争,其影响关乎国计民生,希望善商者独立自强,奋发向前,为国家的商业打一场胜仗。第四册第七课《国债》引用古代经典故事——"楚子文毁家纾难,孔子称其忠;汉卜式输财助边,史迁高其义"来佐证编者的观点,即要重视内债,国民购买国债可帮助国家渡过难关,而不是仰仗外债,寄希望于别的国家救助。吕思勉为当下的国家形势提出建议,最为重要的就是国家自身的独立自强。

最后,强调语文学科要肩负起传承优秀中华文化的重担。吕著《新式高等小学国文教科书》中处处渗透着传统文化元素,如历史元素、技术元素、艺术元素、道德元素。这是值得借鉴的,在教科书编撰时要注重传统文化的渗透。文言文作为我国古代的文化遗产,内容广泛,并且蕴含着大量的精神财富。学习这样的作品可以陶冶情操,启迪心灵,丰富现代人的精神生活。真正有价值的传统文化,必然能够与现代文明相衔接,从古人的智慧中汲取中华传统文化的营养,涵养当下的生活,必然成为一种趋势。

吕思勉曾在《全国初等小学均宜改用通俗文以统一国语议》中提到:"或谓一国之文字,为一国国粹之所寄,今若此,是举一国之人,皆仅通浅近之俗语,而无一人能知高深之文字者,是不啻文字亡。文字亡而国粹亡,国粹亡国亦无以自立矣。"[①]因此在小学阶段应该安排文言文,这就像在孩子们面前打开了一扇窗口,让他们了解到、领略到中华民族的历史,去阅读、去思考我们中华民族的独有文学,去继承、去发扬我们中华民族的优秀文化。而选录在教科书中的文言文应该内涵丰富、内容生动,这样才能引起小学生的学习兴趣,使小学生快乐而高效地学习。传统文化不只用来欣赏,还要在取其精华去其糟粕的基础上加以继承。语文教科书是传统文化最好的载体,在教材编写时应该

---

① 吕思勉:《吕思勉遗文集(上)》,华东师范大学出版社,1995年,第217页。

注重渗透中华优秀的传统文化,使其一代又一代地传承下去。

第二节　陈鹤琴编《儿童南部国语》地域特色研究

《分部互用儿童教科书》是民国小学国语经典教材之一,按流域分为北部、中部、南部三套教材,具有鲜明的地域特色。其主编为著名教育家、儿童心理学家陈鹤琴先生。陈鹤琴在学前教育领域、儿童心理研究等领域开展教育实验,给大家留下了宝贵的教育精神和教育资源。对于陈鹤琴先生的研究虽然已经有很多,但大都集中在其幼儿教育思想、"活教育"思想以及儿童艺术教育领域方面,因此有关陈鹤琴先生在编纂教科书领域的研究还存在很大的空间。关于《分部互用儿童教科书》的研究更是凤毛麟角,陈鹤琴先生主编的三套《分部互用儿童教科书》作为民国时期老教材的经典,具有鲜明地域特点,也具有很大的学习和借鉴意义,值得深入研究和品味。其中,《儿童南部国语》教科书是1934年陈鹤琴主编的《分部互用儿童教科书》系列之一,与分部系列的另两套《儿童北部国语》《儿童中部国语》分别适应北部、中部、南部地区,互为补充。该教材以1932年课程标准为编写依据,内容合理,编排美观。其最鲜明的特点是富有南部(珠江流域、闽江流域)的地域特色,大量南部地域特色资源被选入语文教科书中,对当今小学语文教科书研究仍有很大的意义。

一、《儿童南部国语》创编背景的地域考量

20世纪30年代初,我国教育正处于快速改革发展的时期,1932年新颁布了《小学课程标准国语》,各地教育正需要符合当时儿童身心发展的国语教科书,而1934年编订出版的陈鹤琴《分部互用儿童教科书》正是这个时期的产物。编者针对我国不同地区的儿童,分北部、中部、南部三个地区分别编纂了一本国

语教材。《分部互用儿童教科书》依据国民党教育部1932年制定的《小学课程标准》中的《小学课程标准国语》编写,为求分别适用于各流域的儿童经验而分编三部。陈鹤琴主编的《分部互用儿童教科书儿童南部国语》于1934年出版,由上海儿童书局发行,全套共八册,主要供中国南部初级小学使用。

陈鹤琴创编的《儿童南部国语》富有鲜明的地域特色,显然,这与当时的时代背景以及陈鹤琴个人的教育思想是分不开的。

(一) 时代背景

1. 编审制度下地域考量的可能性

教科书的编写和审查制度即为教科书的编审制度,分为国定制、审定制、自由制。教科书自由制是指教材不需要国家统一审查,而由民间自由组织编排;教科书审定制指无论是个人还是团体,都可以自由编纂教科书,但是须经过国家的审查才准许发行;教科书国定制为国家教育机构统一全国教科书的编制和使用。

1927年至抗日战争前夕,教科书的编审制度主要是审定制。在审定制背景下,自由编写的组织机构不断壮大,各种版本的书籍席卷而来,教科书发行丰富多彩。如吴研因等编写的《新学制国语教科书》,胡贞惠编写的《新时代国语教科书》,魏冰心、吕伯攸编写的《新主义国语读本》,薛天汉编写的《民智新课程高级小学国语教科书》,中华民国教育部编写的《汉蒙合璧国语教科书》,戴洪恒编写的《基本教科书国语》,沈百英编写的《基本教科书国语》,朱文叔编写的《新中华国语读本》,北师大附属二小编写的《新选国语读本》,叶圣陶、丰子恺编写的《开明国语课本》(初小),齐铁恨编写的《复兴说话教科书》,吴研因编写的《国语新读本》,蒋息岑、沈百英、施颂椒编写的《新生活教科书国语》,林兰、陈伯吹编写的《北新文选》,齐铁恨编写的《复兴说话范本》,沈百英、沈秉廉编写的《复兴国语教科书》,赵景深、李小峰编写的《高小国语读本》等。这为《分部互用儿童教科书》的编写提供了相对自由的环境。1937年后,南京国民政府又开始实行国定制。

民国时期的教材编审制度随着政权的更替不断完善,呈现出制度化的发展趋势,在一定程度上,它提高了教科书的质量,促进了教科书的发展。《儿童南部国语》正是得益于当时教科书编审制度提供的较为自由开放的编写环境,才能够在教科书编纂中有地域的考量,获得了按地域编写的可能性。

2. 教育思潮下地域考量的启蒙性

陈鹤琴编《儿童南部国语》时对地域的考量受到20世纪30年代教育思潮的启蒙。20世纪30年代以来,大批国外教育思想涌入中国,其中影响较大的是杜威的实用主义教育思想。其民主主义教育思想强调教育与生活、学习、社会的联系,重视儿童的活动。民国时期的小学教育深受其影响,以"儿童本位"为原则,从教材内容看,这一时期多选取儿童文学,多童话和寓言,即"鸟言兽语",注重引起儿童的兴趣,培养儿童的想象力。

同时,这一时期平民主义盛行,该思潮主张"平民主义"教育,认为教育权利应该是"平民"的,而非少数人独占。教育需要让普通人也获得文化知识。

在这些教育思潮的影响下,同一时期的小学国语教科书在整体上体现出贴近学生社会生活、关注日常实用性的风貌。《儿童南部国语》同样在实用主义、平民主义思潮的启蒙下,对教材有地域的考量,更贴近当地儿童的生活经验,关注其社会生活和日常需求。

3. 课程标准中地域考量的依据性

1928年,国民党教育部成立了中小学课程标准起草委员会,该委员会在1928年8月公布了《小学课程暂行标准》。之后,国民党政府先后推出或修订了五个小学语文课程标准,为小学语文教材的编写和教学提供了依据,明确了小学语文教学的目标、内容等。国语教科书的巩固与成熟时期,即从暂行标准出台到1949年前的20年,该标准的对象是国民政府统治区出版使用的国语教科书。

1932年《小学课程标准》是在1929年暂行课标的基础上进行必要的修改后出台的,值得注意的是其增加了三个附件,1932年以后的教材都较好地体现了附件的内容。其中,附件一是"各种文体的说明",说明了普通文、实用文、诗歌以及戏剧四种文体所包含的小类,并给出了必要的解释,如"普通文"中有一类是"童话",对其的解释是"超自然的假设故事"。附件二中"读书教材分量支配"明确了各学年、各种文体的数量比例,例如第一、二学年普通文为70%,诗歌为30%;附件三"教材的编选"中对教材的内容做了详细要求,注意点包括五大项、四十多小项,在教材内容方面做了具体的说明。

陈鹤琴编《儿童南部国语》时对地域的考量,一方面是出于1932年课程标准对教材内容突出儿童化、生活化的要求。陈鹤琴对教材编纂进行地域的考量是因地制宜、适应儿童生活的。1932年《小学课程标准》在教材内容选取方面强调了教材内容要贴近儿童心理、儿童生活。其中,课标附件三中第四大项规定"依据儿童心理,尽量使教材切于儿童生活",并且将具体条件明确罗列如下:"以儿童或儿童切近的人物为教材中的主角;将抽象的大事,编辑成具体的片段事实;读了之后有工作可做,有事理可想象或研究;低年级应多用童话、诗歌和故事;依时令季节排列,以便随时教学,易于直观;文字深浅,恰合儿童程度。"[1]陈鹤琴将富有地域特色的内容编纂入语文教科书中,因地制宜,贴近儿童的生活,以便随时教学,十分直观,使学生觉得亲切近人。

另一方面,陈鹤琴编纂教材对地域的考量是出于课标想象

---

[1] 语文教材研究所:《20世纪中国中小学课程标准教学大纲汇编》,人民教育出版社,2001年,第26—27页。

与现实"调和平均"的目标。同一时期,由于杜威实用主义教育思潮的盛行,教材整体上注重儿童本位,内容上多"鸟言兽语",童话等想象性的故事题材被大量选入,教材中难免重想象性内容,轻现实性内容,而没有达到 1932 课标中"依据增长儿童阅读能力的原则,想象性的教材(如寓言物语等),和现实性的教材(如自然故事、生活故事、历史故事等),应调和而平均"①的要求。陈鹤琴编纂教材时,也选入了一定量的"物语"文章,同时,地域的自然风貌、人文风情等现实性内容也以自然故事、生活故事、历史故事的形式大量选入。这样有利于调和教材中想象性内容和现实性内容的比例,以应对课标想象与现实"调和平均"的目标。

(二) 陈鹤琴教育思想

陈鹤琴是受 20 世纪二三十年代杜威实用主义教育思潮启蒙影响,并进行我国本土化教育实验的代表性教育家。同一时期还有陶行知等著名实用主义教育家。杜威强调的是"教育生活化",陈鹤琴的教育思想是让教育在生活中"活起来"。两者虽有差别,但毋庸置疑,从教育观上讲,陈鹤琴和杜威一样是以"儿童中心"为原则的,注重儿童的生活经验。从深层次讲,两者都注重了教育与生活的本质联系。

陈鹤琴对教材编写会有地域的考量出于其教育思想的精髓——"活教育"。陈鹤琴根据自己二十多年的教育实践与研究总结,结合儿童身心发展的特点和规律,提出了"活教育"理论体系。陈鹤琴反对死读书的教育,他认为这是传统教育弊端带给学生的枷锁,呼吁人们挣脱刻板教育的牢笼,走向活的教育。"活教育"有三条目标论:"第一,做人,做中国人,做现代中国人;第二,大自然,大社会,都是活教材;第三,做中学,做中教,做中

---

① 语文教材研究所:《20 世纪中国中小学课程标准教学大纲汇编》,人民教育出版社,2001 年,第 26—27 页。

求进步。"①第二条展示了陈鹤琴对选材要贴近自然、社会的观点。陈鹤琴认为大自然、大社会都是活教材,因此,要好好利用自然、社会这些教育资源。然而我国幅员辽阔,南方与北方的人文与自然差异巨大,儿童的生活经验同样差异巨大。因此,陈鹤琴编纂了一套《分部互用儿童教科书》,分为北(黄河流域和黑龙江流域)、中(长江流域)、南(珠江流域和闽江流域)三部,依据各流域实际的生活状况、自然风景进行编纂,以适应当地儿童的生活经验,使得语文教材变成真正贴近儿童生活的教科书。知识与生活相联系,可以使学生真正在生活中"做中学",并且用生活中所学来更好地落实语文知识,让小学语文教科书更贴近"活教材"的要义。

综上所述,从时代背景上考虑,陈鹤琴编《儿童南部国语》对地域的考量首先得益于当时教科书编审制度提供的广阔天地,使其有可能编写这样一套分部使用的系列教科书。其次,出于当时盛行的杜威实用主义教育观、平民教育观的启蒙,分部而编的教材更贴近儿童的生活经验,能选取更实用的教材资源。再次,陈鹤琴根据1932课程标准儿童化、生活化以及想象性与现实性内容调和平均的要求,对教材分地域而编,因地制宜,教材内容儿童化和生活化的同时,还能选入大量地域现实性题材。最后,从陈鹤琴个人的教育思想考虑,对教材有地域特色的考量是其"活教材"思想的体现,我国幅员辽阔,南北差异巨大,陈鹤琴考虑对大自然、大社会资源的摄入,必然会分地域而编教科书。

二、《儿童南部国语》编排的地域特色

(一)单元编排的地域特色

陈鹤琴编《儿童南部国语》教科书一共有八册,其编制方式

---

① 陈鹤琴:《陈鹤琴教育思想读本:活教育》,南京师范大学出版社,2012年,第3—4页。

为单元型。每一册教科书中都包含了许多单元,而这些单元共同组成了一个大单元。编者将《儿童南部国语》进行单元型编排,每个小单元就是"一课",内容涉及很多页,同时有不同的文体。如第一册第二单元《大凤梨》就是完整的一课。每一册的目次分为单元名称、内容、文体、地方教材、练习材料。目次显示的分类明确且清晰,使得读者一目了然。如表53为《儿童南部国语》第一册教材目次。

表53 《儿童南部国语》第一册教材目次

目次	单元名称	内容	文体	地方教材	练习材料
一	谢谢爸爸	公民	普通	—	认图和读句子
二	大凤梨	自然	普通、诗歌	凤梨、龙眼、柿子、香蕉	读图看字
三	看月亮	文艺	普通、诗歌	—	看字认图
四	国旗	党义	普通	—	认识事实和认图
五	我要身体好	卫生、文艺	普通、诗歌	—	看图和填字
六	椰树	自然	普通、诗歌	椰子	填字和写字
七	猴子生日	公民	普通	猴子	看图答话和讲字义
八	同来唱歌	文艺、自然	诗歌	—	填字和认句
九	做假面具	文艺、自然	普通、诗歌	柚子、佛手	看图认字和填图
十	过新年	公民、自然	普通、诗歌	—	填字和看图认字
十一	十个好朋友	党义	普通	—	画图和写字
十二	外婆给我红柑	公民、自然	普通、诗歌	红柑	填字和画图

编者已将具有地域特色内容的选文进行分类,其中,《儿童南部国语》每一册的目次中都包含了"地方教材"这一栏。"地方教材"将本单元中富有地域特色的元素显示出来。如《大凤梨》这一课中的地域特色元素就是"凤梨、龙眼、柿子、香蕉",《外婆给我红柑》这一课的地域特色元素为"红柑"。

编者将具有地域特色的选文归到地方教材这一栏,并将具有地域特色的元素进行提炼。因此,具有地域特色的选文在此教材中分类清晰并且有依据。例如,第一册中一共有十二个单元,地方教材涉及了五个单元,其中包含了第二单元《大凤梨》,地方教材显示为凤梨、龙眼、柿子、香蕉;第六单元《椰树》,地方教材为椰子;第七单元《猴子生日》,地方教材为猴子;第九单元《做假面具》,地方教材为柚子、佛手;第十二单元《外婆给我红柑》,地方教材为红柑。第二册同样是十二个单元,其中地方教材的内容包含了第二单元《老燕子》中的燕子;第四单元《种果子》中的柚子、香蕉;第五单元《爸爸从南洋带回来》的南洋物产;第六单元《学开店》同样是南洋物产;第八单元《老狼捉山羊》,地方教材显示为南部游戏;第九单元《荔子会》,地方教材为荔子。第三册教材共有十一个单元,第二单元《乘凉》,地方教材为榕树;第三单元《鳄鱼》,地方教材为鳄鱼;第五单元《庆祝国庆》,地方教材为孙中山先生;第七单元《捉青蟹》,地方教材为青蟹;第十一单元《拔甘蔗》,地方教材为甘蔗。第四册共有十一个单元,其中标注有地方教材的单元有四个,第一单元《水仙花》,地方教材为水仙花;第三单元《猴子》,地方教材为猴子;第四单元《爱农人、爱工人》,地方教材为孙中山先生;第十一单元《上山去玩玩》,地方教材为蟒蛇、猿、孔雀。第五册共有十四个单元,第三单元《演说会》,地方教材为戚继光剿倭寇;第四单元《好秋天》,地方教材为南方的气候;第五单元《棉花与织布》,地方教材为棉花的来历;第七单元《郑成功》,地方教材为郑成功抗清兵侵占台湾;第八单元《奇异的苗人》,地方教材为苗人;第九单元《新加坡》,地方教材为新加坡;第十单元《学写信》,地方教材为柚子、红柑。第六册共有十四个单元,第一单元《花的故事》,地方教材为水仙花;第二单元《南京与广州》,地方教材为广州和孙中山先生;第四单元《南洋故事》,地方教材为橡皮树、红棉花;第五单元《黄花岗》,地方教材为黄花岗;第十单元《林则徐》,地方教材为林则徐禁鸦片;第十三单元《懂鸟语的故事》,地方教材为南方民间传说。第七册教材目次显示,第四单元《落花生和农产物》,地方教材为十二个月的农产物;第五单元《马来人的生活》,地方教材为马来人的生活;第七单元《刘将军的故事》,地方教材为刘永福抵抗法兵;第九单元《南洋研究》,地方教材为南洋研究;第十三单元《云南研究》,地方教材为云南研究。第八册教材目次显示,第二单元《我爱南洋》,地方教材为三保公及南洋物产、华侨状况;第五单元《三郎的报舍》,地方教材为福建物产和厦门的地理;第八单元《讲故事和猜谜儿》,地方教材为南方谜语;第十二单元《广西游记》,地方教材为广西。《儿童南部国语》地方教材单元数量统计如表 54 所示。

表 54 《儿童南部国语》(第一——八册)地方教材单元数量统计表

册数	一	二	三	四	五	六	七	八
地方教材	6	6	5	4	7	6	5	4
单元数	12	12	11	11	14	14	14	14
百分比	50%	50%	45.4%	36.3%	50%	42.9%	35.7%	28.6%

从总体来看,整套书共有 102 个单元,其中地方教材类单元数量为 43 个,占总单元数的 42%,接近一半。这说明南部地域特色的课文被大量融入《儿童南部国语》中,《儿童南部国语》极具鲜明的地域特色。

从地方教材单元数量的分布阶段来看,第五、六、七、八册逐年下降,但下降幅度不大,总体维持在一个较稳定的状态。这是符合儿童的认知规律的,低年级儿童仍处于具象思维的阶段,地域资源可以给儿童很好的直观体验,并且贴近他们的日常生活,这更容易被儿童学习、理解和接受。而随着年段的上升,儿童的具象思维慢慢向抽象思维过渡,地域资源的摄入可以相对减少。

(二) 图文编排的地域特色

1. 封面的地域特色

陈鹤琴编《儿童南部国语》的八册封面都是纸质的,并且颜色为绿色。封面上的文字部分主要是标题和编者的姓名,位于封面的上半部分。"上海儿童书局发行"几个字位于封面的下端。八册封面中的图画部分内容则精彩纷呈。整体来看,版面设计美观大方,地域特色浓郁。《儿童南部国语》除第一册以外,剩余七册的封面图画都选自本册课文中的插图。第一册的封面描绘了一棵大香蕉树下,猴子去捡掉落的香蕉。封面虽然不是直接选自文中插图,但与本册中出现的猴子和香蕉的内容息息相关。第二册封面选自课文《荔子会》,描绘了荔子树下四个小朋友在玩耍的场景。第三册封面选自该册课文《鳄鱼》中的插图,描绘的是在一棵橡皮树下一只大鳄鱼追着一只猴子的画面。第四册封面来自《猴子戏》的课文插图,描绘的是一个小男孩跟一只大鹦鹉在对话。第五册封面则选自该册《奇异的苗人》一文的配图,画面上有三个唱歌跳舞的苗族小朋友。第六册封面描绘的是四个小朋友在一棵树下唱歌跳舞,其中一人敲鼓,另一人敲锣。第七册封面来自《马来人的生活》一文,画中两个马来人分别在射箭和划船。第八册封面来自《人种和气候物产》一文,画面展示了四个小朋友进行人种表演,分别扮演马来人、西洋人、日本人、印度人(见图146～图153)。

《儿童南部国语》的封面共有8幅,展现了浓郁的南部(闽江流域、珠江流域)地域特色,尤其以低段的封面更为显著。其中,前六册封面都展示了我国南部的风土人情,第七册封面展现了与我国南部邻近国家的马来人的生活场景,而第八册则选取了

图146 第一册封面

图147 第二册封面

图148 第三册封面

图149 第四册封面

图 150　第五册封面

图 151　第六册封面

图 152　第七册封面

图 153　第八册封面

世界上不同人种的图片当封面。第一册是猴子和香蕉,属于南部的代表性动物和水果;第二册以荔子树为背景,同样是南部的自然风景;第三册出现具有地域特色的元素鳄鱼、猴子、橡皮树;第四、五、六、七、八册以不同年龄、不同民族、不同国家的人物为中心视角,但装饰封面信息的边框大多为南部地域特色的植物。《儿童南部国语》封面的装帧展现了本套教科书富有浓郁的地域特色,但与此同时,随着年段升高,第七、八册的封面为邻近国家,再度上升到世界视角,展示了陈鹤琴注重南部地域特色,却不局限于南部地域特色的编纂思想。

2. 插图的地域特色

陈鹤琴编《儿童南部国语》教科书图文并茂。从颜色看,《儿童南部国语》已经开始注重色彩,第一册出现彩色插图,虽然只有两页,但在当时经济条件的影响下已经难能可贵。剩余的是黑白插图。书中插图包括动物、植物、人物等,种类多样,形象生动,美观大方。插图依照课文内容,位置多样,灵活多变。《儿童南部国语》插图数量众多,基本做到一页一图,如表55所示。

表55 《儿童南部国语》(第一——八册)课文插图数统计表

册数	一	二	三	四	五	六	七	八
课文插图数	70	70	56	60	35	29	21	12

(1)地域特色课文插图

《儿童南部国语》中具有南部地域特色的课文配图数量众多,至少一页一图,并且分类有序。笔者依据插图内容特点,将文中具有地域特色的课文配图主要分为实物类插图、人物类插图以及漫画类插图。

① 实物类插图及其特点

《儿童南部国语》配有大量地域特色的课文插图,其中一类为实物图,多为地方植物、动物。如第一册第二课《大凤梨》中出现大量的水果实物图。课文在讲述关于香蕉的谜语时,配有香蕉树和香蕉的插图(见图154),在猜龙眼的谜语时,配上龙眼和龙眼树的图片(见图155),还有猜一猜柿子时,配有大柿子与柿子树的图片(见图156)。第二册第九课的《荔子会》中则有荔子的插图等。这一类插图主要是对常识的普及,图片直观性地展示了与南部孩子们生活紧密相连的南部特色植物和动物。尤其在低年级时,这有利于辅助孩子识字和读文,并且积累生活中的常识。

图154 《大凤梨》(1)

图155 《大凤梨》(2)

图156 《大凤梨》(3)

② 人物类插图及其特点

人物类插图主要涉及人物场景对话和人物故事。陈鹤琴在编纂时,为拉近教材与儿童生活的距离,将课文内容以人物对话的形式进行编排,课文内容由人物娓娓道来,以对话衔接前后课文,尤其以第一册、第二册最为明显。比如第一册第九课《做假面具》(见图157)插图中出现两个小朋友的对话框,展示了他们要做假面具的内容。《做假面具》(见图158)后一页图中,小朋友表示:"哥哥!假面具我不玩了,我有一个东西给你猜。"以小朋友之间的对话为衔接点,从玩假面具的内容过渡到猜谜语的内容。第一、二册《儿童南部国语》教材中人物类插图数量众多,多为主角"一鸣"及其朋友、家人的对话插图(见图159),同时将课文内容放置于对话的小气泡当中。第一册、第二册基本每一篇课文都以人物对话图为基底,贴近儿童的日常对话和生活。

图 157 《做假面具》(1)

图 158 《做假面具》(2)

图 159 《谢谢爸爸》

③ 漫画类插图及其特点

漫画类插图将动物拟人化绘画。主要涉及寓言童话篇目，如第一册第七课《猴子生日》讲述了猴子邀请小狗、小猫来参加生日聚会。课文为童话故事类文体，将文中的动物都拟人化书写，配上了拟人化后可爱的猴子与小狗、小猫的漫画插图（见图160）。又如第三册第六课《种果子》中，前一页文字配上了小象在种果子时与小猪的对话图，以及小猪邀请正在种香蕉树的小牛一起去玩的图片（见图161），随着故事情节的进展，后一页文字配了小象请小牛看柚子花的插图（见图162）。孩子们可以借助漫画类插图来说一说故事发生的情节过程，有利于理解文章的内容，并且漫画中可爱的动物们拟人化后，对孩子们而言新奇而富有童趣，有利于激发孩子们的学习兴趣。

图 160 《猴子生日》

图 161 《种果子》(1)

图 162 《种果子》(2)

总的来说,地方教材这一栏中,课文插图的特点是实物类为主,关照自然,给予孩子们直观的视觉冲击,将教材与生活中的大自然相照应,尤其适合低段的常识类课文。低段注重识字和常识的积累,"这是什么"是低段课文中常用的问句。实物类图片可以让孩子们看图识字,语文知识与常识并进。

　　插图是孩子们直观性学习的有力辅助内容。儿童,尤其是初小阶段的儿童仍然处于直观性思维的阶段,因此书中需要有直观性的内容,便于儿童学习知识和理解文章。地域特色的插图实用类居多,与当地的动植物紧密联系,但同时,地域特色的插图也设计启发儿童想象的内容,如童话等故事类文章的配图将南部地域特色的动物猴子、大象拟人化,可以极大地激起孩子们的好奇心。

　　(2) 地域特色练习插图

　　依据插图在练习系统中的作用,本套教科书中,地方教材单元后所配练习系统中的插图大致可分为两类。一类插图作为题干的一部分内容,例如第一册第二课《大凤梨》(见图163)课后练习里的第一题,分别出现香蕉、凤梨、龙眼、柿子四种南部水果的图片,每幅图片下方有"香蕉""凤梨""龙眼""柿子"的文字,右边附有"猜猜看？哪两个字对？"的问题,使得实物类图片与识字相结合。又如第三册第七课《捉青蟹》(见图164),配上螃蟹和虾的图片,提问:"这是什么？"同样是实物与识字相联系。另一类插图是为增加趣味性,吸引儿童的兴趣,如第一册第七课《猴子生日》(见图165)中,课后练习第一题是:"猴子会帮我们做什么？"将"猴子"二字用图片小猴子代替。还有一类练习系统的图片本身就是一道题,要求孩子们画一画。如《捉青蟹》(见图166)的练习题是让孩子们给图中"2"字描上颜色,最后画出一幅青蟹图。通过描颜色来画青蟹,直观形象且富有趣味。正如顾黄初所述:"设计内容充实而具有启发性的练习思考题,穿插配合必要的图像编写语文知识,其中可以用漫画和照片引出训练作业,往往更具形象性和生动性。"①练习系统的插图可以作为题干中一部分的内容，或是图片本身就是一道画一画的题目，可以辅助孩子们学习。同时，插图使得练习更加形象生动，吸引孩子们的兴趣。

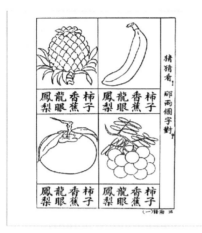

图163 《大凤梨》练习

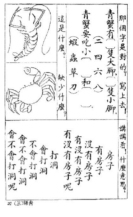

图164 《捉青蟹》练习（1）

图165 《猴子生日》练习

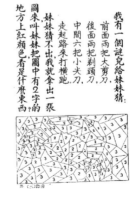

图166 《捉青蟹》练习（2）

---

① 顾黄初、顾振彪：《语文课程与语文教材》，社会科学文献出版社，2001年，第153页。

(三)练习编排的地域特色

《儿童南部国语》中每一个单元后都配有练习题,以辅助巩固学习。题量一般为两到三题。1932年课标中规定了"说话""读书""作文""写字"四部分作业内容[①],不同学年对四部分作业有不同的要求和明确的规定,标示出每一类作业每周应分配的时间。

1. 梯度性

从整体而言,《儿童南部国语》练习系统的难度设置是循序渐进的,贴合儿童身心发展规律。地方教材单元后的练习同样遵循整套书从易到难的轨迹。在这一原则的指导下,《儿童南部国语》的练习类型丰富多样,有通过画图来识字的,还有填空、活动设计等。有落实字词方面的练习,比如看图识字、选词填空,到后来的句子方面的训练,比如改句、造句,然后是对课文内容的理解,比如品评课文,再是对课文中言语的运用,例如实用文类的写信、戏剧类的表演剧本,这些练习是依据儿童的心理和学习能力,语文学科本身的知识逻辑顺序设置的,遵循由易到难、由浅入深的原则。

2. 趣味性

《儿童南部国语》中的练习不是枯燥乏味、惹人生厌的。相反,它的作业形式丰富多样,巧妙地运用插图,生动形象。题目除了填写字词、造句、写作外,还有许多画一画、剪一剪、玩一玩这种充满乐趣的游戏类题目。这符合陈鹤琴在"玩中学"的教育理念,其题目形式多变,内容新颖,在趣味中辅助了课文的学习,拓展了课外的知识。

3. 实践性

地域特色单元的课后练习内容不仅仅停留在看图填字、选

---

① 语文教材研究所:《20世纪中国中小学课程标准教学大纲汇编》,人民教育出版社,2001年,第26—27页。

择、说话及根据文章内容设置的理解文意的相关问题,最特殊的一点是,地域特色单元的课后练习更具有实践性与开放性。练习题目与学生在当地的生活密切联系,可以让学生走出课堂,走出教室,走进生活,去大自然中寻找答案。比较典型的是第七册第四单元《落花生与农产物》的课后练习:

查查看

调查你家那边十二个月所出产的蔬菜是什么?
调查你家那边十二个月所出产的水果是什么?

这道练习题的设置就是使学生走出课堂,自己去调查家乡十二个月所产的蔬菜、水果。该练习题突破了传统的依据课文内容填空、选择或理解课文内容的局限,让学生走向自己生活的真实空间,亲近大自然,具有很强的实践性。

综上,陈鹤琴编《儿童南部国语》具有整体性的单元编排,封面和插图的地域特色鲜明,练习系统的地域特色是具有梯度性、实践性和趣味性的。同时,《儿童南部国语》具有鲜明的南部地区特色,在空间上更贴近当地孩子们的生活。巧妙的是,该教材还有着非常明显的时间序列特色,这种按照时令编排教材内容的方式,便于学生在学习课文时联系生活实际,结合当时的时令和季节理解、掌握知识,与课文中富有地域特色的内容相契合,以生活时序与贴近儿童的生活空间相契合,从而培养学生观察生活、热爱生活、感悟生活的能力。

三、《儿童南部国语》内容的地域特色

(一)选文题材的地域特色

《儿童南部国语》教科书选入了"珠江流域"和"闽江流域"具有独特的南部风土人情的文章。风土人情是一个地方特有的自然环境和风俗、礼节、习惯的总称。总的来说,一个地方的风土人情主要包括了自然环境和人文风情两大方面。珠江是位于我

国南方的一条大河,其长度排行中国第三,流域覆盖面广泛,主要为广东、广西、云南、贵州、江西、湖南等省区以及港澳地区,还流经越南社会主义共和国东北部。闽江则是中国福建省最大的独流入海(东海)的河流。

1. 地域特色因子选入教材的概况

陈鹤琴编《儿童南部国语》教科书中选入了大量的南部地域特色元素。目录包含"地方教材"一栏,其中将该单元具有的南部地域资源标注出来。如第六册第一单元名称为"花的故事",单元地方教材则为"水仙花"。《儿童南部国语》教科书中选入的珠江流域和闽江流域的地域资源多种多样、丰富多彩。教材中渗透的南部风土人情包含了南部的气候气象、植物、动物、人物事迹、文化传统等。笔者将通过地方教材一栏中标注的地域资源,梳理《儿童南部国语》教材中南部地域资源选入的概况,如表56所示。

表56 《儿童南部国语》(第一——八册)选文内容中的南部地域元素统计表

	气候		南方的气候
自然环境	植物	农作物	棉花、橡皮树、红棉花、落花生
		花草树木	水仙花、佛手、榕树
		水果	凤梨、龙眼、柿子、香蕉、椰子、柚子、红柑、荔子、甘蔗
	动物		猴子、燕子、鳄鱼、青蟹、蟒蛇、孔雀
	地理		新加坡、广州、云南、厦门、广西
人文风情	人物	英雄人物	孙中山、戚继光、郑成功、林则徐、刘永福、黄花岗英雄、三保公(郑和)
		少数民族	苗人
		南洋人民	马来人
	文化传统		南方民间传说、南方谜语
	儿童生活		南部游戏

由上表可知,《儿童南部国语》选文中选入的南部地域资源多种多样,既包含了南部的气候、植物、动物、地理等自然风景,也加入了英雄人物、少数民族、南洋人民等不同人物,以及南部的文化传统和儿童生活等人文风情。总体上看,自然风景种类多于人文风情,其中植物类选入文章的数量最多,包含珠江流域和闽江流域的农作物、花草树木、水果。

2. 地域特色因子渗入内容的呈现

陈鹤琴编《儿童南部国语》中选入的南部地域特色因子种类多样,这些地域特色因子呈现出不同的选文内容。《儿童南部国语》选文内容是依 1932 年课标而定的,如表 57 所示。

表 57　1932 年课标选文内容分类统计类目

	第一、二学年	第三、四学年	第五、六学年
公民	30	30	30
自然	35	20	10
历史	0	20	25
文艺	20	10	5
党义	10	10	15
卫生	5	5	5
地理	0	5	10

在一年级,自然的比例是占得最多的,达到了 35％,历史和地理这两大块的内容不做要求,所占比例为 0％。历史在三、四年级为 20％,五、六年级为 25％,地理则从三、四年级的 5％上升到 10％。

从年段纵向来看,公民、党义、卫生这三部分内容在小学一到六年级分布的比重基本保持不变。公民为 30％,所占比例接近内容的三分之一。自然的内容随着年段的上升而逐渐下降,文艺的内容亦是如此。相反,历史的内容从无到有,从一、二年级的0%到三、四年级的20%,最后上升到五、六年级的25%。

《儿童南部国语》每一册目录中,编者已经将每一课的内容进行了明确的分类。如第六册第一单元《花的故事》为自然历史内容,第二单元《南京和广州》为地理、党义的内容,第三单元《种树与插秧》属于公民的内容。文章内容按照1932年课程标准分类,涉及的内容丰富多样。

笔者将选入教材的具有地域特色的文章内容进行整合梳理,对比分析发现,在该套小学语文教科书中,与地域特色有关的文章内容涉及自然、文艺、历史、党义、卫生、地理各个方面。选文题材是丰富多彩而又独具特色的,富有地域特点。表58将具有地域特色的题材进行了梳理。

表58 地方教材单元内容分类统计表

册数	单元名称	地方教材	内容
第一册	大凤梨	凤梨、龙眼、柿子、香蕉	自然
	椰子	椰子	自然
	猴子生日	猴子	普通
	做假面具	柚子、佛手	文艺、自然
	外婆给我的红柑	红柑	自然、文艺
第二册	老燕子	燕子	自然、公民
	种果子	椰子和香蕉	公民
	棉花与织布	南洋物产	自然、文艺
	学开店	南洋物产	自然、文艺
	老狼捉山羊	南部游戏	自然
	荔子会	荔子	自然
第三册	乘凉	榕树	党义
	鳄鱼	鳄鱼	自然
	庆祝国庆	孙中山先生	文艺

续 表

册数	单元名称	地方教材	内容
	捉青蟹	青蟹	自然
	拔甘蔗	甘蔗	自然
第四册	水仙花	水仙花	自然、公民
	猴子戏	猴子	自然
	庆祝国庆	孙中山先生	党义
	上山去玩玩	蟒蛇、猿、孔雀	自然、公民
第五册	演说会	戚继光剿倭寇	公民、党义
	好秋天	南方的气候	自然
	棉花与织布	棉花的来历	自然、公民
	郑成功	郑成功抗清兵占台湾	历史、党义
	奇异的苗人	苗人	历史、文艺
	新加坡	新加坡	地理、历史
	柚子红柑	学写信	公民、自然
第六册	花的故事	水仙花	自然、历史
	南京与广州	广州和孙中山先生	地理、党义
	南洋故事	橡皮树红棉花	自然
	黄花岗	黄花岗	党义
	林则徐	林则徐禁鸦片	历史
	懂鸟语的故事	南方民间传说	文艺
第七册	落花生和农产物	十二个月的农产物	自然
	马来人的生活	马来人的生活	历史
	刘将军的故事	刘永福抵抗法兵	历史、党义
	南洋研究	南洋研究	历史、文艺
	云南研究	云南研究	地理、党义

续　表

册数	单元名称	地方教材	内容
第八册	我爱南洋	三保公及南洋物产、华侨状况	历史、自然、党义、卫生
	三郎寄自福建厦门	福建物产和厦门的地理	历史
	讲故事和猜谜儿	南方谜语	历史、自然
	广西游记	广西	地理、文艺

由上表可知，富有地域特色文章的内容涉及多个方面，一个单元的内容不全是单一的，也有不同内容组合而成的。如第一册第一单元"柚子、佛手"包括文艺、自然两部分内容；"棉花的来历"是自然、公民两部分内容；第七册中"刘永福抵抗法兵"内容归属于历史、党义；"三保公及南洋物产华侨状况"包含了历史、自然、党义、卫生四类内容。接下来按照单元将自然、文艺、历史、党义、卫生、地理按照出现的频次进行统计分析，如表59所示。

表59　地方教材内容频次分布表

内容	自然	地理	历史	公民	党义	文艺	卫生
次数	23	4	11	10	9	10	1
风土人情	自然环境		人文风情				

（1）南部自然环境的浸润

南部特色的自然环境因子主要和《儿童南部国语》教科书中的自然类和地理类内容有关。首先，由上述统计数据可得出，在整套《儿童南部国语》教材中，富有地域特色的单元文章中，学习内容为"自然"的出现次数最多。该套书目着重介绍了南部熟悉的自然风貌。如第一册第一页的彩图以"大家来玩"为题，画面中心是一棵椰子树，树上有一只猴子，似乎它在召集小狗、小猫、羊和马一起玩。又如第二册第四单元《种果子》，小动物们种了香蕉、柚子等南方特有的水果。另外还有《爸爸从南洋回来》《荔子会》、第三册《乘凉》《捉青蟹》《拔甘蔗》、第四册《猴子戏》《上山去玩玩》等,都是南方特有的自然风土。自然类内容之所以出现频次最高,是出于陈鹤琴希望孩子们亲近大自然、接触大自然的教育理念。儿童身边的自然是最贴近他们所处的真实环境的,在自然中儿童可以尽情地玩耍。

其次,地理内容与地方教材联系最紧密。根据1932年课标这一纲领性文件,该套书选入了部分具有地理性质内容的文章。笔者将整套书中属于地理内容的单元进行整理,发现《儿童南部国语》整套书中出现的5篇地理内容的选文都属于地方教材。如表60所示。

表60 《儿童南部国语》(第一——八册)地理内容选文整理分析表

册数	单元	内容	地方教材	地域
第五册	新加坡	地理、历史	新加坡	新加坡
第六册	南京与广州	地理、党义	广州和孙中山先生	广州
第七册	云南研究	地理、党义	云南研究	云南
第八册	三郎的报舍	自然、地理	福建物产和厦门的地理	厦门
	广西游记	地理、文艺	广西	广西

由上表所知,整套《儿童南部国语》中,共有五个单元选文属于地理内容。第一——四册教科书中并未出现关于地理的内容。从第五册开始出现一个单元选文《新加坡》,第六、第七、第八册陆续出现,每一册出现一到两个单元。

值得注意的是,《儿童南部国语》中五个与地理内容有关的单元选文《新加坡》《南京与广州》《云南研究》《三郎的报舍》《广西游记》都属于南部地方教材。这五个单元分别介绍了新加坡、广州、云南、厦门、广西这五个地方的地理内容。《南京与广州》中介绍了广州与孙中山先生,《云南研究》用优美的语言描述了七彩云南,《广西游记》讲述了广西的地理,《新加坡》则介绍了与南部地区非常邻近的典型国家。编者着重介绍这五处是有其用意的,其中云南、广西、广州分别位于珠江流域的上游、中游、下游,是珠江流域的主要省份和中心城市。而厦门则是闽江流域的中心城市。编者将珠江流域和闽江流域的中心城市作为地理内容的切入点,可谓精准到位。并且,这五篇文章中不仅有本土的地理,还有与南部地区往来紧密的国家的地理内容。本套教科书中的地理内容选文全部都具有最鲜明的地域特色,具有"乡土地理"的特征,有利于培养学生热爱祖国大好河山的情感。

(2) 南部人文风情的熏染

南部人文风情主要与课文中关于南部的历史、党义、公民、文艺类内容相关。在救亡图存、内忧外患的年代,南部的历史、公民、党义类内容更能激发南部人民的爱国之情。课文中具有南部地域特色的"历史"内容,主要是两大流域以及南洋地区的历史人物事迹。这些人物主要分为两类,一类是两大流域的历史名人故事,如《郑成功抗清兵占台湾》介绍了闽南地区人民郑成功抵抗清兵侵略者的故事,《林则徐》则歌颂了福建人民林则徐抵抗鸦片荼毒国人的历史事迹,还有《刘将军的故事》等,讲述的都是南部保家卫国的英雄人物事迹。第二类主要是中外民族人物的历史事迹。例如《奇异的苗人》介绍了南部少数民族——苗族的生活事迹,《马来人的生活》讲述的是南洋地区人民——马来人的生活事迹。这些课文有利于学生接受历史文化的熏染,增强对乡土、民族的认同感,由乡及国,进而增强其爱国主义意识。

由 1932 年课程标准中对选文内容规定的表格可知,公民教育类内容是占整套教材比例最多的,每一学年要求都为 30%。20 世纪 20 年代后期,公民教育得到突出。"公民教育可以培育社会上有效率的个人,同时增强整体的社会效率。"国民政府规定,公民教育要以孙中山"三民主义"为主要内容,然而公民教育往往成为灌输党义知识、培养效忠政府观念的工具。不过总体来看，国民政府的教育不仅是政治教育，还包含了广义的社会、家庭、职业和个人修养。公民教育可以看作从前道德、政治教育的延伸。《儿童南部国语》教材中出现10次公民教育，其中，地方教材内容完全是公民类的为第二册中的《学开店》这一单元。《学开店》这一课文大致内容如下：

> 爸爸讲好故事，我对哥哥说：这里有橡皮鞋，有马来布，也有咖啡糖，我们可以学开店了。哥哥说：很好！很好！你来开橡皮鞋店，我来开马来布店，叫姐姐开咖啡糖店，叫妹妹来做买客。
>
> 我说：我们要开店，应该先做招牌……

文章内容以小孩子过家家的对话口吻来讲公民的社会活动"学开店"，卖的产品也是南部地区常见的，比如马来布、咖啡糖。通过孩子熟悉的产品，来向他们解释未来的工作和社会活动，这是培养他们公民意识的一种途径。

受三民主义教育的影响，国民党重视"党义"的内容，《儿童南部国语》每一册都出现了这一内容。这些以"党义"为题材的课文主要是关于孙中山的故事、诗歌，如《庆祝国庆》《爱农人爱工人》《南京与广州》。通过学习这些具有地方特色历史、公民党义类的课文，家乡的英雄人物、家乡及周边发生过的革命故事更能够激发儿童的爱国精神和革命热情。

文艺类的内容在地方教材中具有浓厚的儿童文学色彩，富有趣味性，如《拔甘蔗》《老狼捉山羊》《南方民间传说》等。文艺类的地域性选文是地方文学文化的体现，有利于地方文化的传承与发展。

综上所述，地域特色选文内容丰富多彩，南部独特的自然环境的内容选入课文，使儿童亲近自然，培养美感，热爱祖国的大好河山。并且，南部的人文风情内容使得孩子们记住家乡的英雄人物、发生过的革命故事等，起到了由乡土培养爱国情感的作用。同时,具有南部特色的文艺类文章、民间传说等可以传承积淀地方文学文化。

(二)选文体裁的地域特色

1. 地域特色选文体裁概况

依据1932年课标,选文体裁主要分为"普通""诗歌""实用""戏剧"四大类,笔者将教材中具有地域特色性质的选文文体进行了分类统计,如表61所示。

表61 地域特色性质选文文体分类统计表

册数	单元名称	地方教材	文体
第一册	大凤梨	凤梨、龙眼、柿子、香蕉	普通、诗歌
	椰子	椰子	普通、诗歌
	猴子生日	猴子	普通
	做假面具	柚子、佛手	普通、诗歌
	外婆给我的红柑	红柑	普通、诗歌
第二册	老燕子	燕子	普通、诗歌
	种果子	椰子和香蕉	普通、诗歌
	棉花与织布	南洋物产	普通、诗歌
	学开店	南洋物产	普通
	老狼捉山羊	南部游戏	普通
	荔子会	荔子	普通、诗歌
第三册	乘凉	榕树	普通、诗歌
	鳄鱼	鳄鱼	普通
	庆祝国庆	孙中山先生	普通、诗歌
	捉青蟹	青蟹	普通、诗歌
	拔甘蔗	甘蔗	普通、诗歌
第四册	水仙花	水仙花	普通、诗歌
	猴子戏	猴子	普通、诗歌
	庆祝国庆	孙中山先生	普通、诗歌
	上山去玩玩	蟒蛇、猿、孔雀	普通

续表

册数	单元名称	地方教材	文体
第五册	演说会	戚继光剿倭寇	实用、普通、诗歌
	好秋天	南方的气候	普通、诗歌
	棉花与织布	棉花的来历	普通、诗歌
	郑成功	郑成功抗清兵占台湾	普通、诗歌
	奇异的苗人	苗人	普通、诗歌
	新加坡	新加坡	普通
	柚子红柑	学写信	实用
第六册	花的故事	水仙花	普通
	南京与广州	广州和孙中山先生	普通、实用
	南洋故事	橡皮树、红棉花	普通
	黄花岗	黄花岗	普通、诗歌
	林则徐	林则徐禁鸦片	普通、诗歌
	懂鸟语的故事	南方民间传说	普通
第七册	落花生和农产物	十二个月的农产物	普通、诗歌
	马来人的生活	马来人的生活	普通
	刘将军的故事	刘永福抵抗法兵	普通、诗歌
	南洋研究	南洋研究	普通、诗歌
	云南研究	云南研究	普通
第八册	我爱南洋	三保公及南洋物产华侨状况	普通、诗歌
	三郎寄自福建厦门	福建物产和厦门的地理	普通
	讲故事和猜谜儿	南方谜语	普通、诗歌
	广西游记	广西	普通、诗歌

由上表可知，地方教材这一栏中的选入文体包含"普通文"

类、"诗歌"类、"实用文"类。编者在目录中未对每一课文体进行下级细分,而是统一为普通文类。依据课标,普通文又可以分为记叙文、说明文、议论文。《儿童南部国语》第一——八册是供初小使用的,该教科书中的普通文基本为记叙文。

表62 地域特色性质选文文体出现频次统计表

文体	普通	诗歌	实用	戏剧	总计
第一册	5	4	0	0	9
第二册	6	5	0	0	11
第三册	5	4	0	0	9
第四册	4	3	0	0	7
第五册	6	5	2	0	13
第六册	6	2	1	0	9
第七册	5	3	0	0	8
第八册	4	3	0	0	7
次数	41	29	3	0	73
百分比	56.2%	39.7%	4.1%	0%	100%

由表62可知,《儿童南部国语》中主要采用普通、诗歌、实用三大类文体来承载南部地域性内容,教材中出现的4篇戏剧文都与南部无关。其中,普通文的数量最多,为41篇,占总数的56.2%。承载地域性内容的普通文主要是记物叙事类的记叙文,说明文较少,无议论文。这样安排符合初小儿童的认知能力与特点。诗歌文体出现次数为29,占比39.7%,以诗歌承载地域内容的文体在本套教科书中非常突出。编者还选入了3篇实用文来承载地域性内容,实用文是和人们的社会、日常生活紧密联系的应用类文体。以实用文来承载南部地域性内容,可以进一步贴近南部人民的生活,更具有实用性。

从年段上来看,普通类文体总体上维持一个稳定的状态。普通文在每一册出现的次数为 4 篇～6 篇。诗歌在每一册中出现的次数为 2 次～5 次,第六、七、八册数量较前几册少。实用文低年级未出现,是从第五册才开始出现的,这样编排符合小学生的认知规律。

2. 以诗歌承载地域性内容的文体突出

其中,《儿童南部国语》具有地域特色的选文文体很多为诗歌类。诗歌在 1932 年课标中分为"儿歌、民歌、杂歌、谜语、诗歌"五大类。具有地域特色的选文文体中,有不少是普通文与诗歌两者的"组合",前面大部分为普通文,在文章的末尾出现诗歌。

(1) 南部谜语

地域特色选文中,有许多文体为谜语。谜语来自中国民间,隐藏着与事物关联的因子,具有极强的吸引力,引人挖掘其中的奥妙和隐藏话语。如第一册第二课《大凤梨》:

> 好宝宝,来来来! 这里有颗大凤梨,你们拿去吃!
> 好的好的,谢谢爸爸!
> 呵! 凤梨真大,我拿不起! 大家来扛!
> 我扛起来,你也扛起来! 扛起来了!
> 爸爸! 爸爸! 这样大的凤梨,好吃不好吃?
> 好吃好吃,味道很甜! 我吃过的,凤梨味道是很甜的。
> 爸爸! 爸爸! 这样甜的凤梨,是在那里生长的?
> 在山上生长的! 我看见过的凤梨是在山上生长的。
>
> 好宝宝,我有三个谜儿,给你们猜:
> 第一个谜儿:中央弯弯,两头翘,这是好吃的。
> 第二个谜儿:黄粉墙,白粉墙,中央一个黑姑娘。
> 第三个谜儿:红红瓶,绿绿蓝,圆溜溜,真可爱。

《大凤梨》这一篇课文前半部分由爸爸与孩子的对话展开，主要通过对话介绍凤梨的味道、生长地点。后半部分爸爸给宝宝出了三个谜语，谜底是与凤梨同类的水果，分别是"香蕉""龙眼""柿子"。脍炙人口的谜语一下子把孩子们的兴趣激发出来，并且通过三个谜语可以进一步掌握香蕉、龙眼、柿子的外形、味道等自然特点。供人猜测的谜语可以极大地激发孩子们的学习兴趣，并且可以突出强调知识点，拓展孩子们的学习。

不仅低年级选文有谜语，高年级也有谜语，如第八册《讲故事和猜谜儿》这一篇课文：

> 张先生讲过故事，接着说下面一则谜儿给我们猜：
>
> 妾本住在高第，未嫁之时，满身罗绮；既嫁以后，蔽身无衣；
>
> 到如今，漂泊江湖东复西。
>
> 莫提起，莫提起，
>
> 一提起，泪落淋漓！
>
> 我问先生说："要猜什么东西？"
>
> 先生说："要猜船上的一种用具。"
>
> 我说："是不是船篙？"
>
> 先生说："是的，船篙是竹做的。竹多生在高山上，高第就是指高山。他未被人家砍下做船篙时，枝叶茂密，好像满身披着罗绮；被人家砍下做船篙时，那些枝叶尽被削去，好像蔽体无衣了。船篙随船来往江上，仿佛一个人漂泊江湖，往东到西。如果把他从江水里提起来，便有一滴一滴的水珠不住地落下，更像泪落那样淋漓了。"
>
> 哥哥听了说："这则谜儿，做得真确切。"

这篇课文以张先生的口吻进行猜谜，不同于刚刚通俗易懂的谜语，这一篇高年级的谜语显得独具风格。但同样猜一猜的方式能够激起孩子们的强烈反应。

(2) 南部歌谣

歌谣是可以配谱、唱出来的诗歌，朗朗上口，并且歌谣在民间长期流传，与当地的传统民俗息息相关。陈鹤琴曾在《低级教科书要怎样编的？》一文中强调，唱歌是小孩子从小喜欢的，可以利用这种心理来间接地实施国语教学。因此，《儿童南部国语》中有大量可以唱出来的歌谣。按照文体承载的内容划分，笔者将其主要归为两类，其中一类是农作物歌谣。农作物歌谣是指歌谣主要承载的是关于农民耕作内容的诗歌，如第二册第五课《爸爸从南洋回来》的课文内容：

> 妹妹要我再唱歌，我要到外婆家姑姥家去，我就不再唱了，我先到外婆家对外婆说："外婆！外婆！我的爸爸从南洋回来，叫我拿这些东西送你：这是橡皮做的鞋；这是马来人织的布；这是咖啡做的糖。"外婆说："谢谢你的爸爸！谢谢我的宝宝！"我从外婆家，再到姑姥家去。我到了姑母家对姑母说："姑母！姑母！我的爸爸从南洋回来，叫我拿这些东西送你：这双鞋是橡皮做的；这匹布是马来人织的；这包糖是咖啡做的。"姑母说："谢谢你的爸爸！谢谢我的宝宝！"
>
> 我从姑姥家回到家里，对爸爸说："爸爸！外婆谢谢你，姑母谢谢你。"爸爸说："你乖！你乖！你妹妹要你唱歌，你就唱给他听。"我就对妹妹唱歌：
>
> 老农夫，种田地，
> 满身汗，满身泥；
> 若是没有老农夫，
> 哪里来的稻？
> 哪里来的米？

《爸爸从南洋回来》课文前半部分讲述了爸爸从南洋带回来的物产，课文末尾姐姐唱了关于老农夫的一首歌，歌谣简短朴实,讲述了老农夫的辛苦劳作,表达了对农民耕种辛苦的敬意。

又如第七册第四课《落花生》和《十二个月农作物》中:

你们知道十二个月的农产物么?

哥哥说:我知道的。我有一首十二个月的农产物歌,唱给大家听:

一月里,萝卜壮,壮得像臂膀,红红白白陈列在街坊。

二月里,大蒜香,香的人要尝,连茎带叶调味佐羹汤。

三月里,番薯甜,甜得吃不厌,山样高地堆积满农田。

四月里,蚕豆熟,熟得要脱壳,家家户户采豆来剥肉。

五月里,大麦黄,黄得似金光,一天到晚农人打麦忙。

六月里,稻秧长,长得绿洋洋,远远近近青蛙咯咯响。

七月里,鲜藕好,好得味见妙,脆皮嫩肉老人都可咬。

八月里,莲子鲜,鲜得人人羡,打开莲蓬粒粒是鲜莲。

九月里,芋艿旺,旺得遍市场,多买少买价钱不较量。

十月里,晚稻收,收得满升斗,一年粮足农家没忧愁。

十一月里白菜多,多得无数棵,大江小河到处菜船过。

十二月里冬笋肥,肥得真可喜,嫩芽出土调出好滋味。

《落花生》这篇课文大家耳熟能详,笔者在此就不多做赘述。《十二个月农作物》中有一篇十二个月农作物歌,歌咏了从1月的萝卜到12月的冬笋等农作物的生长规律,该歌谣朗朗上口,便于学生记忆,贴近孩子们的生活。

《儿童南部国语》教科书中除了农作物类歌谣,还有一类是歌颂英雄人物事迹的歌谣。如第五册第六课《郑成功》中写道:

张先生讲完郑成功故事,教我们唱一首歌:

义勇军!义勇军!你们受了多少苦辛?

战场上,战壕里,风烈烈,雨淋淋;

饿了没饭吃,渴了没茶饮。

一声号令向前进!

>　　那管枪林弹雨,抢着在前敌拼命!
>　　义勇军! 义勇军!
>　　你们受了这般苦辛,无非为国为民,怎不叫我们国民肃然起敬?
>　　这里有鸡蛋万枚,饼干万听,
>　　特地献呈你们的军营!
>　　虽是区区薄礼,也算尽我们国民一点心!

"义勇军"歌谣传达了对将士们挥洒热血、为国为民艰辛战斗的疼惜,以及想尽自己的绵薄之力去帮助他们的敬爱之心。歌谣是激昂的,是激励人心的。如此激昂的赞歌可以边唱边激励大家团结一体的爱国心。

又如第五册《演说会》这一课中,讲完戚继光抵抗倭寇的英雄故事后,文中描述:

>　　演说会开过后,我和哥哥姐姐,一同到校园里去玩。那时,我们看见一阵雁儿,排成一个人字形,从北方飞到南方来。姐姐就随口唱一首雁儿歌:
>　　雁儿呀! 回到南方来的雁儿呀!
>　　你们可曾知道?
>　　连年奋斗的关外同胞,是多么劳苦?
>　　是怎样功高?
>　　他们不怕敌人的枪炮,他们不怕敌人的强暴,
>　　这种大无畏的精神,使我们十分倾倒。雁儿呀! 回到南方来的雁儿呀!
>　　你们几时再到北方?
>　　请你们告诉关外同胞:连年奋斗的关外同胞! 你们真是劳苦功高! 南方的小朋友们,希望你们继续奋斗,把敌人通通打倒。

《雁儿歌》中展现了守边关的民族英雄打倒敌人,为保卫祖

国而奋斗的内容,激励南部的小朋友爱戴英雄。诗歌多感叹号和问号,朗读起来语气强烈,铿锵有力。在诗歌中激励学生的爱国情怀,激励学生的斗志,并且在强烈的节奏里渲染爱国心。

综上所述,《儿童南部国语》教科书用来承载地域特色内容的诗歌文体突出,主要为南部谜语和歌谣两类。选入教科书中的南部谜语承载着南部动物、植物等实物类的内容。简短的谜语在激起孩子们的学习兴趣的同时,巧妙地渗入了语文知识与南部的常识。而盛行的南部歌谣简短凝练、不拘于格式,朗朗上口,简单朴实,贴近儿童的生活实际。选入该教科书中的南部地域性歌谣主要分为南部农作物类歌谣和南部英雄类歌谣,一方面可以在歌中促进学生认识身边的农作物,珍惜粮食,另一方面可以在歌中见识家乡的英雄人物、事件,熏陶孩子们的爱国情怀。同时,南部的民歌、民谣也传达了当地的民俗生活,承载了南方民间流传的文化,让南部文化在孩子心中激荡。谜语和歌谣这两种诗歌文体因其自身特点,本就适合孩子学习,加上"南部"这一地域特色,可以让孩子充满趣味、贴近生活实际地学习语文知识,积累生活常识,传承南部文化。比较可惜的是,该教科书选入的戏剧文体内容都不具有南部地域特色,比如福州闽剧、福建木偶戏是南部地域戏剧传统文化的精粹,且富有童趣,贴近儿童的生活,不失为一种优秀的地域文化资源,可以引入小学语文教科书中。

陈鹤琴编《儿童南部国语》依据其"活教材"的教育思想编制,是近代以来第一部按北、中、南三部分地区编纂的语文教科书,首次将鲜明的地域元素大量且恰当地融入语文教科书中。陈鹤琴编《分部互用儿童教科书》(北、中、南)三部教科书分别适用于黑龙江流域和黄河流域、长江流域、珠江和闽江流域,以适应地域的差异。它开创了小学语文教科书按地区编纂的先例,三套教科书互为补充。但是,该套书具有的地域特色中也有不足之处。

《分部互用儿童教科书》的"分部互用"形式,使得三部教科书都具有各自鲜明的地域特色,与此同时,教科书就面临着地域视野狭隘与开阔的矛盾。以《儿童南部国语》为例,一套教科书中涉及地理的内容只包括广州、云南、广西等南部城市或省份,以及与南部邻近的新加坡。关于自然知识方面的内容,教科书展现的内容贴近儿童的生活,但未免狭隘,即使展现国外风貌,也是选取本地区邻近的国家,"开阔"有限,具有鲜明的"地域性"。在这种情况下,陈鹤琴编纂的《分部互用儿童教科书》作为一套国家课程的教材,就存在着狭隘与开阔的矛盾。

　　《分部互用儿童教科书》将国家课程按照地区划分,来编纂语文教科书,以期适应儿童的现实生活,传承多元性的文化,未免会导致教科书中深层一体化文化内容的缺失。在国家课程性质的教材背景下,编纂具有鲜明地域特色的教材本身就是一对很严重的矛盾。国家课程需要有普适性,课程需要建构传承中华民族一体的文化体系,培养人们一个中国大家庭的国家意识、民族精神。而具有地区特色的教材不具有对国家的普适性,只能适应某一区域。适应地域的教材对保有我国特色风土人情、历史文化有非常重大的作用,多元文化是我国珍贵的历史遗产。我们既需要根本的、深层的"一体性",构建共同的民族文化,当然也需要表层的"多元性"文化,以期保留少数民族、不同区域多元特有的文化。共性与个性之间是紧密联系的,但是又有矛盾。在国家课程教科书中,过度渲染地方文化知识会导致偏离深层一体化的"离心力",甚至出现不同地区的人互相割裂、互相排斥的局面。

　　最后是教材适用的困难。1932年,我国的经济状况依然十分落后,有很大一部分人因为经济条件无法上小学。在这种人民饥寒交迫的情况下,陈鹤琴编《分部互用儿童教科书》为避免被冠上"狭隘"之名,将编写理念设计为北部、中部、南部,互为补充。也就是说,以南部的小学生为例,上学时的语文教材主要为

《儿童南部国语》,但同时还需要有《儿童北部国语》《儿童中部国语》两本书在手,这无疑加大了孩子们上学的成本。三部教科书知识体系完备,但三本书同时学,无疑也加大了孩子们知识上的负担,给教师的教学加大了难度。陈鹤琴的编写理念很超前,理想很丰满,但显而易见,该系列教科书互为补充的现实可行性是微乎其微的。

综上,《分部互用儿童教科书》由于现实可能性上的困难,无法真正让北部、中部、南部三套教科书互为补充。将国家课程的教科书按照地区来编纂,存在国家与地区的矛盾、狭隘与开阔的矛盾、文化一体性与多元性的矛盾。

参考文献

一、中文类
(一) 专著
1. 王伦信:《陈鹤琴教育思想研究》,辽宁教育出版社,1995年。
2. 黄书光:《陈鹤琴与现代中国教育》,上海教育出版社,1998年。
3. 陈鹤琴:《陈鹤琴教育思想读本:小学教育》,南京师范大学出版社,2012年。
4. 张凤琴:《世界著名教育思想家:陈鹤琴》,北京师范大学出版社,2012年。
5. 闫苹、张雯主编:《民国时期小学语文教科书评介》,语文出版社,2009年。
6. 中国蔡元培研究会:《蔡元培全集》第七卷,浙江教育出版社,1997年。
7. 李保田主编:《中国老教材封面图录》第一卷,广西师范大学出版社,2019年。
8. 课程教材研究所、小学语文课程教材研究开发中心:《义务教育教科书教师教学用书语文四年级上》,人民教育出版社,2019年。
9. 课程教材研究所、小学语文课程教材研究开发中心:《义务教育教科书教师教学用书语文三年级上》,人民教育出版社,2019年。
10. 《义务教育教科书语文三年级上人教版》,人民教育出版社,2018年。
11. 吴洪成:《中国学校教材史》,人民教育出版社,2018年。
12. 侯怀银:《民国教育学术研究》,湖南教育出版社,2018年。
13. 陈平原:《左图右史与西学东渐:晚清画报研究》,生活·读书·新知三联书店,2018年。
14. 〔汉〕班昭,〔清〕王相笺注:《女诫》,山东人民出版社,2018年。
15. 中华人民共和国教育部:《义务教育语文课程标准(2011年版)》,北京师范大学出版社,2012年。
16. 汪耀华编:《商务印书馆史料选编 1897—1950》,上海书店出版社,2017年。
17. 商金林:《中国出版家·叶圣陶》,人民出版社,2017年。
18. 〔丹〕安徒生:《安徒生童话集》,叶君健译,四川文艺出版社,2017年。
19. 钟毅、郑凌茜、宋维:《双重身份下译者的翻译活动研究》,四川大学出版社,2017年。

20. 老舍:《老舍文集:散文、杂文与译文》,黑龙江科学技术出版社,2017年。
21. 丰子恺:《活着本来单纯》,江苏凤凰文艺出版社,2016年。
22. 王泉根编著:《民国儿童文学文论辑评》上,希望出版社,2016年。
23. 夏晓虹:《晚清女子国民常识的建构》,北京大学出版社,2016年。
24. 夏晓虹:《晚清文人妇女观》,北京大学出版社,2016年。
25. 夏晓虹编:《中国近代思想家文库·金天翮吕碧城秋瑾何震卷》,中国人民大学出版社,2015年。
26. 刘景超:《清末民初女子教科书的文化特性》,知识产权出版社,2015年。
27. 〔战国〕孟子:《孟子》,段雪莲、陈玉潇译,北京联合出版公司,2015年。
28. 石鸥、吴小鸥:《简明中国教科书史》,知识产权出版社,2015年。
29. [美]罗莎莉:《儒学与女性》,江苏人民出版社,2015年。
30. [丹]安徒生:《安徒生童话全集2 名著名译·插图典藏版》,叶君健译,天津人民出版社,2014年。
31. [澳]李木兰:《性别、政治与民主:近代中国的妇女参政》,江苏人民出版社,2014年。
32. 庄际虹编:《伊索寓言古译四种合刊》,林纾等译,上海大学出版社,2014年。
33. 傅建明:《新中国八套小学语文教科书价值取向比较研究》,浙江大学出版社,2014年。
34. 李国彤:《女子之不朽——明清时期的女教观念》,广西师范大学出版社,2014年。
35. 孙桂燕:《清末民初女权思想研究》,中国社会科学出版社,2013年。
36. 石鸥:《百年中国教科书论》,湖南师范大学出版社,2013年。
37. 范远波:《传承与融通:百年小学语文教材的文化功能研究》,世界图书出版广东有限公司,2013年。
38. 诸葛彪:《中国语文教育史探究》,江西高校出版社,2013年。
39. 陶月华编:《义务教育课程标准实验教科书语文三年级下教师用书》,河北教育出版社,2013年。
40. 〔汉〕刘向,〔清〕王照圆撰:《列女传补注》,华东师范大学出版社,2012年。
41. 柯惠铃:《近代中国革命运动中的妇女》,山西教育出版社,2012年。
42. 张心科编著:《民国儿童文学教育文论辑笺》,海豚出版社,2012年。
43. [美]汤尼·白露:《中国女性主义思想史中的女性问题》,上海人民出版社,2012年。
44. [美]季家珍:《历史宝筏——过去、西方与中国妇女问题》,杨可译,江苏人民出版社,2011年。
45. 叶圣陶编:《开明国语课本》,丰子恺绘,开明出版社,2011年。

46. 庄俞：《商务国语教科书》，陕西师范大学出版总社有限公司，2011年。
47. 冯志杰、范继忠、章宏伟：《中国编辑出版史研究》第2卷，九州出版社，2011年。
48. 吕思勉：《吕著中小学教科书五种（下）》，上海古籍出版社，2011年。
49. 丰子恺：《艺术修养基础》，岳麓书社，2010年。
50. 范源廉：《范源廉集》，湖南教育出版社，2010年。
51. 石鸥：《百年中国教科书图说1897—1949》，湖南教育出版社，2009年。
52. 《中华教育改革编年史》编写组：《中华教育改革编年史》2，中国教育出版社，2009年。
53. 丰子恺：《智者的童话：丰子恺的漫画人生》，团结出版社，2008年。
54. 丰子恺：《缘缘堂》，陕西师范大学出版社，2009年。
55. 丰子恺：《丰子恺品佛》，作家出版社，2009年。
56. 丰子恺：《护生画集》，龙门书局，2009年。
57. 璩鑫圭、唐良炎：《中国近代教育史资料汇编：学制演变》，上海教育出版社，2007年。
58. 汤志钧、陈祖恩：《中国近代教育史资料汇编：戊戌时期教育》，上海教育出版社，2007年。
59. 张斌：《丰子恺诗画》，文化艺术出版社，2007年。
60. 课程教材研究所、小学语文课程教材研究开发中心：《义务教育课程标准实验教科书语文教师教学用书六年级下》，人民教育出版社，2006年。
61. 熊贤君：《中国女子教育史》，山西教育出版社，2006年。
62. 曹明海、陈秀春：《语文教育文化学》，山东教育出版社，2006年。
63. 宋恩荣、章咸：《中华民国教育法规选编》，江苏教育出版社，2005年。
64. 余连祥：《丰子恺的审美世界》，学林出版社，2005年。
65. 陈星：《丰子恺漫画研究》，西泠印社，2004年。
66. 夏晓虹：《晚清女性与近代中国》，北京大学出版社，2004年。
67. 黄镇伟编著：《中国编辑出版史》，苏州大学出版社，2003年。
68. 梁启超：《变法通议》，华夏出版社，2002年。
69. 格非：《小说叙事研究》，清华大学出版社，2002年。
70. 俞筱尧、刘彦捷编：《陆费逵与中华书局》，中华书局，2002年。
71. 课程教材研究所、小学语文课程教材研究开发中心：《义务教育课程标准实验教科书语文二年级下》，人民教育出版社，2002年。
72. 人民教育出版社小学语文室编著：《教师教学用书语文第四册》，人民教育出版社，2001年。
73. 袁振国：《教育研究方法》，高等教育出版社，2000年。
74. 杨扬：《商务印书馆民间出版业的兴衰》，上海教育出版社，2000年。
75. 金学方：《春光里的一片绿叶》，人民教育出版社，2000年。

76. 许月燕主编:《小学语文教学大纲及教材》,东北师范大学出版社,1999年。
77. 韩进编著:《儿童文学》,中国广播电视出版社,1999年。
78. 王相文:《语文教材研究》,高等教育出版社,1999年。
79. 顾明远主编:《教育大辞典》,上海教育出版社,1999年。
80. [古希腊]伊索:《全译伊索寓言集》,周作人译,中国对外翻译出版公司,1999年。
81. 汪家熔:《商务印书馆史及其他汪家熔出版史研究文集》,中国书籍出版社,1998年。
82. 李杏保、顾黄初:《中国现代语文教育史》,四川教育出版社,1997年。
83. 中国第二历史档案馆:《中国民国史档案资料汇编第五辑第二编 教育(一)》,江苏古籍出版社,1997年。
84. 林治金:《中国小学语文教学史》,山东教育出版社,1996年。
85. 王建军:《中国近代教科书发展研究》,广东教育出版社,1996年。
86. 《东方杂志 第3年第9期》,《东方杂志》,商务印书馆,1996年。
87. 王建军:《中国近代教科书发展研究》,广东教育出版社,1996年。
88. 吕思勉:《吕思勉遗文集》,华东师范大学出版社,1995年。
89. 叶圣陶:《叶圣陶集》,叶至善等编,江苏教育出版社,1994年。
90. [美]费正清编:《剑桥中华民国史》上卷,中国社会科学出版社,1994年。
91. 张煜明:《中国出版史》,武汉出版社,1994年。
92. 郑杭生主编:《社会学概论新修》,中国人民大学出版社,1994年。
93. 朱光潜:《缅怀丰子恺老友》,载《朱光潜文选》第十卷,安徽出版社,1993年。
94. 吕思勉:《吕著中国通史》,华东师范大学出版社,1992年。
95. [美]约翰·杜威:《民主主义与教育》,王承绪译,人民教育出版社,1990年。
96. 宋恩荣、章咸:《中华民国教育法规选编:1912—1949》,江苏教育出版社,1990年。
97. 丰子恺:《丰子恺文集》,浙江教育出版社、浙江文艺出版社,1990年。
98. 佘江涛、张瑞德、罗红编译:《西方文学术语辞典》,黄河文艺出版社,1989年。
99. 蔡元培:《蔡元培全集》第七卷,中华书局,1989年。
100. 中华书局编辑部:《回忆中华书局》,中华书局,1987年。
101. 陈学恂主编:《中国近代教育史教学参考资料(中册)》,人民教育出版社,1987年。
102. 陈学恂主编:《中国近代教育史教学参考资料(上册)》,人民教育出版社,1986 年。
103. 李伯棠:《小学语文教材简史》,山东教育出版社,1985 年。
104. 京津沪浙四省市小学语文教材联合编写组:《语文第 12 册试行本教学参考资料》,浙江教育出版社,1984 年。
105. [丹]安徒生:《我的一生》,李道庸、薛蕾译,四川少年儿童出版社,1983 年。
106. 红旗杂志社哲学历史编辑室编:《历史研究的理论与方法》,红旗出版社,1983 年。
107. 《辞海 文学分册》,上海辞书出版社,1981 年。
108. 《商务印书馆图书目录 1897—1949》,商务印书馆,1981 年。
109. 叶圣陶:《叶圣陶语文教育论集(上)》,教育科学出版社,1980 年。
110. 中小学通用教材小学语文编写组编:《小学语文第九册教学参考书试用本》,人民教育出版社,1980 年。
111. 《十年制学校小学课本语文第十册教学参考试用本》,人民教育出版社,1962 年。
112. 《十年制学校小学课本语文第十册》,人民教育出版社,1962 年。
113. 《十年制学校小学课本语文第九册教学参考试用本》,人民教育出版社,1962 年。
114. 舒新城:《中国近代教育史资料(三册)》,人民教育出版社,1961 年。
115. 张静庐:《中国现代出版史料甲编》,中华书局,1954 年。
116. 张静庐:《中国近代出版史料初编》5 卷,中华书局,1957 年。
117. 张静庐:《中国近代出版史料二编》4 卷,中华书局,1957 年。
118. 张静庐:《中国现代出版史料乙编》5 卷,中华出版社,1954 年。
119. 张若虚:《兽的成语故事》,儿童书局,1946 年。
120. 教育总署编审会:《高小国语教学法》第一册,新民印书馆股份有限公司,1942 年。
121. 教育总署编审会:《初小国语教科书》第三册,教育总署编审会,1940 年。
122. 教育部编审委员会编印:《修正初小国语教科书》第三册,教育部编审委员会,1938 年。
123. 国立编译馆:《实验国语教授书》第四册,商务印书馆,1937 年。
124. 魏冰心:《世界第一种国语读本》第二册,世界书局,1935 年。
125. 吕思勉:《中国民族演进史》,上海亚细亚书局,1935 年。
126. 叶圣陶编纂,丰子恺绘画:《开明国语课本》,开明书店,1934 年。
127. 教育部中国教育年鉴编审委员会编:《第一次中国教育年鉴》,开明书店,1934 年。
128. 沈百英、沈秉廉编著:《复兴国语教科书》(初小)第三册,商务印书馆,1933 年。

129. 朱翊新:《小学教材研究》,世界书局,1933年。
130. 曹鹄雏:《中国寓言读本》,世界书局,1933年。
131. 叶圣陶编纂,丰子恺书画:《开明国语课本》,开明出版社,1932年。
132. 朱麟:《南洋华侨国语读本教授书》第三册,中华书局,1932年。
133. 庄俞、贺圣鼐:《最近三十五年之中国教育》,商务印书馆,1931年。
134. 魏冰心、吕伯攸:《新主义国语读本》(初小用),世界书局,1931年。
135. 舒新城:《中国新教育概况》,中华书局,1928年。
136. 陶孟和:《国文故事选读》,亚东图书馆,1926年。
137. 沈圻编纂:《新学制国语教授书》第六册,商务印书馆,1925年。
138. 庄适、吴研因、沈圻编纂:《新学制国语教科书》(初小)第二册,商务印书馆,1925年。
139. 朱麟编:《新小学教科书国语读本教授书》高级第四册,中华书局,1924年。
140. 魏冰心、范祥善:《新学制小学教科书初级国语读本》,世界书局,1924年。
141. 陈宝泉、陶行知、胡适编:《孟禄的中国教育讨论》,实际教育调查社,1922年。
142. 范祥善、庄适:《新法国文教科书》第3册,商务印书馆,1920年。
143. 范源濂、刘传厚、沈颐编:《新制单级国文教科书》(初小用-乙编),中华书局,1915年。
144. 田正平:《中国教育史研究(近代分卷)》,华东师范大学出版社,2009年。
145. 沈颐等编:《新制中华国文教科书》第6册,中华书局,1913年。
146. 陆费逵、戴克敦、姚汉章等:《中华国文教科书》(第四册),中华书局,1912年。
147. 蒋维乔、庄俞:《最新国文教科书》(初小)第二册,商务印书馆,1909年。
148. 蒋维乔、庄俞:《最新国文教科书》(初小)第四册,商务印书馆,1909年。
149. 汪家熔:《民族魂——教科书变迁》,商务印书馆,2008年。
150. 小啦、约翰·迪米留斯:《丹麦安徒生研究论文选》,安徽少年儿童出版社,1999年。
151. 《汉语大词典》,上海大辞典出版社,1989年。
152. 陈学恂、田正平主编:《中国近代教育史资料汇编:留学教育》,上海教育出版社,2007年。

(二) 期刊

1. 普布卓玛、高怀壁:《提高地方教材〈思想品德〉教学有效性的建议》,《西藏教育》2011年第2期。
2. 党书坡、赵霞:《吉林省地方教材〈家乡〉(1～6年级)教材分析与教学建议》,《吉林省教育学院学报》2007年第12期。
3. 杨学富:《地方旅游历史文化教材建设刍议》,《成都教育学院学报》2003年第9期。
4. 冯大海:《改变教材内容的呈现方式例谈——地方教材〈荆州文化〉编写手记》,《新课程研究(基础教育)》2009年第3期。
5. 李奕:《地方教材建设必须紧密结合地方实际》,《教育学术月刊》2009年第7期。
6. 陈海红:《编写出版地方课程教材中应把握的几个特性》,《出版发行研究》2011年第10期。
7. 李敏怡:《修订和编辑新课标教材时应注意的几个问题》,《中国编辑》2008年第4期。
8. 许习白:《地域特色也是语文综合性学习的着力点》,《教学与管理》2015年第5期。
9. 苏刚、庄云旭:《陈鹤琴:中国幼教之父——陈鹤琴活教育理论》,《上海教育》2009年第1期。
10. 贺琛:《对陈鹤琴"活教育"理论的几点认识》,《教育研究》1996年第6期。
11. 符健:《陈鹤琴先生的活教育原则在幼儿园教学中的应用》,《学前教育》2006年第4期。
12. 王玉生:《蔡元培教科书编撰思想探析》,《课程·教材·教法》2013年第9期。
13. 马英:《〈共和国教科书新国文〉中的"女国民"形象》,《语文建设》2018年第11期。
14. 陈雁:《近代中国女性教育是如何发展起来的》,《人民论坛》2018年第8期。
15. 侯杰、常春波:《清末民初女学性别空间探析》,《郑州大学学报(哲学社会科学版)》2018年第4期。
16. 王世光、周耀慈:《"旧学""新知"之际——论清末民初女子修身教科书》,《教育科学研究》2017年第4期。
17. 曾冬平:《传承与发展:我国百年小学语文教科书寓言选文分析》,《课程教学研究》2017年第1期。
18. [美]瑞伊·莱瑟·布鲁伯格:《隐藏在醒目处——教科书中的性别偏见》,张惠译,《比较教育研究》2016年第6期。
19. 靳彤:《论清末民初国文国语教科书对课程知识的建构》,《四川师范大学学报(社会科学版)》2016年第2期。
20. 吴洪成、李晨:《杜威的平民主义教育思想及其对中国的影响》,《广州大学学报(社会科学版)》2016年第4期。

21. 刘超:《书局的权势网络与知识生产》,《人文杂志》2015年第12期。
22. 刘怡君:《简析小学语文教材中的寓言故事》,《文教资料》2015年第10期。
23. 贾雪、王磊:《从〈开明国语课本〉的编制特点看新教材建设的思路》,《传播与版权》2014年第12期。
24. 李水平:《中小学教科书编审制度的目标偏离与纠偏对策》,《课程·教材·教法》2014年第4期。
25. 徐芳:《清末民初女子教科书之贤母良妻观的现代启示》,《湖南师范大学教育科学学报》2014年第4期。
26. 刘景超、刘丽群:《清末民初女子教科书的德才观传承》,《江苏大学学报(社会科学版)》2014年第4期。
27. 吴小鸥、李想:《赋权女性:晚清民国女子教科书的启蒙诉求》,《华东师范大学学报(教育科学版)》2014年第1期。
28. 吴小鸥、杨柳:《民国时期小学校编教材之实验探索》,《教育研究与实验》2013年第6期。
29. 石鸥、吴小鸥:《清末民初教科书的科学启蒙》,《高等教育研究》2012年第11期。
30. 吴科达:《近代中国教科书审定制度的历史反思》,《井冈山大学学报(社会科学版)》2012年第6期。
31. 吴小鸥、石鸥:《民初欧美留学生与中国现代教科书的成型——基于商务印书馆1922年新学制教科书的分析》,《高等教育研究》2012年第2期。
32. 郑永安、刘敏:《中国近代报刊与女子教育关系探析》,《兰州大学学报(社会科学版)》2012年第6期。
33. 韩立平:《民国小学语文中的自珍自怜——"山鸡症"与吕思勉〈国文教科书〉》,《书屋》2012年第5期。
34. 夏晓虹:《晚清女报中的西方女杰——明治"妇人立志"读物的中国之旅》,《文史哲》2012年第4期。
35. 范远波:《语文课文〈狼和小羊〉的教育主题分析——兼谈教材的教学预设》,《教育科学研究》2012年第1期。
36. 范远波:《百年课文〈狮子和鹿〉的演变分析——兼论寓言故事的教材化处理》,《语文建设》2011年第6期。
37. 王久安:《叶圣陶与开明书店》,《中国编辑》2011年第1期。
38. 范远波:《慎防教材编写的不良暗示——百年小学课文〈狐狸和乌鸦〉的分析》,《中国教育学刊》2010年第10期。
39. 吴小鸥:《现代性:清末民初教科书的启蒙诉求》,《华东师范大学学报(教育科学版)》2010年第4期。

40. 陆费逵：《论学部编纂之教科书》，《出版史料》2010年第3期。
41. 乔以钢、刘堃：《晚清"女国民"话语及其女性想像》，《中山大学学报（社会科学版）》2010年第1期。
42. 郭常英、李爱勇：《新时期的近代中国女子教育研究》，《史学月刊》2009年第12期。
43. 夏晓虹：《〈世界古今名妇鉴〉与晚清外国女杰传》，《北京大学学报（哲学社会科学版）》2009年第2期。
44. 元青、潘崇：《端方与清末女子教育》，《天津师范大学学报（社会科学版）》2008年第6期。
45. 乔以钢、刘堃：《"女国民"的兴起：近代中国女性主体身份与文学实践》，《南开学报（哲学社会科学版）》2008年第4期。
46. 陈雁：《传教士对近代中国女子教育的作用》，《继续教育研究》2008年第3期。
47. 石鸥：《最不应该忽视的研究——关于教科书研究的几点思考》，《湖南师范大学学报（教育科学版）》2007年第5期。
48. 任春艳：《传教士与中国近代女子教育》，《宗教学研究》2007年第4期。
49. 李卓：《"良妻贤母"与"贤妻良母"的不同命运——近代中日女子教育比较》，《日本学论坛》2007年第1期。
50. 刘家访、刘勇：《多元文化视野下的初中语文教科书——以人教版教科书为例》，《语文建设》2006年第10期。
51. 谈儒强：《宜家善种作新民——梁启超女学观新探》，《河北师范大学学报（教育科学版）》2006年第4期。
52. 程郁：《20世纪初中国提倡女子就业思潮与贤妻良母主义的形成》，《史林》2005年第6期。
53. 刘刚：《"从顶至踵是个艺术家"——朱光潜谈丰子恺的人品和画品》，《国画家》2005年第1期。
54. 萧世民：《历史上的标点符号规范化》，《郑州大学学报（哲学社会科学版）》2004年第11期。
55. 陈文联：《中国近代"兴女学"思想的历史考察》，《湘潭大学学报（哲学社会科学版）》2004年第2期。
56. 刘登秀：《清末女子教育特点简析》，《四川大学学报（哲学社会科学版）》2004年第1期。
57. 王立明：《〈伊索寓言〉在中国的传播途径与方式》，《沈阳师范大学学报（社会科学版）》2003年第6期。
58. 闫广芬、冀海银：《简析中外近代女子义务教育发展的特点》，《当代教育论坛》2003年第2期。
59. 谷忠玉：《学制——透视中国近代女子教育变革的窗口》，《辽宁师范大学学报》2003年第2期。
60. 廖承琳:《陆费逵女子教育思想及对现代的启示》,《妇女研究论丛》2002年第6期。
61. 李卓:《中国的贤妻良母观及其与日本贤妻良母观的比较》,《天津社会科学》2002年第3期。
62. 韩廉:《对戊戌妇女运动局限的历史审视》,《妇女研究论丛》2002年第1期。
63. 杨洁:《透视上海的近现代女子教育》,《妇女研究丛论》2001年第5期。
64. 王美秀:《中国近代社会转型与女子教育的发展》,《北京大学学报(哲学社会科学版)》2001年第3期。
65. 李永生:《经元善的中国新式女子教育探索》,《安徽教育学院学报》2000年第4期。
66. 曾天山:《国外关于教科书插图研究的述评》,《外国教育研究》1999年第3期。
67. 阎广芬:《夹缝中求发展——中国近代女子义务教育的定位》,《河北大学学报(哲学社会科学版)》1999年第2期。
68. 张耕华:《治学修身改革社会——略论"吕思勉的文化遗产"》,《史学理论研究》1998年第1期。
69. 鲍延毅:《〈意拾喻言(伊索寓言)〉问世的意义及影响》,《北方工业大学学报》1997年第2期。
70. 李民浩:《小学语文寓言主题的提示和运用》,《基础教育研究》1996年第5期。
71. 孙兰英:《论中国近代妇女运动的"男性特色"》,《史学月刊》1996年第3期。
72. 阎文芬:《中国女子教育的近代化历程、特点及启示》,《华东师范大学学报(教育科学版)》1996年第2期。
73. 陈祖怀:《中国近代女子教育述论》,《史林》1996年第1期。
74. 杨晓:《中国传统女学的终结与近代女子教育的兴起——戊戌变法时期女学思想探析》,《学术研究》1995年第5期。
75. 张莲波:《中国近代女子教育思潮述评》,《河南大学学报(社会科学版)》1995年第4期。
76. 余丽芬:《康同薇女子教育思想述评》,《浙江社会科学》1995年第4期。
77. 熊贤君:《中国女子教育的传承与嬗变》,《华中师范大学学报(哲学社会科学版)》1994年第3期。
78. 黄新宪:《传教士与中国教育现代化》,《华东师范大学学报(教育科学版)》1994年第1期。
79. 袁荻涌:《伊索寓言在清末中国的译介》,《枣庄师专学报》1992年第

1期。
80. 黄新宪:《中国近代女子教育的嬗变》,《江西教育科研》1989年第6期。
81. 张书丰:《范源濂的教育活动及教育主张初探》,《山东师大学报(社会科学版)》1989年第3期。
82. 祝普文:《从〈物感〉一书看〈伊索寓言〉对中国寓言的影响》,《文献》1988年第2期。
83. 张科:《〈丰子恺绘画鲁迅小说〉》,《读书》1983年第4期。
84. 蒋维乔:《编辑小学教科书之回忆》,《商务印书馆出版周刊》1935年第7期。
85. 郑鹤声:《三十年来中央政府对于编审教科图书之检讨》,《教育杂志》1935年第7期。
86. 教育部:《审查教科图书共同标准》,《教育公报》1929年第1期。
87. 吴研因:《国语国文教学法概要》,《新教育杂志》1922年第5期。
88. 吴研因:《新学制建设中小学儿童用书的编辑问题》,《新教育杂志》1922年第1期。
89. 陈独秀:《近代西洋教育》,《新青年》1917年第5期。
90. 舒新城:《新制小学编制法》,《中华教育界》1913年第9期。
91. 教育部:《教育部公布审查办事规则令》,《教育杂志》1913年第9期。
92. 《教育宗旨令》,《教育杂志》1912年第7期。
93. 学部:《第一次审定初等小学暂用教科书凡例》,《学部官报》1906年第4期。
94. 黎锦熙:《国语教科书的革新计划》,《中华教育界》1921年第2期。
95. 石鸥、刘学利:《跌宕的百年:现代教科书发展回顾与展望》,《湖南师范大学教育科学学报》2013年第3期。
96. 李波:《论吕思勉史学的学术风格——以吕氏通史著作为例》,《常州大学学报(社会科学版)》2013年第5期。
97. 田亮:《略论吕思勉的民族主义史学思想——以抗战时期为中心》,《同济大学学报(社会科学版)》2006年第6期。

(三)报纸

1. 赵晓林:《"五三惨案"可编入山东地方教材》,《济南日报》2010年5月3日第2版。
2. 潘银刚:《把矿物标本带进高级中学》,《阿勒泰日报》2009年5月21日第4版。
3. 曾红梅、陈鹤琴:《我国首位编写小学教科书的心理学家》,《中华读书报》2014年10月22日第14版。
4. 胡适:《教育部召开学制会议》,《努力周报》1922年10月22日第1版。

5. 顾明远:《对教育本质的新认识》,《光明日报》2016年1月5日第14版。

(四) 其他
1. 《"部编版"小学语文教材的编写理念和主要特点》,https://wenku.baidu.com/view/faa9873f2e60ddccda38376baflffc47e244.html(2017年7月28日)。
2. 中华民国教育部:《小学校教则及课程表》,1912年11月。

二、外文类

1. Lakoff, G. , 'The Invariance Hypothesis: Is Abstract Reason Based on Image-schemas', in G. Lakoff and A. Ortony (eds.), *Congnitive Linguistics*, Berkeley: University of California, 1990.
2. Lakoff, G. , Turner, M. , *More than Cool Reason: A Field Guide to Poetic Metaphor*, Chicago: University of Chicago Press, 1989, pp. 63–64.
3. Jiang, L. J. , Wei, B. , 'Another Side of Silence: A New Understanding of Peking Female Higher Normal College', *US-China Education Review*, 2017(10).
4. Bailey, L. E. , Graves, K. , 'Gender and Education', *Review of Research in Education*, 2016(1).

后　　记

　　2012年5月,我博士毕业,入职杭州师范大学教育学院小学教育系。工作的第一年,我就懵懵懂懂地当起了"硕导"。"晋升"如此顺利,并非自己能力多么突出,才能承担这么重要的育人工作,而是我正遇到小学教育转型的困难期,专业内部急缺能够弥合中等师范传统与学院体系矛盾的老师。传统的教育硕士选题一般是教育教学现状调查研究,受制于实习时间与论文撰写时间的错位,很多论文的研究深度不够:能够发现有价值的问题,但是没有时间做翔实的问卷与调查,止于现象与经验的概括与总结。而我的专业是中国现当代文学,掌握教育学和心理学研究方法需要一定的时间积累,于是我开始思考如何能够将自己的专业背景与小学教育的研究结合起来。偶然的机会看到了首都师范大学石鸥老师及其团队的教材研究成果,从他们掌握的大量教材史料中,我发现教材研究是一个一直被学界忽视、但又极为重要的研究领域。于是,从接手的第一届研究生开始,我就选定教材研究方向。在指导学生撰写教材研究论文的过程中,我一直思考史料整理、文献钩沉与文本分析如何融入教材学研究的问题。一晃十一年过去,我已经指导了三十余篇本硕小学教材研究的论文。这些研究成果让我日渐厘清了关于教材学研究的选题、研究方法与路径等问题。其中许多优秀的硕士论文在选题与研究价值上,能够填补教材学研究的空白。

　　本书的作者都是我这些年教材研究团队的成员,如今他们都进入了小学教育一线岗位。这本书记录了他们在最美好的年华,在专业问题上的探索与发现。非常怀念在无数个工作日与休息日,我与他们一起讨论选题,确立研究框架,辨正史料真伪……学术研究的乐趣都记录在我与他们思维碰撞的每一个瞬间。相信这种研究精神会延续到他们的工作岗位。参加《历史、制度与选文——晚清到民国时期小学国文(国语)教材研究》的撰写人员如下:

前言:张惠苑;

第一章:李丽、胡冰芯、张晓蕾、严云婷;

第二章:曾晓蕾;

第三章:项方勋、邓梦园、朱雪霁;

第四章:张佳莉、郑若南。

张惠苑主持统稿并对全部书稿做修改、补增。占晓梅、章杨阳、胡小莲、吴陈怡、徐洁负责校对和编务工作。

在此,向参加本书编著工作的所有课题组成员,关心、支持本书出版的领导、前辈表示由衷的感谢!特别感谢杭州师范大学经亨颐教育学院的张华教授,正是他主持的省特色优势教育学领域"课程创新与未来学习"(4045C5191900103)和省重点建设高校项目"课程创新与未来学习"(4045C51918002)的资助,才能让本书顺利出版。复旦大学出版社史立丽老师鼎力推荐,为本书争取到了宝贵的出版机会;赵楚月老师以专业、严谨、高效的工作态度,为这本书付出了辛勤的劳动。在此一并感谢!

张惠苑

2023 年 5 月 3 日

图书在版编目(CIP)数据

历史、制度与选文:晚清到民国时期小学国文(国语)教材研究/张惠苑著.—上海:复旦大学出版社,2023.6
ISBN 978-7-309-16706-1

Ⅰ.①历… Ⅱ.①张… Ⅲ.①小学语文课-教材-研究-中国-清后期-民国 Ⅳ.①G623.202

中国国家版本馆 CIP 数据核字(2023)第 014691 号

历史、制度与选文:晚清到民国时期小学国文(国语)教材研究
张惠苑　著
责任编辑/赵楚月

复旦大学出版社有限公司出版发行
上海市国权路 579 号　邮编:200433
网址:fupnet@fudanpress.com　http://www.fudanpress.com
门市零售:86-21-65102580　团体订购:86-21-65104505
出版部电话:86-21-65642845
常熟市华顺印刷有限公司

开本 890×1240　1/32　印张 13.75　字数 344 千
2023 年 6 月第 1 版
2023 年 6 月第 1 版第 1 次印刷

ISBN 978-7-309-16706-1/G·2467
定价:68.00 元

如有印装质量问题,请向复旦大学出版社有限公司出版部调换。
版权所有　侵权必究